친절한 회계원리

ACCOUNTING PRINCIPLES

3판

전규안 · 이용규 · 오웅락

머리말

갓난아이는 울음이나 웃음 또는 옹알이로 외부환경과 의사소통을 시작한다. 그리고 성장함에 따라 체계적인 방식의 의사소통을 위해 언어를 습득한다. 일상적인 구어체부터 시작하여 학교에 들어갈 즈음이면 자음과 모음을 익히고 그럴 듯한 문장을 만들어 쓸 수 있는 문어체도 익히게 된다. 그렇지만 되돌아보면 우리의 모국어인 국어는 대부분 부지불식간에 습득되어 언제부터, 어떻게 그 언어를 사용할 수 있게 되었는지 기억하기가 쉽지 않다.

국어보다 상대적으로 늦은 나이에 접하게 되는 영어의 학습과정을 생각해보자. 단어, 어순, 문법 등이 국어와는 전혀 다른 새로운 언어를 공부하는 데 상당히 많은 시간이 필요하고 학습방법도 다르다. 우리는 국어의 문법이라는 것을 거의 배운 적도 없고 단어를 소리 내어 외워본 기억도 별로 없지만 영어의 경우에는 일찌감치 단어를 외우고 문법을 배우기까지 한다. 이처럼 후천적으로 새로운 언어를 습득하는 일은 갓난아이가 엄마로부터 자연스럽게 익히는 모국어를 익히는 것과는 다르다.

여기 영어와 마찬가지로 상대적으로 늦은 나이에 익혀야 하는 또 다른 언어가 있다. 소위 비즈니스를 하는 사람들이라면 누구나 자유자재로 읽고 구사할 수 있어야 하는 언어는 다름 아닌 회계 會計, accounting이다. 회계는 언어인 동시에 그 언어를 통하여 전달되는 정보이다. 특히 회계는 재화나 서비스를 생산 및 판매하는 기업의 필수불가결한 언어이다. 기업의 활동을 순수한 문어체나 구어체로 표시하는 것이 불가능한 일은 아니더라도 매우 비효율적인 방법이기 때문이다.

만약 당신이 어떤 기업의 활동을 이해하고 분석하여 의사결정을 내려야 하거나 의사결정을 도와줘야 할 위치에 있는 사람이라면 그 기업의 여러 활동을 요약하고 있는 정보를 읽을 수 있어야만 하며 이를 위해서는 반드시 회계를 알고 있어야 한다.

본서는 회계를 처음 접하게 되는 사람들을 위해 집필되었다. 새로운 언어를 습득하는 과정에서 많은 노력과 인내심이 필요하지만 그러한 노력과 인내가 좀 더 쉽게 결실을 맺을 수 있도록 도움을 주고자 하였다. 부모님의 도움으로 국어를 자연스럽게 쓸 수 있었던 것처럼 본서는 회계라는 새로운 언어를 수월하게 습득할 수 있도록 이해 위주로 설명하여 불필요한 암기를 최소화하였다. 구체적으로 본서의 특징을 정리하면 다음과 같다.

(1) 이해위주의 체계적인 구성

기초에서부터 순차적으로 중요 내용을 추가하는 방식으로 내용을 전개하여 자연스럽게 회계의 기본원리를 이해할 수 있게 하였다. 예컨대 제2장에서 회계등식을 이용하여 거래를 기록하고 재무제표를 만들어보면서 자연스럽게 계정과 분개의 필요성을 제기하고 그 구체적인 내용을 제3장에서 설명한 점, 서비스기업의 회계순환에서 한 단계 나아간 상품매매기업의 회계순환을 바로 이어 제5장에서 다룬 점, 그리고 이를 기초로 다시 제7장 재고자산에서 좀 더 심도 있는 내용을 다룬 점 등은 모두 이러한 취지를 반영한 것이다.

(2) 회계원리 수준에 맞는 쉬운 구성

한 학기에 마칠 수 있는 분량으로 내용을 구성하였으며, 특히 원리 수준에 부합하는 내용만을 다뤘다. 시중에 나와 있는 상당수의 회계원리 교재가 지나치게 수준이 높거나 분량이 많아 자칫 시작부터 학생들의 흥미를 떨어뜨리는 우를 범하기 쉽다. 굳이 원리에서 다루지 않아도 될 내용은 과감히 버리고 필수적인 주제와 기초 개념을 위주로 쉽게 이해할 수 있도록 집필하였다.

(3) 예제와 연습문제에 대한 단계별 풀이과정

중요한 주제에 대해서는 예제를 제시하여 학습한 내용을 확인할 수 있도록 하였으며 각 장의 후반부에는 유사한 연습문제를 제시하여 다시 한번 정리할 수 있게 하였다. 특히 모든 문제에 대한 단계별 풀이과정을 상세하게 기술하여 학습자 스스로 공부할 수 있게 하였다.

본서의 원조라고 할 수 있는 '회계원리'가 처음 출간된 것이 2006년의 일이며 그 이후 2009년부터 지금까지 '친절한 회계원리'라는 서명을 이어오고 있다. 여러 번의 개정판이 있었지만 '친절'의 마음이 변한 적은 없었으며 이번에 출판사를 변경하고 서술과 편집방식을 크게 바꿔 새롭게 출간한 것도 같은 취지이다.

본서가 나오기까지 많은 분의 도움이 있었다. 이 자리를 빌려 다시 한번 감사의 말씀을 전한다. 특히 촉박한 일정에도 불구하고 출간을 위해 격려와 지원을 아끼지 않으신 도서출판 나우퍼블리셔의 김대명 대표님과 직원들께 감사드린다. 마지막으로 독자와 강의 교수님들의 의견과 조언을 기대하며 앞으로 더 좋은 교재가 될 수 있도록 노력할 것임을 약속한다.

2025년 저자 일동

차 례

CHAPTER 01 회계란 무엇인가?

CHAPTER 02 재무제표와 회계등식

CHAPTER 03 기중의 회계처리: 계정, 분개, 전기

CHAPTER 04 기말의 회계처리: 결산 및 재무제표의 작성

CHAPTER 05 상품매매기업의 회계순환

CHAPTER 06 유동자산과 유동부채

CHAPTER 07 재고자산

CHAPTER 08 유형자산과 무형자산

CHAPTER 09 비유동부채

CHAPTER 10 자 본

1

CHAPTER

회계란 무엇인가?

CONTENTS

1 CHAPTER 회계란 무엇인가?

기업은 조직의 목표를 달성하기 위하여 다양한 활동을 수행하며, 이 과정에서 자원을 효율적이고 효과적으로 사용하고 그 내용을 적절하게 보고해야 할 책임과 의무를 가진다. 회계는 자원의 획득 및 사용과 관련된 여러 이해관계자들이 기업의 활동을 파악하고 합리적인 판단이나 의사결정을 내릴 수 있도록 경제적 정보를 식별, 기록, 전달하는 과정이다. 본 장에서는 기업의 활동을 설명하고, 회계의 의의 및 역할에 대해 논의한다. 또한 회계정보의 대표적인 형태인 재무제표의 종류 및 그 내용을 간략하게 제시하여 회계정보에 대한 이해를 돕는다. 마지막으로 회계의 역사 및 발전과정을 살펴본다.

SECTION 1 기업의 이해

1.1 조직, 목표, 경제적 자원

사람들은 공동의 목표를 달성하기 위해 체계화된 조직을 만들고 외부 환경과 상호작용하면서 지속적으로 발전할 수 있도록 노력한다. 영리를 추구하는 기업, 공공복리를 위한 정부나 지방자치단체, 소외된 개인이나 지역을 돕기 위한 자선복지단체 모두 마찬가지이다. 이들 조직이 공통적으로 가지는 특징은 목표달성을 위해 필요한 경제적 자원을 확보해야 할 뿐만 아니라 희소한 자원을 효율적이고 효과적으로 사용하기 위해 노력을 해야 한다는 점이다. 성공적으로 자원을 확보하고 이들 자원을 잘 사용하여 목표를 지속적으로 달성할 수 있을 때 조직의 발전과 지속 가능성을 기대할 수 있기 때문이다.

기업의 경우를 예로 들어보자. 기업의 목표는 이익이나 기업가치 극대화이며 이를 위해 필요한 경제적 자원을 자체에서 충당하거나 외부의 투자자나 은행으로부터 조달하기도 한다. 이렇게 확보한 희소한 경제적 자원은 같은 이익이라면 가능한 적게 사용하고, 동일한 사용량이라면 가능한 높은 이익을 달성하는 것이 바람직하다. 목표는 다르지만 정부나 복지단체도 크게 다르지 않다. 정부는 국민의 납세를 통해 자금을 조달하고 자선복지단체는 소액의 개인 기부에서 거액의 기업 기부에 이르는 다양한 원천을 통해 경제적 자원을 얻게 되는데, 최소투입에 최대효과를 얻고자 하는 것은 기업과 마찬가지이다. 물론 최소투입에 최대효과를 얻기 위해서는 각 조직 내부의 경영자와 구성원들이 희소한 경제적 자원을 효율적이고 효과적으로 사용하기 위해 노력하는 과정이 필수적이다.

이 때 중요한 문제 중의 하나는 이들 조직이 자원 제공자에게 자원을 의도한 목표에 잘 사용할 것이라는 기대를 줄 수 있어야 하며 정기적으로 그 기대에 어긋나지 않았음을 보여줄 수 있어야 한다는 점이다. 자원을 어떻게 사용했는지, 그 결과는 어떠한지를 알려주는 것이 희소한 자원을 기꺼이 제공한 사람에 대한 기본적인 책임과 의무이기 때문만은 아니다. 만족스러운 결과를 낳았다면 앞으로도 지속적으로 지원받을 수도 있으며 더 나아가 새로운 자원 제공자를 얻을 수 있는 계기가 될 수도 있기 때문이다.

1.2 기업조직

기업은 물적 · 인적자원을 결합하여 재화나 서비스를 생산하고 외부 고객에 이를 판매 및 공급하는 영리를 추구하는 조직이다. 기업의 종류는 역할, 형태와 규모에 따라 다양하게 분류할 수 있다. 업종을 기준으로 크게 구분하면 제조기업, 상기업, 서비스기업으로 나눌 수 있다.

삼성전자는 제조기업의 대표적인 예이다. 원재료, 노동력, 설비 등을 투입하여 스마트폰, 반도체, 에어컨 등 제품을 생산하고 이를 판매하는 기업이다. 상기업은 롯데백화점이나 하이마트와 같이 다른 기업으로부터 상품을 구매하고 일정한 마진을 붙여 판매하는 기업을 말한다. 한편 SK텔레콤, 국민은행과 같이 정보통신, 금융 등의 무형 서비스를 제공하는 기업을 서비스기업이라고 한다.

기업은 소유형태에 따라서도 분류가 가능한데 예컨대 개인기업, 조합기업, 주식회사 등이다. 개인기업proprietorship은 가장 단순한 형태로 한 개인이 전적으로 소유한 기업을 말하며, 조합기업partnership은 소수의 개인이 공동으로 투자하고 소유하는 기업을 의미한다. 주식회사corporation[1]는 독립적인 법인으로 기업의 소유권이 양도가능한 주식의 형태로 분할되어 있으며 이 주식을 보유하고 있는 주체[2]는 투자한 범위 내에서 기업의 위험을 책임지고, 보유한 주식 수에 비례하여 기업의 성과분배에 참여할 수도 있으며 주식의 일부 또는 전부를 다른 주체에게 양도할 수 있다는 특징이 있다.

---

1) 원칙적으로 회사는 합명회사, 합자회사, 유한회사, 유한책임회사, 주식회사로 분류하나 우리나라의 경우 주식회사 형태가 95%이상을 차지하고 있다.

2) 이러한 주체는 개인이나 기관이 될 수 있으며 소유주, 주주 또는 투자자라 부르기도 한다.

1.3 기업활동

기업이 수행하는 업무는 다양하게 분류할 수 있지만 편의상 영업활동, 투자활동, 재무활동으로 나누어 설명하면 다음과 같다.

1) 영업활동

기업의 영업활동operating activities은 외부고객에게 재화를 생산·판매하거나 서비스를 제공하여 현금을 창출하거나 기업 재산을 늘리는 기업의 주된 활동이다. 제조기업의 영업활동은 원재료를 구입하고 노동력을 투입하여 제품을 생산한 후 이 제품을 외부 고객에게 판매하는 과정으로 이루어져 있으며 상기업은 다른 기업이 생산한 제품을 매입하고 이를 다시 외부 고객에게 판매하는 과정으로 이루어진다. 정보통신이나 금융산업 등 서비스기업의 영업활동은 노동력이나 설비를 이용하여 무형의 서비스를 창출함과 동시에 고객에게 제공하는 과정으로 이루어져 있다.

영업활동은 기업 외부로부터 기업활동에 필요한 재화나 서비스를 구입하고 그 대가를 지불하는 지출활동, 기업 외부에 재화나 서비스를 판매 및 제공하고 그 대가를 수취하는 수익활동, 기업 내부에서 생산요소를 결합하여 제품을 생산하는 제조활동으로 나눌 수 있다. 제조활동은 제조기업에 국한되지만 수익 및 지출활동은 모든 기업의 공통적인 영업활동이 된다.

2) 투자활동

기업이 영업활동을 수행하기 위해 영업활동의 수단인 공장, 건물, 설비 등이 필요하다. 공장, 건물 또는 설비 등을 취득하고 경우에 따라서 처분하는 활동을 투자활동investing activities이라 한다. 기업이 이와 같은 투자활동을 하는 이유는 이러한 자산을 이용하여 영업을 수행하면 투자한 금액 이상으로 돈을 벌 수 있을 것이라고 기대하기 때문이다. 투자액은 영업활동을 통해 장기간에 걸쳐 회수된다. 기업의 지속적인 투자는 기업의 성장과 경영목적 달성을 위해서 필수적인 활동이다.

3) 재무활동

기업의 정상적인 영업활동에는 일상적인 운영자금이 필요하고, 투자활동을 위해서는 거액의 자금이 필요하다. 이러한 자금은 주로 기업 소유주의 출자나 은행 차입을 통해 이루어지며, 영업이 잘 되는 경우 영업에서 창출한 자금이 사용되기도 한다. 기업에 출자한 주주에게는 투자에 대한 보상으로 영업성과에 따라 배당을 지급할 수 있다. 은행과 같은 채권자에게는 자금 사용에 대한 대가로 정기적으로 이자를 지급해야 하며 차입기간이 종료되면 원금을 상환한다. 투자자로부터의 자금조달, 배당금의 지급, 차입 및 상환, 이자의 지급 등의 활동을 재무활동financing activities이라고 한다.

1.4 기업의 경영 사이클

기업의 여러 활동이 효율적이고 효과적으로 이루어지기 위해서는 미리 계획을 세우고, 계획에 따라 실행하며, 실행 결과를 최초 계획과 비교하여 피드백하는 통제 과정을 거치는 것이 일반적이다. 이와 같이 계획, 실행 그리고 통제 단계는 반복적으로 순환하게 되므로 경영 사이클management cycle이라고 한다.

기업이 존속하고 발전하기 위해서 기업이 취급하는 제품, 상품 또는 서비스가 경쟁기업보다 고객에게 더 좋은 반응을 얻을 수 있어야 하며 아울러 경쟁기업보다 더 저렴하게 생산할 수 있어야 한다. 따라서 고객의 취향이나 경쟁기업의 능력을 충분히 고려하여 시장에서 살아남을 수 있는 기업의 기본방향 즉, 장단기 전략 및 계획수립이 우선되어야 한다.

전략 등의 계획 수립은 기업의 희소한 자원을 적재적소에 할당하되, 이를 효율적으로 사용할 수 있는 방법을 모색하는 과정이라고 할 수 있다. 계획단계가 끝나면 계획을 구체적으로 실행하게 되며, 일정 기간 경과하면 실제 실행 결과와 최초 계획을 비교하여 차이가 발생한 원인을 분석하고 문제점을 해결할 수 있는 방안을 모색하는 통제 단계에 이르게 된다.

[그림 1-1] 기업의 활동과 경영사이클

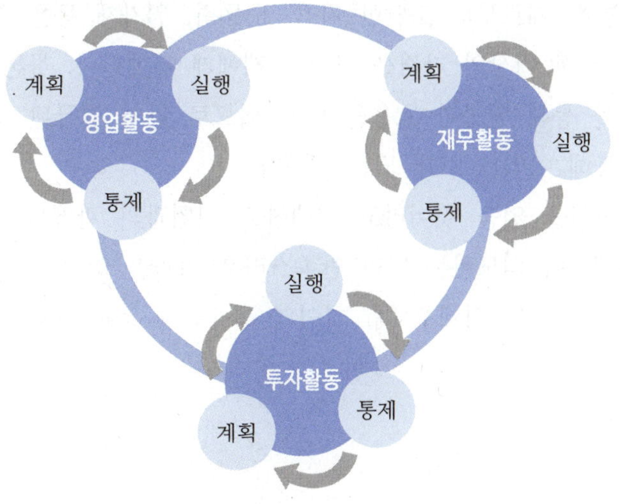

계획-실행-통제의 경영 사이클에서 주목할 것은 계획수립단계나 통제단계에서 많은 정보가 필요하다는 사실이다. 특히 통제단계에서 실제 실행결과에 대한 정보는 평가의 핵심적인 역할을 하므로 이를 제대로 측정할 수 있어야 한다. 실제 결과는 계획과의 비교를 통해 향후 계획이나 실행단계에 효과적으로 피드백 되어 경영 사이클의 선순환 역할을 할 수 있기 때문이다. '측정할 수 있어야 관리할 수 있다'는 회계의 유명한 격언은 이를 두고 한 말이다.

SECTION 2 의사결정과 정보

2.1 기업의 이해관계자

기업을 중심으로 다양한 경제주체가 존재한다. 기업내부에는 경영자와 종업원이 있으며, 기업외부에는 원자재 등을 공급해주는 협력업체, 기업의 제품이나 서비스를 구입하는 고객, 기업에 자금을 공급해주는 투자자나 채권자 등이 있다. 이들의 공통적인 특징은 모두 기업에 유무형의 자원을 공급하고 그 이상의 혜택을 얻고자 한다는 점이다.

기업의 종업원은 자신의 노동력 자원을 공급하는 대가로 급여를 받으며, 협력업체는 재화나 서비스를 판매하여 수익을 창출한다. 기업에 자금을 댄 투자자는 기업의 영업성적에 따라 배당금을 받기도 하고 자기의 투자지분을 다른 사람에게 처분하여 차익을 얻기도 하며 채권자는 자금을 꿔준 대가로 정기적으로 소정의 이자를 얻는다. 반대로 기업은 대가를 지불하고 타 경제주체로부터 조달한 자금, 노동력, 원자재 등을 결합하여 재화나 서비스를 창출하고 들인 것 이상의 가격을 받고 고객에게 판매한다. 물론 이를 구입한 고객 역시 재화나 서비스를 통해 만족과 효용을 얻게 되므로 앞서 언급된 모든 경제주체는 기업과의 상호관계를 통해 이익을 보게 되는 셈이다.

이와 같이 모두 이익을 얻을 것이라고 기대하고 기업과의 관계를 시작하지만, 경우에 따라서는 갈등이 발생하여 의도와는 달리 만족스러운 결과를 얻지 못하기도 한다. 기업과 이해관계에 놓이게 되는 이들 경제주체를 기업의 이해관계자stakeholders라고 한다.

2.2 의사결정과 정보

기업의 이해관계자는 기업과 관련하여 다양한 의사결정 상황에 놓이게 된다.

기업 내부에 있는 경영자를 생각해보자. 일반적으로 기업이 추구하는 바는 좋은 제품이나 서비스를 개발하고 저렴하게 생산하여 좀 더 많은 고객에게 판매함으로써 높은 이익과 기업가치를 달성하며 이러한 과정이 반복되어 지속적으로 성장하는 것이라고 할 수 있다. 기업 경영자가 해야 할 일도 이러한 목표를 달성하기 위한 실행계획을 잘 수립하고 기업 내부 구성원들이 목표와 계획에 따라 각자의 업무를 성공적으로 수행하게 하는 데 있다.

경영자는 현재의 영업, 투자, 재무활동과 관련된 사업 계획을 수립해야 할 뿐만 아니라, 미래의 사업 환경을 예측하고 기업의 역량을 파악하여 기업이 나아가야 할 미래 방향, 예를 들어 장기사업계획이나 전략을 수립하기도 한다. 계획이 확정되면 이에 따라 구성원들로 하여금 업무를 수행하게 하며, 사후적으로는 계획과 실행 결과를 비교하여 피드백 함으로써 기업구성원들에게 동기부여하기도 한다. 이와 같이 경영자는 기업의 목표를 달성하기 위해 계획, 실행, 통제 등의 경영활동을 수행하게 되는데, 그 과정에서 다양한 의사결정 상황을 접하게 된다.

기업 내부 경영자의 의사결정 뿐만 아니라 기업 외부에서도 기업에 중대한 영향을 줄 수 있는 의사결정이 이루어진다. 예컨대 기업의 자금줄 역할을 하는 투자자나 채권자의 의사결정이다. 투자자가 특정기업에 투자를 한다면 이는 투자한 것 이상을 미래에 배당이나 투자가치상승으로 회수할 수 있을 것이라고 판단했기 때문이다. 만약 이것이 여의치 않다거나 더 나은 기업이 있었다면 그 기업에 투자하지 않았을 것이다. 기업에 돈을 꿔주는 채권자도 마찬가지이다. 채권자의 의사결정은 정해진 기간에 소정의 이자를 꼬박 꼬박 잘 받을 수 있을 뿐만 아니라 기간이 종료되면 처음에 빌려준 원금을 무난히 회수할 수 있을 것이라는 판단에 따른 것이다. 물론 여의치 않다고 판단되면 이미 빌려준 돈을 회수하거나 아예 돈을 빌려주지 않을 수도 있다.

경영자의 경영의사결정, 투자자의 투자의사결정, 채권자의 대출의사결정 등은 몇 가지 공통적인 특징이 있다. 첫째는 각 의사결정이 해당 기업에 중대한 영향을 준다는 점이고, 둘째는 각 의사결정은 모두 의사결정주체에게 이익이 되는 방향으로 이루어진다는 것이다. 경영자는 기업의 가치를 극대화할 수 있는 방향으로[3], 투자자나 채권자는 모두 자신

3) 기업에 고용된 경영자가 기업가치를 극대화하지 않고 때로 자신의 이익을 추구하는 방향으로 의사결정을 하기도 하지만 본 절에서는 주인의식이 철저한 경영자를 염두에 둔 것이다.

의 부를 극대화하는 방향으로 의사결정을 한다.

마지막으로 모든 의사결정에는 기업에 관련된 정보가 필요하다는 점이다. 경영자가 기업에 도움이 되는 의사결정하기 위해서는 해결해야 하는 문제점은 무엇이며 이를 위한 대안 및 각 대안이 기업에 어떠한 영향을 주는지를 분석 및 비교할 수 있어야 한다. 기업의 과거자료나 미래예측자료 등 의사결정에 도움을 줄 수 있는 정보가 경영자에게 필요한 이유이다.

투자자는 어떠한가? 투자자는 자신의 소중한 자금을 어느 기업에 투자하면 가장 많이 불릴 수 있을까를 판단할 수 있어야 한다. 이를 위해서는 어느 기업이 돈을 잘 벌어 높은 배당을 줄 수 있는지, 어느 기업이 지속적으로 성장하여 투자가치를 제고시켜 줄 것인지를 판단할 수 있는 정보가 필요하다.[4] 채권자도 마찬가지이다. 꼬박 꼬박 이자를 받고, 만기에 원금을 회수하려면 채무 기업이 꾸준히 장사가 잘 되어 충분한 현금을 보유하거나, 재산상태가 좋아 담보능력이 충분해야 한다. 채권자의 대출의사결정에는 바로 이러한 내용을 가늠할 수 있는 정보가 필요하다. 만약 이들 세 가지 의사결정주체 즉 경영자, 투자자, 채권자가 의사결정에 필요한 정보를 확보하여 올바른 의사결정을 할 수 있다면 이들의 부는 모두 종전에 비해 증대될 것이며 이러한 경제주체로 구성된 국가경제 역시 발전할 수 있다.

국가경제를 구성하는, 기업과 연결되어 있는 경제주체로는 투자자와 채권자 이외에도 기업의 종업원, 원자재 공급기업, 기업의 재화나 서비스를 구입하는 소비자 고객 등이 있는데 이들의 의사결정과 그 영향은 앞서 언급한 투자자나 채권자와 흡사하다. 이들 역시 기업과의 관계에서 어떻게 하는 것이 자신의 이익에 도움이 되는 지를 고민한다.

노동력이라는 희소자원을 공급하는 근로자는 높은 급여를 줄 수 있으며 승진의 기회가 많은 발전가능성이 큰 기업에 취업하려고 한다. 이렇게 하는 것이 자신의 노동력이라는 상품을 가장 비싸게 팔 수 있는 방법이기 때문이다. 얼핏 근로자의 이러한 결정은 근로자 자신에게만 좋은 것 같아 보이지만, 국가경제 전체의 관점에서도 중요한 의미를 갖는다. 국가의 희소한 노동력 자원이 이를 가장 잘 활용할 수 있는 효율적인 기업에 배분되어 더 높은 부를 창출할 수 있는 계기가 되기 때문이다. 원자재를 공급하는 기업의 입장도 노동력을 제공하는 근로자와 마찬가지이다. 좋은 가격을 안정적으로 지불할 수 있는 기업이야말로 원자재를 가장 효율적으로 사용하여 더 큰 부를 창출할 수 있는 기업이기 때문

4) 기업에 투자한 투자자 즉, 주주는 기업이 이익을 얻게 되면 이에 상응하는 현금 등으로 배당을 받을 수 있으며, 투자한 회사가 상장되어 있는 경우 가지고 있는 주식을 처분하여 시세차익을 얻을 수 있다. 기관 또는 개인투자자가 기업에 투자를 하는 것은 대개의 경우 배당이나 시세차익을 얻기 위함이다.

이다. 기업으로 부터 재화나 서비스를 구입하여 사용하는 소비자 고객은 어떠한가? 당연히 값싸고 질이 좋은 것을 구입하는 것이 최선의 의사결정이다. 이는 소비자의 선택을 받은 가장 저렴하게 최고의 품질을 공급하는 기업들이 생존하고 발전할 수 있다는 것을 의미한다.

이와 같이 근로자, 원자재 공급기업, 소비자 등이 각각 필요한 정보를 확보하여 의사결정을 잘 할 수만 있다면 국가의 희소한 자원은 이 자원을 가장 잘 사용하여 더 큰 부를 창출할 수 있는 효율적인 기업으로 배분될 수 있다. 결과적으로 의사결정주체와 해당 기업은 물론 이들이 속한 국가경제 모두에 좋은 결과를 가져다준다. 여기서 다시 한 번 좋은 의사결정의 필요조건으로 의사결정에 필요한 정보를 강조하지 않을 수 없다.

SECTION 3 기업과 회계

3.1 회계의 의의

회계accounting는 기업의 이해관계자가 기업과 관련하여 합리적인 의사결정을 할 수 있도록 기업에 재무적 영향이 있는 경제적 사건이나 거래를 식별, 기록, 전달하는 과정이며 하나의 정보시스템information system이다.[5] 소박하게 말하자면 기업의 경제활동을 화폐 단위로 기록하고 알기 쉽게 요약하여 기업의 재무적 상황을 한 눈에 볼 수 있게 해주는 정보라 할 수 있다. 이러한 의미에서 회계가 곧 정보라는 의미로 두 단어를 묶어 회계정보accounting information라는 표현도 많이 사용한다.

기업이 매일 매일 수행하는 수많은 실제 경제활동을 일일이 기록하고 기록한 내용을 요약하여 알기 쉬운 정보의 형태로 만들기 위해서는 이를 효과적으로 표현할 수 있는 나름대로의 언어와 문법이 필요하며 실제로 존재한다. 회계정보를 만들 뿐만 아니라, 이를 읽고 의사결정에 활용하기 위해서는 그 언어와 문법을 알아야 함은 물론이다. 회계정보는 이러한 '기업의 언어'language of business로 만들어진 정보라고 할 수 있다.

---

5) 편의상 기업이라 하였지만 회계를 설명할 때 반드시 영리를 추구하는 기업일 필요는 없다. 목표를 위해 경제적 자원을 조달 및 소비하고 그 과정에서 경제적 자원을 획득할 수 있는 어떤 조직이나 경제적 실체에도 회계는 그대로 적용된다.

3.2 기업과 회계

앞서서 경영자, 투자자, 채권자 등 기업의 주된 이해관계자는 기업과 관련하여 의사결정상황에 놓이게 되며 의사결정에는 정보가 중요한 역할을 한다고 언급한 바 있다. 이들이 사용하는 정보의 내용과 형태는 매우 다양하다. 사업 환경이나 기업의 역량, 재무상태, 영업성과와 같은 일반적인 내용에서부터 연구개발, 재무, 인사, 생산, 마케팅 등과 같은 기업의 구체적인 업무나 활동에 이르는 내용도 포함한다. 이러한 정보는 수치로 표시되는 계량적인 정보일 수도 있고 비계량적인 질적인 정보일 수도 있다. 또 화폐액으로 표시될 수 있는 재무적인 형태일 수도 있고 그렇지 않은 비재무적인 형태일 수도 있다.

정보를 얻게 되는 경로도 다양하여 기업 내부의 경영자는 기업 내부에서 수집한 자료나 예측자료를 기초로 가공한 정보를 많이 사용한다. 한편 기업 외부에 있는 투자자나 채권자는 비공식적인 경로로 기업관련 정보를 입수하기도 하지만 가장 대표적인 것은 기업이 정기적이고 공식적으로 발표하는 정보와 이를 기초로 추가 분석한 정보이다.

이와 같이 기업의 이해관계자에게 제공되는 정보의 내용, 형태 그리고 획득과정이 다양하지만 가장 대표적이고 공식적인 것이라고 할 수 있는 것이 회계정보이다. 기업에 있어 회계정보는 크게 재무회계정보와 관리회계정보로 나눌 수 있다.

3.2.1 재무회계정보

기업이 처음 설립될 당시에는 대부분 규모가 크지 않으므로 그 기업의 소유주가 직접 경영하는 형태를 취하지만 기업이 성장하여 규모가 커지게 되면 소유주는 경영만을 전담할 전문경영자를 고용하기도 한다. 기업소유자가 직접 경영하는 경우와는 달리 전문경영자를 고용하는 경우에는 그들에게 맡긴 경영업무[6]를 효과적으로 수행하고 있는지에 대한 정보가 필요하기 때문에 자연스럽게 전문경영자가 경영업무를 수행한 기간의 영업성과나 재무상태를 보여 주는 회계정보를 필요로 한다.

또 기업이 성장하여 규모가 확대가 되면 추가적인 자금이 필요하여 외부로부터 자금을 유치하게 되는데 그 자금을 제공한 투자자나 은행 등의 채권자들은 투자원금은 물론 배당금을 받을 수 있는지 또는 대출원금과 이자를 회수할 수 있는지에 대해 관심을 가지게 된다. 당연히 그들의 자금이 기업에서 효율적으로 사용되고 있는지에 대한 정보를 요구하게 되며, 외부자금을 필요로 하는 경영자 역시 그들에게 이러한 정보를 자발적으로 알리고자 한다.

---

6) 이를 수탁책임의무stewardship라 부른다.

기업의 영업성과와 재무상태에 대한 회계정보를 다루는 영역을 재무회계financial accounting라고 한다. 이러한 재무회계정보는 기존의 투자자나 채권자뿐만 아니라 자본시장에 존재하는 불특정의 잠재적 투자자나 채권자들에게도 중요한 정보가 된다.

재무회계정보는 그 영향이 일개 기업에 국한되는 것이 아니고 자본시장에 참여하고 있는 불특정 이해관계자에게도 미칠 수 있고 더 나아가 국가경제 전체에도 중요하다. 따라서 일반적으로 재무회계정보를 산출하는 방법은 정형화되어 있으며, 그 정보의 양과 질을 규제기관에서 관리를 하는 것이 일반적이다. 재무회계정보는 크게 재무상태표, 손익계산서, 현금흐름표, 자본변동표로 구성되어 있다.

3.2.2 관리회계정보

기업가치의 극대화라는 경영의 최종 목표를 달성하기 위해서 기업의 경영자나 관리자는 목표에 맞는 적절한 의사결정을 할 수 있어야 하며, 기업의 구성원들에게는 각자가 담당한 업무를 올바로 수행할 수 있도록 하는 동기부여와 유인이 제공되어야 한다. 기업가치의 극대화를 달성하기 위해 필요한 경영자의 의사결정, 종업원들에 대한 성과평가나 보상과 같은 유인 제공에 필요한 정보를 다루는 영역을 관리회계management accounting이라고 한다.

관리회계정보는 경영자나 관리자의 의사결정에 필요한 재무적 또는 비재무적 정보를 모두 포괄한다. 전통적으로 많이 사용되고 있는 원가정보는 재무적인 정보의 예가 되며 불량률이나 시장점유율 또는 소비자 만족도와 같은 정보는 비재무적인 정보라고 예라고 할 수 있다.

재무회계정보와는 달리, 기업 내부의 필요에 따라 얼마든지 다양한 형태로 만들어질 수 있으며 정보의 영향도 해당 기업에 국한되기 때문에 규제기관이 간여할 여지는 없다. 관리회계영역에서는 앞서 설명한 재무회계정보는 물론, 이보다 더 구체적이고 세부적인 기업의 회계정보를 다룬다.

SECTION 4 재무제표와 회계기준

재무회계정보의 대표적인 형태는 재무제표이다. 재무제표는 재무상태표, 손익계산서, 현금흐름표, 자본변동표로 구성되어 있다.[7)]

이해를 위해 벤처기업에 자금을 제공(투자)하고 주식(지분)을 받은 투자자를 생각해보자.[8] 투자자들은 자기의 돈이 어떻게 쓰이고 최종적으로 어떤 영업결과를 낳게 되었는지 궁금해 할 것이다. 회사의 경영자는 투자자로부터 받은 자금으로 사업에 필요한 설비를 취득하기도 하고 원재료를 구입하고 고용한 근로자의 임금을 지불하기도 한다. 또 생산한 제품의 판매를 통해 새로운 자금을 얻기도 한다.

이러한 일련의 과정에 투자자들은 관심을 가지게 되지만 기업의 외부에 있는 투자자들이 기업의 이러한 모든 내용을 매일 매일 보고받거나 파악한다는 것은 쉬운 일이 아니다. 오히려 매일 매일의 거래를 확인하기보다 일정한 기간을 두고 정기적으로 그간 있었던 일을 일목요연하게 요약할 수 있다면 요약한 내용을 보는 것이 기업 밖에 있는 투자자들에게 보다 경제적이라고 할 수 있다. 왜냐하면 하루에도 수많은 거래가 이루어지는데, 이러한 내용을 매일 정리하여 투자자들에게 보고하는 것은 본업에 충실해야 할 경영자에게는 번거로운 일이 될 수 있으며, 투자자의 투자결과가 하루아침에 눈에 띄게 나타나는 것도 아니기 때문이다. 이러한 점을 감안하면 매월 말, 분기 말, 반 년, 또는 일 년 마다 그 동안의 기업의 활동을 종합하고 요약한 내용을 투자자에게 보고하는 것이 현실적인 방법이다.

만약 기업의 경영자가 투자자에게 일 년 마다 그 동안의 기업활동을 보고하기로 하였다면 어떤 내용을 보고하는 것이 좋을까? 많은 투자자들에게 시시콜콜 모든 내용을 장황하게 보고하는 것보다 일목요연하게 중요한 내용을 간결하게 보여주는 것이 필요하다.

4.1 재무상태표

투자자들이 투자한 후 시간이 경과하면 과연 기업이 자신의 돈을 어떻게 사용하고 있는지 돈은 벌었는지 현재 기업의 재산이 얼마인지, 그 구성 내용은 무엇인지 궁금해 하는 것은 당연하다.[9] 현금을 얼마나 가지고 있으며 재고로 보유한 제품은 얼마일까? 제품을 외상으로 팔았다면 거래처로부터 받을 돈은 얼마일까? 설비투자의 결과로 보유하고 있는 기계나 설비가 무엇인지도 궁금할 것이며 거래처로부터 원료를 구입한 후 아직 지급하지 않은 돈이 있는지, 은행에서 운영자금으로 차입한 것은 없는지도 알고 싶어 한다.

---

7) 재무제표에 대해서는 제2장과 제4장에서도 다시 다룰 예정이다.

8) 기업에 자금을 빌려주는 은행이나 기업에서 발행한 채권을 보유하는 채권자의 주관심사는 원금과 이자 회수 가능성이므로 주식에 투자하는 투자자와는 그 성격이 다를 수 있다. 따라서 각 재무회계정보의 중요도나 활용방법은 다를 수 있지만 가장 대표적인 기업관련 회계정보라는 점에서는 차이가 없다.

9) 재산은 회계에서 사용하는 용어는 아니다. 본격적으로 회계를 공부하기 전이므로 상식적인 수준에서 이해할 수 있는 단어를 선택한 결과이다. 재산에는 적극적 재산이라고 할 수 있는 자산과 소극적 재산이라고 할 수 있는 부채가 있다. 자산과 부채의 정의는 회계에서는 매우 중요하며 이하에서 반복적으로 공부하게 된다.

처음 투자자로부터 현금 투자를 받은 시점에 모든 재산이 현금이나 예금으로 구성되어 있었겠지만, 본격적으로 사업을 시작하면 그 현금은 여러 가지 형태의 재산으로 바뀌어져 있을 것이다. 또 영업의 결과, 기업 내로 현금이 들어오기도 하고 경영자는 그 현금을 재투자를 위해 사용했을 수도 있다. 결국 한 분기가 경과한 후의 재산상태는 사업초기의 재산상태와 상당히 다른 모습을 하고 있을 것이다. 아마도 영업이 잘 되었다면 재산은 처음보다 분명 증가해야 할 것이다. 이렇게 어떤 특정시점의 재산상태를 보여 주는 요약된 표가 투자자에게는 유용한 정보가 될 수 있다. 우리는 이렇게 요약된 정보를 보여주는 보고서를 재무상태표Balance Sheet, Statement of Financial Position라고 한다.

재무상태표는 어떤 특정 시점에 기업의 재산상태를 보여준다. 보다 구체적으로 자산, 부채, 자본의 구성항목과 각 금액을 보여준다. 나중에 다시 다루겠지만 편의상 이들을 쉽게 설명하면 다음과 같다.

자산asset은 기업에 경제적 혜택을 줄 수 있는 경제적 자원으로 효과적으로 사용하면 결과적으로 기업에 더 큰 현금을 되돌려 줄 수 있는 특징을 가지고 있다. 예를 들어 판매목적의 상품을 가지고 있다면 특별한 문제가 없는 한 이 상품을 판매하여 현금을 받을 수 있으므로 자산이라고 할 수 있다. 제품을 생산할 목적으로 보유하고 있는 기계설비는 어떠한가? 기계설비는 다른 원재료나 노동력 등과 함께 잘 사용하면 판매 가능한 제품을 만들 수 있고 이 제품을 판매하면 현금을 얻을 수 있기 때문에 자산이라고 할 수 있다.

부채liability는 다른 기업이나 사람에게 빚진 것으로 이 빚을 해소하려면 기업이 보유하고 있는 현금 등을 지출해야 한다. 예를 들어 은행에서 차입을 했다면 훗날 이를 갚아야 하므로 부채라고 할 수 있으며, 원재료를 구입하고 나중에 그 대금을 지급하기로 했다면 지급해야 할 대금 역시 부채가 된다.

자산과 부채가 결정되면 자산총액에서 부채총액을 차감한 것을 자본equity 또는 순자산net asset이라 부른다. 자본을 구성하는 대표적 항목은 기업 설립 시 최초 사업 자금, 이후 추가자금이 필요해 투자자들로부터 투자를 받은 금액, 영업이 잘 되어 종전보다 자산이 늘거나 부채가 줄게 되면 이 금액 역시 자본이 될 수 있다.

4.2 손익계산서

투자자들이 궁금해 하는 또 다른 내용은 영업의 결과로 앞서 재무상태표 상에서 파악한 순자산(자산 - 부채)이 처음보다 늘어났다면 또는 줄어들었다면 도대체 그 이유는 무엇이며 그 구체적인 내용은 무엇인가 일 것이다. 기업에서 순자산이 늘게 되는 대표적인 원인 중 하나는 제품의 생산이나 판매를 위해 벌어들인 돈보다 분명 제품의 판매를 통해 더 많은 돈을 벌게 되었기 때문일 것이다. 그렇다면 제품을 팔아서 들어온 돈 또는 자산은 얼마일까? 또 제품을 생산하는 데 소요된 돈이나 소비된 자산은 얼마일까? 그리고 영업이나 관리를 위해 소비한 돈은 얼마일까? 재무상태표와 마찬가지로 이러한 내용을 일목요연하게 표로 만들어 낼 수 있다면 이 역시 투자자에게 유용한 정보가 될 것이다. 이러한 정보를 보여주는 보고서를 손익계산서Income Statement, Statement of Financial performance라 부른다.

손익계산서는 여러 항목들로 구성되어 있지만 가장 중요한 항목으로는 매출, 매출원가, 판매비와 관리비 등이 있다. 상품이나 제품을 판매한 후 기업에 유입된 현금이나 자산을 금액으로 표시한 것을 매출sales이라고 한다. 한편 매출원가Cost of goods sold는 매출을 실현시키기 위해 제공된 상품 또는 제품의 생산에 소요된 현금이나 자산을 금액으로 표시한 것이다. 그리고 판매비와 관리비는 영업이나 기업을 관리하는 과정에서 소요된 것들을 의미한다.

이처럼 손익계산서는 영업의 과정에서 유입된 자산(감소한 부채)과 유출된 자산(증가한 부채)의 내역을 보여주는 표라고 할 수 있다. 일반적으로 크게 분류하여 영업과정에서 유입된 자산(감소한 부채)을 수익revenue이라고 부르고 수익을 창출하기 위해 희생된 자산(증가한 부채)을 비용expense이라고 부른다. 그러므로 앞서 언급한 매출은 수익의 한 구성항목이며 매출원가는 비용의 한 구성항목이라고 할 수 있다. 손익계산서는 이처럼 수익과 비용의 내용이 자세히 항목별로 제시되어 있는 정보라고 할 수 있다.

앞서의 두 가지 대표적인 정보, 즉 재무상태표와 손익계산서는 서로 밀접하게 연결되어 있다. 두 시점의 재무상태표를 통해 순자산의 증감여부를 확인할 수 있으며 증감의 구체적인 내용은 손익계산서에서 파악할 수 있으며 반대로 손익계산서에서 파악한 수익에서 비용을 차감한 금액(이것을 '이익'이라 부른다)은 재무상태표의 순자산의 증감으로 나타난다는 것이다.[10)]

4.3 현금흐름표와 자본변동표

투자자가 관심을 가질 수 있는 또 다른 정보로서 현금흐름표Cash Flow Statement가 있다. 이는 특정기간 초와 기간 말에 보유현금이 변했다면 그 구체적인 이유가 무엇인가를 보여주는 표이다. 앞서 언급한 내용에 의하면 두 시점의 재무상태표로부터 순자산이 증가하

10) 정확하게 말하자면 두 기간의 재무상태표에서 파악한 순자산의 증감은 이익 뿐만 아니라 출자나 배당 등 자본거래에서도 발생할 수 있다. 이에 대해서는 후술하며 여기서는 자본거래를 통한 순자산의 증감은 없다고 가정한다.

고 그 내용을 손익계산서상에서 확인할 수 있다하더라도 순자산의 증가가 바로 현금의 증가를 의미하지 않는다는 것을 짐작할 수 있다. 영업을 통해 현금이 늘었더라도 그 현금으로 설비투자를 했다면 현금은 오히려 처음보다는 줄었을 수도 있다. 또는 영업이 부진하여 현금이 별로 유입되지 않았다하더라도 은행에서 차입을 하여 그 돈을 현금으로 보유하고 있다면 현금은 처음보다 증가할 수도 있기 때문이다.

현금의 보유액이나 그 보유과정은 기업의 지불능력이나 재무적인 탄력성[11]과 관련된 정보를 제공할 수 있기 때문에 현금의 증감내역을 보여주는 현금흐름표는 투자자나 채권자들에게 중요한 내용이 된다. 현금흐름표에는 영업을 통한 현금증감액, 투자활동을 통한 현금증감액, 그리고 재무활동을 통한 현금증감액을 각각 항목별로 보여준다.

마지막으로 앞선 재무상태표, 손익계산서, 현금흐름표 등 보다는 상대적으로 덜 중요한 요약표로는 자본변동표Statement of Changes in Equity가 있다. 자산에서 부채를 뺀 순자산 즉, 자본 역시 구성내용이나 금액이 기간마다 달라질 수 있다. 투자자로부터 새로운 투자를 받을 수도 있으며, 영업의 성과가 좋아 이익이 발생하면 자본이 늘 수 있다. 이러한 내용을 요약한 표가 자본 변동표이다.

이처럼 재무회계정보는 특정시점에 있어 기업의 재산상태를 보여주는 재무상태표, 특정기간에 수익과 비용의 내역을 보여주는 손익계산서, 그리고 같은 기간의 현금증감 내역을 보여주는 현금흐름표, 자본구성내용과 금액의 변화를 보여주는 자본변동표로 대표될 수 있다. 이들 정보는 투자자와 채권자의 의사결정에 가장 기본적이고 대표적인 재무회계정보로서 자리 잡고 있다.

4.4 회계기준

재무제표로 대표되는 재무회계정보는 특정 기업과 그 이해관계자에만 국한되는 것이 아니고 자본시장에 참여하고 있는 불특정 다수의 의사결정에도 영향을 줄 수 있으며 더 나아가 국가 경제 전체에도 중요한 역할을 한다.

자본시장에서는 많은 기업들이 사업자금을 확보하기 위해 주식 또는 채권을 발행하고 투자자는 주식을, 채권자들은 채권을 취득한다. 투자자는 회사에 자금을 투자하는 대신 영업결과가 좋으면 자신의 투자지분에 따라 이익의 일부를 배당으로 받을 수도 있고, 자신의 지분을 다른 투자자에게 팔아 차익을 얻을 수 있다. 그 대신 영업결과가 안 좋다거

11) 갑작스러운 자금수요나 투자기회에 대응하는 기업의 능력

나 전망이 불투명하면 배당은 커녕 자신의 지분이 휴지조각이 될 수 있는 위험이 있다. 당연히 투자자들이 주식에 투자할 때는 그 기업의 현황과 전망에 대해 고민하고 배당이나 시세차익을 얻을 수 있을 것으로 예상되는 기업을 선택할 것이다.

투자대상이 되는 여러 기업 중 하나를 선택해야 한다면 이들의 미래 전망과 가능성을 점치고 각 기업을 비교할 수 있는 잣대가 필요한데 재무제표가 그 중요한 역할을 해 줄 수 있다. 다만, 재무제표가 기업을 평가할 수 있는 유의미한 정보를 담고 있어야 할 뿐만 아니라 모든 기업의 재무제표가 동일한 방식과 기준으로 작성이 되어 기업 간에 비교가 가능해야 한다. 채권자의 경우도 마찬가지이다. 기업의 신용상태나 지불능력에 대한 판단이 중요한 채권자들은 이에 대한 기본적인 정보를 재무제표에서 얻을 수 있다.

그러나 기업마다 편의에 따라 임의로 작성한 재무제표는 투자자나 채권자의 판단에 도움이 되지 않을 뿐만 아니라 자칫하면 자본시장 전체에 악영향을 줄 수 있다. 예컨대 재무제표를 통해 재무상태가 건전하고 영업성과가 견고하여 장래성이 있다고 판단하여 투자한 기업이 하루아침에 부도가 났다고 하자. 투자자들은 재무제표를 믿고 그 회사에 투자를 했는데 실상 그 재무제표는 엉터리였으며 그 기업뿐만 아니라 다른 기업들의 재무제표 역시 마찬가지로 엉터리인 것이 밝혀졌다면 어떤 일이 발생할 것인가? 투자자들은 죄다 자기의 주식을 주식시장에 내다 팔려 하지만 그 주식을 사겠다는 사람은 있을 리 만무하다. 일시에 모든 주식의 가치는 곤두박질치게 되어 주식거래는 정지되고 주식시장이 붕괴되는 것은 한낱 상상속의 이야기가 아니다. 1929년 미국 뉴욕 주식시장의 붕괴와 대공황의 원인 중에 하나가 재무제표 정보가 부실했기 때문이라는 것을 역사는 말해주고 있다.

재무제표가 투자자와 채권자 의사결정에 유용한 정보가 되기 위해서 그 정보를 산출하는 방식과 기준이 필요하다는 것을 의미한다. 투자자나 채권자에게 유용한 재무제표가 되기 위해서는 독립적이고 권위 있는 기관에서 재무제표 작성에 대한 가이드라인이나 기준을 제시할 필요가 있으며 기업들이 이 기준을 준수하도록 강제화할 필요가 있다. 실제로 우리나라를 포함한 거의 대부분의 나라에서 재무제표 작성을 위한 회계기준accounting standards을 마련하고 있으며, 이에 대한 준수여부를 독립적인 공인회계사의 감사audit와 감사의견audit opinion을 통해 확인할 수 있도록 하고 있다.

SECTION 5 회계의 역사

회계의 정의를 어떻게 내리는가에 따라 회계의 역사는 달라질 수 있다. 지금 우리가 접하고 있는 회계와 흡사한 모습을 기준으로 역사를 말하자면 가장 쉽게 떠올리는 것은 르네상스시대의 이탈리아 회계제도이다. 그러나 회계를 좀 더 넓게 정의하여 '정보이용자가 적절한 판단과 의사결정을 할 수 있도록 경제적 정보를 식별, 측정 및 보고하는 과정'이라고 하면 회계의 역사는 적어도 고대시대까지 거슬러 올라갈 수 있는데 메소포타미아 수메르의 토큰회계제도(BC 8000~BC 2000), 중국의 삼주치부법(BC4000~0), 인도의 아르타사스트리(BC 300), 고대 그리스와 로마의 회계제도 등이 그 예라고 할 수 있다. 이후에도 지역별로 각자의 정치 및 경제 환경에 적합한 회계제도가 독자적으로 개발되고 발전되었지만[12] 후술하는 파치올리의 저서로 대표되는 르네상스 이탈리아 회계제도를 현대 회계의 효시로 보고 있다.

5.1 복식부기와 루카 파치올리

복식부기double entry bookkeeping[13] 및 그 절차는 십자군전쟁 이후 이탈리아에서 비롯된 상업의 눈부신 팽창으로 나타나기 시작하였다. 이전에 사용되던 조악한 형태의 부기절차는 급속히 성장하는 해외무역에서 나타나는 복잡한 거래를 기록하기에는 부족한 점이 많았으므로 이를 해결하기 위한 효율적인 장부기록방법의 개발 과정에서 복식부기는 서서히 진화되어 갔다. 14세기 르네상스 시대를 맞이하여 중부의 피렌체를 시작으로 제노바, 밀라노를 거치면서 베네치아에 이르러 성숙된 모습을 보이게 된다. 남아있는 당시 실제 회계자료가 빈약하여 복식회계에 대한 역사연구는 초기저서를 중심으로 이루어졌는데 가장 중요한 것은 루카 파치올리Luca Pacioli가 집필한 1494년 저서인 '산술, 기하, 비율 및 비례총론'에서 다룬 '계산과 기록에 관한 상세한 논의'라고 할 수 있다.[14]

이 시기에 가장 두드러진 회계의 특징은 현대회계의 근간을 이루는 복식부기라고 할 수 있다. 그 내용은 재산목록표의 작성, 거래의 비망기록을 포함하는 일기장 작성, 개별거래의 대차분석과 분개, 회계등식을 유지하면서 분개의 내용을 원장에 전기, 시산표의 작

---

12) 이집트 게니자 회계자료에서 발견되는 이슬람회계, 중국 당송시대의 사주치부법, 명나라의 용문장 회계, 청나라의 천지합회계, 우리나라 고려시대의 송도 사개치부법 등의 예를 들 수 있다.

13) 복식 부기는 말 그대로 한 거래를 이중으로 기록하는 방식을 의미하는데 자세한 것은 제2장과 제3장에서 배우게 된다.

14) 이 저서의 원제목은 Summa de Arithmetica, Geometrica, Proportioni et Proportionalita이나 보통 Summa(쑴마)라 부른다. 이 책의 저자인 파치올리는 당시에 통용되던 회계방식을 정리한 것일 뿐 발명한 것은 아니다. 그럼에도 불구하고 역사적으로 가장 중요한 회계저서이기에 파치올리를 '현대회계의 아버지'라고 많이 부른다.

성, 수익과 비용 등 명목 계정의 잔액을 손익계정으로 이체하고 다시 자본 계정에 이체하는 방식 등으로 요약할 수 있다. 이러한 회계제도의 확산에는 구텐베르크의 인쇄술과 더불어 파치올리의 저서가 결정적인 역할을 하였으며 때마침 회계실무자의 수요가 늘어 회계교육이 활성된 것도 중요한 요인이 되었다.

5.2 산업혁명

18세기 무렵 영국에서의 산업혁명은 직·간접적으로 회계에 많은 영향을 미쳤다. 인구 및 수요의 증가, 기술의 발전 등으로 대규모 제조활동이 본격화되면서 대자본을 필요로 하는 공장이 등장하고 이를 뒷받침할 은행과 증권거래소가 나타나는 시기이다. 한편 대자본을 유치하는 과정에서 경영에 직접 참여하지 않은 주주나 채권자 등에 대한 재무보고가 중요한 문제로 대두된다. 산업혁명시기의 여러 가지 변화, 즉, 주주와 구별되는 기업실체, 계속기업의 개념, 자본과 이익의 구별, 감가상각의 개념, 원가회계시스템의 필요성 등은 파치올리 시기의 회계시스템을 현대의 대규모 산업조직에 적합한 형태로 발전하는 계기를 마련해준다.

현대적인 의미의 주식회사 출현으로 적절한 절차를 통한 회계감사의 필요성이 대두되어 회계전문가인 회계사가 등장하기도 한다. 18세기 후반 영국에서 처음으로 등장한 회계사는 19세기 후반 빅토리아 여왕의 승인을 얻는 칙허회계사회chartered accountant를 구성하기에 이른다. 미국의 산업화로 영국으로부터 막대한 자본이 유입되는 과정에서 영국의 칙허회계사들도 감사인으로서 미국에 건너가 회계법인을 설립하게 된다.[15] 19세기 후반부터 영국에서 미국으로 건너간 회계사들은 미국공인회계사회AICPA의 전신을 설립하게 되는데 이 단체는 지금까지 미국 회계업계에 큰 영향을 미치고 있다.

5.3 미국 경제공황과 회계기준

1930년대 이전까지 회계의 발전은 자유방임적인 경제 환경과 규제가 없는 상태에서 이루어졌다. 기업의 회계실무와 절차는 대부분 내부적으로만 통용되는 것으로 일관성이 떨어져 같은 기업이라 하더라도 기간별로 비교하는 것이 쉽지 않았으며 기업간의 비교는 말할 것도 없었다. 그나마 은행이나 채권자들이 요구하는 부채지불능력에 대한 회계 보고

---

15) 1895년 설립된 미국 최초의 회계법인인 하스킨 엔 셀즈Haskins and Sells는 현재 미국의 4대 회계법인의 하나인 딜로이트 Deloitte Touche Tohmatsu Limited의 전신이다.

는 나은 편이었다.

1차 세계대전이후 민간부문에 많은 현금이 풀린데다 마침 기업들은 규모를 확장하고 있던 터라 기업에 투자하는 개인투자자의 수는 엄청나게 증가하였지만 이에 걸맞는 투자자들을 위한 재무보고가 이루어지지 않은 것이 화근이 되었다. 주식투자자들은 1929년의 주식시장 붕괴와 뒤이은 경기침체를 통해 일관성 없는 다양하고 자의적인 당시 회계 및 보고실무가 주식투자를 위한 재무정보 제공에 적합하지 않다는 것을 알게 되었다.

1934년 미국에서는 증권법과 증권거래법을 관리하기 위한 증권거래위원회SEC가 설립되어 재무정보의 형식과 내용을 강제화할 수 있는 규제기관으로 등장하였으며 회계기준을 만들기 위한 노력의 시발점이 되었다. 이후 많은 우여곡절 끝에 1973년 미국회계기준 제정을 위한 민간기구로 재무회계기준위원회FASB가 발족되었고 현재까지 회계발전에 가장 큰 영향을 미치고 있다. 재무보고의 목적이 정보이용자의 투자 및 신용의사결정에 유용한 정보를 제공하는 데 있다고 하는 현대적인 재무회계의 기틀을 마련한 것도 이 때의 일이다.

5.4 국제회계기준

21세기 들어서면서 가속화된 자본시장의 세계화로 국경에 상관없이 통용될 수 있는 투명하고 신뢰성 있는 회계정보와 이를 위한 범세계적인 단일회계기준의 필요성이 대두되었다. 2002년 미국 재무회계기준위원회FASB와 국제회계기준위원회IASB가 공동으로 노력하여 세계적으로 통용되는 단일의 회계기준을 만들기로 한 노워크Norwalk협약을 계기로 국제회계기준IFRS은 글로벌 회계기준으로서의 위상을 갖추기 시작하였다. 2005년 EU에 상장된 모든 EU기업에 대해 의무화하였으며 2011년 의무화한 우리나라를 포함하여 2018년 현재 144개국이 단일회계기준으로 사용하고 있다.

쉬어가기 회계(會計)의 전설

2014년 봄에 한 권의 책이 발표되었다. 특이하게도 미국 남가주대학교(USC)의 역사학과 교수가 회계를 주제로 단행본을 낸 것이다. 책 제목(심판의 날: 재무회계 책임과 국가의 흥망성쇠)을 풀어보자면 '회계 책임을 제대로 이행하는 국가는 흥할 것이요, 그렇지 못하는 국가는 곧 심판받고 망할 것이다'라는 정도로 이해할 수 있다. 실상 이 책에서는 바로 이러한 명제를 멀게는 유럽의 중세 시대부터 가깝게는 20세기 미국의 사례를 들어 설명하고 있다.

회계를 '국립국어원 표준국어대사전'에서 찾아보면, 아래와 같이 비슷하지만 조금씩 다른 의미로 사용되고 있음을 알 수 있다.

① 나가고 들어오는 돈을 따져서 셈을 함 ② 빚이나 물건값, 월급 따위를 치러 줌 ③ 개인이나 기업 따위의 경제 활동 상황을 일정한 계산 방법으로 기록하고 정보화함 ④ 금전의 출납에 관한 사무를 보는 사람

회계학 교재에서 제시되는 회계의 정의는 3번에 해당한다. 그럼 '회계'라는 용어는 언제부터 사용되기 시작했을까? '회계'는 accounting을 번역하기 위해 만들어진 용어일까? 궁금하지 않은가? 한자로 기록된 여러 고서에도 '會計'가 등장하는 것으로 보아 회계는 accounting의 단순한 번역이라기보다는 오래전부터 중국과 일본, 그리고 우리나라에서 실제 사용되어 온 단어임을 할 수 있다.

1. 맹자(孟子)

사서오경의 하나인 '맹자'의 만장 하편을 보면 "孔子嘗爲委吏矣, 曰: '會計當而已矣."라는 문구에 '會計'가 등장한다. "공자께서 한 때 곡식 창고의 관리인으로 일하신 적이 있었는데, 회계를 올바르게 하면 충분하다고 말씀하셨다."라는 말이며, 속뜻은 "자고로 관리는 지위와 돈을 탐하지 말고 맡은 바 소임을 다해야 한다"이다. 여기에서 회계의 의미는 '곡물의 입출고 및 재고량을 잘 확인했다'라는 의미라고 할 수 있다.

2. 사기(史記)

사마천의 사기 중 '하본기(하나라에 대한 기록)'에는 "或言禹會諸侯江南, 計功而崩, 因葬焉, 命日會稽. 會稽者, 會計也."에서 '會計'가 등장한다. "사람들이 말하길, 우임금이 제후들을 만나 공적에 대해 논의하다가 세상을 떠났는데 우임금이 안장된 장소를 회계(會稽)라고 부르게 되었다. 회계(會稽)라는 명칭은 회계(會計)에서 유래되었다."라는 말이며 이때의 회계는 성과에 대한 평가를 의미한다고 볼 수 있다.

3. 조선왕조실록

조선왕조실록의 태조실록 1권 태조의 즉위 교서(1392년 7월 28일)에도 '會計'가 쓰였다. "錢穀經費, 有國之常法。義成、德泉等諸倉庫、宮司, 仰三司**會計**出納之數"라는 문장인데, "국가활동을 위해 돈과 곡식을 징수하는 것은 국가에 있어 항상 중요하다. 따라서 의성과 덕천 등에 있는 창고와 궁궐의 재정을 관리하는 조직에 대해서는 삼사가 회계 업무를 담당하여 수입과 지출에 대한 수치를 산출하라."라고 해석할 수 있으며 회계학 교재에서 소개되는 회계의 정의와 가장 유사한 의미로 사용되었다고 할 수 있다.

친 절 한 회계원리 Accounting

연습문제

1.1 개념확인

다음 빈칸을 채우시오.

① (　　　　)은(는) 기업의 이해관계자가 기업과 관련하여 합리적인 의사결정을 할 수 있도록 기업에 재무적 영향이 있는 경제적 사건이나 거래를 식별, 기록, 전달하는 과정이며 하나의 정보시스템이다.

② 기업의 영업성과와 재무상태에 대한 회계정보는 기존의 투자자나 채권자뿐만 아니라 자본시장에 존재하는 불특정의 잠재적 투자자나 채권자들에게도 중요한 정보가 되는데 이를 다루는 회계영역을 (　　　　)(이)라고 한다.

③ 기업가치의 극대화를 달성하기 위해 필요한 경영자의 의사결정, 종업원들에 대한 성과평가나 보상과 같은 유인 제공에 필요한 정보를 다루는 회계영역을 (　　　　)(이)라 한다.

④ 재무회계정보는 크게 재무상태표, (　　　　), 현금흐름표, (　　　　)(으)로 구성되어 있다.

⑤ (　　　　)(은)는 어떤 특정 시점에 기업의 재산상태를 보여준다. 구체적으로 자산, 부채, 자본의 구성항목과 각 금액을 보여준다.

⑥ (　　　　)(은)는 특정 기간에 기업의 영업성과를 보여준다. 대표적인 구성 항목으로는 매출, 매출원가, 판매비와 관리비 등이 있다.

⑦ 투자자나 채권자에게 유용한 재무제표가 되기 위해서는 독립적이고 권위 있는 기관에서 재무제표 작성에 대한 (　　　　)(을)를 제시할 필요가 있으며 기업들이 이를 준수하도록 강제화할 필요가 있다.

⑧ 회계역사에서 대표적인 초기 회계저서라 할 수 있는 것은 (　　　　)(이)가 집필한 1494년 저서인 '산술, 기하, 비율 및 비례 총론'에서 다룬 '계산과 기록에 관한 상세한 논의'라고 할 수 있다.

⑨ 21세기 들어서면서 가속화된 자본시장의 세계화로 국경에 상관없이 통용될 수 있는 투명하고 신뢰성 있는 회계정보와 이를 위한 범세계적인 단일회계기준의 필요성이 대두되었는데 우리나라는 2011년부터 상장기업에 대해 (   )의 적용을 강제화하고 있다.

연습문제 해답

[연습문제 1.1]

① 회계 ② 재무회계 ③ 관리회계 ④ 손익계산서, 자본변동표
⑤ 재무상태표 ⑥ 손익계산서 ⑦ 회계기준 ⑧ 루카 파치올리 ⑨ 국제회계기준

2

CHAPTER

재무제표와 회계등식

CONTENTS

CHAPTER 2 재무제표와 회계등식

회계는 재무제표를 통해 기업의 경제활동에 대한 정보를 제공한다. 재무제표를 이루는 요소에는 자산, 부채, 자본, 수익, 그리고 비용이 있는데 이들은 서로 결합되어 나타나며 그 기본원리는 회계등식에서 찾을 수 있다. 본 장의 전반부에서 재무제표의 목적, 재무제표의 요소, 재무제표의 종류와 내용 등에 대하여 알아보며 후반부에서는 재무제표의 기본원리인 회계등식을 통해 거래를 기록하고 이를 요약하여 재무제표를 작성하는 방법을 살펴본다.

SECTION 1 재무제표

회계는 재무제표를 통해 기업활동에 대한 정보를 제공한다. 기업에서 이루어지고 있는 수많은 거래들이 재무제표라는 정보형태로 요약되기 위해서는 해당 거래를 확인 및 식별하는 일로부터 시작하여 이를 체계적으로 기록하고 요약 정리하는 과정이 필요하다. 이를 이해하기 위해 기업의 거래 중에서 재무제표에 반영되어야 하는 거래를 식별한 후 해당 거래를 회계등식으로 표시하고 최종적으로 재무제표에 어떻게 나타나는가를 살펴본다. 회계등식 상에서 거래를 파악하는 것은 이후에 다룰 계정, 분개 및 전기를 이해하는 데 있어 가장 기초적인 개념에 해당하므로 잘 이해하여야 한다.

본 장의 내용은 회계과정을 구체적으로 이해하는 데 있어 가장 기초이면서도 핵심적인 내용을 다루고 있으므로 비유를 들자면 한글이나 영어와 같은 언어를 습득하기 위해 배우는 ㄱ, ㄴ, ㄷ 이며 A, B, C 라고 할 수 있다.

1.1 재무보고목적을 위한 재무제표

기업은 외부의 다양한 이해관계자의 경제적 의사결정을 위해 기업의 경제적 실질에 관한 재무정보를 정기적으로 보고할 필요가 있다. 이러한 재무보고의 핵심적인 수단이 바로 회계정보인 재무제표financial statements이다. 그러나 이해관계자마다 필요로 하는 회계정보의 상세수준이나 양에 차이가 있어 모든 사람들이 만족할 수 있는 재무제표를 제공하는 것은 현실적으로 쉽지 않다. 이러한 이유로 사회 전체적인 자원배분에 가장 중요한 역할을 하는 기업의 투자자와 채권자 등을 주 대상으로 하는 재무제표를 작성하는 것이 일반적이다.

기업의 현재 또는 미래 투자자와 채권자들은 자신들의 투자의사결정이나 신용의사결정에서 기본적인 정보로 재무제표를 활용하게 되는데 이를 통해 '기업이 미래에 돈을 잘 벌 수 있는가 하는 능력' 즉, 미래 현금창출능력을 판단할 수 있으며, 경영자에게 위탁한 자원을 잘 보전하고 효율적으로 운영하고 있는지를 평가할 수 있다.

재무제표에는 기업이 보유하고 있는 경제적 자원, 기업이 지고 있는 의무, 자본변동, 경영성과, 현금흐름 등에 관한 재무정보를 담고 있다. 보다 구체적으로는 ① 회계기간 말 재무상태에 관한 정보를 나타내는 재무상태표, ② 회계기간 동안 경영성과에 관한 정보를 나타내는 손익계산서, ③ 회계기간 동안 현금의 유입액과 유출액을 설명하는 현금흐름표, ④ 자본의 변동에 관한 정보를 제공하는 자본변동표, ⑤ 재무제표의 이해를 돕기 위해 세부 내용에 대한 추가적인 설명을 하는 주석으로 구성되어 있다. 재무제표는 정기적으로 외부에 공시되는데 보통 분기, 반기, 그리고 년 단위의 회계기간을 기준으로 작성된다.

1.2 재무제표의 요소

기업에 재무적인 영향을 주는 거래나 사건은 그 특성에 따라 몇 개의 재무제표요소로 나타낼 수 있다. 재무제표요소elements는 재무상태표를 구성하는 자산, 부채, 자본과 손익계산서를 구성하는 수익과 비용이다.

1) 자산

자산asset은 '과거 거래나 회계사건의 결과로 특정 기업에 의해 획득되고 통제되는 경제적 자원'이다. 이러한 경제적 자원은 기업에게 미래 경제적 효익future economic benefits을 가져다 줄 수 있는 재화나 용역이라고 할 수 있다. 여기서 미래 경제적 효익은 장차 기업에 현금을 가져다 주거나 기업 밖으로 유출할 현금을 줄여주는 역할 즉, 미래 순현금 창출능력을 의미한다. 예를 들어 기업이 판매하기 위해 보유하고 있는 상품은 자산이라고 할 수 있는데 이를 판매하면 현금을 받을 수 있기 때문이다.

2) 부채

부채liability는 '과거 거래나 회계사건의 결과로서 현재 기업이 부담하고 있는 경제적 의무'이다. 이러한 경제적 의무에서 벗어나기 위해서는 기업의 경제적 자원을 희생해야 한다. 즉, 기업이 지고 있는 현재 의무를 이행하기 위해서는 일반적으로 미래의 경제적 효익의 희생future sacrifices of economic benefits 즉, 재화나 용역의 제공이 필요하다. 예를 들어 은행에서 대출을 받은 기업은 만기일까지 차입금을 현금으로 상환해야 될 의무가 있으므로 부채라고 할 수 있다.

3) 자본

자본equity은 기업의 자산총액에서 부채총액을 차감한 것으로 순자산net assets이라고도 한다. 정의상 자산과 부채가 확정되면 자본 총액은 기계적으로 얻어진다. 주식회사의 경우 자본은 기업의 재산 중에 채권자들이 소유권을 주장할 수 있는 부분(채권자 지분)을 제외한 잔여 지분으로 주주들의 몫을 의미한다.

4) 수익

수익income은 출자를 제외한 '자산의 유입이나 증가 또는 부채의 감소에 따라 자본의 증가를 초래하는 특정 회계기간에 발생한 경제적 효익의 증가'로 정의한다. 수익에는 매출액, 이자수익 등과 같이 기업의 경상적인 활동에서 발생하는 경제적 효익의 증가인 협의의 수익revenue과 기타 경제적 효익의 증가인 차익gain으로 나눌 수 있다.

5) 비용

비용expenses은 배당을 제외한 '자산의 유출이나 소멸 또는 부채의 증가에 따라 자본의 감소를 초래하는 특정 회계기간 동안에 발생한 경제적 효익의 감소'로 정의한다. 비용에는 매출원가나 급여 등과 같이 기업의 경상적인 활동에서 발생하는 경제적 효익의 감소와 유형자산처분손실과 같은 기타 경제적 효익의 감소인 차손(손실)loss으로 나눌 수 있다. 한편 수익에서 비용을 차감한 잔액을 순이익net income이라 부른다.

<그림 2-1>에는 자산, 부채, 자본, 수익, 비용의 구체적 예가 제시되어 있다.

[그림 2-1] 자산, 부채, 자본, 수익, 비용의 예

자산	현금	통화, 타인발행수표, 당좌예금 및 보통예금
	매출채권	상품 및 제품을 판매하거나 용역을 제공하는 과정 등 일반적 상거래에서 발생한 채권(돈을 받을 권리)
	재고자산	판매목적으로 취득한 상품이나 생산한 제품, 제품제조를 위해 필요한 원재료 등
	미수금	일반적 상거래 이외에서 발생한 미수채권
	대여금	빌려준 돈으로 1년 이내에 회수되는 단기대여금과 1년을 초과하는 장기대여금으로 분류
	토지	영업용으로 사용되는 대지 및 임야 등. 투자목적으로 구입한 토지는 투자부동산이라는 명칭으로 분류
부채	매입채무	상품이나 원재료 등을 매입하는 과정에서 발생한 채무(돈을 갚을 의무)
	미지급금	일반적 상거래 이외에서 발생한 미지급채무
	차입금	금융기관 등으로부터 빌린 돈으로 1년 이내에 상환하는 단기차입금과 1년을 초과하는 장기차입금으로 분류
자본	자본금	소유주나 주주가 사업을 위해 출자한 금액
	이익잉여금	회사 설립 후 순이익에서 배당 등의 사외유출액을 차감한 이익의 누계액으로 기업 내부에 유보된 이익
수익	매출	상품, 제품 등을 판매하거나 서비스를 제공하고 얻는 수익
	임대료	사무실 등의 자산을 빌려주고 그 대가로 받는 수익
	이자수익	자금을 빌려준 대가로 받게 되는 이자
비용	매출원가	매출을 창출하는 과정에서 거래 상대방에게 판매한 상품의 취득원가나 판매한 제품의 제조원가
	급여	기업활동을 수행하는 종업원들에게 지불된 노동의 대가
	임차료	사무실 등을 빌려서 사용하는 대가로 지불하는 비용
	광고선전비	매출 향상이나 기업이미지 제고를 위한 광고에 지출하는 비용
	이자비용	빌린 자금에 대한 대가로 지급하는 이자

1.3 재무제표의 종류

1) 재무상태표

재무상태표Balance Sheet, Statement of Financial Position는 특정 시점의 기업의 재무상태, 즉, 투자활동의 결과인 자산, 재무활동의 결과인 부채와 자본에 대한 정보를 제공한다. 재무상태표는 기업의 자원인 자산과 자산에 대한 지분 또는 청구권인 부채와 자본으로 구성되어 있다. 자산, 부채 및 자본 간의 관계는 정의로부터 도출되는 다음의 등식으로 설명할 수 있다.

자 산 = 부 채 + 자 본

자산에서 부채를 차감한 것을 자본이라 하였으므로 기계적으로 이 등식은 항상 성립하지만 경제적인 면에서 자산의 재원이 타인자본인 부채와 자기자본인 자본에 의하여 구성되고 있음을 보여주기도 한다. 이 등식을 회계등식accounting equation 또는 재무상태표 등식이라고 한다. 재무상태표의 작성형식에는 회계등식의 모습대로 자산은 왼쪽에 그리고 부채와 자본은 오른쪽에 구분하여 표시하는 계정식 재무상태표account form와 자산, 부채, 자본의 순서에 따라 상하로 작성된 보고식 재무상태표report form가 있다.

[그림 2-2] 재무상태표 형식

2) 손익계산서

손익계산서Income Statement, Statement of Financial Performance는 일정 기간 동안 기업의 재무성과에 대한 정보를 제공하는 재무보고서로서 수익과 비용 및 수익에서 비용을 차감한 순이익 정보 등 기업의 영업성과를 요약한 것이다. 순이익 정보는 수익창출능력 즉, 미래 현금흐름의 예측에 유용한 정보를 제공한다. 광의의 손익계산서는 당기순이익과 기타포괄손익을 모두 보여주는 포괄손익계산서와 당기순이익만을 보여주는 협의의 손익계산서로 구분할 수 있지만 본 서에서는 후자만을 다룬다.[1)]

3) 자본변동표

자본변동표Statement of Changes in Equity는 한 회계기간 동안 발생한 소유주 지분인 자본의 변동을 표시하는 재무보고서로서 자본금, 이익잉여금, 기타 자본항목 등의 기간 초 금액과 기간 말 금액을 비교하고 그 변동항목 및 금액에 대한 정보를 제공한다.

4) 현금흐름표

현금흐름표Statement of Cash Flow는 회계기간초 현금잔액과 회계기간말 현금잔액을 비교하여 그 차이 금액의 내용을 구체적으로 보여주는 보고서이다. 즉, 회계기간 중의 현금 유입과 현금 유출 즉, 현금흐름을 영업활동 현금흐름, 투자활동 현금흐름, 재무활동 현금흐름으로 구분하여 표시된다.

영업활동 현금흐름은 기업의 주요한 수익창출활동과정에서 발생한 현금 유입 및 유출액을 보여주며, 투자활동 현금흐름에서는 영업활동을 위해 필요한 건물 및 설비 등의 자산 취득이나 처분에서 발생한 현금 유입 및 유출액을 보여준다. 재무활동 현금흐름은 투자자나 채권자로부터 자금을 조달하거나 상환하는 과정에서 발생한 현금 유입 및 유출액을 보여준다.

5) 주석

주석notes은 재무제표의 본문에 있는 항목에 관한 추가적인 정보를 제공한다. 재무제표의 작성기준, 중요한 거래와 회계사건의 회계처리에 적용한 회계정책, 재무제표의 본문에 표시되지 않는 사항 등 재무제표를 이해하는 데 필요한 정보를 포함한다.

---

1) 기타포괄이익항목은 본 서 수준을 넘는 내용이므로 재무회계나 중급회계 교재를 참고하기 바란다.

SECTION 2

회계거래와 회계등식

2.1 회계의 대상이 되는 거래 또는 사건

기업은 기업목표를 위해 다양한 활동을 수행한다. 일반적인 상품 매매업을 하고 있는 기업이라면 상품을 매입하고 판매하는 활동이 기본이지만 이 영업활동을 수행할 수 있는 직원을 고용하고 관리하는 활동도 그에 못지않게 중요하다. 제품을 판매하는 것뿐만 아니라 생산을 동시에 행하는 제조업이라면 앞서서의 상품매매기업의 활동은 물론, 제조에 필요한 제품개발이나 설계, 자재구매와 제조활동도 필요하다. 이처럼 기업은 가장 기본적인 영업활동은 물론이고 그 기본적인 활동을 지원하는 무수한 활동을 수행하게 된다. 그렇다면 기업의 이러한 모든 활동이 회계의 대상이라고 할 수 있는가?

회계의 대상이 되기 위해서는 거래나 특정 사건 중에서 기업의 재무 상태에 변화를 줄 수 있어야 한다. 즉, 재무상태표에 표시되는 자산, 부채, 자본에 영향을 줄 수 있는 것만이 그 대상이 된다. 예를 들어 판매할 기계를 현금으로 구입한 경우라면 현금이라는 자산이 감소하는 대신 기계라는 자산이 생기기 때문에 기업의 자산항목구성에 변화가 있게 된다. 따라서 이는 회계상 거래라고 할 수 있다. 그러나 직원을 채용하는 것과 같은 기업의 활동은 회계거래라고 할 수 없다. 왜냐하면 인력을 채용하는 사실 자체만으로는 기업의 재무상태에 영향을 줄 수 없기 때문이다. 또 다른 기업과 단순히 계약금의 지불없이 상품 구매계약을 맺는 것 역시 실질적으로 재무상태에 영향을 주지 않기 때문 회계상으로는 기록하지 않은 기업의 거래라고 할 수 있다.

그러나 기업의 활동이라고 할 수 없는 특정 사건이 회계의 대상이 되는 경우도 있다. 예를 들어 대형 화재나 홍수로 인하여 기업이 보유하고 있는 상품이 소실되거나 훼손되어 상품으로서 가치가 없는 경우는 일반적인 기업 활동이라고 할 수는 없으나 분명 기업의 재무상태에 영향을 주는 사건이 되므로 회계의 대상이 된다. 또 보유하고 있던 기계를 도난당한 경우도 이러한 범위에 포함된다.

일반적으로 자산, 부채 또는 자본에 변화를 낳고 그 변화의 정도를 화폐 금액으로 측정할 수 있는 거래나 사건이 발생했을 때 이를 회계상의 거래라고 보고 기록의 대상으로 삼게 된다. 그러므로 회계상의 거래라고 할 때 기업의 통상적인 거래 범주와 정확히 일치하지는 않는다는 것은 유의해야 한다.

2.2 거래의 이중성과 회계등식

자산, 부채 또는 자본에 변화를 주는 기업의 거래를 회계상 거래라고 할 때 이들은 항상 자산, 부채 또는 자본의 증감이 서로 결합되어 나타난다.

예를 들어 기계를 현금으로 구입하는 경우 기계라는 자산의 증가와 동시에 현금이라는 자산의 감소가 결합되어 있음을 알 수 있다. 이 거래를 살펴보면 결과적으로 기계라는 자산이 생겼는데 그 원인을 살펴보면 현금을 주고 구입했기 때문이기도 하며 다른 한편으로 현금이라는 자산이 감소했는데(결과) 그 이유는 기계를 구입했기 때문이라고(원인) 해석할 수도 있다. 만약 은행에서 돈을 차입하는 경우라면 현금이라는 자산의 증가와 차입금이라는 부채의 증가로 연결되고 있으며 역시 한 쪽은 다른 쪽의 원인 또는 결과로 해석하는 것이 가능하다.

앞서의 예처럼 회계상 거래는 자산, 부채 또는 자본의 증감이 서로 결합되어 나타나고 양쪽 금액이 일치하며 한쪽은 다른 쪽의 원인 또는 결과가 되는데 이를 거래의 이중성 또는 양면성이라고 한다. 이와 같이 회계는 하나의 거래를 원인과 결과라는 두 측면에서 기록하는데 이러한 기록방식을 복식부기double entry bookkeeping라고 한다. 복식부기 시스템에서 하나의 거래를 이중으로 기록하기 때문에 두 측면을 서로 비교할 수 있는 상호검증기능을 가지게 된다. 이러한 거래의 이중성은 앞서 언급한 회계등식과도 밀접한 관련성을 가지고 있다.

자 산 = 부 채 + 자 본

어떠한 회계상 거래도 이 등식으로 표시할 수 있다. 예를 들어 은행으로부터 현금을 차입한 경우 현금이라는 자산의 증가액(등식의 왼쪽)은 차입금이라는 부채증가액(등식의 오른쪽)과 정확히 일치하게 된다. 또 기계를 현금으로 구입한 경우에는 기계라는 자산의 증가와 현금이라는 자산의 감소를 의미하므로 항등식의 왼쪽에 증가한 금액만큼 다시 감소하여 결국 회계등식이 여전히 성립함을 알 수 있다. 결과적으로 특정기간의 모든 회계상 거래를 이 등식에 맞춰 기록한 후 항목별로 분류하고 합산한다면 그 기간 말 자산, 부채, 자본의 금액은 물론 이들의 변화 내용을 파악할 수 있다.

2.3 회계등식을 이용한 거래의 기록

본 절에서는 거래의 이중성 개념과 회계등식을 이용하면 기업의 모든 회계거래를 기록 및 요약할 수 있으며 이를 통해 재무제표를 만들 수 있다는 점을 예를 통해 살펴본다.

회계기록의 대상이 되는 기업의 거래는 어떠한 경우이든 회계등식으로 표시할 수 있으며 회계등식으로 표시된 거래를 모두 합산하더라도 회계등식은 그대로 유지된다. 합산된 회계등식을 구체적으로 자산 부채 그리고 자본의 항목별로 요약하면 바로 재무상태표가 되며 자본항목에 기록된 자본의 증감내역을 요약하면 손익계산서가 만들어진다. 한편 현금의 내용을 적절히 분류하면 현금흐름표가 된다.

이제 아래에 제시한 친절자문㈜의 거래를 회계등식에 맞춰 파악하고 기록해보자.

20×1년 5월 1일 친절자문㈜는 중소기업의 회계자문서비스를 제공할 목적으로 설립되다. 5월 한 달 동안 다음과 같은 거래가 있다.

(1) 5월 1일: 회계사 자격증을 보유하고 있는 대학교 동창생 2명이 ₩600,000을 출자하여 친절자문㈜를 설립하다. 설립과 동시에 사무실(가구, 책상 및 컴퓨터 완비) 임차계약을 체결하며 세무자문을 보조할 회계학과를 졸업한 직원을 채용하다.

(2) 5월 8일: 회계자문서비스를 제공해주고 ₩200,000을 현금으로 받다.

(3) 5월 10일: 5월 1일 임차계약에 따른 5월 임차료 ₩60,000을 현금으로 지급하다.

(4) 5월 15일: 은행으로부터 현금 ₩300,000을 월 1%의 이율 조건으로 한달 간 차입하다. 이자는 만기인 6월 15일에 원금과 함께 지급하기로 하다.

(5) 5월 16일: 건물 신축을 위한 토지를 ₩400,000에 구입하고 그 대금 중 ₩200,000은 현금으로 지급하고 나머지는 한 달 후에 지급하기로 하다.

(6) 5월 18일: 세무자문서비스를 제공하고 대금의 절반인 ₩150,000은 현금으로 받으며 나머지 대금은 나중에 받기로 하다.

(7) 5월 19일: 5월 18일 발생한 대금 미수액 중 ₩75,000을 현금으로 받다.

(8) 5월 20일: 5월 1일에 고용한 직원에 대한 20일 급여 ₩50,000을 현금으로 지급하다.

거래 (1)

▸ 5월 1일: 회계사 자격증을 보유하고 있는 대학교 동창생 2명이 ₩600,000을 출자하여 친절자문㈜를 설립하다. 설립과 동시에 사무실(가구, 책상 및 컴퓨터 완비) 임차계약을 체결하며 세무자문을 보조할 회계학과를 졸업한 직원을 채용하다.

회계등식:	자 산	=	부 채	+	자 본
	현 금				**자본금**
거래 (1)	**(+)600,000**	**=**			**(+)600,000**
합 계	(+)600,000	=			(+)600,000

회사설립을 위해 주주들이 출자한 내용을 기록한 것이다. 즉, 현금이라는 자산이 ₩600,000 증가하고 자본금이라는 자본항목이 ₩600,000만큼 증가한 거래이다. 앞서서 언급한 것처럼 거래의 이중성을 확인할 수 있으며 이를 반영한 결과 회계등식이 성립함을 알 수 있다. 사무실 임차계약이나 종업원을 고용한 계약은 일상적인 의미에서는 거래라고 부를 수 있지만 회계상으로는 재무상태에 아무런 영향을 주지 않으므로 기록할 필요가 없는 거래이다.

거래 (2)

▸ 5월 8일: 회계자문서비스를 제공해주고 ₩200,000을 현금으로 받다.

회계등식:	자 산	=	부 채	+	자 본	
	현 금				자본금	이익잉여금
거래 (1)	(+)600,000	=			(+)600,000	
거래 (2)	**(+)200,000**	**=**				**(+)200,000**
합 계	(+)800,000	=			**(+)600,000**	(+)200,000

자문서비스라는 영업을 통해 수익이 창출되는 거래라고 할 수 있다. 수익은 정상적인 영업활동을 통해 기업 내로 자산이 유입된 금액을 의미하는 것으로 기업의 주주지분인 자본을 증가시키는 거래라고 할 수 있다. 일반적으로 출자 등으로 자본이 증가한 경우에는 자본금이라는 항목에 표시하며 수익처럼 영업을 통해 자본이 증가한 경우에는 별도항목인 이익잉여금의 증가로 표시한다.

한편 정상적인 영업활동을 위해서 자산이 기업 밖으로 유출된 경우는 그 금액을 비용이라고 하는데 이 역시 자본에 영향을 주지만 수익과는 달리 자본 항목인 이익잉여금을 감소시키는 항목이 된다. 이와 같이 수익과 비용의 발생은 각각 이익잉여금을 늘려주거나 감소시키며 일정기간의 수익에서 비용을 차감한 금액이 그 기간의 이익이 됨은 이미 언급한 바 있다. 이익잉여금은 나중에 주주에게 배당금의 명목으로 이익을 분배할 때 그 원천이 되기도 한다.

위 거래는 자문서비스를 제공해주고 현금이라는 자산이 유입되는 경우로서 ₩200,000만큼의 현금 자산의 증가와 ₩200,000의 이익잉여금이라는 자본항목의 증가로 회계등식상에 표시할 수 있다.

(거래 3)

▶ 5월 10일: 5월 1일 임차계약에 따른 5월 임차료 ₩60,000을 현금으로 지급하다.

회계등식:	자 산	=	부 채	+	자 본	
	현 금				자본금	이익잉여금
거래 (1)	(+)600,000	=			(+)600,000	
거래 (2)	(+)200,000	=				(+)200,000
거래 (3)	**(−) 60,000**	**=**				**(−) 60,000**
합 계	(+)740,000	=			(+)600,000	(+)140,000

사무실 임차료라는 현금 자산이 유출되고 비용이 발생하는 거래라고 할 수 있다. 따라서 ₩60,000만큼의 현금 자산의 감소와 ₩60,000의 이익잉여금이라는 자본항목의 감소로 회계등식상에 표시할 수 있다.

거래 (4)

▶ 5월 15일: 은행으로부터 현금 ₩300,000을 월 1%의 이율 조건으로 한달 간 차입하다. 이자는 만기인 6월 15일에 원금과 함께 지급하기로 하다.

회계등식:	자 산	=	부 채	+	자 본	
	현 금		차입금		자본금	이익잉여금
거래 (1)	(+) 600,000	=			(+)600,000	
거래 (2)	(+) 200,000	=				(+)200,000
거래 (3)	(−) 60,000	=				(−) 60,000
거래 (4)	**(+) 300,000**	**=**	**(+)300,000**			
합 계	(+)1,040,000	=	(+)300,000	+	(+)600,000	(+)140,000

은행으로 차입한 거래로서 차입금이라는 부채가 증가하고 그 결과로 현금이라는 자산이 기업 내로 유입된 거래이다. 따라서 회계등식 좌변인 자산항목인 현금을 ₩300,000만큼 증가시키고 회계등식 우변에 차입금이라는 부채항목으로 같은 금액만큼 기록이 된다.

거래 (3)까지의 거래에 추가된 거래 (4)를 반영한 합계금액은 이전과 마찬가지로 회계등식 좌변과 우변이 동일하게 됨은 당연하다.

거래 (5)

▸ 5월 16일: 건물 신축을 위한 토지를 ₩400,000에 구입하고 그 대금 중 ₩200,000은 현금으로 지급하고 나머지는 한 달 후에 지급하기로 하다.

회계등식:	자 산		=	부 채		+	자 본	
	현 금	토 지		차입금	미지급금		자본금	이익잉여금
거래 (1)	(+)600,000		=				(+)600,000	
거래 (2)	(+)200,000		=					(+)200,000
거래 (3)	(−) 60,000		=					(−) 60,000
거래 (4)	(+)300,000		=	(+)300,000				
거래 (5)	**(−)200,000**	**(+)400,000**	=		**(+)200,000**			
합 계	(+)840,000	(+)400,000	=	(+)300,000	(+)200,000	+	(+)600,000	(+)140,000

토지라는 자산을 취득하여 토지 자산이 증가하고 그 대가로 일부는 현금으로 지불하여 현금 자산은 감소하며 나중에 주기로 한 나머지는 부채의 증가로 미지급금에 기록한다. 따라서 회계등식에는 좌변에 현금의 감소 ₩200,000, 토지의 증가 ₩400,000를 기록하고 우변에 미지급금 ₩200,000의 증가를 기록한다. 이 거래의 경우에도 이전 거래와 마찬가지로 좌변과 우변의 금액이 일치하고 있음을 확인할 수 있다.

거래 (6)

▸ 5월 18일: 세무자문서비스를 제공하고 대금의 절반인 ₩150,000은 현금으로 받으며 나머지 대금은 나중에 받기로 하다.

회계등식:	자 산			=	부 채		+	자 본	
	현 금	매출채권	토 지		차입금	미지급금		자본금	이익잉여금
거래 (1)	(+)600,000			=				(+)600,000	
거래 (2)	(+)200,000			=					(+)200,000
거래 (3)	(−) 60,000			=					(−) 60,000
거래 (4)	(+)300,000			=	(+)300,000				
거래 (5)	(−)200,000		(+)400,000	=		(+)200,000			
거래 (6)	**(+)150,000**	**(+)150,000**		=					**(+)300,000**
합 계	(+)990,000	(+)150,000	(+)400,000	=	(+)300,000	(+)200,000	+	+600,000	(+)440,000

거래 (2)와 유사한 수익을 창출하는 거래라고 할 수 있다. 다만 수익금액 전액을 현금으로 받은 것이 아니라 일부는 나중에 받기로 함으로써 나중에 받을 매출채권이라는 또 다른 자산항목이 생겨나게 된다. 이를 회계등식상에 표시하면 회계등식 좌변의 자산에 현금 ₩150,000과 매출채권 ₩150,000이 기록되며 회계등식의 우변에 자본항목인 이익잉여금에 ₩300,000이 기록된다.

거래 (7)

▸ 5월 19일: 5월 18일 발생한 대금미수액 ₩75,000을 현금으로 받다.

회계등식:	자 산			=	부 채		+	자 본	
	현 금	매출채권	토 지		차입금	미지급금		자본금	이익잉여금
거래 (1)	(+) 600,000			=				(+)600,000	
거래 (2)	(+) 200,000			=					(+)200,000
거래 (3)	(−) 60,000			=					(−) 60,000
거래 (4)	(+) 300,000			=	(+)300,000				
거래 (5)	(−) 200,000		(+)400,000	=		(+)200,000			
거래 (6)	(+) 150,000	(+)150,000		=					(+)300,000
거래 (7)	**(+) 75,000**	**(−) 75,000**		**=**					
합 계	(+)1,065,000	(+) 75,000	(+)400,000	=	(+)300,000	(+)200,000	+	(+)600,000	(+)440,000

앞선 거래 (6)에서 발생한 매출채권 중 일부인 ₩75,000을 현금으로 회수하는 거래이다. 따라서 ₩75,000의 현금자산증가와 같은 금액의 매출채권 자산의 감소로 회계등식에 표시할 수 있다.

거래 (8)

▸ 5월 20일: 5월 1일에 고용한 직원에 대한 20일간 급여 ₩50,000을 현금으로 지급하다.

회계등식:	자 산			=	부 채		+	자 본	
	현 금	매출채권	토 지		차입금	미지급금		자본금	이익잉여금
거래 (1)	(+) 600,000			=				(+)600,000	
거래 (2)	(+) 200,000			=					(+)200,000
거래 (3)	(−) 60,000			=					(−) 60,000
거래 (4)	(+) 300,000			=	(+)300,000				
거래 (5)	(−) 200,000		(+)400,000	=		(+)200,000			
거래 (6)	(+) 150,000	(+)150,000		=					(+)300,000

거래 (7)	(+) 75,000	(−)75,000		=					
거래 (8)	**(−) 50,000**			**=**					**(−) 50,000**
합 계	(+)1,015,000	(+)75,000	(+)400,000	=	(+)300,000	(+)200,000	+	(+)600,000	(+)390,000

거래 (3)과 마찬가지로 비용이 발생하고 이 비용을 현금으로 지급한 거래이다. 따라서 ₩50,000 현금자산의 감소와 같은 금액만큼 자본항목인 이익잉여금 감소로 표시된다.

이제까지 사례에서 제시한 9개의 거래를 회계등식상에서 분석하고 기록하였다. 기록된 내용을 살펴보면 각 거래가 기업의 자산, 부채 그리고 자본에 어떠한 영향을 미치고 있는지를 일목요연하게 볼 수 있으며 최하단에 있는 합산액을 보면 친절자문㈜의 5월 한 달 동안의 모든 거래가 반영된 후의 자산, 부채 및 자본 그리고 그들을 구성하고 있는 해당항목 및 그 금액을 파악할 수 있다.

2.4 회계등식을 이용한 재무제표의 작성

앞 절에서 회계등식의 틀로 기록한 거래를 요약하면 5월 말 현재 재무상태표와 5월 한 달 동안의 손익계산서를 작성할 수 있다. 재무상태표는 다름 아닌 자산 부채 그리고 자본의 구성항목 및 그 금액을 보여주는 표이므로 거래 (1)에서부터 거래 (8)까지 모두 반영된 마지막 회계등식의 내용으로부터 다음과 같이 쉽게 작성할 수 있다.

재무상태표

친절자문㈜ 20×1년 5월 31일 현재 (단위: ₩)

자 산		부채 및 자본	
현 금	1,015,000	부채 :	
매 출 채 권	75,000	차 입 금	300,000
토 지	400,000	미 지 급 금	200,000
		자본 :	
		자 본 금	600,000
		이 익 잉 여 금	390,000
자 산 총 계	1,490,000	부채 및 자본총계	1,490,000

한편 수익과 비용을 발생시키는 각 거래가 반영된 회계등식상의 이익잉여금의 내용으로부터 다음과 같이 손익계산서도 만들 수 있다.

손익계산서

친절자문㈜ 20×1년 5월 1일 ~ 20×1년 5월 31일 (단위: ₩)

과 목		금 액	
수익:	용 역 매 출		500,000
비용:	임 차 료	60,000	
	급 여	50,000	110,000
당기순이익			390,000

이제 현금흐름표를 만들어보자.2) 친절자문㈜의 회계기간초의 5월 1일에는 현금잔액이 ₩0이지만 5월 중에 현금이 증가하여 31일에는 ₩715,000이 되는데 회계등식상 현금에 기록되어 있는 내용을 살펴보면 8개의 모든 거래가 현금에 영향을 준 것으로 나타나 있다. 현금흐름표에서는 현금의 증감액을 영업활동 현금흐름, 투자활동 현금흐름, 재무활동 현금흐름으로 나누어 표시하므로 앞서 거래를 다시 한번 요약하고 내용에 따라 현금흐름표상 3개의 활동으로 분류하면 다음과 같다.

구 분	현금에 미치는 영향	내 용	현금흐름활동 분류
5월 1일	0	월 초 잔 액	–
거래 (1)	(+)600,000	자 본 금 출 자	재무활동
거래 (2)	(+)200,000	용역매출 대금 회수	영업활동
거래 (3)	(−) 60,000	임 차 료	영업활동
거래 (4)	(+)300,000	자 금 의 차 입	재무활동
거래 (5)	(−)200,000	토지의 구입대금 지급	투자활동
거래 (6)	(+)150,000	용역매출 대금 회수	영업활동
거래 (7)	(+) 75,000	용역매출 외상대금 회수	영업활동
거래 (8)	(−) 50,000	급 여 의 지 급	영업활동
5월 31일	1,015,000	월 말 잔 액	–

이를 기초로 현금흐름표를 만들면 다음과 같다.

2) 본격적인 현금흐름표 작성은 회계원리의 수준을 넘는 것으로 본 서에서는 더 이상 다루지 않는다. 다만 본 절에서 굳이 이 표를 소개하는 것은 현금흐름표의 기본 원리가 생각보다 아주 간단하다는 점을 주지시키기 위함이다.

현금흐름표

친절자문㈜ 20×1년 5월 1일 ~ 20×1년 5월 31일 (단위: ₩)

구 분	내 용	금 액	
영업활동 현금흐름			
	용 역 매 출	425,000	
	임 차 료	(60,000)	
	급 여	(50,000)	315,000
투자활동 현금흐름			
	토지의 구입	(200,000)	(200,000)
재무활동 현금흐름			
	자본 출자	600,000	
	차 입 금	300,000	900,000
현금의 증가			1,015,000
월초 현금			0
월말 현금			1,015,000

여기서 주목할 것은 영업활동 현금흐름과 손익계산서상 당기순이익과 다르다는 점인데 이유는 수익이나 비용 발생액이 전액 현금으로 거래된 것이 아니기 때문이다.

마지막으로 자본변동표를 생각해보자. 위 사례에서 자본변동표에 표시할 것은 자본금과 이익잉여금의 5월 한 달간 변동내용이 된다. 즉, 새롭게 출자한 자본금 ₩600,000, 순이익 ₩390,000에 따른 이익잉여금의 증가이다.

자본변동표

친절자문㈜ 20×1년 5월 1일 ~ 20×1년 5월 31일 (단위: ₩)

구 분	자본금	이익잉여금	총 계
5월 1일	0	0	0
신규 출자	600,000		600,000
당기순이익		390,000	390,000
5월 31일	600,000	390,000	990,000

이와 같이 회계 대상이 되는 기업의 거래는 아주 단순한 형태의 회계등식을 이용하여 기록할 수 있으며 더 나아가 회계등식의 틀에서 기록된 모든 거래를 종합하면 재무제표를 만들 수 있다.

문제는 회계기간이 길어지고 거래 수와 종류가 늘어나면 앞서 본 사례처럼 회계등식에 맞춰 기록하는 것이 쉽지 않다는 점이다. 회계등식을 이용한 회계기록의 개념을 그대로 유지하되 좀 더 효율적인 방식을 생각할 필요가 있는데 제3장에서 다룰 계정과 분개는 그 현실적인 대안이 된다.

쉬어가기 복식부기, 괴테 그리고 좀바르트

그 유명한 독일의 시인 괴테Goethe는 그의 장편 교양소설 '빌헬름 마이스터의 수업시대'(1796)에서 빌헬름의 친구인 베르너의 입을 빌어 복식부기시스템에 대해 다음과 같이 말하고 있다.
"자네는 사업가들이 복식부기에서 얼마나 큰 혜택을 보는지 아는가? 복식부기는 인간 정신이 만든 최고의 발명품 중에 하나라고 할 수 있지. 모름지기 훌륭한 살림꾼이라면 복식부기를 반드시 가져다 써야 해".

괴테뿐만이 아니다. 독일의 경제학자이며 사회학자인 베르너 좀바르트Werner Sombart는 그의 저서 '현대자본주의'(1928)에서 다음과 같은 취지의 글을 남기고 있다.
"복식부기는 갈릴레오와 뉴튼시스템에 비견되는 인간 정신의 발로이다. 이들처럼 현상에 질서를 부여하여 하나의 우아한 시스템을 만들어 낸다. 위대한 과학자들이 이들을 통해 우주의 질서를 찾아냈던 것처럼, 복식부기는 우리에게 경제세계나 자본세계의 정수를 보여준다. 복식부기 없이는 자본주의를 생각할 수도 없다. 자본주의와 복식부기는 각각 실질과 형식으로 불가분의 관계라고 할 수 있다."

쉬어가기 '현대회계의 아버지' 루카 파치올리(Luca Pacioli)

수학 교재로 집필된 Summa는 산술, 도형, 비율, 비례를 설명하고 있지만, 'Tractatus de Computis et Scripturis(계산과 기록에 관한 논의)'에서는 당시 베니스의 상인들이 사용하고 있던 복식부기의 원칙과 필요한 회계장부의 종류, 그리고 다양한 회계처리 방법에 대해 체계적으로 정리하여 설명하였다.

파치올리가 복식부기를 직접 발명한 것은 아니지만 모든 거래가 두 개의 계정(차변과 대변)에 기록되어야 한다는 복식부기 원칙과 다양한 거래에 대해 기록 방법을 소개한 그의 Summa는 복식부기에 대해 현존하는 가장 오래된 저서이고 현대적 회계처리 방법의 근간이 되었기 때문에 수학자 파치올리는 '현대회계의 아버지'로 불리게 된 것이다.

친 절 한 회계원리

Accounting

연습문제

2.1 개념확인

다음 빈칸을 채우시오.

① 기업은 외부의 다양한 이해관계자의 경제적 의사결정을 위해 기업의 경제적 실질에 관한 재무정보를 정기적으로 보고할 필요가 있다. 이러한 재무보고의 핵심적인 수단이 바로 회계정보인 (　　　　)인데 여기에는 기업이 보유하고 있는 경제적 자원, 기업이 지고 있는 의무, 자본변동, 경영성과, 현금흐름 등에 관한 재무정보를 담고 있다.

② (　　　　)(은)는 '과거 거래나 회계사건의 결과로 특정 기업에 의해 획득되고 통제되는 경제적 자원'이다.

③ 자본은 기업의 자산총액에서 (　　　　)총액을 차감한 것으로 순자산이라고도 한다.

④ (　　　　)(은)는 '자산의 유출이나 소멸 또는 부채의 증가에 따라 자본의 감소를 초래하는 특정 회계기간 동안에 발생한 경제적 효익의 감소'로 정의한다.

⑤ 자산, 부채 및 자본 간의 관계를 회계등식 또는 재무상태표 등식이라고 하는데, 이 등식은 (　　　　)(으)로 표현할 수 있다.

⑥ 상품 및 제품을 판매하거나 용역을 제공하는 과정 등 일반적인 상거래에서 발생한 채권(돈을 받을 권리)을 (　　　　)(이)라고 부른다.

⑦ 회사 설립 후 순이익에서 배당 등의 사외유출액을 차감한 이익의 누계액으로 기업 내부에 유보된 이익을 (　　　　)(이)라고 한다.

⑧ 회계상의 거래는 자산, 부채 또는 자본의 증감 현상이 서로 결합되어 나타나고 양쪽 금액이 일치하며 한쪽은 다른 쪽의 원인 또는 결과를 보여주고 있음을 알 수 있는데 이를 (　　　　)(이)라고 한다. 이처럼 회계에서는 하나의 거래를 원인과 결과라는 두 측면에서 기록하게 되는데 이러한 기록방식을 (　　　　)(이)라고 한다.

2.2 회계의 대상이 되는 거래 또는 사건

다음의 거래 중 회계상 거래에 해당하는 것은?

① 보증금 ₩2,000,000에 ₩200,000의 월 임차료를 지급하기로 하는 사무실임차계약을 맺고 보증금을 우선 지불하다.

② 1년 동안 총액 ₩3,000,000 상당의 경영자문서비스를 제공하기로 하는 계약을 체결하다.

③ 태풍의 영향으로 생산기계 및 창고에 보관하고 있던 제품이 유실되다. 유실한 제품의 원가는 ₩1,500,000이다.

④ 경리부 직원이 회사공금 ₩500,000,000을 착복하고 해외로 도주하다.

⑤ 연봉으로 ₩2,500,000을 지급하기로 하고 종업원 2명을 고용하는 계약을 맺다.

⑥ 은행에서 1년간 ₩3,000,000을 차입하되 이자는 연이자율 6%로 매월 지급하기로 하는 대출약정을 맺는 동시에 은행계좌로 동금액이 입금되다.

⑦ 회사보유 자동차 10대분에 대한 보험계약 보험료를 ₩20,000,000 선불하다.

⑧ 생산되는 제품을 거래처에게 1년 동안 안정적으로 공급하기로 하는 양해각서를 교환하다.

⑨ 수출상품을 항공편으로 이용하여 발송하였으나 항공기 추락으로 ₩1,500,000,000의 상품이 전량이 소실되다.

⑩ ₩1,500,000의 원자재를 외상으로 구입하다.

2.3 회계등식을 이용한 자산, 부채, 자본의 계산

① 당기말 자산 총액은 ₩4,500,000, 부채 총액은 ₩1,500,000이다. 자본항목에는 자본금과 이익잉여금이 있는데 자본금 총액은 ₩2,000,000이다. 이익잉여금은 얼마인가?

② 당기말 자산 총액은 ₩5,200,000, 자본의 구성요소인 자본금과 이익잉여금은 각각 ₩1,800,000과 ₩1,500,000이다. 당기말 부채 총액은 얼마인가?

③ 당기초의 순자산은 ₩4,000,000이며 당기말의 순자산은 ₩6,000,000이다. 기중에 새로운 출자나 배당은 없다. 당기순이익은 얼마인가?

④ 당기초의 부채 총액은 ₩1,000,000이며 당기중의 새로운 출자액은 ₩800,000이다. 당기말의 자산, 부채 총액은 각각 ₩5,200,000와 ₩2,500,000이며 당기순이익은 ₩800,000이다. 당기 중에 배당은 없다고 할 때 기초 자산 총액은 얼마인가?

⑤ 기초의 자산, 부채 총액 그리고 자본금은 각각 ₩5,000,000, ₩1,500,000, ₩2,000,000이다. 또한, 기말 집계한 영업결과 당기순이익이 ₩1,200,000이다. 당기말 자본 총액은 얼마인가? 단, 당기 중에 새로운 출자는 없다.

2.4 회계등식을 이용한 거래의 기록

각각 독립된 다음 거래를 예시처럼 회계등식에 맞춰 분석하고 기록하라.

예시: ₩200,000을 현금 출자하다.

	자 산	=	부 채	+	자 본
	현 금				자본금
예시	+200,000				+200,000

① 비품을 ₩60,000에 외상 구입하다.
② 서비스를 제공하고 현금 ₩300,000을 받다.
③ 직원 급여로 ₩70,000을 현금으로 지급하다.
④ 은행에서 ₩1,500,000을 차입하다.
⑤ 서비스를 제공하고 대금 ₩200,000은 나중에 받기로 하다.
⑥ 토지를 ₩80,000에 구입하고 현금을 지급하다.
⑦ 서비스 외상대금 ₩70,000을 현금으로 회수하다.
⑧ 이번 달 월세 ₩100,000을 현금 지급하다.
⑨ 비품 구입 외상대금 ₩60,000을 현금 지급하다.

2.5 회계등식을 이용한 거래의 기록

다음의 연속된 거래를 회계등식 양식에 기록하라.

거래 (1): 현금 ₩800,000을 출자하여 심부름센터를 개업하다.
거래 (2): 은행으로부터 현금 ₩250,000을 차입하다.
거래 (3): 심부름서비스를 제공해주고 ₩70,000을 현금으로 받다.
거래 (4): 이번 달 임차료 ₩40,000을 현금 지급하다.
거래 (5): 신속한 서비스를 위해 비품(자전거)을 ₩300,000에 구입하고 그 대금 중 ₩200,000을 지급하고 나머지는 나중에 지급하기로 하다.
거래 (6): 심부름서비스를 제공하고 ₩80,000은 현금으로 받으며 ₩50,000은 나중에 받기로 하다.
거래 (7): 거래 (6)에서 발생한 대금 미수액 중 ₩30,000을 현금으로 받다.
거래 (8): 아르바이트 학생 급여 ₩45,000을 현금으로 지급하다.

구분	자산			=	부채		+	자본	
	현금	매출채권	비품		차입금	미지급금		자본금	이익잉여금
①									
②									
③									
④									
⑤									
⑥									
⑦									
⑧									
합계									

2.6 회계등식에 기록한 결과를 이용한 재무상태표와 손익계산서의 작성

연습문제 2.5의 거래내용과 회계등식양식에 기록한 결과를 기초로 재무상태표와 손익계산서를 작성하라.

연습문제 해답

[연습문제 2.1]

① 재무제표, ② 자산, ③ 부채, ④ 비용, ⑤ 자산 = 부채 + 자본 , ⑥ 매출채권, ⑦ 이익잉여금, ⑧ 거래의 이중성, 복식부기

[연습문제 2.2]

재무상태 즉, 자산, 부채, 자본에 영향을 미치는 거래(사건)만이 회계기록의 대상이 된다. 따라서 ①, ③, ④, ⑥, ⑦, ⑨, ⑩은 회계상 거래가 된다. 단순히 계약을 맺었다거나 양해각서만을 교환한 것은 회계상 거래가 되지 않는다. ③, ④, ⑨는 일상적인 의미에서는 거래라고 할 수 없지만, 기업이 자산이 감소 되었으므로 회계의 대상이 된다.

[연습문제 2.3]

① 자산 = 부채 + 자본(= 자본금 + 이익잉여금)이므로 이익잉여금은 다음과 같이 계산할 수 있다.
₩4,500,000 − ₩1,500,000 − ₩2,000,000 = ₩1,000,000

② 자산 = 부채 + 자본(= 자본금 + 이익잉여금)이므로 부채는 다음과 같이 계산할 수 있다.
₩5,200,000 − ₩1,800,000 − ₩1,500,000 = ₩1,900,000

③ 순자산은 곧 자본을 의미하고, 자본의 변동요인으로 새로운 출자, 당기순이익, 배당금 지급 등을 들 수 있다. 당기중에 순자산 즉, 자본 변동액은 ₩2,000,000인데 출자나 배당이 없었으므로 이 금액 전액이 당기순이익이 된다.

④ 당기말 자산, 부채 총액이 각각 ₩5,200,000과 ₩2,500,000이므로 기말 자본은 ₩2,700,000이다. 그런데 당기 중에 새로운 출자액과 당기순이익이 각각 ₩800,000이므로 기초 자본은 ₩1,100,000임을 알 수 있다. 기초 자본 ₩1,100,000에 기초 부채 기초 자산 ₩2,100,000이 구해진다.

⑤ 기초 이익잉여금이 ₩1,500,000에 당기순이익 ₩1,200,000을 가산하면 기말이익잉여금이 ₩2,700,000임을 알 수 있다. 새로운 출자가 없다고 하였으므로 이익잉여금 ₩2,700,000에 기초 자본금 ₩2,000,000을 가산하면 기말 자본 총액은 ₩4,700,000이 된다.

[연습문제 2.4]

	자산	=	부채	+	자본
①	비품		미지급금		
	(+)60,000		(+)60,000		

	자산	=	부채	+	자본
②	현금				이익잉여금
	(+)300,000				(+)300,000

	자산	=	부채	+	자본
③	현금				이익잉여금
	(−)70,000				(−)70,000

	자산	=	부채	+	자본
④	현금		차입금		
	(+)1,500,000		(+)1,500,000		

	자산	=	부채	+	자본
⑤	매출채권				이익잉여금
	(+)200,000				(+)200,000

	자산		=	부채	+	자본
⑥	현금	토지				
	(−)80,000	(+)80,000				

	자산		=	부채	+	자본
⑦	현금	매출채권				
	(+)70,000	(−)70,000				

	자산	=	부채	+	자본
⑧	현금				이익잉여금
	(−)100,000				(−)100,000

	자산	=	부채	+	자본
⑨	현금		미지급금		
	(−)60,000		(−)60,000		

[연습문제 2.5]

구분	자산			부채		자본	
	현금	매출채권	비품	차입금	미지급금	자본금	이익잉여금
①	(+)800,000					(+)800,000	
②	(+)250,000			(+)250,000			
③	(+) 70,000						(+) 70,000
④	(−) 40,000						(−) 40,000
⑤	(−)200,000		(+)300,000		(+)100,000		
⑥	(+) 80,000	(+)50,000					(+)130,000
⑦	(+) 30,000	(−)30,000					
⑧	(−) 45,000						(−) 45,000
합계	(+)945,000	(+)20,000	(+)300,000	(+)250,000	(+)100,000	(+)800,000	(+)115,000

[연습문제 2.6]

재무상태표

심부름센터	20×1년 ×월 ×일 현재		(단위: ₩)
자 산		부채 및 자본	
현 금	945,000	부채 :	
매 출 채 권	20,000	차 입 금	250,000
비 품	300,000	미 지 급 금	100,000
		자본 :	
		자 본 금	800,000
		이 익 잉 여 금	115,000
자 산 총 계	1,265,000	부채 및 자본총계	1,265,000

손익계산서

심부름센터	20×1년 ×월 ×일 ~ 20×1년 ×월 ×일		(단위: ₩)
과 목		금 액	
수익:	용 역 매 출		200,000
비용:	임 차 료	40,000	
	급 여	45,000	85,000
당기순이익			115,000

3
CHAPTER

기중의 회계처리: 계정, 분개, 전기

CONTENTS

3 CHAPTER 기중의 회계처리: 계정, 분개, 전기

기업에서 이루어지고 있는 수많은 거래를 재무제표라는 정보형태로 요약하기 위해서는 거래를 식별하고 이를 체계적으로 기록하고 요약하는 과정이 필요하다. 제2장에서는 개념적인 이해를 위해 회계등식을 이용했지만 본 장에서는 회계등식의 개념을 그대로 유지하되 좀 더 현실적인 기록도구로 계정과 분개 등을 소개한다. 구체적으로 다룰 주제는 계정의 필요성과 계정의 기록원리, 분개와 총계정원장에의 전기, 그리고 마지막으로 시산표를 다룬다.

SECTION 1 계 정

1.1 계정의 필요성과 의의

회계등식을 이용하여 거래를 기록하는 방법은 자산, 부채 및 자본의 구체적인 항목을 일일이 옆으로 길게 나열하여야 한다는 불편한 점이 있었다. 이러한 불편함을 해소하기 위한 한 가지 방법은 각 항목별로 개별적인 기록의 장소를 만들어주되 회계등식의 개념이 여전히 유지할 수 있게 하는 것이다.

회계에서는 실제로 기업의 거래들을 구체적인 항목별로 기록하기 위한 장소로서 '계정'이라는 것을 사용한다. 계정account이란 자산, 부채, 자본의 개별적인 항목들의 증가 및 감소, 그리고 수익, 비용의 개별적인 항목의 발생을 기록하는 장소라고 할 수 있다. 예를 들어 현금이라는 자산은 현금이라는 계정에서 모든 증감 내용을 기록하고 차입금이라는 부채는 차입금이라는 계정에서 모든 증감내용을 기록한다. 이에 의하면 현금과 관련된 내용을 파악하기 위해서는 현금 계정만을 살펴보면 되고 차입금의 증감내용이나 현재잔액을 확인하려면 차입금 계정을 찾아보면 된다. 이처럼 계정을 이용하면 개별 항목의 수가 아무리 많더라도 항목별로 기록장소를 계정에 마련하기 때문에 특정항목의 발생이나 증감내용을 쉽게 파악할 수 있다. 계정의 구조를 단순히 표시하면 다음과 같다.

현금(계정 명칭)

일반적으로 사용되는 계정의 모습은 이와는 다르지만 그 기본 구조는 동일하므로 회계를 배우기 위한 목적이라면 복잡한 계정양식보다는 이와 같은 단순한 T자 형태의 계정이 더 편리하다. T계정은 상단에 고유한 개별 계정의 명칭을 표시하며 그 아래 영역은 왼쪽과 오른쪽으로 나눠져 있는 형태이다.

계정은 자산, 부채, 자본 또는 수익, 비용의 각 구체적인 개별 항목별로 고유한 이름이 붙여지는데 이들 각각을 계정과목이라 부른다. 계정과목의 종류는 매우 많은데 기본적으로 사용되는 계정의 공식적인 이름과 내용은 기억을 해둘 필요가 있다.[1] 계정과목별로 이들을 모아두는 장부 또는 장소를 총계정원장general ledger이라고 한다.

1.2 계정기록방법

계정은 왼쪽과 오른쪽으로 구분되어 있는데 왼쪽을 차변debtor, debit이라 부르고 오른쪽을 대변creditor, credit이라 부른다. 그렇다면 영역이 구별되어 있는 차변과 대변에는 각각 어떤 내용을 기록하는가? 이를 위해 다시 회계등식을 떠올려 보자.

자 산 = 부 채 + 자 본

회계등식 역시 T계정과 마찬가지로 등호를 중심으로 왼쪽과 오른쪽의 영역을 구분지을 수 있다. 회계등식의 개념을 그대로 잘 활용하면 T계정에 기록하는 방법을 쉽게 이해할 수 있다.

회계등식의 왼쪽은 자산을 기록하고 있는데 회계등식을 이용한 거래의 기록에 의하면 증가는 +(plus)로 감소는 −(minus)로 표시한 바 있다. 그런데 만약 자산의 감소를 표시하되 마이너스부호가 아닌 플러스 부호로 표시하려면 어떻게 하면 좋겠는가? 우리는 간단한 수학의 원리를 통해 등호를 중심으로 반대 변으로 옮기면(이항) 부호가 바뀐다는 것을 잘 알고 있다. 그렇다면 자산의 감소를 마이너스 기호를 쓰지 않고 기록할 수 있는

1) 공식적인 계정명칭은 회계주제를 이해하려 애쓰다보면 자연스럽게 익숙해지므로 그 모든 계정명칭을 어떻게 다 외울 수 있을까 걱정할 필요는 없다. 다만 지금처럼 회계공부를 막 시작하는 경우라면 기본적인 몇 가지는 정확하게 기억할 필요가 있다.

방법은 등호를 중심으로 반대 변 즉, 오른쪽으로 옮겨 기록하면 될 것이다.[2)]

우리는 여기서 자산 계정의 기록방법을 유추해 낼 수 있다. 예를 들어 자산 계정의 하나인 현금 계정에서 그 증가는 회계등식의 왼쪽에 기록한 것처럼 계정 왼쪽인 차변에 기록하고, 현금의 감소는 마이너스 기호를 쓰는 대신 회계등식의 오른쪽으로 이항한 것처럼 계정 오른쪽인 대변에 기록하면 된다.

현 금

차변(계정의 왼쪽)	**대변**(계정의 오른쪽)
현금의 증가를 기록	현금의 감소를 기록

이제 부채의 경우를 생각해보자. 부채는 회계등식에 볼 때 그 증가는 등호 오른쪽에 기록되므로 이항의 원리를 적용하면 부채의 감소는 왼쪽에 기록이 될 것이다. 이를 계정에 적용하면 차입금이라는 부채 계정의 대변에 차입금의 증가를 부채 계정의 차변에 차입금의 감소를 기록할 수 있다.

차입금

차변	대변
차입금의 감소를 기록	차입금의 증가를 기록

또한 부채의 기록방법을 자본에 그대로 적용하면 자본의 증가는 계정의 대변에 자본의 감소는 계정의 차변에 기록하면 될 것이다

자본금

차변	대변
자본금의 감소를 기록	자본금의 증가를 기록

한편 수익이나 비용 계정의 기록은 수익의 발생이 자본을 증가시키는 거래이고 비용의 발생이 자본을 감소시키는 거래라는 사실을 염두에 두면 이들의 발생을 계정의 어느 쪽에 기록하는 것이 적절한가는 쉽게 유추할 수 있다. 즉, 수익의 발생은 자본을 증가시키므로 수익 계정의 대변에 기록하고 비용의 발생은 자본을 감소시키므로 비용 계정의 차변에 기록하면 된다.

2) 회계등식에서 봤듯이 감소를 표현할 때 음수(−)를 쓰면 쉬울 텐데 굳이 양수(+)를 고집하면서 감소를 표현하는 방법을 찾는 이유는 무엇일까? 이에 대한 해답은 회계의 역사에 있다. 회계를 만들어 낸 당시 이탈리아에서는 음수를 알지 못했다고 한다. 1544년이 되서야 유럽에 음수가 알려졌으며, 17세기가 되기까지는 수학에서 조차 사용되지 않았다고 한다. 당시에 한쪽에는 증가, 다른 쪽에는 감소를 기록하는 방법을 개발한 것은 궁즉통이었을 것이다.

용역매출

차변	대변
	용역수익의 발생을 기록

임차료

차변	대변
임차료비용의 발생을 기록	

이와 같은 계정의 기록방법을 이용하면 앞서 회계등식을 이용한 기업거래의 기록방식 취지를 그대로 살릴 수 있게 된다. 이를 위해 제2장 친절자문㈜의 예에 제시되어 있는 거래 (1)을 계정에 옮겨보자.

거래 (1)

5월 1일: 회계사 자격증을 보유하고 있는 대학교 동창생 2명이 ₩600,000을 출자하여 친절자문㈜를 설립하다.

회계등식:	자산	=	부채	+	자본
	현금				자본금
거래 (1)	+600,000	=			+600,000

현 금

차변	대변
600,000	

자본금

차변	대변
	600,000

이 두 계정에 기록된 거래를 잘 살펴보면 결국 회계등식의 내용이 구별되는 두 개의 계정에 기록되어 있으며 이 두 계정을 종합하면 왼쪽 금액과 오른쪽 금액은 여전히 일치하고 있음을 확인할 수 있다. 다시 말해 계정은 회계등식의 개념을 그대로 적용하되 항목별로 구별된 장소를 제공하는 역할을 하고 있다.

쉬어가기 **회계와 뉴턴의 제 3 법칙**

뉴턴의 운동법칙에는 제 1 법칙-관성의 법칙, 제 2 법칙-가속도의 법칙, 제 3 법칙-작용반작용의 법칙이 있다. 뉴턴의 세 번째 운동법칙인 작용반작용의 법칙에 의하면 모든 행동은 같은 크기만큼의 반대행동equal and opposite reaction을 낳는다고 한다. 회계에서도 이와 유사한 법칙이 적용된다.

모든 회계기록에서도 어느 한 쪽의 기록은 같은 크기의 반대 쪽 기록을 낳는다. 달리 말하면 차변에 기록되는 금액만큼 반대쪽인 대변에 같은 금액이 기록되며, 대변에 기록되는 금액만큼 반대쪽인 차변에 같은 금액이 기록된다.

SECTION 2 분개와 전기

2.1 분개의 의의

기업 거래가 발생하면 이를 확인하고 분석하여 어떤 계정의 차변 또는 대변에 얼마의 금액을 기록해야 하는가를 결정할 수 있다. 이어 해당 계정을 찾아서 정확히 기록하기만 하면 된다. 그러나 기업의 거래가 복잡하고 많아지면 각 거래에서 결정한 내용을 일일이 기억하고 계정에 정확히 기록하는 일이 쉽지 않다. 특히 계정의 수가 많은 경우에는 장부의 여러 곳에 위치하고 있는 계정을 일일이 찾아가서 기록해야 하는데 그 과정에서 오류나 누락이 발생할 수 있다. 이러한 오류나 누락을 예방하기 위해서는 미리 해당 거래의 기록에 필요한 사항을 연습장에 기록한 후 옮겨 적는 것도 한 방법이 될 수 있다. 실제로 회계에서는 해당 거래의 내용을 계정에 직접 기록하기 전에 기록에 필요한 사항을 요약하는 과정을 거치게 된다. 이를 분개journalizing라고 한다. 분개는 분개장에 기록하게 되는데 거래의 간단한 요약과 함께 어떤 계정의 어느 변에 얼마만큼의 금액을 기록하는가를 보여준다. 예를 들어 아래와 같은 거래가 발생했다고 가정하면 분개의 모습은 다음과 같다.

거래: 현금 ₩100,000을 지급하고 비품을 구입하다.

(차)	비품	100,000	(대) 현금	100,000

위에서 제시한 분개의 모습은 마치 계정을 나타낼 때 간략히 표시하기 위해 T계정을 사용한 것과 마찬가지로 약식으로 표시한 것이지만 그 기본적인 내용은 일반적으로 사용되는 분개장의 구조와 크게 다르지 않다. 분개의 구조를 살펴보면 회계등식을 이용한 거래기록이나 계정에의 기입방식과 유사하게 왼쪽과 오른쪽으로 구분되어 있으며 양쪽이 동일한 금액으로 기록됨을 알 수 있다. 그 기본원리는 모두 동일하다.

위에서 분개한 내용을 다시 풀어보면 '비품이라는 계정의 차변에 ₩100,000을 기록하고 현금 계정 대변에 ₩100,000을 기록하라'는 의미이다. 실제거래와 분개는 항상 일대일로 대응되므로 실제 거래로부터 분개가 이루어지고 분개한 결과를 보면 실제거래를 바로 유추할 수 있다.

분개가 이루어지면 그 내용을 기초로 각 계정을 찾아 기계적으로 옮겨 적는 절차가 뒤

따르는데 이를 계정에의 전기posting라고 한다. 거래의 분석과 함께 분개만 정확히 이루어지면 계정에 옮겨 적는 일은 기계적인 일에 불과하다. 실제로 거의 모든 것이 전산화되어 있는 요즘에는 분개가 이루어지는 즉시 계정에도 자동으로 기록이 된다.

거래기록의 가장 핵심적인 절차인 분개를 하기 위해서는 다음의 세 가지를 결정해야 한다.

첫째, 어떤 계정에 기록할 것인가?

둘째, 계정의 차변 또는 대변 중 어느 곳에 기록해야 하는가?

셋째, 기록해야 할 금액은 얼마인가?

2.2 거래요소간 결합관계

기업의 거래 내용은 매우 다양하여 구체적으로 기록되는 모습이 모두 다르다. 그러나 자산, 부채, 자본, 수익, 비용 등 거래요소의 결합관계로 파악하면 모든 거래를 대표적인 몇 가지로 형태로 분류할 수 있다. 이들 관계를 이해하면 좀 더 수월하게 분개를 할 수 있다.

첫 번째 거래의 형태는 자산의 증가와 결부되어 있는 거래로서 다음과 같은 네 가지 결합관계를 들 수 있다.

(1) 비품을 현금 ₩100,000을 주고 구입하다.
자산(비품)의 증가 ↔ 자산(현금)의 감소

(2) 은행으로부터 현금 ₩100,000을 차입하다.
자산(현금)의 증가 ↔ 부채(차입금)의 증가

(3) 회사설립을 위해 현금 ₩100,000을 출자하다.
자산(현금)의 증가 ↔ 자본(자본금)의 증가

(4) 경영자문서비스를 제공하고 그 대금으로 현금 ₩100,000을 받다.
자산(현금)의 증가 ↔ 수익(용역매출)의 발생

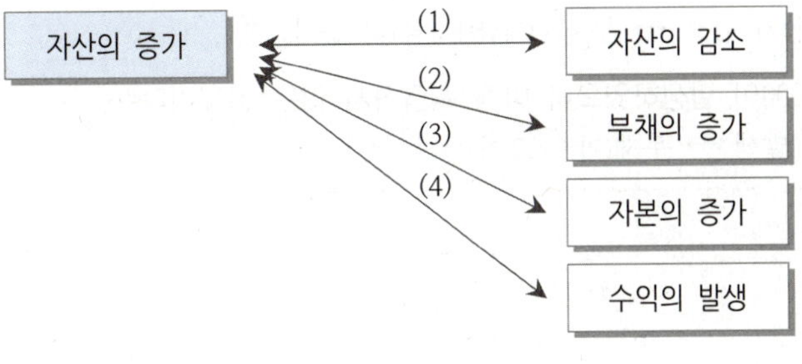

두 번째 거래의 형태는 자산의 감소와 결부되어 있는 거래로서 다음과 같은 거래들이 있을 수 있다.

(5) 소모품을 현금 ₩100,000을 주고 구입하다.
자산(소모품)의 증가 ↔ 자산(현금)의 감소

(6) 은행으로부터 차입금 ₩100,000을 현금으로 상환하다.
부채(차입금)의 감소 ↔ 자산(현금)의 감소

(7) 영업결과 얻은 이익 중 ₩100,000을 주주들에게 현금배당하다.
자본(이익잉여금)의 감소 ↔ 자산(현금)의 감소

(8) 임차료 ₩100,000을 현금으로 지급하다.
비용(임차료)의 발생 ↔ 자산(현금)의 감소

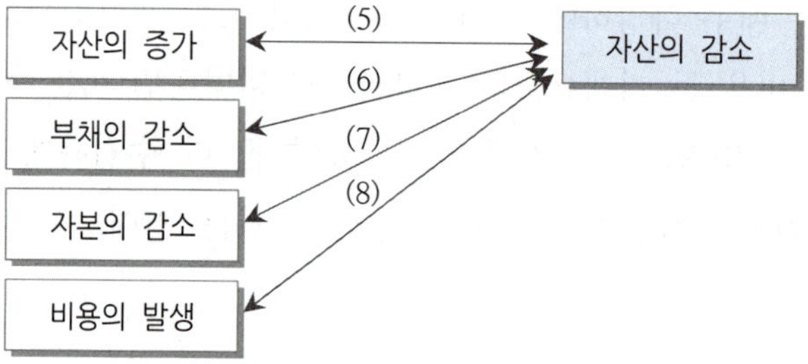

세 번째로는 부채의 증가와 결부되어 있는 결합관계를 보여주는 예이다. 몇 가지 예에 있어서는 아직 이해가 되지 않을 수도 있지만 해당 결합관계를 보여주는 거래의 예가 있을 수 있음을 보이기 위해 제시하였다.

(9) ₩100,000의 소모품 구입하였으나 대금은 나중에 지불하기로 하다.
자산(소모품)의 증가 ↔ 부채(미지급금)의 증가

(10) 만기 6개월의 차입금 ₩100,000을 만기 3년의 장기차입금 ₩100,000으로 전환하다.
부채(단기차입금)의 감소 ↔ 부채(장기차입금)의 증가

(11) 영업결과 얻은 이익 중 ₩100,000을 주주들에게 현금배당하기로 주주총회에서 결정하다.
자본(이익잉여금)의 감소 ↔ 부채(미지급배당금)의 증가

(12) 임차료 ₩100,000이 발생하였으나 아직 지급하지 않은 상태이다.
비용(임차료)의 발생 ↔ 부채(미지급임차료)의 증가

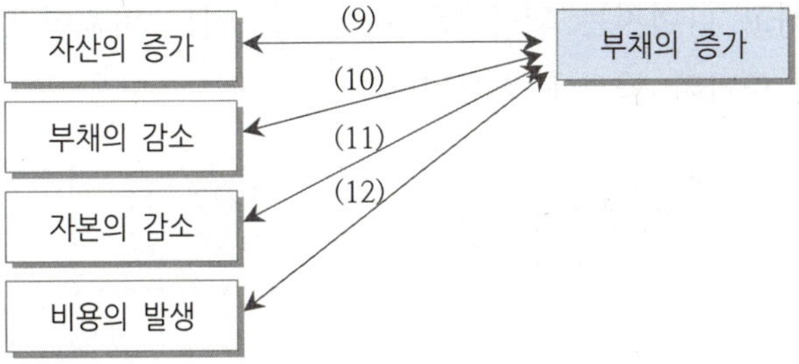

네 번째로는 부채의 감소와 결부되어 있는 결합관계이다. 부채의 감소와 관련된 일부 거래 역시 부채의 증가의 경우처럼 이해가 되지 않을 수도 있으므로 여기서는 이러한 거래가 있을 수 있다는 정도로만 기억하기 바란다.

(13) ₩100,000의 소모품 구입과 관련된 미지급금을 현금으로 지불하다.
부채(미지급금)의 감소 ↔ 자산(현금)의 감소

(14) 만기 6개월의 차입금 ₩100,000을 만기 3년의 장기차입금 ₩100,000으로 전환하다.
부채(단기차입금)의 감소 ↔ 부채(장기차입금)의 증가

(15) 장기차입금 ₩100,000을 상환하는 대신 이 금액을 자본금으로 전환하고 주식을 교부하여 주다.
부채(장기차입금)의 감소 ↔ 자본(자본금)의 증가

(16) 경영자문서비스를 제공하였으나 대금은 서비스를 계약할 때 미리 받다.
부채(선수금)의 감소 ↔ 수익(용역수익)의 발생

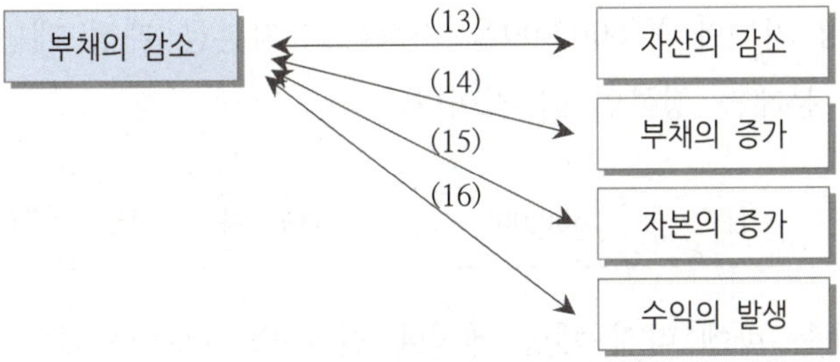

위에서는 자산의 증감을 중심으로 한 결합관계와 부채의 증감을 중심으로 한 결합관계만을 살펴보았으나 자본의 증감을 중심으로 한 결합관계 역시 생각해볼 수 있다. 다만 여기에서는 이미 자산 및 부채를 중심으로 살펴 본 몇 가지 결합관계에서 등장하는 예로 대신한다.

거래요소의 결합관계에 대한 설명을 마치기 전에 한 가지 유의할 사항이 있다. 결합관계에 있어서 반드시 일대일의 결합관계만 존재하는 것은 아니다. 때로는 한 가지 거래요소가 두 가지 거래요소와 결합되어 나타나는 경우도 있다. 예를 들어 비품을 구입하되 일부는 현금으로 지불하고 나머지는 외상으로 하는 경우에는 비품이라는 자산의 증가가 자산의 감소 및 부채의 증가와 동시에 결합된다.

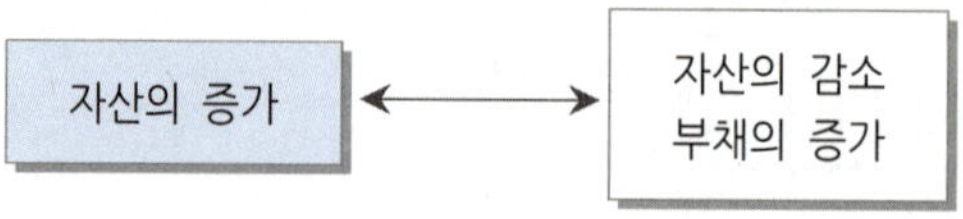

2.3 구체적인 분개와 전기의 예

본 절에서는 이미 제2장에서 제시한 바 있는 친절자문㈜의 사례를 이용하여 분개를 하고 분개의 내용을 기초로 계정에 전기하는 과정을 다룬다. 본 예에서는 분개를 할 때마다 그 즉시 바로 전기하였지만 경우에 따라서는 기간을 정해 놓고 정기적으로 분개장의 내용을 일괄 전기하는 방식을 취할 수도 있다.

거래 (1)

▸ 5월 1일: 회계사 자격증을 보유하고 있는 대학교 동창생 2명이 현금 ₩600,000을 출자하여 친절자문㈜를 설립하다. 설립과 동시에 사무실(가구, 책상 및 컴퓨터 완비) 임차계약을 체결하며 세무자문을 보조할 회계학과를 졸업한 직원을 채용하다.

이 거래는 회사설립을 위해 주주들이 출자한 내용을 기록한 것이다. 즉 현금이라는 자산이 ₩600,000 증가하고 자본금이라는 자본항목이 ₩600,000만큼 증가한 거래이다. 따라서 현금 계정 차변에 ₩600,000을 기록하고 자본금 계정 대변에 ₩600,000을 기록하라는 의미의 분개를 행하면 될 것이다.

(차) 현 금	600,000	(대) 자 본 금	600,000

이 분개가 의미하는 바에 따라 해당 계정에 전기하면 다음과 같다.

현 금

차변	대변
(1) 600,000	

자본금

차변	대변
	(1) 600,000

거래 (2)

▸ 5월 8일: 회계자문서비스를 제공해주고 ₩200,000을 현금으로 받다.

이 거래는 자문서비스 제공을 통해 수익이 창출되는 거래이다. 따라서 현금자산의 증가와 매출의 발생을 기록하면 된다. 따라서 분개는 현금 계정 차변에 ₩200,000을 기록하고 매출 계정 대변에 ₩200,000을 기록한다는 의미로 행한다.

(차) 현 금	200,000	(대) 매 출	200,000

이 분개가 의미하는 바에 따라 해당 계정에 전기하면 다음과 같다.

현 금	
(1) 600,000	
(2) 200,000	

매 출	
	(2) 200,000

거래 (3)

▸ 5월 10일: 5월 1일 임차계약에 따른 5월 임차료 ₩60,000이며 현금으로 지급하다.

이 거래는 임차료를 지급한 거래로서 임차료라는 비용이 발생하고 현금 자산이 기업 밖으로 유출된 거래이다. 따라서 임차료 계정 차변에 ₩60,000을 기록하고 현금 계정 대변에 ₩60,000을 기록하라는 의미로 분개하고 전기하면 다음과 같다.

(차) 임 차 료	60,000	(대) 현 금	60,000

현 금	
(1) 600,000	(3) 60,000
(2) 200,000	

임차료	
(3) 60,000	

거래 (4)

▸ 5월 15일: 은행으로부터 현금 ₩300,000을 월 1%의 이율 조건으로 한 달간 차입하다.

이 거래는 은행으로 차입한 거래로서 단기차입금이라는 부채가 증가하고 그 결과로 현금이라는 자산이 기업 내로 유입된 거래이다. 따라서 현금 계정 차변에 ₩300,000을 기록하고 단기차입금 계정 대변에 ₩300,000을 기록하라는 의미로 분개를 행하고 전기한다.

(차) 현 금	300,000	(대) 단 기 차 입 금	300,000

현 금	
(1) 600,000	(3) 60,000
(2) 200,000	
(4) 300,000	

단기차입금	
	(4) 300,000

거래 (5)

▸ 5월 16일: 건물 신축을 위한 토지를 ₩400,000에 구입하고 그 대금 중 ₩200,000은 현금으로 지급하고 나머지는 한 달 후에 지급하기로 하다.

이 거래는 토지라는 자산이 증가하고 그 구입대금으로 지출한 현금자산의 감소 그리고 토지대금 중 미지급금이라는 부채항목의 증가로 구성되어 있다. 따라서 토지 계정 차변에 ₩400,000을 기록하고 현금 계정 대변에 ₩200,000 그리고 미지급금 계정에 ₩200,000을 기록할 수 있도록 분개를 행한다.

(차) 토 지	400,000	(대) 현 금	200,000
		미 지 급 금	200,000

이 분개가 의미하는 바에 따라 해당 계정에 전기하면 다음과 같다.

현 금	
(1) 600,000	(3) 60,000
(2) 200,000	(5) 200,000
(4) 300,000	

토 지	
(5) 400,000	

미지급금	
	(5) 200,000

거래 (6)

▸ 5월 18일: 세무자문서비스를 제공하고 대금의 절반인 ₩150,000은 현금으로 받으며 나머지 대금은 나중에 받기로 하다.

이 거래는 자문서비스를 통해 수익이 창출되는 거래로서 수익 ₩300,000이며 이 중 ₩150,000은 현금으로 받고 나머지 ₩150,000은 나중에 받기로 하였으므로 매출채권이라는 자산의 증가로 기록한다. 즉, 현금자산 및 매출채권자산의 증가와 매출의 발생을 기록하면 된다. 분개는 현금 계정 차변에 ₩150,000, 매출채권 차변에 ₩150,000을 기록하고 매출 계정 대변에 ₩300,000을 기록한다는 의미를 담게 된다. 분개와 전기는 다음과 같다.

(차)	현　　　　금	150,000	(대)	매　　　　출	300,000
	매 출 채 권	150,000			

현 금

차변	대변
(1) 600,000	(3) 60,000
(2) 200,000	(5) 200,000
(4) 300,000	
(6) 150,000	

매 출

차변	대변
	(2) 200,000
	(6) 300,000

매출채권

차변	대변
(6) 150,000	

거래 (7)

▸ 5월 19일: 5월 18일 발생한 대금미수액 ₩75,000을 현금으로 받다.

이 거래는 앞선 거래 (6)에서 발생한 매출채권 중 일부인 ₩75,000을 현금으로 회수하는 거래이다. 따라서 ₩75,000을 현금 계정 차변에 기록하고 같은 금액을 매출채권 계정 대변에 기록할 수 있도록 분개하고 전기한다.

(차)	현　　　　금	75,000	(대)	매 출 채 권	75,000

현 금

차변	대변
(1) 600,000	(3) 60,000
(2) 200,000	(5) 200,000
(4) 300,000	
(6) 150,000	
(7) 75,000	

매출채권

차변	대변
(6) 150,000	(7) 75,000

거래 (8)

▸ 5월 20일: 5월 1일에 고용한 직원에 대한 20일 급여 ₩50,000을 현금으로 지급하다.

이 거래는 거래 (6)과 마찬가지로 비용이 발생하고 이 비용을 현금으로 지급한 거래이다. 따라서 급여라는 비용 계정 차변에 ₩50,000을 기록하고 현금 계정 대변에 ₩50,000을 기록하는 분개를 행하고 전기한다.

(차) 급 여	50,000	(대) 현 금	50,000

현 금	
(1) 600,000	(3) 60,000
(2) 200,000	(5) 200,000
(4) 300,000	(8) 50,000
(6) 150,000	
(7) 75,000	

급 여	
(8) 50,000	

SECTION 3 결산정리전 시산표

앞 절에서 다룬 친절자문㈜의 5월 거래가 반영된 모든 계정은 이들이 집합되어 있는 총계정원장에서 확인할 수 있다.

현 금	
(1) 600,000	(3) 60,000
(2) 200,000	(5) 200,000
(4) 300,000	(8) 50,000
(6) 150,000	
(7) 75,000	

매출채권	
(6) 150,000	(7) 75,000

토 지	
(5) 400,000	

단기차입금	
	(4) 300,000

미지급금	
	(5) 200,000

자본금	
	(1) 600,000

매 출	
	(2) 200,000
	(6) 300,000

임차료	
(3) 60,000	

급 여	
(8) 50,000	

총계정원장에 있는 각 계정을 살펴보면 몇 가지 특징을 발견할 수 있다.

자산 계정은 차변합계액과 대변합계액을 비교하면 차변합계액이 크다는 사실을 확인할 수 있다. 예를 들어 현금의 차변합계액은 ₩1,325,000이며 대변합계액은 ₩310,000임을 알 수 있다. 차변금액이 현금증가액이며 대변금액이 현금감소액을 의미하므로 차변합계액에서 대변합계액을 차감하면 5월 31일 현재 현금잔액이 ₩1,015,000이다. 이는 회계등식을 이용한 현금잔액과 당연히 일치한다. 매출채권도 마찬가지 방법에 의해 5월 31일 잔액이 ₩75,000임을 알 수 있다. 부채 계정의 경우에는 자산 계정과는 달리 항상 대변잔액을 갖게 된다. 한편 비용 계정은 차변잔액이며 수익 계정은 대변잔액이라는 것도 확인할 수 있다.

여기서 유의할 점은 회계등식을 이용하여 거래를 기록했을 때와는 달리 이익잉여금이 없다는 점이다. 회계등식상 이익잉여금에는 수익과 비용이 기록된 바 있으나, 여기에서는 수익과 비용을 각각 별도의 계정에 기록했기 때문이다. 이들 금액을 모두 감안하면 당연히 회계등식상 이익잉여금과 동일한 금액이 된다. 수익과 비용을 최종적으로 이익잉여금에 반영하는 절차에 대해서는 제4장 후반부 마감분개에서 다룰 예정이다.

특정 회계기간이 끝나면 그 기간 중 분개 및 전기의 정확성을 확인하기 위해 시산표trial balance를 작성하는데 이는 총계정원장에 나타나 있는 모든 자산, 부채, 자본, 수익, 비용 계정을 구분하여 나열하고, 차변과 대변을 구별하여 각 금액을 기록하고 합산하여 대차금액이 일치하는가 여부를 확인하는 표이다. 특별히 결산정리를 하기 전에 작성하는 시산표라는 의미로 결산정리전 시산표라고 부른다.

기중 거래의 기록은 회계등식에 기초하여 작성되었기 때문에 시산표의 차변 및 대변 합계액은 동일한 금액으로 나타나야 한다. 또한 회계등식으로부터 차변잔액을 갖는 자산 · 비용 계정의 합계액과 대변잔액을 갖는 부채 · 자본 · 수익 계정의 합계액이 일치한다는 사실을 확인할 수도 있다. 이를 복식부기의 자기검증기능이라 한다. 따라서 결산정리전 시산표는 실질적인 결산단계에 앞서 그동안 이루어진 기중 회계처리상의 오류들은 없는지 확인할 목적에서 작성하는 표이다.

회 계 등 식:			자산	=	부채	+	자본				
			자산	=	부채	+	자본금	+	수익	−	비용
시산표등식:	자산	+	비용	=	부채	+	자본금	+	수익		

시산표는 그 작성형식에 따라 합계시산표, 잔액시산표, 합계잔액시산표로 구분된다. 합계시산표는 총계정원장의 모든 계정의 차변과 대변 합계액을 기록하는 시산표이고, 잔액시산표는 총계정원장의 모든 계정의 잔액을 기록하는 시산표이다. 합계잔액시산표는 총계정원장의 모든 계정의 차변과 대변 합계액과 잔액을 모두 기록하는 시산표이다. 본서에서는 편의상 잔액시산표를 위주로 설명한다. 잔액시산표를 작성하면 다음과 같다.

시 산 표

친절자문㈜ 20×1년 5월 31일 (단위: ₩)

계정과목	차 변	대 변
현 금	1,015,000	
매 출 채 권	75,000	
토 지	400,000	
단 기 차 입 금		300,000
미 지 급 금		200,000
자 본 금		600,000
매 출		500,000
임 차 료	60,000	
급 여	50,000	
합 계	1,600,000	1,600,000

SECTION 4

회계의 순환과정

4.1 회계의 순환과정

거래의 식별 및 측정에서부터 재무제표가 작성되기까지의 모든 과정이 일정한 기간을 주기로 반복되는데 이를 회계순환과정accounting cycle이라고 한다.

[그림 3-1] 회계순환과정(기중)

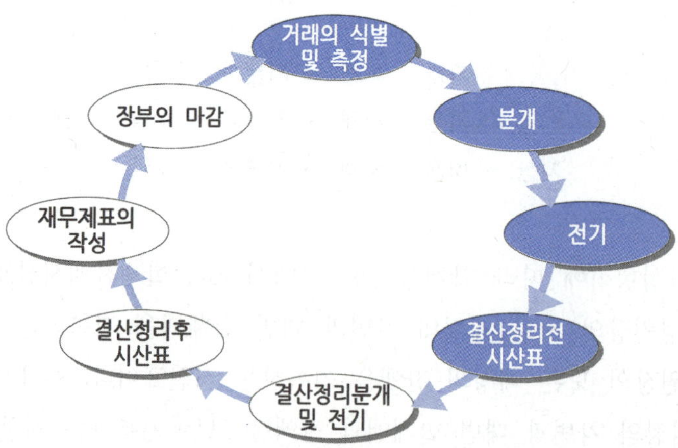

회계순환과정은 다음과 같이 두 가지 과정으로 분류할 수 있다.

첫 번째 과정은 기중의 회계처리 과정으로, 본 장에서 다룬 내용이다. 이 과정은 회계기간 동안에 발생한 거래를 분개 및 전기한 후 결산정리전 시산표를 통하여 계정 전체의 차변의 합계와 대변의 합계가 일치하는 것을 확인하는 것까지의 과정이다.

두 번째 과정은 기말의 회계처리 과정으로 기중에 이루어진 기록 이외에 추가로 기말에 해야 할 결산정리분개 및 전기를 하고 이를 반영하여 최종적인 재무제표를 작성하는 단계이다. 결산과정에서도 결산정리가 반영된 총계정원장 잔액으로 시산표를 만드는데 이를 결산정리후 시산표라고 한다. 기말의 회계처리 과정은 제4장에서 다룬다.

4.2 기중 회계순환과정의 종합예제

본 절에서 지금까지 공부했던 기중의 회계순환과정인 분개, 전기, 결산정리전 시산표를 다시 한번 복습한다.

예제 3.1 기중거래의 분개

다음은 20×1년 1월 1일에 설립한 ㈜친절서비스의 20×1년 동안의 거래내역이다. 회사의 회계기간은 1월 1일부터 12월 31일까지이다.

① 1월 1일 : 회사설립에 필요한 현금 ₩60,000,000을 출자하여 주식을 발행하다. 또한 회사설립과 동시에 사무실(가구, 책상 및 컴퓨터 완비) 임차계약을 체결하여 연간 임차료 ₩6,000,000을 현금으로 지불하다. 임차료는 비용으로 기록하다.

② 2월 10일 : 소모품 ₩2,000,000을 외상으로 구입하다. 단, 소모품은 자산으로 회계처리하다.

③ 2월 25일 : 2월 10일의 외상대금 전액을 현금으로 상환하다.

④ 3월 1일 : 은행으로부터 현금 ₩20,000,000을 연 9%의 이율 조건으로 2년 동안 차입하다. 단, 이자는 전액 만기에 지급하기로 하다.

⑤ 4월 2일 : 회사를 광고하기 위해 친절일보에 ₩2,000,000을 현금으로 지급하다.

⑥ 5월 1일 : 컨설팅을 제공하고 ₩60,000,000을 나중에 받기로 하다.

⑦ 6월 1일 : 향후 1년간 보험서비스를 받기로 하는 계약을 맺고 보험료 ₩1,680,000 을 현금으로 미리 지급하다. 단, 미리 지급한 보험료는 비용으로 기록하다.

⑧ 8월 10일 : 5월 1일의 외상대금 중 ₩50,000,000을 현금으로 받다.

⑨ 10월 1일 : 사무실의 일부를 임대하고 1년간 임대료 ₩1,500,000을 현금으로 미리 받다. 단, 미리 받은 임대료는 수익으로 회계처리하다.

⑩ 11월15일 : 컨설팅 업무의 증가로 종업원(관리직)을 고용하면서, 급여 ₩1,500,000을 매월 15일에 후불하기로 하다. 따라서 첫 급여는 12월 15일에 정상적으로 현금 지급되다.

⑪ 12월 15일 : 거래처에 현금 ₩15,000,000을 연 12%의 이율 조건으로 1년 동안 대여해주고, 매월 15일에 이자를 받기로 하다.

⑫ 12월 20일 : 영업용 토지를 현금 ₩2,000,000에 구입하다.

물음 기중 거래에 대한 분개를 하시오.

해설

① 1월 1일 : 회사설립에 필요한 현금 ₩60,000,000을 출자하여 주식을 발행하다.

(차) 현 금	60,000,000	(대) 자 본 금	60,000,000

☞ 현금(자산)의 증가(↑)는 차변 / 자본금(자본)의 증가(↑)는 대변

1월 1일 : 회사설립과 동시에 사무실(가구, 책상 및 컴퓨터 완비) 임차계약을 체결하여 연간 임차료 ₩6,000,000을 현금으로 지불하다. 단, 임차료는 비용으로 회계처리하다.

(차) 임 차 료	6,000,000	(대) 현 금	6,000,000

☞ 임차료(비용)의 증가(↑)는 차변 / 현금(자산)의 감소(↓)는 대변

② 2월 10일 : 소모품 ₩2,000,000을 외상으로 구입하다. 단, 소모품은 자산으로 회계처리하다.

(차) 소 모 품	2,000,000	(대) 미 지 급 금	2,000,000

☞ 소모품(자산)의 증가(↑)는 차변 / 미지급금(부채)의 증가(↑)는 대변

③ 2월 25일 : 2월 10일의 외상대금 전액을 현금으로 상환하다.

(차) 미 지 급 금	2,000,000	(대) 현 금	2,000,000

☞ 미지급금(부채)의 감소(↓)는 차변 / 현금(자산)의 감소(↓)는 대변

④ 3월 1일 : 은행으로부터 현금 ₩20,000,000을 연 9%의 이율 조건으로 2년 동안 차입하다. 단, 이자는 전액 만기에 지급하기로 하다.

(차) 현 금	20,000,000	(대) 장 기 차 입 금	20,000,000

☞ 현금(자산)의 증가(↑)는 차변 / 장기차입금(부채)의 증가(↑)는 대변

⑤ 4월 2일 : 회사를 광고하기 위해 친절일보에 ₩2,000,000을 현금으로 지급하다.

(차) 광 고 선 전 비	2,000,000	(대) 현 금	2,000,000

☞ 광고선전비(비용)의 증가(↑)는 차변 / 현금(자산)의 감소(↓)는 대변

⑥ 5월 1일 : 컨설팅을 제공하고 ₩60,000,000을 나중에 받기로 하다.

(차) 매출채권	60,000,000	(대) 매출	60,000,000

☞ 매출채권(자산)의 증가(↑)는 차변 / 매출(수익)의 증가(↑)는 대변

⑦ 6월 1일 : 향후 1년간 보험서비스를 받기로 하는 계약을 맺고 보험료 ₩1,680,000을 현금으로 미리 지급하다. 단, 미리 지급한 보험료는 비용으로 회계처리하다.

(차) 보험료	1,680,000	(대) 현금	1,680,000

☞ 보험료(비용)의 발생(↑)은 차변 / 현금(자산)의 감소(↓)는 대변

⑧ 8월 10일 : 5월 1일의 외상대금 중 ₩50,000,000을 현금으로 받다.

(차) 현금	50,000,000	(대) 매출채권	50,000,000

☞ 현금(자산)의 증가(↑)는 차변 / 매출채권(자산)의 감소(↓)는 대변

⑨ 10월 1일 : 사무실의 일부를 임대하고 1년간 임대료 ₩1,500,000을 받다. 단, 미리 받은 임대료는 수익으로 회계처리하다.

(차) 현금	1,500,000	(대) 임대료	1,500,000

☞ 현금(자산)의 증가(↑)는 차변 / 임대료(수익)의 발생(↑)은 대변

⑩ 12월 15일 : 첫 급여는 12월 15일에 정상적으로 현금 지급되다.

(차) 급여	1,500,000	(대) 현금	1,500,000

☞ 급여(비용)의 발생(↑)은 차변 / 현금(자산)의 감소(↓)는 대변

⑪ 12월 15일 : 거래처에 현금 ₩15,000,000을 연 12%의 이율 조건으로 1년 동안 대여해주고, 매월 15일에 이자를 받기로 하다.

(차) 단기대여금	15,000,000	(대) 현금	15,000,000

☞ 단기대여금(자산)의 증가(↑)는 차변 / 현금(자산)의 감소(↓)는 대변

⑫ 12월 20일 : 영업용 토지를 현금 ₩2,000,000에 구입하다.

(차) 토지	2,000,000	(대) 현금	2,000,000

☞ 토지(자산)의 증가(↑)는 차변 / 현금(자산)의 감소(↓)는 대변

예제 3.2 기중 거래의 전기 및 총계정원장

물음 예제 3.1에서 행했던 기중 거래의 분개를 기초로 계정에 전기하라.

해설

❖ 총계정원장(재무상태표) ❖

〈1〉 자산 계정

현 금			
1/ 1	60,000,000	1/ 1	6,000,000
3/ 1	20,000,000	2/25	2,000,000
8/10	50,000,000	4/ 2	2,000,000
10/ 1	1,500,000	6/ 1	1,680,000
		12/15	1,500,000
		12/15	15,000,000
		12/20	2,000,000
잔 액	101,320,000		

소 모 품			
2/10	2,000,000		
잔 액	2,000,000		

매출채권			
5/10	60,000,000	8/10	50,000,000
잔 액	10,000,000		

단기대여금			
12/15	15,000,000		
잔 액	15,000,000		

토 지			
12/20	2,000,000		
잔 액	2,000,000		

〈2〉 부채 계정

미지급금			
2/25	2,000,000	2/10	2,000,000
		잔 액	0

장기차입금			
		3/ 1	20,000,000
		잔 액	20,000,000

〈3〉 자본 계정

자 본 금			
		1/ 1	60,000,000
		잔 액	60,000,000

❖ 총계정원장(손익계산서) ❖

〈4〉 수익 계정

매 출			
		5/ 1	60,000,000
		잔 액	60,000,000

임 대 료			
		10/ 1	1,500,000
		잔 액	1,500,000

〈5〉 비용 계정

임 차 료

차변		대변
1/ 1	6,000,000	
잔 액	6,000,000	

광고선전비

차변		대변
4/ 2	2,000,000	
잔 액	2,000,000	

보 험 료

차변		대변
6/ 1	1,680,000	
잔 액	1,680,000	

급 여

차변		대변
12/15	1,500,000	
잔 액	1,500,000	

예제 3.3 결산정리전 시산표

물음 예제 3.2에서 작성한 총계정원장을 참조하여 결산정리전 시산표를 작성하시오.

해설

※ 결산정리전 시산표 작성을 쉽게 하기 위해서 잔액을 표시하기로 한다.

결산정리전 시산표

㈜친절서비스 20×1년 12월 31일 (단위: ₩)

계정과목	차 변	대 변
현 금	101,320,000	
소 모 품	2,000,000	
매 출 채 권	10,000,000	
단 기 대 여 금	15,000,000	
토 지	2,000,000	
장 기 차 입 금		20,000,000
자 본 금		60,000,000
매 출		60,000,000
임 대 료		1,500,000
임 차 료	6,000,000	
광 고 선 전 비	2,000,000	
보 험 료	1,680,000	
급 여	1,500,000	
합 계	141,500,000	141,500,000

쉬어가기 AI와 회계

요즘 ChatGPT가 널리 이용되면서 여기저기서 기대와 우려의 목소리가 들린다. 미국 월스트리트저널은 회계사·통역사·작가의 업무 중 최소 절반 이상은 ChatGPT가 더 빠르게 수행할 수 있을 것이라는 연구 결과를 보도했고, 한국언론진흥재단이 실시한 "챗GPT 이용 경험 및 인식"에 대한 설문조사에서는 AI로 대체될 가능성이 높은 직업군 중 공인회계사·세무사가 4위로 보고되었다.

이런 조사 결과를 보면 공인회계사라는 직업은 곧 사라질 위기에 처한 직업인 것 같다. 정말 그럴까? 몇 가지 생각이 떠오른다.

첫째, 회계에 대한 오해다. 흔히 회계는 "1+2=3"처럼 단순한 계산으로 정해진 답을 구하는 것으로 이해된다. 물론 회계에서 이러한 계산과정이 필수적이지만, 이는 '회계'라기보다 '부기(簿記)'라고 하는 것이 적절하다. 회계가 경제적 사건이나 거래를 인식하고 화폐로 측정하여 기록하고 전달하여, 이를 의사결정에 활용하는 모든 과정을 말한다면 부기는 단순히 기록하는 과정만을 의미한다. 또한 부기는 특정 사건이 발생하면 정해진 방법대로 단순 기록하는 것이지만 회계는 그 사건을 왜, 얼마로, 어떻게 기록할 것인가를 따지는 과정이다. 따라서 회계는 부기를 포함하는 넓은 개념이고, 부기에는 정답이 있지만 회계에는 정답이 없고, 전문가마다 의견이 다른 경우가 많다. 따라서 부기는 ChatGPT가 대신할 수 있지만 회계에는 챗GPT가 대신할 수 없는 영역이 많이 존재한다.

둘째, 공인회계사의 업무에 대한 오해다. 회계사는 기업이 기록한 숫자가 적절한지를 확인하는 회계감사도 하지만, 세무업무와 경영자문업무, 기업인수합병 등 많은 업무를 하고 있다. 우리나라 회계법인의 전체 매출액 중 회계감사는 1/3 수준에 불과하므로 회계감사가 ChatGPT의 영향을 받는다고 해도 회계사 업무 전체에 미치는 영향은 적을 수 있다.

그리고 이런 조사 결과를 지나치게 신뢰하는 것은 위험하다. 예를 들어, 월스트리트저널 기사에서는 ChatGPT의 영향을 받을 직업으로 '작가(writers)'가 상위권에 포함되었지만, 언론진흥재단의 조사에서는 최하위인 10위에 포함되어 상반된 결과를 보였다.

몇 년 전 '4차 산업혁명 시대'라는 말이 화두가 되었던 때가 떠오른다. 2017년 영국 옥스퍼드대학의 칼 프레이 교수와 마이클 오스본 교수가 쓴 논문에서 4차 산업혁명 시대에 없어질 직업 1순위로 회계사가 꼽혀서 논란이 되었다. 그러나 2017년 1월 한국고용정보원 조사에 의하면 '인공지능(AI)이나 로봇으로 대체되지 않을 직업' 1순위로 회계사가 선정되었다. 최근에 ChatGPT가 화두가 되면서 몇 년 전과 유사한 조사 결과가 또 실린 것이다. 회계와 공인회계사가 미래에 어떻게 될지는 아무도 모른다. 세상에 영원한 것은 없다. 그러나 현재로서는 회계와 공인회계사가 단기간 내에 사라질 가능성은 희박해 보인다. 물론 회계와 공인회계사의 역할은 시대의 흐름에 따라 변할 수 있으며, 또한 변해야 한다. 다만, 회계의 의미와 공인회계사의 역할에 대한 정확한 이해가 이루어진 후에 이러한 논의가 이루어졌으면 한다. 긍정적으로 생각하면 회계와 공인회계사가 언론의 관심 대상이 된 것도 나쁜 것 같지만은 않다. ChatGPT의 등장을 걱정할 것이 아니라 앞으로 ChatGPT를 어떻게 잘 활용할 것인가를 고민할 때이다.

[2023-04-28 IB 토마토 '전규안의 회계로 세상보기'에서 발췌 및 수정]

쉬어가기 분식회계란?

회계는 기업의 재무상태와 경영성과를 요약하여 제공하는 역할을 하므로 투자자와 채권자 등 이해관계자들은 기업에 대한 의사결정과정에 회계정보를 유용하게 사용할 수 있다. 하지만 회계정보가 유용성을 갖기 위해서는 회계가 기업의 재무상태와 경영성과를 투명하게 반영하고 있다는 전제조건이 필요하다. 만약 기업이 고의적으로 회계를 조작하여 투명하지 않은 정보를 제공한다면 회계정보는 유용성을 잃게 될 것이다.

투명한 회계와 대립하는 용어로 분식회계(粉飾會計)가 있다. 분식(粉飾)에서 분은 '가루 분'이고, 식은 '꾸밀 식'이므로 분식회계는 '얼굴에 분가루를 발라서 겉모습만 예쁘게 꾸미는 것'처럼 기업의 재무상태와 경영성과를 있는 그대로 투명하게 보여주지 않고 실제보다 더 좋게 보이게 하기 위한 회계 처리를 하는 경우를 말한다. 예를 들어 당기순이익을 실제보다 과대하게 보고하거나, 당기순손실을 실제보다 과소하게 보고하기 위해 허위로 매출을 인식하는 경우가 대표적인 분식회계이다. 허위로 매출을 인식하면 매출채권(자산)과 매출(수익)이 모두 과대계상 되어 재무상태표의 자산과 자본이 과대하게 보고되고, 손익계산서의 매출과 당기순이익도 과대하게 보고되는 문제가 발생하게 된다.

기업이 분식회계를 하는 이유는 투자자와 채권자 등 이해관계자들에게 왜곡된 정보를 제공함으로써 투자 또는 대출 의사결정과정에서 기업에는 유리하지만, 이해관계자들에게는 불리한 의사결정을 하도록 유도하기 위해서이다. 하지만 분식회계는 결국 들통이 나거나 미래에 반대의 효과가 반영되어 장기적으로는 기업에도 불리한 결과를 가져오는 것이 필연이다. 사필귀정(事必歸正)이다. 그렇다고 하더라도 분식회계는 엄격히 규제되어야 한다. 왜냐하면 이해관계자들은 왜곡된 정보에 근거한 의사결정으로 인해 단기적으로는 물론이고 장기적으로도 회복할 수 없는 막대한 손해를 입게 되는 경우가 대부분이기 때문이다. 심지어는 회계정보의 신뢰성 상실로 인해 자본시장 자체가 붕괴할 가능성까지도 존재한다. 분식회계를 방지하기 위해서는 재무제표가 공시되기 전에 이를 발견하고 수정하여야 한다. 따라서 엄격한 내부통제구조, 독립적인 공인회계사에 의한 회계감사(audit)와 경영자의 회계윤리 인식이 필요하다.

친 절 한 회계원리 Accounting

연습문제

3.1 개념확인

다음 빈칸을 채우시오.

① (　　　　)(은)는 자산, 부채, 자본들의 개별적인 항목들의 증가 및 감소, 그리고 수익, 비용의 개별적인 항목의 발생을 기록하는 장소라고 할 수 있으며 이들을 한 곳에 모아두는 장부 또는 장소를 (　　　　)(이)라고 한다.

② 계정은 왼쪽과 오른쪽으로 구분되어 있는데 왼쪽을 (　　　　)(이)라 부르고 오른쪽을 (　　　　)(이)라 부른다.

③ 자산의 증가는 계정의 (　　　　)에 기록하고, 부채의 증가는 계정의 (　　　　)에 기록한다.

④ 수익의 발생은 계정의 (　　　　)에 기록하고, 비용의 발생은 계정의 (　　　　)에 기록한다.

⑤ 실제로 회계에서는 해당 거래의 내용을 계정에 직접 기록하기 전에 기록에 필요한 사항을 요약하는 과정을 거치게 된다. 이를 (　　　　)(이)라고 한다.

⑥ 특정 회계기간이 끝나면 그 기간 중 분개 및 전기의 정확성을 확인하기 위해 (　　　　)(을)를 작성하는데 이는 총계정원장에 나타나 있는 모든 자산, 부채, 자본, 수익, 비용 계정을 구분하여 나열하고, 차변과 대변을 구별하여 각 금액을 기록하고 합산하여 대차금액이 일치하는가 여부를 확인하는 표이다.

⑦ 기중 거래의 기록은 회계등식에 기초하여 작성되었기 때문에 시산표의 차변 및 대변 합계액은 동일한 금액으로 나타나야 한다. 이를 복식부기의 (　　　　)(이)라 한다.

⑧ 회계에서는 거래와 사건의 인식 · 측정에서부터 재무제표가 작성되기까지의 모든 과정이 일정한 기간을 주기로 반복되는데 이를 (　　　　)(이)라고 한다.

3.2 개정의 기록방법

다음 중에서 계정의 기록방법으로 옳은 것은?

① 자산의 증가와 수익의 발생은 차변에 기록한다.

② 부채의 증가는 차변에, 감소는 대변에 기록한다.

③ 자본의 증가는 차변에, 감소는 대변에 기록한다.

④ 비용의 발생은 차변에 기록한다.

3.3 분개

다음의 거래를 분개하시오. 단, 모든 거래는 순차적으로 발생한 것이다.

① 현금 ₩60,000,000을 출자하여 주식투자자문회사를 설립하다.

② 투자자문서비스를 제공하고 현금 ₩3,000,000을 받다.

③ ₩1,000,000의 비품을 구입하고 대금은 나중에 지불하기로 하다.

④ 사무실을 임차하고 현금 ₩1,500,000을 지불하다.

⑤ 미지급한 비품구입대금으로 현금 ₩300,000을 지불하다.

⑥ 투자자문서비스를 제공하고, 그 대금 ₩500,000은 10일후에 받기로 하다.

⑦ 거래처에게 현금 ₩600,000을 2개월 동안 빌려주다. 이자 ₩20,000은 원금과 함께 지급받기로 하다.

⑧ 투자자문서비스를 제공하고 나중에 받기로 한 대금 ₩500,000을 회수하다.

⑨ 사무직원의 월급 ₩1,000,000을 현금으로 지급하다.

3.4 분개와 전기

20×1년 1월 1일 ㈜상도법무법인은 법정에서의 소송업무를 제공할 목적으로 설립되다. 다음의 거래를 분개 및 전기하시오.

① 1월 1일 : 변호사 자격증을 보유하고 있는 2명이 각각 현금 ₩30,000,000을 출자하여 ㈜상도법무법인을 설립하다.

② 2월 1일 : 사무실(각종 사무집기 완비) 임차계약을 체결하는데 임차계약에 의하면 보증금은 ₩2,000,000이며 월 임차료는 ₩300,000이다. 보증금과 1년간 임차료를 모두 현금으로 지급하다. 단, 미리 지급한 1년간 임차료는 비용으로 회계처리한다.

③ 2월 25일 : 일간지에 개업을 알리는 광고를 게재하기 위해 광고료 ₩600,000을 현금으로 지불하다.

④ 3월 5일 : 민사소송의 요청을 받고 그 즉시 자문 및 서류작성을 대행하여 주고 ₩1,000,000을 현금으로 받다.

⑤ 5월 10일 : 나중에 사무실을 짓기 위해 토지를 ₩15,000,000에 구입한 후 등기를 완료하였다. 그 대금 중 절반은 현금으로 지급하고 나머지는 나중에 지급하기로 하다.

⑥ 6월 1일 : 지난 3월 5일에 계약했던 민사소송서비스를 완료하고 대금 ₩4,000,000을 현금으로 받으며 나머지 ₩1,000,000은 나중에 받기로 하다.

⑦ 8월 10일 : 지난 6월 1일 발생한 소송대금 미수액 중 ₩400,000을 현금으로 받다.

⑧ 11월 1일 : 은행으로부터 ₩1,500,000을 대출받고(대출기간 : 2년, 대출이자율 : 연 6%), 2년 후에 이자를 한 번에 지급하기로 하다. 또한 서류작업을 보조할 직원을 채용하고, 월급은 ₩800,000으로 매월 말일에 지급하기로 하다.

⑨ 12월 31일 : 11월 1일 이후 차입금에 대한 이자와 월급이 아직 지급되지 않다.

3.5 결산정리전 시산표

20×1년 1월 1일 ㈜상도법무법인은 법정에서의 소송업무를 제공할 목적으로 설립되다. [연습문제 3.4]를 참조하여 결산정리전 시산표를 작성하시오.

연습문제 해답

[연습문제 3.1]

① 계정, 총계정원장 ② 차변, 대변 ③ 차변, 대변 ④ 대변, 차변
⑤ 분개 ⑥ 시산표 ⑦ 자기검증기능 ⑧ 회계의 순환과정

[연습문제 3.2] ④

① 수익의 발생은 대변에
②, ③ 부채와 자본의 증가는 대변에, 감소는 차변에

[연습문제 3.3]

① 현금 ₩60,000,000을 출자하여 주식투자자문회사를 설립하다.

(차) 현 금	60,000,000	(대) 자 본 금	60,000,000

☞ 현금(자산)의 증가(↑)는 차변 / 자본금(자본)의 증가(↑)는 대변

② 투자자문서비스를 제공하고 현금 ₩3,000,000을 받다.

(차) 현 금	3,000,000	(대) 매 출	3,000,000

☞ 현금(자산)의 증가(↑)는 차변 / 매출(수익)의 증가(↑)는 대변

③ ₩1,000,000의 비품을 구입하고 대금은 나중에 지불하기로 하다.

(차) 비 품	1,000,000	(대) 미 지 급 금	1,000,000

☞ 비품(자산)의 증가(↑)는 차변 / 미지급금(부채)의 증가(↑)는 대변

④ 사무실을 임차하고 현금 ₩1,500,000을 지불하다.

(차) 임 차 료	1,500,000	(대) 현 금	1,500,000

☞ 임차료(비용)의 증가(↑)는 차변 / 현금(자산)의 감소(↓)는 대변

⑤ 미지급한 비품구입대금으로 현금 ₩300,000을 지불하다.

(차) 미 지 급 금	300,000	(대) 현 금	300,000

☞ 미지급금(부채)의 감소(↓)는 차변 / 현금(자산)의 감소(↓)는 대변

⑥ 투자자문서비스를 제공하고 그 대금 ₩500,000은 10일후에 받기로 하다.

(차) 매 출 채 권	500,000	(대) 매 출	500,000

☞ 매출채권(자산)의 증가(↑)는 차변 / 매출(수익)의 증가(↑)는 대변

⑦ 거래처에게 현금 ₩600,000을 2개월 동안 빌려주다. 이자 ₩20,000은 원금과 함께 만기에 지급받기로 하다.

(차) 단기대여금	600,000	(대) 현금	600,000

☞ 단기대여금(자산)의 증가(↑)는 차변 / 현금(자산)의 감소(↓)는 대변

⑧ 투자자문서비스를 제공하고 나중에 받기로 한 대금 ₩500,000을 회수하다.

(차) 현금	500,000	(대) 매출채권	500,000

☞ 현금(자산)의 증가(↑)는 차변 / 매출채권(자산)의 감소(↓)는 대변

⑨ 사무직원의 월급 ₩1,000,000을 현금으로 지급하다.

(차) 급여	1,000,000	(대) 현금	1,000,000

☞ 급여(비용)의 증가(↑)는 차변 / 현금(자산)의 감소(↓)는 대변

[연습문제 3.4]

◈ 분 개

① 1월 1일

(차) 현금	60,000,000	(대) 자본금	60,000,000

② 2월 1일

(차) 임차보증금	2,000,000	(대) 현금	5,600,000
임차료	3,600,000		

③ 2월 25일

(차) 광고선전비	600,000	(대) 현금	600,000

④ 3월 5일

(차) 현금	1,000,000	(대) 매출	1,000,000

⑤ 5월 10일

(차) 토지	15,000,000	(대) 현금	7,500,000
		미지급금	7,500,000

⑥ 6월 1일

(차) 현금	4,000,000	(대) 매출	5,000,000
매출채권	1,000,000		

⑦ 8월 10일

(차) 현 금	400,000	(대) 매 출 채 권	400,000

⑧ 11월 1일

(차) 현 금	1,500,000	(대) 장 기 차 입 금	1,500,000

◈ 전 기

현 금

1/ 1	60,000,000	2/ 1	5,600,000
3/ 5	1,000,000	2/25	600,000
6/ 1	4,000,000	5/10	7,500,000
8/10	400,000		
11/ 1	1,500,000		

임차보증금

2/ 1	2,000,000		

토 지

5/10	15,000,000		

매출채권

6/ 1	1,000,000	8/10	400,000

미지급금

		5/10	7,500,000

장기차입금

		11/ 1	1,500,000

자 본 금

		1/ 1	60,000,000

매 출

		3/ 5	1,000,000
		6/ 1	5,000,000

임 차 료

2/ 1	3,600,000		

광고선전비

2/25	600,000		

[연습문제 3.5]

◈ 총계정원장(재무상태표)

현 금

1/ 1	60,000,000	2/ 1	5,600,000
3/ 5	1,000,000	2/25	600,000
6/ 1	4,000,000	5/10	7,500,000
8/10	400,000		
11/ 1	1,500,000		
잔 액	53,200,000		

임차보증금

2/ 1	2,000,000		
잔 액	2,000,000		

토 지

차변		대변	
5/10	15,000,000		
잔 액	15,000,000		

매출채권

차변		대변	
6/ 1	1,000,000	8/10	400,000
잔 액	600,000		

미지급금

차변		대변	
		5/10	7,500,000
		잔 액	7,500,000

장기차입금

차변		대변	
		11/ 1	1,500,000
		잔 액	1,500,000

자 본 금

차변		대변	
		1/ 1	60,000,000
		잔 액	60,000,000

◈ 총계정원장(손익계산서)

매 출

차변		대변	
		3/ 5	1,000,000
		6/ 1	5,000,000
		잔 액	6,000,000

임 차 료

차변		대변	
2/ 1	3,600,000		
잔 액	3,600,000		

광고선전비

차변		대변	
2/25	600,000		
잔 액	600,000		

결산정리전 시산표

㈜상도법무법인　　20×1년 12월 31일 현재　　(단위: ₩)

계정과목	차 변	대 변
현 금	53,200,000	
임차보증금	2,000,000	
토 지	15,000,000	
매 출 채 권	600,000	
미 지 급 금		7,500,000
장기차입금		1,500,000
자 본 금		60,000,000
매 출		6,000,000
임 차 료	3,600,000	
광고선전비	600,000	
합 계	75,000,000	75,000,000

4

CHAPTER

기말의 회계처리: 결산 및 재무제표의 작성

CONTENTS

CHAPTER 4 기말의 회계처리: 결산 및 재무제표의 작성

기중에 발생한 거래만으로 재무제표를 작성하면 기업의 재무상태나 영업결과를 제대로 표시하기 어렵다. 본 장에서는 정확한 재무제표를 작성하기 위해 회계기간이 종료된 결산 기말에 추가적인 정보를 장부에 반영하는 결산 절차에 대해서 설명한다. 구체적으로는 결산정리분개의 필요성과 방법을 다루고 결산정리분개를 반영한 결산정리후 시산표로부터 손익계산서와 재무상태표를 작성한다. 장 말미에는 다음 회계기간 준비를 위한 장부의 마감절차도 설명한다.

SECTION 1 결산의 의의와 개요

기중 거래의 기록내용만으로도 재무상태표와 손익계산서를 만들 수 있는데 기말에 와서 추가적인 내용을 장부에 반영시키는 결산절차가 왜 필요한지에 대해 생각해볼 필요가 있다.

예를 들어 어떤 가정주부가 3월 한 달 동안 기록한 가계부를 통해 그 달의 생활비 총액을 집계한다고 하자. 아마도 부지런한 가정주부라면 매일 그날에 실제 있었던 현금지출 내용을 가계부에 기록했을 것이므로 말일에 그 기록된 금액을 합산하기만 하면 3월 지출 내용을 확인할 수 있다. 그러나 만약 3월에 소비한 전기 요금이 4월 말에 청구된다면 그간에 기록했던 지출내용의 합산만으로 3월의 정확한 생활비를 계산할 수 없다. 똑똑한 주부라면 3월 31일 계량기에서 확인한 전기사용량을 이용하여 비록 아직 지급하지는 않았지만 3월의 생활비에 포함되어야 할 전기세를 계산하고 현금지출액을 기초로 계산한 생활비에 이 전기세를 합산하는 지혜를 발휘할 것이다. 이러한 가정주부의 예를 기업에 그대로 적용시킬 수는 없지만 기업의 경우에도 기중의 기록만으로는 정확한 기업의 재무상태나 영업성과를 얻을 수 없다는 것을 짐작할 수 있다.

기업은 기중에 일일이 기록하기 어려웠던 거래나 이미 기록하였지만 수정이 부분적으로 필요한 거래에 대해서는 기말에 와서 한꺼번에 분개하고 전기하여 더 정확한 재무상태표와 손익계산서를 작성한다. 이러한 과정은 기말결산절차에서 핵심적인 사항으로 결산정리분개 및 전기라고 한다.

결산정리분개 및 전기이외에도 기말결산절차에는 결산정리후 시산표의 작성, 재무제표의 작성, 마감분개 및 전기 등이 있다. 필요에 따라서는 결산정리전 시산표, 정리분개, 결산정리후 시산표, 재무제표를 일목요연하게 확인할 수 있도록 정산표를 만들기도 한다.

[그림 4-1]은 전체 회계순환과정 중 기말시점에서 이루어지는 결산 단계를 보여주고 있다.

[그림 4-1] 회계순환과정(기말)

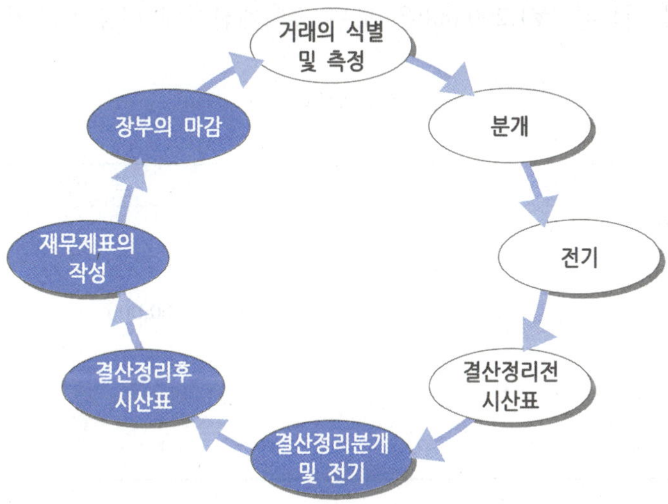

SECTION 2 결산정리분개

2.1 결산정리분개의 필요성

기중에 일일이 기록하기 어려웠던 거래나 이미 기록하였지만 수정이 부분적으로 필요한 거래가 있을 수 있다. 이 경우 재무제표를 작성하는 기말시점에 이들을 확인하여 장부에 기록하는 절차가 필요하다. 이를 결산정리분개(또는 기말수정분개)라고 한다.

결산정리분개가 필요한 이유는 다음의 몇 가지 예를 들어 생각해보자.

어떤 기업이 20×1년 7월 1일에 회사가 보유하고 있는 차량에 대한 일년치 자동차 보험료를 선불로 ₩1,200,000을 지급한다고 하자. 우리가 이제까지 배운 회계지식에 의하면 이에 대해 다음과 같이 분개하고 전기할 것이다.

(차) 보 험 료	1,200,000	(대) 현 금	1,200,000

보험료			현 금	
1,200,000				1,200,000

만약 이 기업에서 지불한 보험료가 이것뿐인 상태에서 재무제표를 작성해야 할 결산일 20×1년 12월 31일이 된다고 하자. 아마도 보험료 계정에 대해 추가적인 기록사항이 없다면 보험료 계정에 기록된 ₩1,200,000은 모두 손익계산서에 비용으로 기록될 것이다.

<u>손익계산서</u>

친절자문㈜ 20×1년 1월 1일 ~ 20×1년 12월 31일 (단위: ₩)

과 목		금 액	
수익:	용역매출		×××
비용:	임 차 료	×××	
	보 험 료	1,200,000	
	· · ·	×××	
	· · ·	×××	×××
당기순이익			×××

여기서 한 가지 생각해봐야 할 것은 보험료 ₩1,200,000 전액이 20×1년의 보험료라고 할 수 있는 지 여부이다. 왜냐하면 보험료를 지불한 것은 20×1년 7월 1일이지만 보험서비스를 받는 기간은 20×1년 7월 1일부터 20×2년 6월 30일이기 때문이다. 비록 20×1년 7월 1일에 일년치 보험료를 다 지불하지만 엄밀한 의미에서 볼 때 절반은 20×1년 7월 1일부터 12월 31일까지의 보험료이며 나머지 절반은 20×2년 1월 1일부터 20×2년 6월 30일까지의 보험료라고 할 수 있다.

상식적인 수준에서 판단하더라도 20×1년 회계연도의 손익계산서에 비용으로 표시될 보험료는 ₩1,200,000이 아니라 ₩600,000이 되어야 할 것이다. 그렇다면 최초에 기록한 보험료를 지불한 분개가 잘못된 것인가? 그렇지 않다. 다만 기말시점에서 볼 때 지불한 보험료 전액이 비용으로 기록되는 것은 적절치 않으므로 이전에 기록된 보험료에 대해 약간의 수정이 필요할 뿐이다. 이러한 수정은 일반적으로 기말시점에 이루어진다.

또 다른 예로, 어떤 임대업회사가 20×1월 12월 15일, 일년 동안 건물을 임대하는 계약을 맺는다고 하자. 그리고 월 임대료 ₩1,200,000은 다음 달부터 매달 15일에 받기로 한다고 하자.

우리가 알고 있는 회계지식으로는 임대계약을 한 것 자체는 이 회사의 재무상태에 아무런 영향을 주지 않기 때문에 회계기록은 필요하지 않다. 그러나 20×1년 12월 31일, 재무제표를 만드는 시점에서 지난 15일 동안 제공해주었던 임대서비스에 대해 추가적인 기록을 하지 않으면 건물 임대에 따른 수익은 전혀 기록되지 않을 것이다. 비록 돈은 나중에 받지만 기말시점에 와서 지난 15일 동안 제공한 임대서비스에 대한 수익은 기록하고 다른 한편으로는 서비스제공에 따른 회수할 채권이 기록되는 것이 적절할 것이다. 즉, 임대수익의 기록을 매일 매일 할 수는 없지만 재무제표를 만들어야 하는 기말시점에서 그간 기록하지 못했던 수익을 한꺼번에 기록하는 일을 해야 한다. 이러한 기록 역시 기말정리분개 또는 결산정리분개의 예가 된다.

한 가지 예를 더 살펴보자. 어떤 회사가 20×1년 7월 1일, 거래처로부터 일년 동안 ₩1,200,000을 빌리고 상환일인 20×2년 6월 30일 원금과 일년치 이자 ₩120,000을 주기로 했다고 하자. 자금을 차입하는 시점에는 다음과 같은 기록을 할 것이다.

(차) 현 금	1,200,000	(대) 단 기 차 입 금	1,200,000

그리고 6개월 후에 재무제표를 작성한다고 하자. 외견상 이 차입금과 관련하여 아무런 추가적인 거래도 발생하지 않으므로 이와 관련된 별도의 회계처리가 없다고 하면 재무상태표의 부채항목에 단기차입금 ₩1,200,000만 나타날 것이다. 과연 이렇게 표시되는 것이 적절한가? 20×1년 12월 말일 시점에서 보면 지난 6개월간 거래처로부터 ₩1,200,000을 빌려 쓴 것이다. 돈을 빌려 쓰게 되면 그 빌려 쓴 대가로 지불하는 것이 이자인데 비록 그 이자를 20×2년 6월 30일에 지불하더라도 분명 머릿속에는 6개월간 사용한 자금에 대한 이자비용을 무시할 수 없을 것이다. 이 이자비용이 손익계산서 어디엔가 나타나는 것이 적절하다. 비록 이자는 나중에 지불하지만 이 역시 재무제표를 만드는 시점에 그동안 시간이 경과함에 따라 발생한 이자비용을 기록하고 아직 지불하지 않은 그 이자비용에 대한 부채를 기록해야 올바른 재무제표가 될 것이다.

위의 세 가지 예에서 우리는 결산정리분개가 더 정확한 재무제표를 만들기 위해서 결산일 시점에 행하는 회계처리라는 것을 알 수 있다. 이제까지 우리가 회계기록을 한 것은 주로 외견상 쉽게 식별가능한 외부거래처와의 거래가 그 대상이었다. 그러나 앞서 언급한 바와 같이 회계기록은 쉽게 눈에 보이는가의 여부와 무관하게 기업의 재무상태에 영향을 주고 그 효과를 금액으로 확인할 수 있는 경우라면 언제나 장부에 반영하여 결과적으로 재무제표에 표시되게끔 해야 한다. 이러한 의미에서 결산정리분개는 정확한 재무제표를 작성하는데 있어 매우 중요한 회계기록절차임을 알 수 있다.

2.2 결산정리분개의 종류

결산정리분개의 종류는 매우 많다. 다음의 예는 그 중 일부에 해당하는 것으로서 주로 회계원리의 수준에서 다루게 되는 내용이다. 본 절에서 언급하는 몇 개를 제외한 나머지들은 해당 장에서 다루게 된다.

- 미지급비용
- 미수수익
- 선급비용
- 선수수익
- 소모품비
- 재고자산과 매출원가의 결정
- 채권에 대한 손상차손
- 유형자산에 대한 감가상각비

2.2.1 미지급비용

회계기간 중에 비용은 발생했으나 결산일 현재 이와 관련된 현금 지출이 이루어지지 않은 경우이다. 예를 들어, 이자 지급일이 되지 않아 이자를 지급하지는 않지만 결산일 현재 이미 이자비용이 발생한 경우 또는 급여지급일이 되지 않아서 아직 급여를 지급하지는 않지만 이미 급여비용이 발생한 경우를 들 수 있다.

예 1

7월 1일 은행으로부터 ₩1,200,000을 차입한 바 있다. 차입조건은 연이자율 6%이며, 이자는 매월 16일에 지급하며 1년 후에 상환하기로 되어 있다. 12월 16일에 지급할 이자는 정상적으로 지급한 바 있다. 결산일인 12월 31일에 필요한 결산정리분개는 무엇인가?

앞의 예에서 이 회사는 이자지급이 매월 16일에 이루어지고 있으며 11월 17일부터 12월 16일 한 달 동안의 이자는 이미 지급하여 비용으로 기록했음을 짐작할 수 있다. 다만 문제가 되는 것은 12월 17일부터 결산일인 12월 31일까지 15일이라는 시간이 경과했고 15일분의 이자는 이미 발생한 것이지만 이와 관련된 지출이나 회계기록은 아직 이루어지지 않았다는 점이다. 물론 이와 관련된 지출은 다음 회계연도인 1월 16일에 이루어지겠지만 만약 결산일에 이러한 이자비용을 기록하는 분개를 하지 않고 다음 해에 1월 16일 이자지급일에 이자비용의 발생을 기록하게 되면 15일치에 해당하는 이자비용 ₩3,000이 이번 회계연도의 손익계산서에 누락되는 결과를 낳게 된다.

₩1,200,000 × 6% × 15/360 = ₩3,000
(편의상 1년을 360일로 하여 계산함)

이러한 문제를 해결하기 위해서 비록 이자를 지급하지는 않지만 결산일 시점에 이자비용을 기록하는 분개를 해야 한다. 즉, 이자비용의 발생을 기록하기 위해 차변에 이자비용을 기록하고, 대변에 적절한 계정을 찾아 기록해야 한다. 이 경우에 이자의 발생과 더불어 현금과 같은 자산의 감소가 이루어진 것이 아니고 지급해야 할 의무가 생긴 것이므로 적절한 부채 계정을 선택해야 한다. 일반적으로 아직 미지급상태에 있는 비용이라는 의미로 미지급비용이라는 부채 계정을 사용하며 보다 구체적으로 이자비용의 경우에는 미지급이자라는 계정을 사용한다. 미지급이자에 대한 결산정리분개는 다음과 같다.

(차) 이 자 비 용	3,000	(대) 미 지 급 이 자	3,000
↓		↓	
손익계산서 비용항목		재무상태표 부채항목	

예 2

이 회사의 급여일은 12월 15일이므로 결산일인 12월 31일 현재 미지급상태의 급여가 존재한다. 이 금액은 ₩150,000이다. 결산일에 필요한 결산정리분개는?

이 경우 12월 16일부터 12월 31일까지 발생한 급여비용을 기록하지 않은 상태이다. 물론 이 기간 중의 급여는 1월 15일에 지급될 것이지만 정확한 손익계산서의 작성을 위해서는 ₩150,000 급여라는 비용을 결산일시점에 기록해야 한다. 대변에는 미지급상태의 급

여라는 부채 계정으로 미지급급여를 사용하여 기록한다.

(차) 급 여	150,000	(대) 미 지 급 급 여	150,000
↓		↓	
손익계산서 비용항목		재무상태표 부채항목	

2.2.2 미수수익

회계기간 중에 수익은 발생하였으나 결산일 현재 이와 관련된 현금 회수가 이루어지지 않은 경우이다. 예를 들어, 거래처에 자금을 대여해준 회사에서 이자 수령일이 되지 않아 이자를 받지는 않지만 결산일 현재 이미 이자수익이 발생한 경우 또는 회사건물의 일부를 임대해 준 회사에서 임대료 회수일이 되지 않아 아직 임대료를 현금으로 받지 않지만 이미 기간이 경과하여 임대료(임대수익)가 발생한 경우를 들 수 있다.

예 3

7월 1일 거래처에 ₩2,000,000을 대여해준 바 있다. 대여조건은 연이자율 6%이며, 이자지급은 매월 16일에 지급하며 1년 후에 회수하기로 되어 있다. 12월 16일에 회수할 이자는 정상적으로 회수한 바 있다. 결산일인 12월 31일에 필요한 결산정리분개는 무엇인가?

위의 예에서 이 회사는 이자회수가 매월 16일에 이루어지고 있으며 11월 17일부터 12월 16일 한달 동안의 이자는 이미 회수하고 수익으로 기록했음을 짐작할 수 있다. 다만 문제가 되는 것은 12월 17일부터 결산일인 12월 31일까지 15일 동안의 이자는 이미 발생한 것이지만 이와 관련된 현금회수나 회계기록은 아직 이루어지지 않은 상태이다. 물론 이와 관련된 이자회수는 다음 회계연도인 1월 16일에 이루어질 것이나 만약 결산일에 이러한 15일에 대한 이자수익을 기록하는 분개를 하지 않고 다음 해 1월 16일 이자회수일에 이자의 발생을 기록하게 되면 다음의 계산에서 알 수 있듯이 15일치에 해당하는 이자수익 ₩5,000이 이번 회계연도의 손익계산서에 누락되는 결과를 낳게 된다.

₩2,000,000 × 6% × 15/360 = ₩5,000
(편의상 1년을 360일로 하여 계산함)

이러한 문제를 해결하기 위해서 비록 이자를 회수하지는 않았지만 결산일 시점에 이자수익을 기록하는 분개를 해야 한다. 즉, 이자수익의 발생을 기록하기 위해 대변에 이자수익을 기록하고, 이자의 발생과 더불어 이자를 받을 수 있는 채권이 생긴 것이므로 적절한 자산 계정을 선택하여 기록해야 한다. 일반적으로는 아직 미회수상태에 있는 수익이라는 의미로 미수수익이라는 용어를 사용하며 보다 구체적으로 이자수익의 경우에 미수이자라는 계정을 사용한다. 미수이자에 대한 결산정리분개는 다음과 같다.

(차) 미 수 이 자	5,000	(대) 이 자 수 익	5,000
↓		↓	
재무상태표 자산항목		손익계산서 수익항목	

예 4

이 회사의 임대료 회수일은 12월 15일이므로 결산일인 12월 31일 현재 미수상태의 임대료가 존재한다. 이 금액은 ₩150,000이다. 결산일에 필요한 결산정리분개는?

이 예에서 12월 16일부터 12월 31일까지 발생한 임대료를 기록하지 않은 상태이므로 정확한 손익계산서의 작성을 위해서는 결산일시점에 대변에는 ₩150,000 임대료라는 수익을 기록하고 차변에는 미수임대료라는 자산 계정을 사용하여 기록하면 된다.

(차) 미 수 임 대 료	150,000	(대) 임 대 료	150,000
↓		↓	
재무상태표 자산항목		손익계산서 수익항목	

예제 4.1 미지급비용, 미수수익

㈜친절서비스가 ㈜경영으로부터 20×1년 10월 1일에 1년 상환 조건으로 현금 ₩2,000,000(연이자율 : 12%)을 차입하다. 단, 이자는 원금과 함께 20×2년 10월 1일에 지급한다.

물음 ㈜친절서비스와 ㈜경영의 20×1년 10월 1일과 12월 31일(결산일)의 분개를 하시오.

해설

〈1〉 ㈜친절서비스

① 20×1년 10월 1일(기중)

(차) 현 금	2,000,000	(대) 단 기 차 입 금	2,000,000

② 20×1년 12월 31일(결산): 20×1년 10월 1일부터 12월 31일까지 3개월간의 지급하지 못한 이자비용(미지급이자: 부채)을 인식하는 분개를 한다.

(차) 이 자 비 용	60,000*	(대) 미 지 급 이 자	60,000

* ₩2,000,000 × 12%(연이자율) × $\frac{3}{12}$(월)

〈2〉 ㈜경영

① 20×1년 10월 1일(기중)

(차) 단 기 대 여 금	2,000,000	(대) 현 금	2,000,000

② 20×1년 12월 31일(결산): 20×1년 10월 1일부터 12월 31일까지 3개월간의 받지 못한 이자수익(미수이자: 자산)을 인식하는 분개를 한다.

(차) 미 수 이 자	60,000	(대) 이 자 수 익	60,000

2.2.3 선급비용

회계기간 중에 현금지급과 동시에 비용을 기록했지만 결산일 현재 이 비용 전액이 손익계산서의 비용으로 표시되는 것이 적절치 않은 경우가 있다. 예를 들어 회계기간 중에 보험계약을 맺고 보험료 전액을 비용으로 기록한 이후 결산일을 맞이하였는데 아직 보험기간이 종료되지 않아 보험서비스를 누려야 할 기간이 남아 있는 경우가 이에 해당된다. 일반적으로 영업활동에 필요한 서비스를 받기 위해 그 대가를 선불하였지만 결산일 현재 받아야 할 서비스가 남아 있는 경우 이와 관련된 결산정리분개가 필요하다.

예 5

10월 1일 향후 1년간 보험서비스를 받기로 하는 계약을 맺고 보험료 ₩900,000을 선불한 바 있다. 또 선불한 보험료를 전액 비용으로 기록하였다. 결산일인 12월 31일에 필요한 정리분개는 무엇인가?

보험서비스 기간은 10월 1일부터 다음 해 9월 30일까지이다. 따라서 결산일인 12월 31일 시점에서 볼 때 보험서비스를 받은 기간은 지난 3개월이며 비용으로 기록되어야 하는 보험료 역시 3개월분에 해당하는 금액이 된다. 따라서 이미 비용으로 기록한 보험료 중 기간이 경과하지 않은 9개월분에 해당하는 보험료 ₩675,000을 줄여주는 기록이 필요하다. 이를 위해서는 이미 차변에 기록되어 있는 보험료 중 해당금액만큼을 대변에 기록하면 된다. 이와 동시에 그 금액만큼을 미래에 받을 보험서비스에 대한 선급분으로 기록하는 것이 필요하다. 이것이 미래에 받을 수 있는 경제적 혜택이라는 점에서 볼 때 적절한 자산 계정 차변에 이 금액을 기록하는 것이 타당하다.

일반적으로는 이와 같이 대금은 이미 지급(선급)하지만 기간의 미경과나 미제공 서비스가 남아 있는 경우 선급비용이라 부르며 선급비용은 미래기간에 경제적 혜택을 받을 수 있다는 점에서 볼 때 자산으로 이해할 수 있다. 본 예의 경우에는 보다 구체적인 계정명칭으로서 선급보험료를 사용한다. 분개의 모습은 다음과 같다.

기중분개 :	(차) 보 험 료	900,000	(대) 현 금	900,000
결산정리분개 :	(차) 선 급 보 험 료 ↓ 재무상태표 자산항목	675,000	(대) 보 험 료	675,000

여기서 한 가지 주의할 사항이 있다. 만약 미리 지급하는 보험료의 이러한 특성을 염두에 두고 보험료를 지급하는 시점에 비용으로 기록하지 않고 선급보험료라는 자산으로 기록한다면 결산정리분개는 어떻게 되겠는가? 이 경우에 선급보험료 중 기간에 경과한 부분에 대해서 비용으로 기록하는 결산정리분개가 필요하다.

기중분개 :	(차) 선 급 보 험 료	900,000	(대) 현 금	900,000
결산정리분개 :	(차) 보 험 료	225,000	(대) 선 급 보 험 료	225,000

어떤 방법에 의하든 결과적으로 재무상태표에 표시되는 선급보험료는 ₩675,000이 되며 손익계산서에 표시되는 보험료는 ₩225,000이 된다.

2.2.4 선수수익

기업이 서비스를 제공하기로 하고 대금을 받은 즉시 이를 전액 수익으로 기록하였으나 결산일 현재 아직 제공하지 않은 서비스가 남아 있는 경우가 있다. 이 역시 결산일 시점에 이미 기록한 수익을 줄여주고, 앞으로 서비스를 제공해야 할 의무를 기록해야 한다. 예를 들어 선불로 건물공간을 임대하고 그 즉시 받은 대금을 임대료로 기록한 경우 결산일 현재 아직 임대기간이 종료되지 않았다면 남은 기간에 해당하는 임대료는 수익으로 기록되지 않도록 하는 동시에 앞으로 남은 임대서비스기간에 해당하는 금액을 부채로 기록해야 하는 결산정리분개가 필요하다.

예 6

9월 1일 회사건물의 일부를 임대하고 1년치 임대료 ₩1,500,000을 받았다. 그리고 이 금액을 전액 임대료로 기록한 바 있다. 12월 31일 결산일에 필요한 결산정리분개는?

기간이 경과하지 않은 8개월치 임대료를 이미 기록한 임대료에서 차감해야 하므로 임대료 차변에 ₩1,000,000을 기록하고, 대변에는 이 금액만큼을 부채로 기록한다. 일반적으로는 이와 같이 대금은 이미 받았지만 기간의 미경과나 미제공 서비스가 남아 있는 경우 선수수익이라 부르며 미래기간에 서비스를 제공해야 할 의무가 있다는 점에서 부채의 한 항목으로 볼 수 있다. 본 예의 경우에 보다 구체적인 계정명칭으로서 선수임대료를 사용한다. 분개의 모습은 다음과 같다.

기중분개 :	(차) 현 금	1,500,000	(대) 임 대 료	1,500,000
결산정리분개 :	(차) 임 대 료	1,000,000	(대) 선 수 임 대 료 ↓ 재무상태표 부채항목	1,000,000

보험료의 경우와 마찬가지로 만약 미리 받은 임대료의 이러한 특성을 감안하여 임대료를 받은 시점에 수익으로 기록하지 않고 선수임대료라는 부채로 기록한다면 결산정리분개는 어떻게 되겠는가? 이 경우에 선수임대료 중 기간에 경과한 부분에 대해서는 수익으로 기록하는 결산정리분개가 필요하다.

기중분개 :	(차) 현 금	1,500,000	(대) 선 수 임 대 료	1,500,000
결산정리분개 :	(차) 선 수 임 대 료	500,000	(대) 임 대 료	500,000

기중기록에 따라 결산정리분개가 달라지지만 결과적으로 재무상태표에 표시되는 선수임대료 ₩1,000,000과 손익계산서에 표시되는 임대료 ₩500,000은 동일하다.

예제 4.2 선급비용, 선수수익

㈜친절서비스가 ㈜경영으로부터 20×1년 10월 1일에 1년 상환 조건으로 현금 ₩2,000,000(연이자율 : 12%)을 차입하다. 단, 1년간 이자를 20×1년 10월 1일에 미리 지급하다. ㈜친절서비스는 선불한 이자를 전액 이자비용으로 기록하며, ㈜경영은 미리받은 이자를 전액 이자수익으로 기록하다.

물음 ㈜친절서비스와 ㈜경영의 20×1년 10월 1일과 12월 31일(결산일)의 분개를 하시오.

해설

〈1〉 ㈜친절서비스

① 20×1년 10월 1일(기중)

(차) 현금	2,000,000	(대) 단기차입금	2,000,000
(차) 이자비용	240,000*	(대) 현금	240,000

* ₩2,000,000 × 12%(연이자율) × $\frac{12}{12}$(월)

② 20×1년 12월 31일(결산) : 기중에 인식한 이자비용 ₩240,000 중 당기분은 20×1년 10월 1일부터 12월 31일까지 3개월간 발생한 이자 ₩60,000 뿐이며 나머지 ₩180,000은 차기이자분으로 아직 발생하지 않은 이자이므로 이 금액만큼 이자비용을 감소시키는 동시에 선급이자(자산)로 기록하는 분개를 한다.

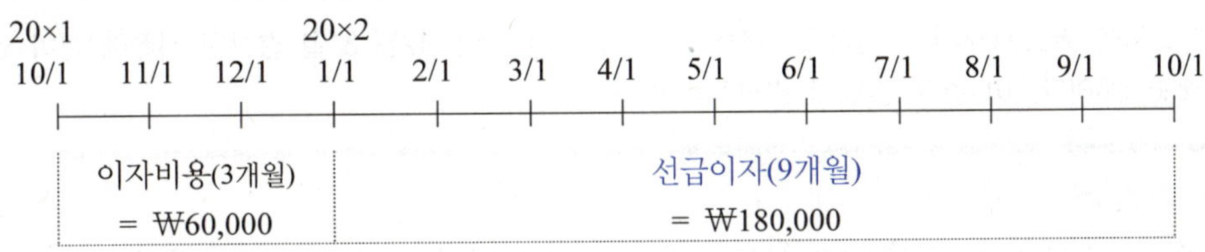

(차) 선급이자	180,000**	(대) 이자비용	180,000

** ₩2,000,000 × 12%(연이자율) × $\frac{9}{12}$(월)

〈2〉 ㈜경영

① 20×1년 10월 1일(기중)

(차) 단기대여금	2,000,000	(대) 현금	2,000,000
(차) 현금	240,000	(대) 이자수익	240,000

② 20×1년 12월 31일(결산) : 기중에 인식한 이자수익 ₩240,000 중 당기분은 20×1년 10월 1일부터 12월 31일까지 3개월간 발생한 이자 ₩60,000 뿐이며 나머지 ₩180,000은 차기이자분으로 아직 발생하지 않은 이자이므로 이 금액만큼 이자수익을 감소시키는 동시에 선수이자(부채)로 기록하는 분개를 한다.

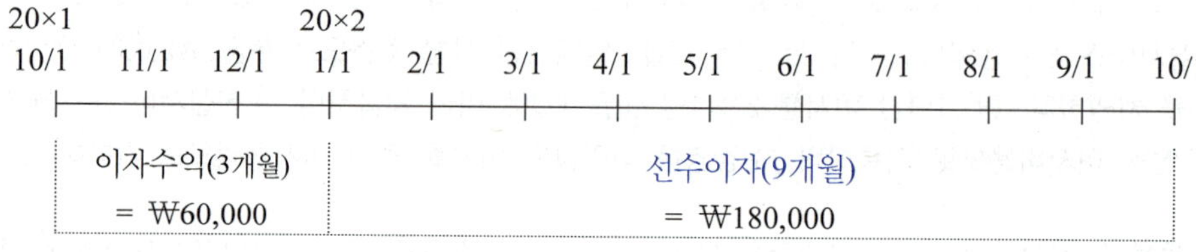

(차) 이 자 수 익	180,000	(대) 선 수 이 자	180,000

2.2.5 소모품비

회계기간 중에 소모품supplies을 구입하고 이를 자산인 소모품으로 기록한 후 결산일에 적절한 결산정리분개를 하지 않으면 그동안 사용한 소모품 즉, 소모품비는 손익계산서에 표시되지 않을 뿐만 아니라 재무상태표에도 소모품 자산이 과대하게 표시된다. 이를 바로 잡기 위해서는 사용한 소모품을 조사하여 소모품비로 계상해야 한다.

예 7

연초에 소모품 ₩200,000을 구입하고 자산으로 기록한 바 있다. 12월 31일 결산일 시점에 남아 있는 소모품은 ₩50,000이다. 이 경우 필요한 결산정리분개는?

남아있는 소모품이 ₩50,000이므로 장부에 기록되어 있는 소모품 자산을 이 금액으로 감소시키는 동시에 소비한 소모품 ₩150,000은 소모품비로 기록하는 분개를 한다.

기중분개 :	(차) 소 모 품	200,000	(대) 현 금	200,000
결산정리분개 :	(차) 소 모 품 비	150,000	(대) 소 모 품	150,000
	↓ 손익계산서 비용항목			

예제 4.3 결산정리분개와 전기

다음은 20×1년 1월 1일에 설립한 ㈜친절서비스의 20×1년 말 기말결산 정리사항이다. 회사의 회계기간은 1월 1일부터 12월 31일까지이다.

① 소모품의 기말잔액은 ₩800,000이다.
② 장기차입금에 대한 결산정리가 이루어지지 않다.
③ 보험료에 대한 결산정리가 이루어지지 않다.
④ 임대료에 대한 결산정리가 이루어지지 않다.
⑤ 급여에 대한 결산정리가 이루어지지 않다.
⑥ 단기대여금에 대한 결산정리가 이루어지지 않다.

물음 '예제 3.1'의 기중분개 및 기말결산 정리사항을 참조하여 결산정리 분개 및 전기를 하시오.

해설

① 기중분개 : 소모품 ₩2,000,000을 외상으로 구입하다. 단, 소모품은 자산으로 회계처리하다. (2월 10일)

(차) 소 모 품	2,000,000	(대) 미 지 급 금	2,000,000

▸ 결산정리분개 : 소모품의 기말잔액은 ₩800,000인 것으로 조사되다.

(차) 소 모 품 비	1,200,000	(대) 소 모 품	1,200,000

☞ 소모품의 기말잔액이 ₩800,000이므로, 소모품 ₩2,000,000 중에서 ₩1,200,000이 사용된 것이다. 따라서 사용된 소모품 ₩1,200,000을 소모품비로 인식하고, 과대 계상된 소모품을 감소시킨다.

소모품비

12/31	1,200,000		
잔 액	1,200,000		

소 모 품

2/10	2,000,000	12/31	1,200,000
잔 액	800,000		

② 기중분개 : 은행으로부터 현금 ₩20,000,000을 연 9%의 이율 조건으로 2년 동안 차입하다. 단, 이자는 전액 만기에 지급하기로 하다. (3월 1일)

(차) 현 금	20,000,000	(대) 장 기 차 입 금	20,000,000

▸ 결산정리분개 : 장기차입금에 대한 결산정리가 이루어지지 않다.

(차) 이 자 비 용	1,500,000	(대) 미 지 급 이 자	1,500,000

☞ 20×1년 3월 1일부터 12월 31일까지 10개월간의 미지급된 이자비용 ₩1,500,000(=₩20,000,000 × 9% × $\frac{10}{12}$)을 미지급이자(부채)로 인식하는 동시에 이자비용을 증가시킨다.

이자비용			
12/31	1,500,000		
잔 액	1,500,000		

미지급이자			
		12/31	1,500,000
		잔 액	1,500,000

③ 기중분개 : 향후 1년간 보험서비스를 받기로 하는 계약을 맺고 보험료 ₩1,680,000을 현금으로 미리 지급하다. 단, 미리 지급한 보험료는 비용으로 기록하다. (6월 1일)

(차) 보 험 료	1,680,000	(대) 현 금	1,680,000

▸ 결산정리분개 : 보험료에 대한 결산정리가 이루어지지 않다.

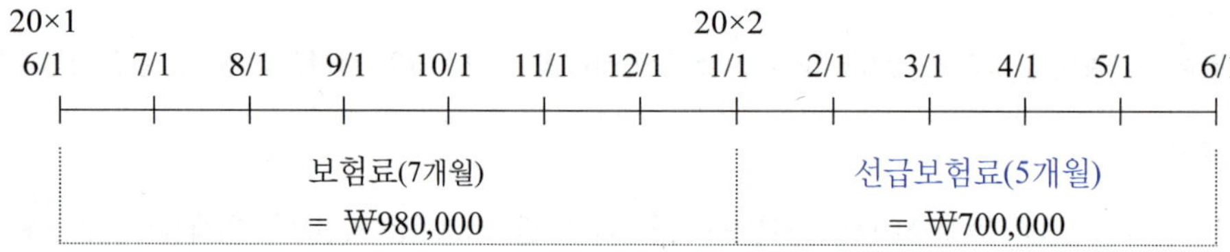

(차) 선 급 보 험 료	700,000	(대) 보 험 료	700,000

☞ 20×1년 6월 1일부터 12월 31일까지 7개월간 발생한 보험료 ₩980,000(=₩1,680,000 × $\frac{7}{12}$)을 제외한 차기분에 해당하는 보험료 ₩700,000을 선급보험료(자산)로 인식하고 보험료(비용)를 감소시킨다.

선급보험료			
12/31	700,000		
잔 액	700,000		

보 험 료			
6/ 1	1,680,000	12/31	700,000
잔 액	980,000		

④ 기중분개 : 사무실의 일부를 임대하고 1년간 임대료 ₩1,500,000을 현금으로 미리 받다. 단, 미리 받은 임대료는 수익으로 회계처리하다. (10월 1일)

(차) 현 금	1,500,000	(대) 임 대 료	1,500,000

▸ 결산정리분개 : 임대료에 대한 결산정리가 이루어지지 않다.

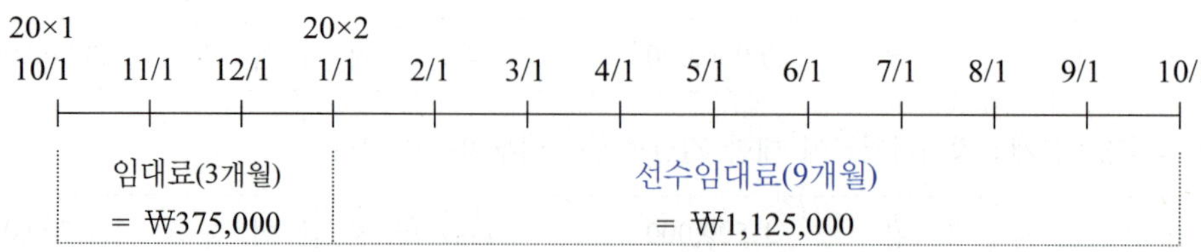

(차) 임 대 료	1,125,000	(대) 선 수 임 대 료	1,125,000

☞ 20×1년 10월 1일부터 12월 31일까지 3개월간 발생한 임대료 ₩375,000(=₩1,500,000 × $\frac{3}{12}$)을 제외한 차기분 ₩1,125,000을 선수임대료(부채)로 인식하고, 임대료(수익)를 감소시킨다.

임 대 료

차변		대변	
12/31	1,125,000	10/ 1	1,500,000
		잔 액	375,000

선수임대료

차변		대변	
		12/31	1,125,000
		잔 액	1,125,000

⑤ 기중분개 : 컨설팅 업무의 증가로 종업원(관리직)을 고용하면서, 급여 ₩1,500,000을 매월 15일에 후불하기로 하다. 따라서 첫 급여는 12월 15일에 정상적으로 현금 지급되다. (11월 15일)

(차) 급 여	1,500,000	(대) 현 금	1,500,000

▸ 결산정리분개 : 급여에 대한 결산정리가 이루어지지 않다.

(차) 급 여	750,000	(대) 미 지 급 급 여	750,000

☞ 12월 15일부터 12월 31일까지 $\frac{1}{2}$개월간의 미지급된 급여 ₩750,000(=₩1,500,000 × $\frac{1}{2}$월)을 미지급급여(부채)로 인식하는 동시에 급여(비용)를 증가시킨다.

급 여

차변		대변	
12/15	1,500,000		
12/31	750,000		
잔 액	2,250,000		

미지급급여

차변		대변	
		12/31	750,000
		잔 액	750,000

⑥ 기중분개 : 거래처에 현금 ₩15,000,000을 연 12%의 이윤 조건으로 1년 동안 대여해주고, 매월 15일에 이자를 받기로 하다. (12월 15일)

(차) 단 기 대 여 금	15,000,000	(대) 현 금	15,000,000

▸ 결산정리분개 : 단기대여금에 대한 결산정리가 이루어지지 않다.

(차) 미 수 이 자	75,000	(대) 이 자 수 익	75,000

☞ 20×1년 12월 15일부터 12월 31일까지 $\frac{1}{2}$개월간의 미수취된 이자수익 ₩75,000(=₩15,000,000 × 12% × $\frac{1}{12}$ × $\frac{1}{2}$)을 미수이자(자산)로 인식하는 동시에 이자수익(수익)을 증가시킨다.

미수이자

차변		대변	
12/31	75,000		
잔 액	75,000		

이자수익

차변		대변	
		12/31	75,000
		잔 액	75,000

SECTION 3 결산정리후 시산표

결산정리후 시산표는 결산정리전 시산표에 결산정리 분개를 추가로 반영한 시산표로, 재무제표 작성을 위한 최종 자료이다. 결산정리후 시산표는 결산정리전 시산표에 결산정리 분개의 전기를 통해 산출된 잔액을 대체하거나 추가하여 작성한다.

예제 4.4 결산정리후 시산표

다음은 20×1년 1월 1일에 설립한 ㈜친절서비스의 20×1년 말 결산정리전 시산표 및 결산정리 분개의 전기 결과이다. 회사의 회계기간은 1월 1일부터 12월 31일까지이다.

결산정리전 시산표

㈜친절서비스 20×1년 12월 31일 현재 (단위: ₩)

계정과목	차 변	대 변
현 금	101,320,000	
소 모 품	2,000,000	
매 출 채 권	10,000,000	
단기대여금	15,000,000	
토 지	2,000,000	
장기차입금		20,000,000
자 본 금		60,000,000
매 출		60,000,000
임 대 료		1,500,000
임 차 료	6,000,000	
광고선전비	2,000,000	
보 험 료	1,680,000	
급 여	1,500,000	
합 계	141,500,000	141,500,000

〈결산정리 분개의 전기〉

소모품비

차변		대변	
12/31	1,200,000		
잔 액	1,200,000		

소 모 품

차변		대변	
2/10	2,000,000	12/31	1,200,000
잔 액	800,000		

이자비용

12/31	1,500,000		
잔 액	1,500,000		

미지급이자

		12/31	1,500,000
		잔 액	1,500,000

선급보험료

12/31	700,000		
잔 액	700,000		

보 험 료

6/ 1	1,680,000	12/31	700,000
잔 액	980,000		

임 대 료

12/31	1,125,000	10/ 1	1,500,000
		잔 액	375,000

선수임대료

		12/31	1,125,000
		잔 액	1,125,000

급 여

12/15	1,500,000		
12/31	750,000		
잔 액	2,250,000		

미지급급여

		12/31	750,000
		잔 액	750,000

미수이자

12/31	75,000		
잔 액	75,000		

이자수익

		12/31	75,000
		잔 액	75,000

물음 결산정리전 시산표 및 결산정리의 전기 결과를 참조하여 결산정리후 시산표를 작성하시오.

해설

결산정리전 시산표에 결산정리 분개의 전기를 통해 산출된 잔액을 대체 또는 추가한다.

결산정리후 시산표

㈜친절서비스 20×1년 12월 31일 현재 (단위: ₩)

계정과목	차 변	대 변	
현 금	101,320,000		
소 모 품	800,000		〈대체〉
매 출 채 권	10,000,000		
단 기 대 여 금	15,000,000		
토 지	2,000,000		
장 기 차 입 금		20,000,000	
자 본 금		60,000,000	
매 출		60,000,000	
임 대 료		375,000	〈대체〉
임 차 료	6,000,000		
광 고 선 전 비	2,000,000		
보 험 료	980,000		〈대체〉

계정과목	차변	대변	비고
급 여	2,250,000		〈대체〉
소 모 품 비	1,200,000		〈추가〉
이 자 비 용	1,500,000		〈추가〉
미 지 급 이 자		1,500,000	〈추가〉
선 급 보 험 료	700,000		〈추가〉
선 수 임 대 료		1,125,000	〈추가〉
미 지 급 급 여		750,000	〈추가〉
미 수 이 자	75,000		〈추가〉
이 자 수 익		75,000	〈추가〉
합 계	143,825,000	143,825,000	

SECTION 4 재무상태표 및 손익계산서

4.1 재무상태표

1) 분류 및 보고양식

(1) 자산

자산은 소유 목적에 따라 분류하되 자산의 유동성에 따라 유동자산current assets과 비유동자산non-current assets으로 대분류한다. 일반적으로 유동자산은 1년 내에 현금화되거나, 판매 또는 소비될 것으로 기대되는 자산과 현금을 의미한다. 비유동자산은 유형자산, 무형자산, 비유동 금융자산, 투자부동산 등으로 분류한다.

(2) 부채

유동성에 따라 유동부채current liabilities와 비유동부채non-current liabilities로 대분류한다. 유동부채는 1년 내에 결제될 것으로 기대되는 부채를 의미하며, 그 외의 부채는 비유동부채로 구분한다.

(3) 자본

자본capital은 자산에 대한 소유주의 청구권 즉, 소유주 지분owners' equity을 의미한다. 자산에 대한 소유주의 청구권은 채권자의 청구권보다 순위가 낮으므로 자산에서 부채를 차감한 잔액이 소유주 지분이 된다. 기업이 주식회사인 경우 소유주 지분을 주주지분stockholders' equity이라 부른다.

재무상태표 (보고식)

㈜친절서비스
제2기 20×1년 12월 31일 현재
제1기 20×0년 12월 31일 현재
(단위: ₩)

과 목	당 기		전 기	
자 산				
유 동 자 산		xxx		xxx
현 금	xxx		xxx	
매 출 채 권	xxx		xxx	
미 수 금	xxx		xxx	
미 수 수 익	xxx		xxx	
선 급 비 용	xxx		xxx	
단기대여금	xxx		xxx	
재 고 자 산	xxx		xxx	
비유동자산		xxx		xxx
유 형 자 산		xxx		xxx
토 지	xxx		xxx	
건 물	xxx		xxx	
비 품	xxx		xxx	
무 형 자 산		xxx		xxx
금 융 자 산		xxx		xxx
투자부동산		xxx		xxx
자 산 총 계		xxx		xxx
부 채				
유 동 부 채		xxx		xxx
매 입 채 무	xxx		xxx	
미 지 급 금	xxx		xxx	
미지급비용	xxx		xxx	
선 수 수 익	xxx		xxx	
단기차입금	xxx		xxx	
비유동부채		xxx		xxx
사 채	xxx		xxx	
장기차입금	xxx		xxx	
부 채 총 계		xxx		xxx
자 본				
납 입 자 본		xxx		xxx
기타자본구성요소		xxx		xxx
이익잉여금		xxx		xxx
자 본 총 계		xxx		xxx
부채 및 자본 총계		xxx		xxx

2) 구성항목

(1) 유동자산

① 현금 및 현금성자산

현금 및 현금성자산cash and cash equivalents의 현금cash은 통화 및 타인발행수표 · 당좌예금 · 보통예금을 의미한다. 현금성자산cash equivalent은 큰 거래비용 없이 현금으로 전환이 용이하며, 만기(또는 상환일)가 3개월 이내이어서 이자율변동에 따른 가치변동의 위험이 중요하지 않은 단기의 유동성이 큰 국공채treasury bills, MMFmoney market funds 등의 유가증권 및 단기금융상품을 의미한다.

② 매출채권

매출채권trade receivable은 일반적 상거래에서 발생한 외상매출금accounts receivable과 받을어음notes receivable을 의미한다.

③ 미수금

미수금non-trade receivable은 일반적 상거래 이외에서 발생한 미수채권을 의미한다.

④ 단기대여금

1년 내에 회수되는 대여금loans을 의미한다.

⑤ 재고자산

재고자산inventories은 판매를 위하여 보유 또는 생산중인 자산과 생산이나 용역제공에 사용될 원재료나 소모품이다. 도소매업의 경우에는 상품이 있으며, 제조업의 경우는 제품 · 원재료 등이 있다.

(2) 비유동자산

① 유형자산

비유동자산인 유형자산property, plant, and equipment은 판매목적이 아니라 영업활동에서 사용하기 위해 보유하는 자산으로서 물리적 실체가 있는 자산을 의미한다. 유형자산에는 토지, 건물, 설비자산, 비품 등이 있다. 토지lands는 대지 · 임야 · 전답 등을 의미하고, 건물buildings은 건물과 냉난방 · 조명 및 기타의 건물부속설비를 의미하고, 설비자산machinery, furniture, and fixture은 기계장치 · 운송설비와 기타의 부속설비를 의미한다.

② 무형자산

비유동자산인 무형자산intangible assets은 물리적 실체가 없으며, 유형자산에 비해 자산으로부터의 미래 현금순유입에 대한 불확실성이 상당히 크다. 따라서 식별가능하고 미래 순현금유입이 확실한 자산을 무형자산으로 인식한다. 무형자산에는 영업권, 특허권, 저작권 등이 있다.

③ 금융자산(장기)

금융자산financial assets은 투자자산investment으로 금융회사의 금융상품과 유가증권 등이 있다.

④ 투자부동산

비유동자산인 투자부동산investment property은 시세차익과 임대수익을 위한 투자의 목적 또는 비영업용으로 소유하는 토지 · 건물 및 기타의 부동산을 의미하며, 투자자산에 속한다.

(3) 유동부채

① 매입채무

매입채무trade payable는 일반적 상거래에서 발생한 외상매입금accounts payable과 지급어음notes payable을 의미한다. 일반적 상거래에서 발생한 장기의 외상매입금 및 지급어음을 포함한다.

② 미지급금

미지급금non-trade payable은 일반적 상거래 이외에서 발생한 채무를 의미한다.

③ 단기차입금

금융기관으로부터의 1년 내에 상환될 차입금borrowings을 의미한다.

(4) 비유동부채

① 사채

사채bonds는 주식회사가 회사의 채무임을 표시하는 증서를 발행해주고 거액의 장기자금을 차입하는 부채이다.

② 장기차입금

금융기관으로부터의 1년 이후에 상환될 차입금을 의미한다.

(5) 자본

한국채택국제회계기준에서는 자본을 납입자본, 기타자본구성요소, 이익잉여금으로 구분되며, 실제 기업들은 재무제표의 자본을 자본금, 자본잉여금, 자본조정, 기타포괄손익누계액, 이익잉여금으로 구분하고 있다. 또한, 미처분이익잉여금은 전기의 미처분이익잉여금에 당기순이익의 가산 등으로 산출되며, 이익잉여금에 속한다.

4.2 손익계산서[1)]

1) 보고양식

손익계산서는 비용을 성격별 또는 기능별로 분류하여 표시할 수 있다.

① 성격별 분류

비용을 종업원급여, 감가상각비 등 성격별로 통합 · 분류하여 표시하는 방법이다. 비용의 성격에 대한 정보는 미래 현금흐름의 예측에 유용한 정보를 제공하고, 비용을 기능별로 분류하지 않기 때문에 형식이 단순하고 항목 분류에 문제가 없다.

② 기능별 분류

비용을 매출원가, 물류원가, 관리비, 기타비용 및 금융원가 등 기능별로 분류하여 표시하는 방법이다. 비용을 기능별로 분류하면 수익과 비용과의 관계를 설명함으로써 순손익에 대한 보다 많은 유용한 정보를 제공할 수 있으나, 비용의 기능별 배분과정에서 자의적인 판단이 개입될 수 있다는 단점이 있다.

---

1) 정확히 말하자면 손익계산서는 당기순손익의 산출과정을 보여주는 손익계산서와 당기순손익 정보에 추가로 기타포괄손익항목을 포함한 포괄손익계산서가 있다. 본서에서는 기타포괄손익항목을 다루지 않으므로 손익계산서만 설명한다.

다음은 기능별 분석에 따른 손익계산서 양식이다.

손익계산서 (단일, 기능별)

제2기 20×1년 1월 1일부터 20×1년 12월 31일까지
제1기 20×0년 1월 1일부터 20×0년 12월 31일까지

㈜친절서비스 (단위: ₩)

과 목	당 기	전 기
매 출 액[2]	×××	×××
매 출 원 가	(×××)	(×××)
매출총이익(손실)	**×××**	**×××**
물 류 원 가	(×××)	(×××)
관 리 비	(×××)	(×××)
영 업 이 익(손실)	**×××**	**×××**
기 타 수 익	×××	×××
기 타 비 용	(×××)	(×××)
금 융 원 가	(×××)	(×××)
법인세비용차감전순이익(손실)	**×××**	**×××**
법 인 세 비 용	(×××)	(×××)
당 기 순 손 익	**×××**	**×××**
주당손익(단위: ₩)		

기능별 손익계산서 흐름은 다음과 같다.

첫째, 매출액에 매출원가를 차감하여 매출총이익(손실)을 산출한다. 서비스기업은 매출원가가 없기 때문에 매출총이익(손실)의 산출과정이 생략된다.

둘째, 매출총이익(손실)에 판매비와관리비인 물류원가 및 관리비를 차감하여 영업이익(손실)을 산출한다.

셋째, 영업이익(손실)에 기타수익을 더하고 기타비용 및 금융원가를 차감하여 법인세비용차감전순이익(손실)을 산출한다.

넷째, 법인세비용차감전순손익에 법인세비용을 차감하여 당기순손익을 산출한다.

2) 한국채택국제회계기준에는 매출액을 수익으로 표시하고 있으나, 비용에 대응되는 수익과 혼동되기 때문에 실제 기업들의 재무제표에는 매출액으로 표시하고 있다. 따라서 본서에서도 '수익'이라는 용어 대신에 '매출액'을 사용하고자 한다.

다음은 성격별 분석에 따른 손익계산서 양식이다.

손익계산서(단일, 성격별)

제2기 20×1년 1월 1일부터 20×1년 12월 31일까지
제1기 20×0년 1월 1일부터 20×0년 12월 31일까지

㈜친절서비스 (단위: ₩)

과 목	당 기		전 기	
매 출 액		×××		×××
기 타 수 익		×××		×××
총 비 용		(×××)		(×××)
제품과 재공품의 변동	(×××)		(×××)	
원재료와 소모품의 사용액	(×××)		(×××)	
종 업 원 급 여	(×××)		(×××)	
감 가 상 각 비	(×××)		(×××)	
기 타 비 용	(×××)		(×××)	
금 융 원 가	(×××)		(×××)	
:	:		:	
법인세비용차감전순이익(손실)		×××		×××
법 인 세 비 용		(×××)		(×××)
당기순이익(손실)		×××		×××
주당손익(단위: ₩)				

성격별 손익계산서의 흐름은 다음과 같다. 첫째, 매출액에 기타수익을 더하고, 총비용을 차감하여 법인세비용차감전순손익을 산출한다. 둘째, 법인세비용차감전순손익에 법인세비용을 차감하여 당기순손익을 산출한다.

[그림 4-2] 기능별 및 성격별 손익계산서의 비교

[기능별 손익계산서]

매 출 액
- 매 출 원 가
매출총이익(손실)
- 물류원가, 관리비
영업이익(손실)
+ 기 타 수 익
- 기타비용, 금융원가
법인세비용차감전순이익(손실)
- 법인세비용
당기순이익(손실)

[성격별 손익계산서]

매 출 액
+ 기 타 수 익
- 총 비 용
법인세비용차감전순이익(손실)
- 법인세비용
당기순이익(손실)

2) 구성항목

① 매출액

매출액sales은 기업의 주된 영업활동에서 발생한 상품, 제품 또는 용역 등의 총매출액에서 매출할인, 매출에누리, 매출환입 등을 차감한 순매출액을 의미한다.

② 매출원가와 매출총이익(손실)

매출원가costs of goods sold는 수익활동에서 제공한 상품, 제품과 용역의 매출에 대응되는 직접 원가를 의미하며, 매출총손익gross margin(loss) on saless은 매출액에서 매출원가를 차감하여 표시한다.

③ 판매비와관리비(물류원가, 관리비)

물류원가distribution costs, selling expenses와 관리비administrative expenses는 상품, 제품과 용역의 판매활동과 기업의 관리활동에서 발생하는 판매비와관리비(영업비용)이다. 판매활동과 관련된 물류원가에는 판매원급여 · 광고선전비 등이 속하며, 관리활동과 관련된 관리비는 임원 및 종업원급여(판매원급여 제외) · 임차료 · 소모품비 · 보험료 등이 속한다. 물류원가와 관리비의 구분이 어려운 경우가 많기 때문에, 실제 기업들은 물류원가와 관리비를 별도로 구분하지 않고 판매비와관리비로 통합하여 표시한다.

④ 영업이익(손실)

영업손익operating income and loss은 매출총이익(손실)에 판매비와관리비인 물류원가 및 관리비를 차감하여 산출한다.

⑤ 기타수익

기타수익other income은 영업외수익으로, 이자수익 · 임대료 등을 포함한다.

⑥ 기타비용과 금융원가

기타비용other expenses은 영업활동과 무관한 영업외비용이고, 금융원가finance costs는 외부에서 자금조달로 인하여 발생하는 이자비용 등을 의미한다.

⑦ 법인세비용차감전순이익(손실)

법인세비용차감전손익income(loss) before income taxes은 영업이익(손실)에 기타수익을 가산하고 기타비용과 금융원가를 차감하여 산출한다.

⑧ 법인세비용

법인세비용income tax expense은 법인세법 등의 법령에 의하여 당해 사업연도에 부담할 법인세 및 법인세에 부가되는 세액의 합계에 당기 이연법인세 변동액을 가감하여 산출된 금액을 말한다.

⑨ 당기순이익(손실)

당기순손익net income(loss) for the year은 법인세비용차감전순이익(손실)에 법인세비용을 차감하여 산출한다.

⑩ 주당순이익

주당순이익earnings per share: EPS은 당기순이익을 주식수로 나눈 것이다.

예제 4.5 손익계산서와 재무상태표의 작성

다음은 20×1년 1월 1일에 설립한 ㈜친절서비스의 20×1년 말 결산정리후 시산표이다. 회사의 회계기간은 1월 1일부터 12월 31일까지이며, 법인세비용은 없는 것으로 가정한다. 급여는 관리직 종업원에 대한 지급액이다.

결산정리후 시산표

㈜친절서비스 20×1년 12월 31일 현재 (단위: ₩)

계정과목	차 변	대 변
현금	101,320,000	
소모품	800,000	
매출채권	10,000,000	
단기대여금	15,000,000	
토지	2,000,000	
장기차입금		20,000,000
자본금		60,000,000
매출		60,000,000
임대료		375,000
임차료	6,000,000	
광고선전비	2,000,000	
보험료	980,000	
급여	2,250,000	
소모품비	1,200,000	

이 자 비 용	1,500,000	
미 지 급 이 자		1,500,000
선 급 보 험 료	700,000	
선 수 임 대 료		1,125,000
미 지 급 급 여		750,000
미 수 이 자	75,000	
이 자 수 익		75,000
합 계	143,825,000	143,825,000

물음 결산정리후 시산표를 참조하여 손익계산서와 재무상태표를 작성하시오.
단, 손익계산서의 당기순이익은 재무상태표(자본)의 미처분이익잉여금에 반영한다.

해설

결산정리후 시산표(손익계산서 관련)

㈜친절서비스 20×1년 12월 31일 현재 (단위: ₩)

계정과목	차 변	대 변
매 출		60,000,000
임 차 료	6,000,000	
광 고 선 전 비	2,000,000	
급 여	2,250,000	
소 모 품 비	1,200,000	
이 자 비 용	1,500,000	
보 험 료	980,000	
임 대 료		375,000
이 자 수 익		75,000

☞ 결산정리후 시산표에서 손익계산서와 관련된 계정과목만 산출한 후에, 기능별 및 성격별 손익계산서를 작성한다.

손익계산서 (단일, 기능별)

㈜친절서비스 20×1년 1월 1일부터 20×1년 12월 31일까지 (단위: ₩)

과 목	금 액	
매 출 액		60,000,000
매 출	60,000,000	
물 류 원 가		(2,000,000)
광고선전비	2,000,000	
관 리 비		(10,430,000)
임 차 료	6,000,000	
급 여	2,250,000	

소 모 품 비	1,200,000	
보 험 료	980,000	
영 업 이 익		47,570,000
기 타 수 익		450,000
임 대 료	375,000	
이 자 수 익	75,000	
금 융 원 가		(1,500,000)
이 자 비 용	1,500,000	
당기순이익		46,520,000

손익계산서 (단일, 성격별)

㈜친절서비스 20×1년 1월 1일부터 20×1년 12월 31일까지 (단위: ₩)

과 목	금 액	
매 출 액		60,000,000
매 출	60,000,000	
기 타 수 익		450,000
임 대 료	375,000	
이 자 수 익	75,000	
총 비 용		(13,930,000)
임 차 료	6,000,000	
광고선전비	2,000,000	
급 여	2,250,000	
소 모 품 비	1,200,000	
이 자 비 용	1,500,000	
보 험 료	980,000	
당기순이익		46,520,000

☞ 서비스기업의 경우에 매출원가 구분 표시가 의미 없기 때문에, 기능별 손익계산서와 성격별 손익계산서의 차이는 비용을 기능별로 분류하여 표시하는가의 차이밖에 없다.

결산정리후 시산표(재무상태표 관련)

㈜친절서비스 20×1년 12월 31일 현재 (단위: ₩)

계정과목	차 변	대 변
현 금	101,320,000	
소 모 품	800,000	
매 출 채 권	10,000,000	
선 급 보 험 료	700,000	
단 기 대 여 금	15,000,000	

토 지	2,000,000	
장 기 차 입 금		20,000,000
선 수 임 대 료		1,125,000
자 본 금		60,000,000
미 지 급 이 자		1,500,000
미 지 급 급 여		750,000
미 수 이 자	75,000	

☞ 결산정리후 시산표에서 재무상태표와 관련된 계정과목만 산출한다.

재무상태표 (보고식)

㈜친절서비스　　20×1년 12월 31일 현재　　(단위: ₩)

과 목	금 액	
자 산		
유 동 자 산		**127,895,000**
현 금	101,320,000	
소 모 품	800,000	
매 출 채 권	10,000,000	
선 급 보 험 료	700,000	
단 기 대 여 금	15,000,000	
미 수 이 자	75,000	
비유동자산		**2,000,000**
토 지	2,000,000	
자 산 총 계		**129,895,000**
부 채		
유 동 부 채		**3,375,000**
선 수 임 대 료	1,125,000	
미 지 급 이 자	1,500,000	
미 지 급 급 여	750,000	
비유동부채		**20,000,000**
장 기 차 입 금	20,000,000	
부 채 총 계		**23,375,000**
자 본		
자 본 금	60,000,000	
미처분이익잉여금	46,520,000	
자 본 총 계		**106,520,000**
부채 및 자본 총계		**129,895,000**

☞ 미처분이익잉여금(₩46,520,000)은 기초이익잉여금(₩0)에 당기순이익(₩46,520,000)을 가산한 금액이다.

SECTION 5 정산표

정산표는 결산정리전 시산표, 결산정리 분개, 결산정리후 시산표 및 재무제표의 작성을 한 개의 표에 정리하여 일목요연하게 결산과정을 살펴볼 수 있는 표이다. 물론 정산표는 공식적인 회계장부는 아니지만 정산표를 이용하면 좀 더 쉽게 결산내용과 과정을 한 눈에 볼 수 있다는 장점이 있다.

예제 4.6 정산표

물음 '예제 4.1 ~ 예제 4.5'를 참조하여 정산표를 작성하시오.

해설

정 산 표

㈜친절서비스 　　　　20×1년 12월 31일 현재 　　　　(단위: 천원)

계정과목	결산정리전시산표		결산정리분개		결산정리후시산표		손익계산서		재무상태표	
	차변	대변	차변	대변	차변	대변	차변	대변	차변	대변
현금	101,320				101,320				101,320	
소모품	2,000			1,200	800				800	
매출채권	10,000				10,000				10,000	
단기대여금	15,000				15,000				15,000	
토지	2,000				2,000				2,000	
장기차입금		20,000				20,000				20,000
자본금		60,000				60,000				60,000
매출		60,000				60,000		60,000		
임대료		1,500	1,125			375		375		
임차료	6,000				6,000		6,000			
광고선전비	2,000				2,000		2,000			
보험료	1,680			700	980		980			
급여	1,500		750		2,250		2,250			
합계	141,500	141,500								
소모품비			1,200		1,200		1,200			
이자비용			1,500		1,500		1,500			
미지급이자				1,500		1,500				1,500
선급보험료			700		700				700	
선수임대료				1,125		1,125				1,125

미지급급여				750		750				750
미수 이자			75		75				75	
이자 수익				75		75		75		
당기순이익							46,520			46,520
합 계			5,350	5,350	143,825	143,825	60,450	60,450	129,895	129,895

SECTION 6 장부의 마감

재무제표를 작성하고 난 후에는 다음 회계연도의 새로운 시작을 위해 총계정원장에 있는 각 계정을 정리하는 과정을 거치게 된다. 이를 마감closing이라고 한다. 마감절차는 손익계산서 계정 즉, 수익 및 비용 계정과 재무상태표 계정 즉, 자산, 부채 및 자본 계정이 구별된다.

첫째, 손익계산서의 수익과 비용 계정은 말 그대로 특정 회계기간의 수익과 비용을 기록하고 당기순이익을 측정하기 위한 역할을 하는 것이므로 당기의 회계기간이 종료되고 차기의 회계기간이 시작되면 처음부터 새롭게 기록해야 한다. 따라서 한 회계기간이 종료되어 당기순이익이 결정되고 나면 그 동안 기록된 숫자들은 아무런 의미가 없으므로 손익계산서 계정을 명목계정 또는 임시계정temporary accounts이라고 한다.

또한 수익과 비용을 통해 계산된 당기순이익은 결과적으로 영업을 통해 늘어난 자본을 의미하므로 이 금액은 결국 재무상태표의 이익잉여금(미처분이익잉여금 계정)으로 옮겨지게 된다.

둘째, 재무상태표의 자산, 부채 및 자본 계정들은 수익 및 비용과는 달리 한 회계기간이 종료되어도 그대로 차기의 회계기간으로 넘어가는 성격을 가지고 있다. 회계기간이 종료된다고 하더라도 가지고 있던 자산이나 부채가 사라지는 것이 아니기 때문이다. 이러한 의미에서 재무상태표 계정을 실질계정 또는 영구계정permanent accounts이라고 부른다.

6.1 임시계정의 마감

수익과 비용 등 임시계정을 마감하기 위해서는 각 계정의 금액을 0(零)으로 만들어 주는 동시에 최종적으로는 재무상태표의 이익잉여금(미처분이익잉여금 계정)으로 옮겨가도록 해야 한다. 이를 위해 연결고리 역할을 해주는 것이 집합손익income summary이라는 계정이다. 이 계정은 수익 및 비용 계정을 마감하는 시점에 임시적으로 사용하는 계정이다. 절차는 다음의 몇 단계로 이루어진다.

1) 수익 계정의 마감

모든 수익 계정의 금액은 대변잔액을 가지게 되는데 이 금액을 집합손익 계정의 대변으로 옮긴다.

2) 비용 계정의 마감

모든 비용 계정의 금액은 차변잔액을 가지게 되는데 이 금액을 집합손익 계정의 차변으로 옮긴다.

3) 집합손익 계정의 마감

앞 두 단계를 거치면 수익 및 비용계정의 잔액은 모두 0이 되고 집합손익 계정만 남게 된다. 집합손익 계정의 잔액인 당기순손익 금액은 결국 영업을 통해 증감된 자본이므로 이 금액이 영구계정인 이익잉여금(미처분이익잉여금 계정)으로 옮겨 기록되고, 동시에 연결고리 역할을 수행한 집합손익 계정 자체의 잔액을 0으로 만들어 준다.

이와 같은 3단계를 거치게 되면 모든 수익 및 비용 계정 잔액은 0이 되며 다음 회계기간에 새롭게 시작할 준비가 완료된다.

예제 4.7 임시계정의 마감

다음은 20×1년 1월 1일에 설립한 ㈜친절서비스의 20×1년 말 마감전 수익 및 비용 계정이다. 회사의 회계연도는 1월 1일부터 12월 31일까지이다.

① 수익 계정

매 출

	5/ 1 60,000,000

임 대 료

	12/31 375,000

이자수익

	12/31 75,000

② 비용 계정

임 차 료			
1/ 1	6,000,000		

광고선전비			
4/ 2	2,000,000		

급 여			
12/15	1,500,000		
12/31	750,000		

소모품비			
12/31	1,200,000		

이자비용			
12/31	1,500,000		

보 험 료			
12/31	980,000		

물음 수익 및 비용 계정을 마감하시오.

해설

① 수익 계정의 마감

(차) 매 출	60,000,000	(대) 집 합 손 익	60,000,000
(차) 임 대 료	375,000	(대) 집 합 손 익	375,000
(차) 이 자 수 익	75,000	(대) 집 합 손 익	75,000

매 출			
집합손익	60,000,000	5/ 1	60,000,000
	60,000,000		60,000,000

임 대 료			
집합손익	375,000	12/31	375,000
	375,000		375,000

이자수익			
집합손익	75,000	12/31	75,000
	75,000		75,000

② 비용 계정의 마감

(차) 집 합 손 익	6,000,000	(대) 임 차 료	6,000,000
(차) 집 합 손 익	2,000,000	(대) 광 고 선 전 비	2,000,000
(차) 집 합 손 익	2,250,000	(대) 급 여	2,250,000
(차) 집 합 손 익	1,200,000	(대) 소 모 품 비	1,200,000
(차) 집 합 손 익	1,500,000	(대) 이 자 비 용	1,500,000
(차) 집 합 손 익	980,000	(대) 보 험 료	980,000

임 차 료

1/ 1	6,000,000	집합손익	6,000,000
	6,000,000		6,000,000

광고선전비

4/ 2	2,000,000	집합손익	2,000,000
	2,000,000		2,000,000

급 여

12/15	1,500,000	집합손익	2,250,000
12/31	750,000		
	2,250,000		2,250,000

소모품비

12/31	1,200,000	집합손익	1,200,000
	1,200,000		1,200,000

이자비용

12/31	1,500,000	집합손익	1,500,000
	1,500,000		1,500,000

보 험 료

12/31	980,000	집합손익	980,000
	980,000		980,000

☞ 계정의 마감과 동시에 집합손익 계정에 전기한다.

집합손익

임 차 료	6,000,000	매 출	60,000,000
광고선전비	2,000,000	임 대 료	375,000
급 여	2,250,000	이 자 수 익	75,000
소 모 품 비	1,200,000		
이 자 비 용	1,500,000		
보 험 료	980,000		

③ 집합손익 계정의 마감

(차) 집 합 손 익 46,520,000 (대) 미처분이익잉여금 46,520,000

집합손익

임 차 료	6,000,000	매 출	60,000,000
광고선전비	2,000,000	임 대 료	375,000
급 여	2,250,000	이 자 수 익	75,000
소 모 품 비	1,200,000		
이 자 비 용	1,500,000		
보 험 료	980,000		
미처분이익잉여금	46,520,000		
	60,450,000		60,450,000

미처분이익잉여금

		집합손익	46,520,000

6.2 실질계정의 마감

자산, 부채 및 자본의 계정 잔액은 한 회계기간이 종료되더라도 그 금액이 그대로 다음 회계기간으로 이어지게 되므로 별도의 분개나 전기가 필요하지 않다. 다만 한 기간을 마무리 한다는 의미에서 차변 및 대변의 합계액을 각각 계산하고, 차이 금액을 합계액이 작은 쪽에 기록하고 차기이월이라는 명칭을 붙여 줌으로써 차기에 시작할 금액을 명확히 한다.

예제 4.8 재무상태표 계정의 마감

다음은 20×1년 1월 1일에 설립한 ㈜친절서비스의 20×1년 동안의 마감전 자산, 부채 및 자본 계정이다. 회사의 회계연도는 1월 1일부터 12월 31일까지이다.

① 자산 계정

현 금

1/ 1	60,000,000	1/ 1	6,000,000
3/ 1	20,000,000	2/25	2,000,000
8/10	50,000,000	4/ 2	2,000,000
10/ 1	1,500,000	6/ 1	1,680,000
		12/15	1,500,000
		12/15	15,000,000
		12/20	2,000,000

소 모 품

2/10	2,000,000	12/31	1,200,000

매 출 채 권

5/ 1	60,000,000	8/10	50,000,000

선급보험료

6/ 1	1,680,000	12/31	980,000

단기대여금

12/15	15,000,000		

토 지

12/20	2,000,000		

미 수 이 자

12/31	75,000		

② 부채 계정

미지급금

2/25	2,000,000	2/10	2,000,000

장기차입금

		3/ 1	20,000,000

선수임대료

12/31	375,000	10/ 1	1,500,000

미지급이자

		12/31	1,500,000

미지급급여

		12/31	750,000

③ 자본 계정

자본금

		5/ 1	60,000,000

배당금

12/30	10,000,000		

미처분이익잉여금

		12/31	46,520,000

물음 자산, 부채 및 자본 계정을 마감하시오.

해설

① 자산 계정의 마감

현금

1/ 1	60,000,000	1/ 1	6,000,000
3/ 1	20,000,000	2/25	2,000,000
8/10	50,000,000	4/ 2	2,000,000
10/ 1	1,500,000	6/ 1	1,680,000
		12/15	1,500,000
		12/15	15,000,000
		12/20	2,000,000
		차기이월	101,320,000
	131,500,000		131,500,000

소모품

2/10	2,000,000	12/31	1,200,000
		차기이월	800,000
	2,000,000		2,000,000

매출채권

5/ 1	60,000,000	8/10	50,000,000
		차기이월	10,000,000
	60,000,000		60,000,000

선급보험료

6/ 1	1,680,000	12/31	980,000
		차기이월	700,000
	1,680,000		1,680,000

단기대여금

12/15	15,000,000	차기이월	15,000,000
	15,000,000		15,000,000

토지

12/20	2,000,000	차기이월	2,000,000
	2,000,000		2,000,000

미수이자

12/31	75,000	차기이월	75,000
	75,000		75,000

② 부채 계정의 마감

미지급금

2/25	2,000,000	2/10	2,000,000
차기이월	0		
	2,000,000		2,000,000

장기차입금

차기이월	20,000,000	3/ 1	20,000,000
	20,000,000		20,000,000

선수임대료

12/31	375,000	10/ 1	1,500,000
차기이월	1,125,000		
	1,500,000		1,500,000

미지급이자

차기이월	1,500,000	12/31	1,500,000
	1,500,000		1,500,000

미지급급여

차기이월	750,000	12/31	750,000
	750,000		750,000

③ 자본 계정의 마감

자 본 금

차기이월	60,000,000	5/ 1	60,000,000
	60,000,000		60,000,000

미처분이익잉여금

차기이월	46,520,000	12/31	46,520,000
	46,520,000		46,520,000

쉬어가기 실제로 기업의 재무제표를 조회해 보자!

기업에 대한 회계정보를 이용할 수 있으려면 먼저 기업이 공시한 재무제표를 조회할 수 있어야 하는데, 금융감독원이 운영하는 전자공시시스템(DART)을 이용하면 다양한 기업들의 재무제표를 쉽고 빠르게 검색하고 조회할 수 있다.

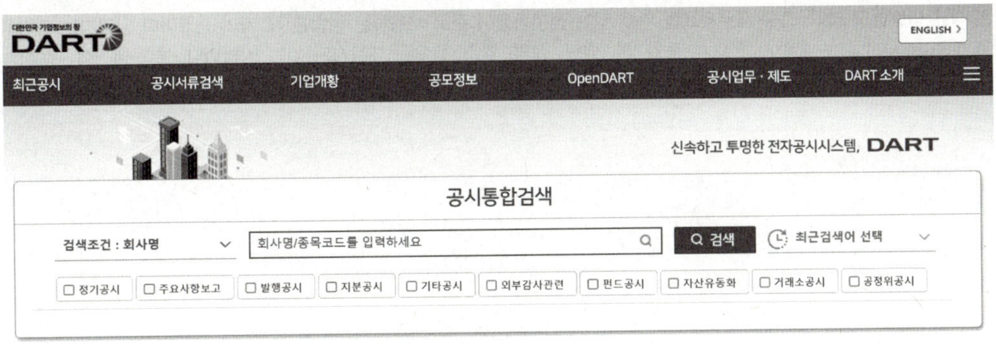

전자공시시스템(DART: Data Analysis, Retrieval and Transfer System)은 상장법인 등이 공시 서류를 인터넷으로 제출하고, 투자자 등 이용자는 제출 즉시 인터넷을 통해 조회할 수 있도록 하는 종합적 기업공시 시스템이다.

인터넷 브라우저의 주소창에 https://dart.fss.or.kr을 입력하거나, 검색창에 'dart' 또는 '전자공시시스템'을 입력하여 검색하면 아래와 같이 DART에 접속할 수 있다. DART의 검색창에 재무제표를 조회하고 싶은 회사명을 입력하고, 검색창 아래의 '정기공시'버튼을 클릭한 후 '사업보고서'를 선택하면 재무제표를 조회할 수 있다.

DART에는 상장기업이나 외부감사 대상 기업 등과 같이 법률로 공시의무가 있는 일정 규모 이상의 회사들이 자료를 제출하기 때문에 중소기업은 재무제표를 조회할 수 없는 경우가 많다. 따라서 여러분이 처음 검색을 시도한 기업의 재무제표가 조회되지 않더라도 당황하지 않기를 바란다.

쉬어가기 재무제표의 금액 읽기

실제 공시되는 재무제표에는 매우 금액들이 표시되기 때문에 금액의 단위를 백만원으로 설정하는 경우가 있다. 예를 들어 DART에서 조회한 A기업의 자산총계는 296,857,289(단위: 백만원)으로 표시되어 있고, B기업의 자산총계는 2,838,340,424,663(단위: 원)으로 표시되어 있다고 가정하자.

여러분은 이 금액들을 보자마자 바로 읽을 수 있는가? 혹시 '일,십,백,천,만,십만,...'을 세면서 읽지는 않는가? 금액 단위가 큰 숫자를 좀 더 쉽게 읽는 방법에 대해 생각해 보자. 우선 재무제표에 표시된 금액은 세 자리마다 쉼표로 구분되어 있다. 긴 숫자를 쉽게 읽을 수 있도록 도와주기 위해서이다. 영어에서 1,000은 ten hundred가 아니라 one thousand, 1,000,000은 one million, 1,000,000,000은 one billion로 읽는다. 즉, 영어에는 세 자리를 초과할 때마다 단위가 달라진다는 것을 알리기 위해 세 자리마다 쉼표로 구분하는 것이다. 그런데 한자의 숫자 단위 체계를 사용하고 있는 우리에게 쉼표는 직접적인 도움을 주지 못한다. 우리는 세 자리가 아니라 네 자리를 초과할 때마다 '만, 억, 조' 등으로 단위를 바꿔서 수를 읽기 때문이다. 즉 1,000,000을 100,0000으로 표기한다면 '백만'으로 쉽게 읽을 수 있지만 아쉽게도 '세 자리 쉼표 구분법'이 국제표준이다.

그렇다면 우리가 재무제표에 나타나는 금액을 좀 더 쉽게 읽는 방법은 없는 것일까? 약간의 꼼수(?)를 사용하면 가능하다.

먼저 우리의 숫자는 네 자리마다 '만', '억', '조', 등으로 증가하므로 4의 배수를 이용하는 방법을 생각해볼 수 있다. 예를 들어 B기업의 자산총계 2,838,340,424,663(단위: 원)에서 세 자리 단위마다 표시된 쉼표를 이용하면 가장 왼쪽의 수(2)가 12자리 단위(3×4)의 수임을 쉽게 알 수 있다. 즉 '만, 억, 조'에서 '조' 단위의 금액임을 알 수 있다. 따라서 "2조"로 시작하여 "8천 3백 8십 3억"으로 읽으면 된다. 대부분은 첫 번째 수의 단위만 제대로 파악하면 이후의 숫자는 자연스럽게 '천, 백, 십'으로 읽을 수 있다. 같은 방법으로 A기업의 자산총계인 296,857,289(단위: 백만원)도 읽어보자. '백만원'은 1,000,000이므로 쉼표로 구분된 자릿수가 6이고, 296,857,289에도 쉼표가 2개 있으므로 쉼표로 구분된 자릿수가 6임을 알 수 있다. 따라서 단위를 표현하는 총 자릿수는 12자리(6+6)이고 4의 3배수이므로 '조' 단위의 금액임을 알 수 있다. 296에서 6이 "6조"임을 알았으므로 "2백 9십 6조"로 시작하여 "8천 5백 7십 2억"으로 읽으면 될 것이다.

4의 배수로 딱 떨어지지 않는 경우도 살펴보자. 만약 57,289(단위: 백만원)로 표시되어 있다면 쉼표로 구분된 자릿수는 9인데 9는 4의 배수가 아니다. 이 경우에는 9보다 작은 4의 배수 중 최대인 8을 떠올리면 된다. 즉 '억' 단위의 금액이며 8자리 바로 앞의 수인 2가 "2억"을 의미하므로 "5백 7십 2억"로 읽기 시작하여 "8천 9백만원"으로 끝내면 된다.

물론 다른 방법들도 있다. 그중 재무제표를 자주 읽는 전문가들이 주로 사용하는 방법은 세 자리 쉼표마다 달라지는 영어식 단위 'thousand, million, billion, trillion' 등을 '천, 백만, 십억, 일조' 등으로 대응시켜 읽는 방법이다. '천→백→십→일'처럼 규칙이 보이긴 하지만 익숙해질 때까지는 암기를 통해 외워야만 하는 방법이다.

친 절 한 회계원리

Accounting

연습문제

4.1 개념확인

다음 빈칸을 채우시오.

① 기말결산시점에 보다 정확한 재무상태표와 손익계산서를 작성하기 위해 기중의 회계처리 중 일부를 수정하는 회계처리를 하는데 이를 (   )(이)라고 한다.

② 기중에 현금으로 보험료를 지불하고 이를 비용으로 회계처리 했으나 결산일 현재 기간이 경과하지 않은 보험료가 있는 경우 결산정리분개를 해야 할 필요가 있는데 이때에는 (   )(이)라는 자산 계정이 나타난다.

③ 기중에 현금으로 임대료를 받고 이를 수익으로 회계처리 했으나 결산일 현재 기간이 경과하지 않은 임대료가 있는 경우 결산정리분개를 해야 할 필요가 있는데 이때에는 (   )(이)라는 부채 계정이 나타난다.

④ 일반적으로 (   )(은)는 1년 내 또는 정상적 영업주기 내에 현금화되거나, 판매 또는 소비될 것으로 기대되는 자산과 현금을 의미한다.

⑤ 손익계산서를 작성할 때 비용을 (   )(으)로 구분하여 매출원가, 물류원가, 관리비, 기타비용 및 금융원가로 나타내기도 한다.

⑥ (   )(은)는 결산정리전 시산표, 결산정리 분개, 결산정리후 시산표 및 재무제표의 작성을 한 개의 표에 정리하여 일목요연하게 결산과정을 살펴볼 수 있는 표이다.

⑦ 한 회계기간이 종료되어 당기순이익이 결정되고 나면, 그 동안 기록된 수익과 비용 등 손익계산서 계정은 아무런 의미가 없기 때문에, (   ) 또는 (   )(이)라고 부른다.

⑧ 재무상태표의 자산, 부채 및 자본 계정들은 수익 및 비용과는 달리 한 회계기간이 종료되어도 그대로 차기의 회계기간으로 넘어가는 성격을 가지고 있으므로 (   ) 또는 (   )(이)라고 부른다.

⑨ 손익계산서 계정을 마감하기 위해서는 각 계정의 금액을 0(零)으로 만들어 주는 동시에 최종적으로는 재무상태표의 이익잉여금(미처분이익잉여금 계정)으로 옮겨가도록 해야 한다. 이를 위해 등장하는 계정이 (   )(이)다.

⑩ 자산, 부채 및 자본의 계정 잔액은 한 회계기간이 종료되더라도 그 금액이 그대로 다음 회계기간으로 이어지게 되므로 별도의 분개나 전기가 필요하지 않다. 다만 한 기간을 마무리 한다는 의미에서 차변 및 대변의 합계액을 각각 계산하고, 차이 금액을 합계액이 작은 쪽에 기록하여 (   )(이)라는 명칭을 붙여 준다.

4.2 결산정리분개

다음 중 재무상태표의 분류가 다른 것은?

① 소모품

② 미수수익

③ 선급비용

④ 미지급비용

4.3 결산정리분개

다음 결산정리사항 중에서 자산 변동과 관련이 없는 것은?

① 이자수익을 기말까지 회수하지 못하다.

② 미리 지급한 임차료가 기말까지 소진되지 않다.

③ 미리 받은 임대료가 기말까지 소진되지 않다.

④ 소모품이 일부 사용되었으나, 기말까지 잔액이 남아 있다.

4.4 수익 · 비용으로 회계처리에 따른 결산정리분개

20×1년 1월 1일에 회계사 자격증을 보유한 김경영씨가 출자한 ㈜친절서비스는 회계전문 컨설팅 업체이며, 다음은 본 회사의 20×1년 동안의 기중분개 및 기말결산 정리사항으로, 이를 참조하여 기중분개 및 결산정리 분개를 하시오. 단, 본 회사의 회계연도는 1월 1일부터 12월 31일까지이다.

〈기중분개사항〉

① 2월 10일 : 소모품 ₩1,500,000을 외상으로 구입하다. 단, 소모품은 비용으로 회계처리하다.

② 6월 1일 : 향후 1년간 보험서비스를 받기로 하는 계약을 맺고 보험료 ₩2,400,000을 현금으로 선불하다. 단, 보험료는 자산으로 회계처리하다.

③ 10월 1일 : 사무실의 일부를 임대하고 1년간 임대료 ₩1,800,000을 받다. 단, 임대료는 부채로 회계처리하다.

〈기말결산 정리사항〉

① 소모품의 기말잔액은 ₩1,000,000인 것으로 조사되다.

② 보험료에 대한 결산정리가 이루어지지 않다.

③ 임대료에 대한 결산정리가 이루어지지 않다.

4.5 결산정리분개 및 전기

20×1년 1월 1일에 ㈜상도법무법인은 법정에서의 소송업무를 제공할 목적으로 설립되며, 다음은 본 회사의 20×1년 동안의 기말결산 정리사항이다. [연습문제 3.4]의 기중분개와 다음 기말결산 정리사항을 참조하여 결산정리 분개 및 전기를 하시오. 단, 본 회사의 회계연도는 1월 1일부터 12월 31일까지이다.

〈기말결산 정리사항〉

① 임차료에 대한 결산정리가 이루어지지 않다.

② 장기차입금에 대한 결산정리가 이루어지지 않다.

③ 급여에 대한 결산정리가 이루어지지 않다.

4.6 결산정리후 시산표

20×1년 1월 1일에 ㈜상도법무법인은 법정에서의 소송업무를 제공할 목적으로 설립되며, 다음은 본 회사의 20×1년 동안의 결산정리전 시산표 및 결산정리분개이다. 이를 참조하여 결산정리후 시산표를 작성하시오. 단, 본 회사의 회계연도는 1월 1일부터 12월 31일까지이다.

결산정리전 시산표

㈜상도법무법인　　20×1년 12월 31일 현재　　(단위: ₩)

계정과목	차 변	대 변
현 금	53,200,000	
임차보증금	2,000,000	
토 지	15,000,000	
매 출 채 권	600,000	
미 지 급 금		7,500,000
장기차입금		1,500,000
자 본 금		60,000,000
매 출		6,000,000
임 차 료	3,600,000	
광고선전비	600,000	
합 계	75,000,000	75,000,000

〈결산정리분개〉

(차) 선 급 임 차 료	300,000	(대) 임 차 료	300,000
(차) 이 자 비 용	15,000	(대) 미 지 급 이 자	15,000
(차) 급 여	1,600,000	(대) 미 지 급 급 여	1,600,000

4.7 손익계산서 및 재무상태표

20×1년 1월 1일에 ㈜상도법무법인은 법정에서의 소송업무를 제공할 목적으로 설립되며, 다음은 본 회사의 20×1년 동안의 결산정리후 시산표이다. 결산정리후 시산표를 참조하여 손익계산서(단일, 기능별) 및 재무상태표를 작성하시오. 단, 본 회사의 회계연도는 1월 1일부터 12월 31일까지이며, 법인세비용 및 배당금은 없는 것으로 가정한다. 또한 급여는 관리직 종업원에 대한 지급액이다.

결산정리후 시산표

㈜상도법무법인 20×1년 12월 31일 현재 (단위: ₩)

계정과목	차 변	대 변
현 금	53,200,000	
임차보증금	2,000,000	
토 지	15,000,000	
매출채권	600,000	
미지급금		7,500,000
장기차입금		1,500,000
자 본 금		60,000,000
매 출		6,000,000
임 차 료	3,300,000	
광고선전비	600,000	
선급임차료	300,000	
이자비용	15,000	
미지급이자		15,000
급 여	1,600,000	
미지급급여		1,600,000
합 계	76,615,000	76,615,000

4.8 분개부터 재무제표까지

20×1년 1월 1일 ㈜친절여행사는 여행상품을 판매할 목적으로 설립되었고, 다음은 ㈜친절여행사의 20×1년 동안 발생한 거래들이다. 아래 거래에 대한 ㈜친절여행사의 손익계산서와 재무상태표를 작성하시오. 단, 재무제표를 작성할 때 모든 월의 일수는 30일로 간주하여 계산하며, 법인세비용 및 배당금은 없는 것으로 가정한다.

① 1월 1일: 공동창업자 2명이 총 ₩50,000,000의 현금을 출자하여 ㈜친절여행사를 설립하다.

② 4월 1일: 사무실(각종 사무집기 완비)을 2년간 임차하기로 계약하였는데, 임차계약에 의하면 2년간 보증금은 ₩20,000,000이고 모두 현금으로 지급하다.

③ 5월 1일: ₩15,000,000의 여행상품을 ₩5,000,000은 외상으로 판매하고 나머지는 현금으로 수취하다.

④ 6월 10일: 비영업용 토지 ₩20,000,000을 외상구입하다.

⑤ 7월 1일: 은행에서 ₩10,000,000을 차입(대출기간 : 2년, 이자율 : 연 10%)하고 이자는 만기(2년 후)에 지급하기로 하다. 단, 월 이자는 동일하다.

⑥ 10월 1일: 상도신문사에 여행상품을 소개하는 광고를 하고, ₩5,000,000을 현금으로 지급하다.

⑦ 11월 16일: 영업직 직원 1명을 채용하였고, 월급은 ₩3,000,000이며 매월 15일에 지급하기로 약속하다.

⑧ 12월 31일: 차입금에 대한 결산정리가 이루어지지 않다.

⑨ 12월 31일: 현재 판매직 직원에 대한 급여 지급이 이루어지지 않았으며, 이에 대한 결산정리가 이루어지지 않다.

연습문제 해답

[연습문제 4.1]

① 결산정리분개 ② 선급보험료 ③ 선수임대료 ④ 유동자산
⑤ 기능별 ⑥ 정산표 ⑦ 명목계정, 임시계정 ⑧ 실질계정, 영구계정
⑨ 집합손익 ⑩ 차기이월

[연습문제 4.2] ④

미지급비용은 부채이고, 나머지는 자산이다.

[연습문제 4.3] ③

① 미수수익, ② 선급비용
④ 소모품은 자산의 변동과 관련이 있고, ③ 선수수익은 부채의 변동과 관련이 있다.

[연습문제 4.4]

① 기중분개 : 소모품 ₩1,500,000을 외상으로 구입하다. 단, 소모품은 비용으로 회계처리하다. (2월 10일)

(차) 소 모 품 비 1,500,000 (대) 미 지 급 금 1,500,000

▸ 결산정리분개 : 소모품의 기말잔액은 ₩1,000,000인 것으로 조사되다.

(차) 소 모 품 1,000,000 (대) 소 모 품 비 1,000,000

☞ 소모품의 기말잔액을 자산으로 인식하고, 과대 계상된 소모품비를 감소시킨다.

② 기중분개 : 향후 1년간 보험서비스를 받기로 하는 계약을 맺고 보험료 W2,400,000을 현금으로 선불하다. 단, 보험료는 자산으로 회계처리하다. (6월 1일)

(차) 선 급 보 험 료 2,400,000 (대) 현 금 2,400,000

▸ 결산정리분개 : 선급보험료에 대한 결산정리가 이루어지지 않다.

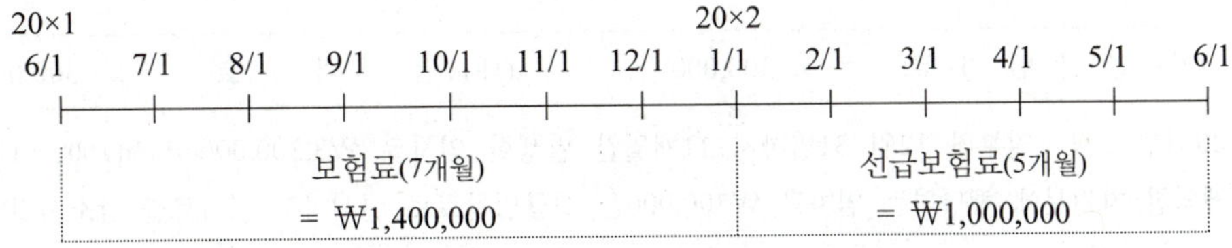

(차) 보 험 료 1,400,000 (대) 선 급 보 험 료 1,400,000

☞ 20×1년 6월 1일부터 20×1년 12월 1일까지 7개월간 발생한 보험료 ₩1,400,000(=₩2,400,000 × $\frac{7}{12}$)를 비용으로 인식하고, 과대 계상된 선급보험료를 감소시킨다.

③ 기중분개 : 사무실의 일부를 임대하고 1년간 임대료 ₩1,800,000을 받다. 단, 임대료는 부채로 회계처리하다. (10월 1일)

(차) 현 금	1,800,000	(대) 선 수 임 대 료	1,800,000

▸ 결산정리분개 : 선수임대료에 대한 결산정리가 이루어지지 않다.

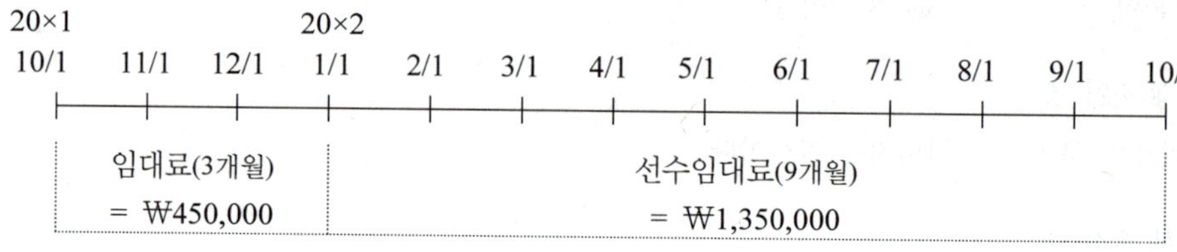

(차) 선 수 임 대 료	450,000	(대) 임 대 료	450,000

☞ 20×1년 10월 1일부터 20×1년 12월 31일까지 3개월간 발생한 임대료 ₩450,000(=₩1,800,000 × $\frac{3}{12}$)를 수익(부채)으로 인식하고, 과대 계상된 선수임대료를 감소시킨다.

[연습문제 4.5]

① 기중분개 : 사무실(각종 사무집기 완비) 임차계약을 체결하는데 임차계약에 의하면 보증금은 ₩2,000,000이며 월 임차료는 ₩300,000이다. 보증금과 1년간 임차료를 모두 지급하다. 단, 미리 지급한 1년간 임차료는 비용으로 회계처리한다. (2월 1일)

(차) 임 차 보 증 금	2,000,000	(대) 현 금	5,600,000
임 차 료	3,600,000		

▸ 결산정리분개 : 임차료에 대한 결산정리가 이루어지지 않다.

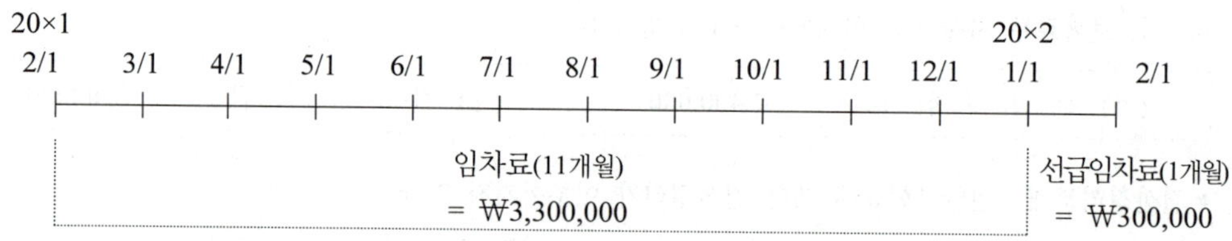

(차) 선 급 임 차 료	300,000	(대) 임 차 료	300,000

☞ 20×1년 2월 1일부터 12월 31일까지 11개월간 발생한 임차료 ₩3,300,000(=₩300,000 × 11개월)을 제외한 차기분에 해당하는 임차료 ₩300,000을 선급임차료로 인식하고 임차료를 감소시킨다.

선급임차료

12/31	300,000		
잔 액	300,000		

임 차 료

2/ 1	3,600,000	12/31	300,000
잔 액	3,300,000		

② 기중분개 : 은행으로부터 ₩1,500,000을 대출받고(대출기간 2년, 대출이자율 : 연 6%), 2년 후에 이자를 한 번에 지급하기로 하다. (11월 1일)

(차) 현 금	1,500,000	(대) 장 기 차 입 금	1,500,000

▸ 결산정리분개 : 장기차입금에 대한 결산정리가 이루어지지 않다.

(차) 이 자 비 용	15,000	(대) 미 지 급 이 자	15,000

☞ 20×1년 11월 1일부터 12월 31일까지 2개월간의 미지급된 이자비용 ₩15,000(=₩1,500,000 × 6% × $\frac{2}{12}$)을 미지급이자(부채)로 인식하는 동시에 이자비용을 증가시킨다.

이자비용

12/31	15,000		
잔 액	15,000		

미지급이자

		12/31	15,000
		잔 액	15,000

③ 기중분개 : 서류작업을 보조할 직원을 채용하고, 월급은 ₩800,000이며 매월 말일에 지급하기로 하다. (11월 1일)

▸ 결산정리분개 : 급여에 대한 결산정리가 이루어지지 않다.

(차) 급 여	1,600,000	(대) 미 지 급 급 여	1,600,000

☞ 20×1년 11월 1일부터 12월 31일까지 2개월간의 미지급된 급여 ₩1,600,000(=₩800,000 × 2개월)을 미지급급여(부채)로 인식하는 동시에 급여(비용)를 증가시킨다.

급 여

12/31	1,600,000		
잔 액	1,600,000		

미지급급여

		12/31	1,600,000
		잔 액	1,600,000

[연습문제 4.6]

계정과목	결산정리전 시산표		결산정리분개		결산정리후 시산표	
	차 변	대 변	차 변	대 변	차 변	대 변
현 금	53,200,000				53,200,000	
임 차 보 증 금	2,000,000				2,000,000	
토 지	15,000,000				15,000,000	
매 출 채 권	600,000				600,000	
미 지 급 금		7,500,000				7,500,000
장 기 차 입 금		1,500,000				1,500,000
자 본 금		60,000,000				60,000,000

매 출		6,000,000				6,000,000
임 차 료	3,600,000			300,000	3,300,000	
광 고 선 전 비	600,000				600,000	
선 급 임 차 료			300,000		300,000	
이 자 비 용			15,000		15,000	
미 지 급 이 자				15,000		15,000
급 여			1,600,000		1,600,000	
미 지 급 급 여				1,600,000		1,600,000
합 계	75,000,000	75,000,000	1,915,000	1,915,000	76,615,000	76,615,000

[연습문제 4.7]

결산정리후 시산표(손익계산서 관련)

㈜상도법무법인 20×1년 12월 31일 현재 (단위: ₩)

계정과목	차 변	대 변
매 출		6,000,000
광 고 선 전 비	600,000	
임 차 료	3,300,000	
이 자 비 용	15,000	
급 여	1,600,000	

☞ 결산정리후 시산표에서 손익계산서와 관련된 계정과목만 산출한 후에, 손익계산서를 작성한다.

손익계산서(단일, 기능별)

㈜상도법무법인 20×1년 1월 1일부터 20×1년 12월 31일까지 (단위: ₩)

과 목	금 액	
매 출 액		6,000,000
매 출	6,000,000	
물 류 원 가		(600,000)
광 고 선 전 비	600,000	
관 리 비		(4,900,000)
임 차 료	3,300,000	
급 여	1,600,000	
영 업 이 익		500,000
금 융 원 가		(15,000)
이 자 비 용	15,000	
당 기 순 이 익		485,000

결산정리후 시산표(재무상태표 관련)

㈜상도법무법인 20×1년 12월 31일 현재 (단위: ₩)

계정과목	차 변	대 변
현 금	53,200,000	
임 차 보 증 금	2,000,000	
토 지	15,000,000	
매 출 채 권	600,000	
선 급 임 차 료	300,000	
미 지 급 금		7,500,000
장 기 차 입 금		1,500,000
미 지 급 이 자		15,000
미 지 급 급 여		1,600,000
자 본 금		60,000,000

☞ 결산정리후 시산표에서 재무상태표와 관련된 계정과목만 산출한다.

재무상태표(보고식)

㈜상도법무법인 20×1년 12월 31일 현재 (단위: ₩)

과 목	금 액	
자 산		
유 동 자 산		54,100,000
현 금	53,200,000	
매 출 채 권	600,000	
선 급 임 차 료	300,000	
비 유 동 자 산		17,000,000
임 차 보 증 금	2,000,000	
토 지	15,000,000	
자 산 총 계		71,100,000
부 채		
유 동 부 채		9,115,000
미 지 급 금	7,500,000	
미 지 급 이 자	15,000	
미 지 급 급 여	1,600,000	
비 유 동 부 채		1,500,000
장 기 차 입 금	1,500,000	
부 채 총 계		10,615,000
자 본		
자 본 금	60,000,000	
미처분이익잉여금	485,000	
자 본 총 계		60,485,000
부채 및 자본 총계		71,100,000

[연습문제 4.8]

◈ 기중분개

① 1월 1일

(차) 현 금	50,000,000	(대) 자 본 금	50,000,000

② 4월 1일

(차) 임 차 보 증 금	20,000,000	(대) 현 금	20,000,000

③ 5월 1일

(차) 매 출 채 권	5,000,000	(대) 매 출	15,000,000
현 금	10,000,000		

④ 6월 10일

(차) 투 자 부 동 산	20,000,000	(대) 미 지 급 금	20,000,000

⑤ 7월 1일

(차) 현 금	10,000,000	(대) 장 기 차 입 금	10,000,000

⑥ 10월 1일

(차) 광 고 선 전 비	5,000,000	(대) 현 금	5,000,000

◈ 결산정리분개

① 12월 31일

(차) 이 자 비 용	500,000	(대) 미 지 급 이 자	500,000

☞ 20×1년 7월 1일부터 12월 31일까지 6개월간의 미지급된 이자비용 ₩500,000(=₩10,000,000 × 10% $\times \frac{6}{12}$)을 미지급이자(부채)로 인식하는 동시에 이자비용을 증가시킨다.

② 12월 31일

(차) 급 여	4,500,000	(대) 미 지 급 급 여	4,500,000

☞ 20×1년 11월 16일부터 12월 31일까지 1.5개월간의 미지급된 급여 ₩4,500,000(=₩3,000,000 × 1.5개월)을 미지급급여(부채)로 인식하는 동시에 급여(비용)를 증가시킨다.

◈ 시산표

계정과목	결산정리전 시산표		결산정리분개		결산정리후 시산표	
	차 변	대 변	차 변	대 변	차 변	대 변
현 금	45,000,000				45,000,000	
임 차 보 증 금	20,000,000				20,000,000	
매 출 채 권	5,000,000				5,000,000	
투 자 부 동 산	20,000,000				20,000,000	
미 지 급 금		20,000,000				20,000,000
장 기 차 입 금		10,000,000				10,000,000
자 본 금		50,000,000				50,000,000
매 출		15,000,000				15,000,000
광 고 선 전 비	5,000,000				5,000,000	
이 자 비 용			500,000		500,000	
미 지 급 이 자				500,000		500,000
급 여			4,500,000		4,500,000	
미 지 급 급 여				4,500,000		4,500,000
합 계	95,000,000	95,000,000	5,000,000	5,000,000	100,000,000	100,000,000

◈ 재무제표

손익계산서(단일, 기능별)

㈜친절여행사　　　　20×1년 1월 1일부터 20×1년 12월 31일까지　　　　(단위: ₩)

과 목	금 액	
매 출 액		15,000,000
매 출	15,000,000	
물 류 원 가		(9,500,000)
광 고 선 전 비	5,000,000	
급 여	4,500,000	
영 업 이 익		5,500,000
금 융 원 가		(500,000)
이 자 비 용	500,000	
당 기 순 이 익		5,000,000

재무상태표(보고식)

㈜친절여행사 20×1년 12월 31일 현재 (단위: ₩)

과 목	금 액	
자 산		
유 동 자 산		50,000,000
현 금	45,000,000	
매 출 채 권	5,000,000	
비 유 동 자 산		40,000,000
임 차 보 증 금	20,000,000	
투 자 부 동 산	20,000,000	
자 산 총 계		90,000,000
부 채		
유 동 부 채		25,000,000
미 지 급 금	20,000,000	
미 지 급 이 자	500,000	
미 지 급 급 여	4,500,000	
비 유 동 부 채		10,000,000
장 기 차 입 금	10,000,000	
부 채 총 계		35,000,000
자 본		
자 본 금	50,000,000	
미처분이익잉여금	5,000,000	
자 본 총 계		55,000,000
부채 및 자본 총계		90,000,000

5

CHAPTER

상품매매기업의 회계순환

CONTENTS

CHAPTER 5 상품매매기업의 회계순환

지난 제3장과 제4장에서는 상품매매활동이 없는 일반 서비스업의 영업활동에 대한 회계기록방법을 다룬 바 있는데 이는 상품매매기업의 영업활동과 기록방법이 서비스업의 경우보다 복잡하고 어렵기 때문이다. 본 장에서는 상품매매기업의 중심활동이라고 할 수 있는 상품의 매입과 판매 거래를 기록하는 방법을 다룬다. 상품매매 기록방법은 크게 계속기록법과 실지재고조사법으로 나눌 수 있으며 각 방법 하에서의 거래기록방법을 설명한다. 아울러 복습차원에서 상품매매활동이 추가된 회계순환과정도 살펴본다.

SECTION 1 상품매매활동과 회계

1.1 상품매매거래의 특징

기업의 공통된 목표는 지속적으로 많은 이익을 내는 것이지만 이익을 얻게 되는 과정은 기업마다 다르다. 서로 다른 산업에 속해 있는 경우는 더욱 그렇다. 예를 들어 SK텔레콤과 같이 이동전화와 같은 정보통신서비스를 제공하는 회사도 있으며 제조회사로부터 상품을 대량으로 구매한 후 박리다매방법으로 영업하는 이마트 같은 할인판매점도 있다. 또한 삼성전자와 같이 기업 내에서 설비, 원자재와 노동력을 결합하여 제품을 만들어 파는 기업도 있다. 기업마다 이익을 창출하는 방식은 다르지만 거래를 기록하고 이를 통해 재무제표를 작성한다는 점은 마찬가지이다. 본질적인 영업활동방식이 다르기 때문에 회계적 기록방법에 있어 다소간의 차이가 있을 뿐이다.

우리는 지금까지 회계의 기본적인 내용을 설명하면서 의도적으로 서비스업에 해당하는 기업을 중심으로 진행하였다. 그 이유는 상품을 매매하는 기업이나 제품을 생산, 판매하는 기업이 이들 서비스기업과 다른 부분이 있으며 회계를 처음 배울 때 다소 어려울 수 있기 때문이다. 본 장에서는 상품매매기업의 영업활동 즉, 상품매매활동에 대한 회계처리를 공부한다.[1)]

---

1) 제조업에 대한 회계처리는 제조활동이 추가된다는 점에 있어서 상품매매기업이나 서비스기업과 다르다. 이들 제조업에 대한 내용은 회계원리의 수준을 벗어나므로 본서에서 다루지 않는다.

[그림 5-1] 기업유형별 기업활동

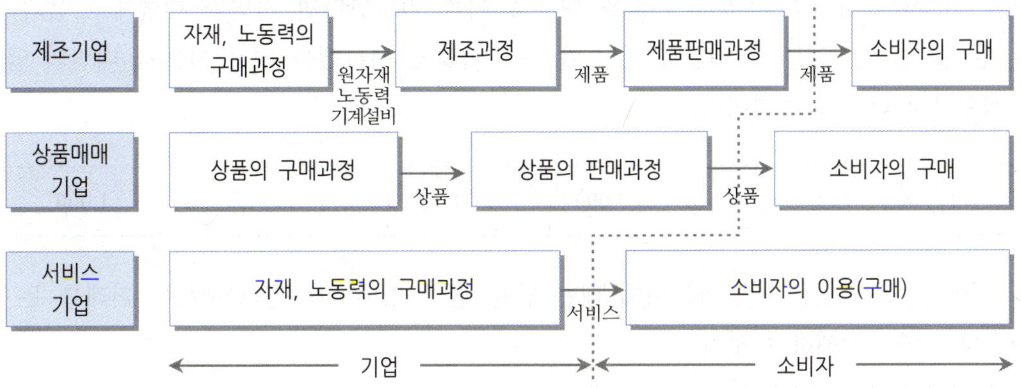

1.2 상품매매기록의 중요 개념

위의 그림에서 알 수 있듯이 서비스기업의 경우에는 서비스를 창출하는 동시에 바로 소비자에게 판매되며 그 즉시 소비자는 이용하게 된다. 따라서 서비스를 생산하는 시점이 고객에게 서비스를 제공하는 시점이 되며 동시에 수익을 기록하는 판매시점이 된다. 이미 여러 차례 다룬 것처럼 서비스기업에서 서비스의 제공시점에는 다음과 같이 수익을 기록한다. 예를 들어 서비스를 제공하고 현금을 받았다면 다음과 같이 기록한다.

(차) 현 금	400,000	(대) 매 출	400,000

그러나 상품매매기업의 경우에는 상품을 매입하는 과정이 선행되어야 한다. 또한 매입한 상품이 그 즉시 판매되는 것이 아니라 일반적으로 보관과정을 거쳐 판매된다. 따라서 판매에 대한 기록뿐만 아니라 매입에 대한 기록 그리고 매입 후 판매되지 않아 창고에 남아 있는 상품에 대한 기록문제도 고려해야 한다.

우리가 알고 있는 범위에서 볼 때 상품을 매입하는 기록은 일반적인 자산을 취득하는 기록방법과 유사하다고 생각할 수 있다. 만약 판매를 위해 상품 한 개를 ₩1,000에 매입했다면 다음과 같이 기록할 수 있다.

(차) 상 품	1,000	(대) 현 금	1,000

그리고 이 상품을 ₩2,000에 현금 판매했다고 하자.

보유하고 있는 상품의 매입가격이 ₩1,000이고 판매 후 받은 돈이 ₩2,000이므로 상식적인 수준에서 자산의 유입과 유출을 위주로 이를 기록한다면 차변과 대변에 다음과 같은 기록을 할 수 있을 것이다. 그러나 문제는 이렇게 기록했을 경우 차변과 대변의 금액이 일치하지 않는다는 것이다.

(차) 현　　　금	2,000	(대) 상　　　품	1,000

무엇에 문제가 있는 것일까? 이에 대한 답을 얻기 위해 상품을 판매하는 거래를 두 가지로 나누어서 이해하여 보자.

(1) 상품을 판매하고 현금이 기업 내로 유입되는 거래

(2) 상품을 판매하는 과정에서 상품이 기업 밖으로 유출되는 거래

우리는 제2장에서 수익과 비용의 정의를 살펴본 바 있는데 여기서 다시 한 번 이들의 정의를 되새겨 볼 필요가 있다. 수익은 정상적인 영업활동 과정에서 서비스나 재화를 제공하고 그 대가로 자산이 유입될 때 그 유입된 금액을 수익이라고 하였으며 비용은 수익을 창출하기 위해 서비스나 재화를 제공하는 과정에서 기업 밖으로 자산이 유출될 때 그 유출된 금액을 비용이라고 하였다. 그렇다면 위의 첫 번째 거래는 수익의 창출이라는 측면을 본 것이고 두 번째 거래는 비용의 발생이라는 측면을 파악한 것이라고 할 수 있다.

상품의 판매거래를 단순히 실물자산의 유입과 유출의 측면에서만 볼 것이 아니라 자산의 유입과 유출의 결과가 무엇을 의미하는지 파악해야 한다. 상품의 판매과정에서 수익창출의 구체적인 형태로 현금자산이 유입되었으며, 비용발생의 구체적인 형태로 상품자산이 유출된 것이다. 이러한 관점에서 보면 위의 거래를 수익과 비용이라는 두 가지 측면으로 나누어서 기록할 수 있다.

수익의 발생 :	(차) 현　　　금	2,000	(대) 수　　익(매출)	2,000
비용의 발생 :	(차) 비용(매출원가)	1,000	(대) 상　　　품	1,000

상품판매와 관련하여 유입된 자산 금액(상품의 판매액)이 수익이 되며 매출이라는 계정에 기록하며 판매한 상품의 원래 매입금액은 매출이라는 수익에 대응되는 비용이 되며 매출원가라는 계정에 기록한다. 이와 같이 상품판매에 있어서는 수익으로서 매출과 비용으로서 매출원가가 중요한 기록 요소가 됨을 알 수 있다.

SECTION 2 상품매매거래의 기록방법

상품의 매입과 매출거래를 기록하는 방법은 크게 계속기록법과 실지재고조사법으로 나눌 수 있다.2)

2.1 계속기록법

계속기록법은 상품의 매입과 매출이 있을 때마다 즉, 상품의 증가 및 감소가 발생할 때마다 계속적으로 기록하는 방법이다. 즉, 상품을 매입하면 매입액을 상품이라는 계정차변에 기록하고 그 상품이 판매되면 상품 계정 대변에 기록하는 방법이다. 이 방법은 자산의 증가와 감소와 같은 재무상태에 변동이 있을 때는 그 내용을 기록한다는 점에서 보면 지극히 상식적이고 직관적인 기록 방법이라고 할 수 있다.

계속기록법 : 상품을 매입한 경우

(차) 상품	×××	(대) 현금	×××

계속기록법 : 상품을 판매한 경우

(차) 현금	×××	(대) 매출	×××
매출원가	×××	상품	×××

다만 상품을 판매했을 때에는 상품의 감소만 기록하는 것이 아니라 비용의 발생을 함께 기록하고, 또 판매에 따라 유입된 자산과 수익의 발생도 동시에 기록해야 한다는 점에 유의해야 한다. 이렇게 상품의 증감내용을 지속적으로 기록하기 때문에 상품이라는 계정을 통해 상품의 현재잔액을 쉽게 파악할 수 있으며 팔린 상품의 원가 즉, 매출원가의 금액도 상품 계정의 대변에서 즉시 파악이 가능하다. 기말시점에 남아있는 상품재고액은 다음 식을 통해 쉽게 계산할 수 있다.

기말상품재고액(당기에 팔리지 않고 남아 있는 상품의 원가)
= 기초상품재고액(전기에 팔리지 않고 남아 있는 상품의 원가)
+ 당기상품매입액(당기에 매입한 상품의 원가)
− 매출원가(당기에 판매된 상품의 원가)

2) 상품매매거래를 기록하는 방법인 계속기록법과 실지재고조사법에 대해서는 제7장 재고자산에서 다시 다룬다.

또한 위의 식은 다음의 T계정을 통해서도 파악할 수 있다.

상 품

차변	대변
기초상품원가 (기초재고액)	당기에 판매한 상품의 원가 (매출원가)
당기에 매입한 상품의 원가 (당기매입액)	기말상품원가 (기말재고액)

한편, 계속기록법의 경우, 상품 계정에 기록하는 것 이외에도 보조장부인 상품재고장에 상품의 입출고 내역을 기록하여 별도 관리한다. 상품재고장에는 입고(매입)와 출고(매출)되는 상품의 수량이 기록되어 특정시점에 상품의 보유수량을 확인할 수 있다. 상품재고장의 형태는 아래 표와 같다.

일자	내 용	입 고			출 고			잔 고		
		수량	단가	금액	수량	단가	금액	수량	단가	금액
1/1	기초재고	200	40	8,000				200	40	8,000
1/3	매 입	60	40	2,400				260	40	10,400
1/6	매 출				80	40	3,200	180	40	7,200

예제 5.1

다음은 허니칩을 전문으로 도소매하는 절친㈜의 5월 중 거래이다. 절친㈜의 회계기간은 1개월이다. 절친㈜는 계속기록법에 의해 상품매매를 기록한다.

5월 1일 : 5월 1일 허니칩의 기초상품재고수량은 400개이며 개당 단가는 ₩1,000이다.
5월 4일 : 허니칩 제조사로부터 200개의 허니칩을 개당 ₩1,000에 구입하고 대금은 외상으로 하다.
5월 5일 : 허니칩 160개를 개당 ₩2,000에 현금판매하다.
5월 12일 : 허니칩 200개를 개당 ₩1,800에 외상판매하다.
5월 18일 : 허니칩 제조사로부터 200개의 허니칩을 개당 ₩1,000에 외상으로 구입하다.
5월 25일 : 허니칩 300개를 개당 ₩2,000에 현금판매하다.
5월 31일 : 결산일인 5월 31일에 허니칩 재고에 대한 실사결과 140개를 보유하고 있으며 단가는 ₩1,000임을 확인하였다.

물음 각 일자별로 분개를 행하라. 그리고 5월의 매출, 매출원가 그리고 매출총이익은 얼마인가?

해설

	(차)		(대)	
5/ 4	상 품	200,000	매 입 채 무	200,000
5/ 5	현 금	320,000	매 출	320,000
	매 출 원 가	160,000	상 품	160,000
5/12	매 출 채 권	360,000	매 출	360,000
	매 출 원 가	200,000	상 품	200,000
5/18	상 품	200,000	매 입 채 무	200,000
5/25	현 금	600,000	매 출	600,000
	매 출 원 가	300,000	상 품	300,000

상 품

5/ 1	400,000	5/ 5	160,000
5/ 4	200,000	5/12	200,000
5/18	200,000	5/25	300,000

매 출

		5/ 5	320,000
		5/12	360,000
		5/25	600,000

매출원가

5/ 5	160,000		
5/12	200,000		
5/25	300,000		

각 계정에 전기된 내용을 기초로 매출, 매출원가의 금액은 각각 ₩1,280,000, ₩660,000이므로, 매출총이익은 ₩620,000이다.

매 출	₩1,280,000
매 출 원 가	660,000
매 출 총 이 익	₩620,000

2.2 실지재고조사법

실지재고조사법은 계속기록법과는 달리 기중에 이뤄지는 상품의 증감을 상품 계정에 일일이 기록하지 않는다. 당기 상품 매입액 만을 매입이라는 계정에 차변에 기록할 뿐이며, 판매되었을 때 감소하는 상품의 원가 즉, 매출원가는 별도로 기록하지 않는다. 매입 계정은 차변에 기록하지만 자산도 비용도 아닌 임시 계정으로 기중 매입액 만을 보여줄 뿐이라는 점에 유의해야 한다.

매출원가는 기말상품재고에 대한 실사를 통해 기말재고액을 결정한 후 역으로 계산하며 마찬가지로 기중에는 전혀 기록하지 않았던 상품 계정에도 실사를 통해 얻어진 재고액을 반영한다. 이 방법을 실지재고조사법이라는 부르는 이유도 이 때문이다.

실지재고조사법에서 상품을 매입했을 때는 매입 계정에 기록하고 판매되었을 때는 매출수익만을 매출 계정에 기록한다. 실지재고조사법하에서 상품매매기록은 다음과 같다.

실지재고조사법 : 상품을 매입한 경우

(차) 매 입	×××	(대) 현 금	×××

실지재고조사법 : 상품을 판매한 경우

(차) 현 금	×××	(대) 매 출	×××

기중에는 이와 같은 기록만 행하므로 계속기록법과는 달리 기중 특정시점에 상품 보유액을 파악할 수 없다는 특징이 있다. 그러나 적어도 회계기말에 재무제표를 만들기 위해서는 결산일 현재의 상품재고액과 당기 중에 팔린 상품의 원가를 파악해야 한다. 즉, 재무상태표에 기록될 상품 재고액과 손익계산서에 비용으로 기록될 매출원가를 결정해야 한다. 이를 위해서 다음과 같은 식을 이용한다.

매출원가(당기에 판매된 상품의 원가)
= 기초상품재고액(전기에 팔리지 않고 남아 있는 상품의 원가)
+ 당기상품매입액(당기에 매입한 상품의 원가)
– 기말상품재고액(당기에 팔리지 않고 남아 있는 상품의 원가)

기초상품재고액은 전기말에 실사를 통해 얻어진 상품재고액으로서 전기 재무상태표에 기록된 상품재고액을 의미하며 상품 계정에 기록되어 있는 금액이다. 당기상품매입액은 매입 계정을 통해 알 수 있으며 기말상품재고액은 실사를 통해 파악된다. 이렇게 얻어진 금액을 위 계산식에 대입하면 매출원가는 쉽게 계산된다.

그러나 회계기록을 위해서는 위에서 계산한 것과 마찬가지 결과를 분개와 전기를 통해 얻어야 한다. 실지재고조사법하에서는 결산일에 매출원가의 계산과 기말상품재고액의 반영을 위해 다음과 같은 결산정리분개를 행한다.

① 기초재고액 :	(차) 매 출 원 가	B	(대) 상 품	B
② 당기매입액 :	(차) 매 출 원 가	P	(대) 매 입	P
③ 기말재고액 :	(차) 상 품	E	(대) 매 출 원 가	E

첫 번째 분개는 매출원가를 얻기 위한 첫 번째 단계로서 매출원가가 계산될 매출원가 계정 차변에 기초상품재고금액 B를 기록하는 분개이다. 그리고 두 번째 분개를 통해 마찬가지로 매출원가 계정 차변에 당기매입액 P를 기록한다. 마지막 분개에서는 매출원가 계정 대변에 실사를 통해 얻어진 기말상품재고액 E를 기록한다. 이러한 과정을 거치면 매출원가 계정의 잔액 즉, 차변의 기초상품재고액과 당기매입액의 합계액에서 대변의 기말상품재고액을 차감한 금액은 바로 매출원가가 된다. 이러한 세 단계를 거치게 되면 매출원가의 계산은 물론, 기중에 기록이 전혀 없었던 상품 계정이 최신 기말재고액으로 업데이트되며 당기 중에 매입액을 기록했던 임시계정인 매입 계정의 잔액은 0이 되어 자연스럽게 마감처리 된다. 이러한 분개를 전기한 결과는 [그림 5-2]와 같다.

[그림 5-2] 매출원가 산출과정

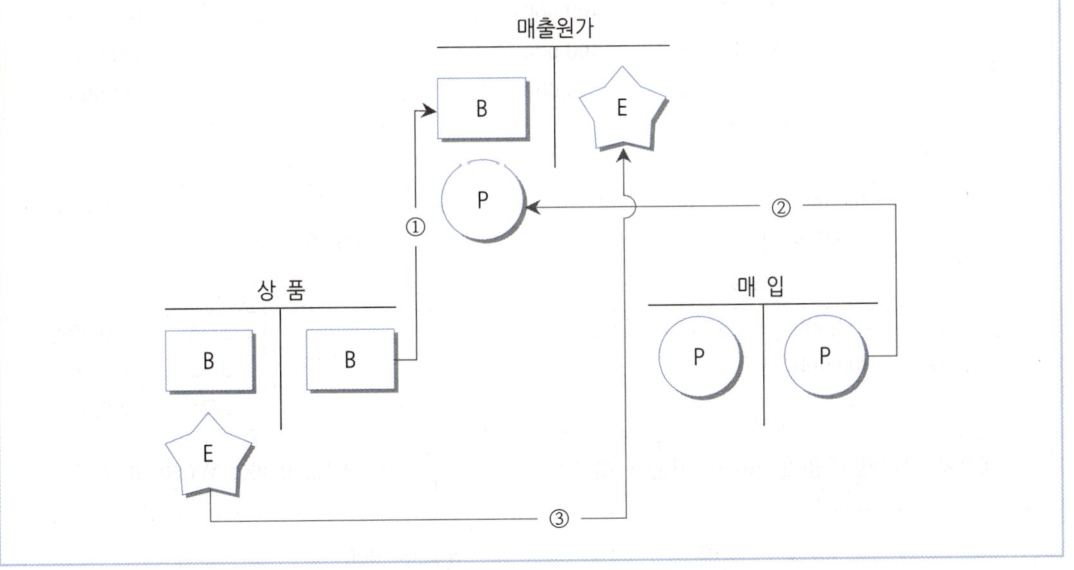

여기서 매출원가 계정의 잔액 즉, B + P − E는 당기매출원가금액을 의미하며 상품 계정의 잔액 즉, B + E − B는 기말재고액을 의미한다.

예제 5.2

예제 5.1의 주어진 자료를 이용하라. 단, 실지재고조사법을 사용한다고 가정하라.

물음 각 일자별로 분개를 행하라. 또 필요하다면 상품과 관련된 결산정리분개도 행하라. 단, 실사결과 기말상품재고액은 ₩140,000이다.

해설

(1) 일자별 분개

5/ 4	(차) 매입	200,000	(대) 매입채무	200,000
5/ 5	(차) 현금	320,000	(대) 매출	320,000
5/12	(차) 매출채권	360,000	(대) 매출	360,000
5/18	(차) 매입	200,000	(대) 매입채무	200,000
5/25	(차) 현금	600,000	(대) 매출	600,000

(2) 결산정리분개

5/31	(차) 매출원가	400,000	(대) 상품	400,000
	매출원가	400,000	매입	400,000
	상품	140,000	매출원가	140,000

상품

5/ 1	400,000	5/31	400,000
5/31	140,000		

매입

5/ 4	200,000	5/31	400,000
5/18	200,000		

매출원가

5/31	400,000	5/31	140,000
5/31	400,000		

매출

		5/ 5	320,000
		5/12	360,000
		5/25	600,000

각 계정에 전기된 내용에 의하면 매출과 매출원가의 금액은 각각 ₩1,280,000, ₩660,000이다.

매출	₩1,280,000
매출원가	₩660,000
매출총이익	₩620,000

2.3 계속기록법과 실지재고조사법의 비교

계속기록법은 상품의 증감을 매번 기록하므로 특정시점의 상품재고액이나 기간 초부터 그 시점까지의 매출원가를 장부에서 쉽게 확인할 수 있다. 그러나 실지재고조사법은 기중에는 상품 계정과 매출원가 계정에 아무런 기록을 하지 않으므로 계정에서 확인할 수 있는 것은 현재의 금액이 아니라 전기 말 금액뿐이다. 실지재고조사법에서는 기말 결산시점에 결산정리분개 및 전기를 거쳐야 비로소 상품 계정과 매출원가 계정이 최신 금액으로 업데이트된다.

과거에는 매 거래마다 상품 계정에 일일이 기록할 필요가 없다는 점에서 실지재고조사법이 좀 더 간편한 방법으로 강조되었지만 정보기술이 발전한 지금은 계속기록법이 더 적절하고 수월한 방법이라고 할 수 있다.

구 분	계속기록법	실지재고조사법
상품 계정에의 기록	상품매매거래시	기말 결산정리분개시
기중 상품 계정 잔액의 의미	기중 특정시점의 상품재고액	기초 상품재고액
결산정리분개	필요 없음	필요함

SECTION 3 상품매매기업의 회계순환과정

본 절에서는 예를 통해 상품매매기업의 회계순환의 전 과정을 살펴본다. 3장과 4장의 내용을 복습하고 추가적으로 상품매매거래가 재무제표에 미치는 영향을 확인할 수 있다. 다음은 절친㈜의 20×2년 자료로서 회계기간은 1월 1일부터 12월 31일까지이다. 상품매매거래는 실지재고조사법에 의한다.

(1) 기초 재무상태표

재무상태표

절친㈜ 20×2년 1월 1일 현재 (단위: ₩)

자 산		부채 및 자본	
현 금	400,000	부채:	
매출채권	700,000	매입채무	600,000
상 품	1,000,000	미지급이자	160,000
장기대여금	800,000	선 수 금	100,000
토 지	2,000,000	단기차입금	1,600,000

		자본:	
		자 본 금	2,000,000
		이 익 잉 여 금	440,000
자 산 총 계	4,900,000	부채 및 자본총계	4,900,000

(2) 20×2년의 거래

일 자	거 래
6/ 2	상품을 ₩200,000에 매입하고 현금으로 지급하다.
6/ 8	상품을 판매하고 판매대금 ₩600,000은 외상으로 하다.
6/13	상품을 ₩500,000에 외상으로 매입하다.
12/ 1	상품 외상 판매대금 중 ₩400,000을 현금으로 받다.
12/18	12월 1일에 옮긴 사무실의 1년분 임차료 ₩480,000을 현금으로 지불하다.
12/20	상품을 판매하고 판매대금 ₩800,000은 현금으로 받다.
12/25	상품을 ₩480,000에 판매하고 ₩400,000은 현금으로 받고 ₩80,000은 미리 받은 계약금으로 충당하다. 이 계약금은 지난 해 선수금(대금의 일부를 미리 수취하는 경우에 발생하는 채무)으로 처리한 바 있다.
12/30	상품 외상매입대금 중 ₩400,000을 상환하다.

(3) 결산정리사항

① 12월 18일 지불한 임차료는 20×2년 12월 1일부터 20×3년 11월 30일까지의 임차와 관련된 것이다. 12월 18일에 이 임차료를 전액 비용으로 기록한 바 있다.

② 단기차입금과 관련된 이자는 만기인 20×3년 말에 전액지급하기로 한 바 있다. 20×2년의 단기차입금 관련된 이자비용은 ₩20,000이다.

③ 20×1년에 거래처에 빌려준 장기대여금과 관련된 이자는 만기인 20×5년에 지급받기로 하였다. 매년 이자는 ₩8,000이다.

④ 12월 31일에 창고를 실사한 결과 상품재고액은 ₩400,000이다.

3.1 기중거래의 분개와 전기

기중거래는 대부분 상품의 매매와 관련된 것으로 매입 시에는 매입 계정 차변에 기록하고 판매 시에는 매출액을 매출 계정 대변에 기록하면 된다.

6월 2일

(차) 매　　　입	200,000	(대) 현　　　금	200,000

6월 8일

(차) 매 출 채 권	600,000	(대) 매　　　출	600,000

6월 13일

(차) 매　　　입	500,000	(대) 매 입 채 무	500,000

12월 1일

(차) 현　　　금	400,000	(대) 매 출 채 권	400,000

12월 18일

(차) 임 차 료	480,000	(대) 현　　　금	480,000

12월 20일

(차) 현　　　금	800,000	(대) 매　　　출	800,000

12월 25일

(차) 현　　　금	400,000	(대) 매　　　출	480,000
선 수 금	80,000		

12월 30일

(차) 매 입 채 무	400,000	(대) 현　　　금	400,000

3.2 결산정리분개 및 전기

(1) 1년치 임차료를 미리 지급하였으므로 12월 임차료 ₩40,000(=₩480,000×1/12)을 제외한 나머지 ₩440,000은 선급임차료라는 자산 계정에 기록한다.

(차) 선 급 임 차 료	440,000	(대) 임 차 료	440,000

(2) 단기차입금이자는 만기시에 지불하기로 하였으므로 20×2년에 지급하는 이자는 없으나 이에 해당하는 이자비용을 기록하여야 한다.

(차) 이 자 비 용	20,000	(대) 미 지 급 이 자	20,000

(3) 장기대여금관련 이자수익은 만기인 20×5년에 받기로 하였으므로 20×2년에 회수된 이자수익은 없다. 그러나 이자수익이 발생한 내용은 기록하여야 한다.

(차) 미 수 이 자	8,000	(대) 이 자 수 익	8,000

(4) 실지재고조사법하에서의 상품관련 결산정리분개를 행하면 된다.

(차) 매 출 원 가	1,000,000	(대) 상 품	1,000,000
(차) 매 출 원 가	700,000	(대) 매 입	700,000
(차) 상 품	400,000	(대) 매 출 원 가	400,000

〈총계정원장〉

1) 자산 계정

현 금

기 초	400,000	6/ 2	200,000
12/ 1	400,000	12/18	480,000
12/20	800,000	12/30	400,000
12/25	400,000		

매출채권

기 초	700,000	12/ 1	400,000
6/ 8	600,000		

상 품

기 초	1,000,000	12/31	1,000,000
12/31	400,000		

장기대여금

기 초	800,000		

토 지

기 초	2,000,000		

선급임차료

12/31	440,000		

미수이자

12/31	8,000		

2) 부채 계정

매입채무

12/30	400,000	기 초	600,000
		6/13	500,000

미지급이자

		기 초	160,000
		12/31	20,000

선 수 금

12/25	80,000	기 초	100,000

단기차입금

		기 초	1,600,000

3) 자본 계정

자 본 금

		기 초	2,000,000

이익잉여금

		기 초	440,000

4) 수익 계정

매 출

		6/ 8	600,000
		12/20	800,000
		12/25	480,000

이자수익

		12/31	8,000

5) 비용 계정

매 입

6/ 2	200,000	12/31	700,000
6/13	500,000		

임 차 료

12/18	480,000	12/31	440,000

이자비용

12/31	20,000		

매출원가

12/31	1,000,000	12/31	400,000
12/31	700,000		

3.3 정산표의 작성

계정과목	결산정리전 시산표		결산정리분개		결산정리후 시산표		손익계산서		재무상태표	
	차 변	대 변	차 변	대 변	차 변	대 변	차 변	대 변	차 변	대 변
현 금	920,000				920,000				920,000	
매출채권	900,000				900,000				900,000	
장기대여금	800,000				800,000				800,000	
상 품	1,000,000		400,000	1,000,000	400,000				400,000	
토 지	2,000,000				2,000,000				2,000,000	
매입채무		700,000				700,000				700,000
미지급이자		160,000		20,000		180,000				180,000
선 수 금		20,000				20,000				20,000
단기차입금		1,600,000				1,600,000				1,600,000
자 본 금		2,000,000				2,000,000				2,000,000
이익잉여금		440,000				440,000				440,000
매 입	700,000			700,000						
임 차 료	480,000			440,000	40,000		40,000			
매 출		1,880,000				1,880,000		1,880,000		
	6,800,000	6,800,000								
선급임차료			440,000		440,000				440,000	
이자비용			20,000		20,000		20,000			
이자수익				8,000		8,000		8,000		
미수이자			8,000		8,000				8,000	
매출원가			1,000,000	400,000	1,300,000		1,300,000			
			700,000							
합 계			2,568,000	2,568,000	6,828,000	6,828,000	1,360,000	1,888,000	5,468,000	4,940,000
당기순이익							528,000			528,000
합 계							1,888,000	1,888,000	5,468,000	5,468,000

3.4 재무제표의 작성

재무상태표

절친㈜ 20×2년 12월 31일 현재 (단위: ₩)

자 산		부채 및 자본	
현 금	920,000	부채:	
매 출 채 권	900,000	매 입 채 무	700,000
장 기 대 여 금	800,000	미 지 급 이 자	180,000
선 급 임 차 료	440,000	선 수 금	20,000
미 수 이 자	8,000	단 기 차 입 금	1,600,000
상 품	400,000	자본:	
토 지	2,000,000	자 본 금	2,000,000
		미처분이익잉여금 (당기순이익: ₩528,000)	968,000
자 산 총 계	5,468,000	부채 및 자본총계	5,468,000

손익계산서

절친㈜ 20×2년 1월 1일 ~ 20×2년 12월 31일 (단위: ₩)

과 목		금 액	
매 출 액			1,880,000
매 출 원 가			(1,300,000)
매 출 총 이 익			580,000
판매비와 관리비			
	임 차 료	40,000	(40,000)
영 업 이 익			540,000
기 타 수 익			
	이자수익	8,000	8,000
금 융 원 가			
	이자비용	20,000	(20,000)
당 기 순 이 익			528,000

친 절 한 회계원리 Accounting

연습문제

5.1 개념확인

다음 빈칸을 채우시오.

① 서비스기업의 경우에는 서비스를 창출하는 동시에 바로 소비자에게 판매되며 그 즉시 소비자는 이용하게 된다. 따라서 서비스는 생산하는 시점이 고객에게 서비스를 제공하는 시점이 되며 동시에 (　　　　)(이)가 기록되는 판매시점이 된다.

② 상품판매와 관련하여 유입된 자산 금액(상품의 판매액)은 수익이 되며 보통 (　　　　)(이)라는 계정에 기록하며 판매한 상품의 원래 구입금액은 비용이 되며 (　　　　)(이)라는 계정에 기록한다.

③ (　　　　)(은)는 상품의 매입과 매출이 있을 때마다, 즉, 상품의 증가 및 감소가 발생할 때마다 계속적으로 기록하는 방법이다.

④ (　　　　)(은)는 계속기록법과는 달리 기중에 이뤄지는 상품의 증감을 상품 계정에 일일이 기록하지 않는다. 당기 상품 매입액만을 (　　　　)(이)라는 계정에 기록할 뿐이며, 판매될 때 감소하는 상품의 원가 즉, 매출원가는 별도로 기록하지 않는다.

⑤ 실지재고조사법의 경우 기중의 상품 계정에는 전기말 즉, 기초상품재고액이 기록되어 있으며 기말에 (　　　　)(이)가 완료되어야 가장 최근 상품재고액이 기록된다. 계속기록법의 경우에는 기중에도 상품 계정에 최근 상품재고액이 표시된다.

5.2 재고자산, 매입, 매출원가의 계산

① 기초재고자산, ₩300,000, 당기매입액, ₩1,280,000, 기말재고자산 ₩200,000이면 매출원가는 얼마인가?

② 기초재고자산, ₩200,000, 당기매입액 ₩1,800,000, 매출원가 ₩1,400,000 이면 기말재고자산은 얼마인가?

③ 기초재고자산, ₩420,000, 매출원가 ₩1,400,000, 기말재고자산 ₩240,000이면 당기상품매입액은 얼마인가?

5.3 상품매매기업의 손익계산서

주어진 자료를 이용하여 빈칸을 채우시오(각 경우는 독립적이다).

구 분	①	②	③	④
매 출 액	( )	4,200,000	1,800,000	( )
기 초 재 고 액	240,000	460,000	( )	240,000
당 기 매 입 액	2,000,000	( )	860,000	( )
기 말 재 고 액	( )	240,000	180,000	500,000
매 출 원 가	1,920,000	( )	900,000	1.060,000
매 출 총 이 익	1,600,000	1,800,000	( )	900,000
판매비와관리비	860,000	( )	( )	420,000
영 업 이 익	( )	1,500,000	400,000	( )

5.4 계속기록법과 실지재고조사법

다음은 허니칩의 도소매를 전문으로 하는 ㈜친절의 4월 중 거래이다. ㈜친절의 회계기간은 1개월이다.

구 분	내 용
4월 1일	4월 1일 허니칩의 기초상품재고수량은 240개이며 개당 단가는 ₩800이다.
4월 5일	허니칩 제조사로부터 200개의 허니칩을 개당 ₩800에 구입하고 대금은 외상으로 하다.
4월 8일	허니칩 160개를 개당 ₩1,600에 현금판매하다.
4월 13일	허니칩 140개를 개당 ₩1,600에 외상판매하다.
4월 20일	허니칩 제조사로부터 200개의 허니칩을 개당 ₩800에 외상으로 구입하다.
4월 25일	허니칩 240개를 개당 ₩1,600에 현금판매하다.
4월 30일	결산일인 4월 30일에 허니칩재고에 대한 실사결과 100개를 보유하고 있으며 단가는 ₩800임을 확인하다.

(물음 1) ㈜친절이 계속기록법에 의해 상품매매를 기록한다고 할 때 각 일자별로 필요한 분개를 행하라. 필요하다면 4월말 기말 결산분개도 행하라. 4월 한달 동안의 매출원가와 4월말 현재 기말 재고자산액은 얼마인가?

(물음 2) ㈜친절이 실지재고조사법에 의해 상품매매를 기록한다고 할 때 각 일자별로 필요한 분개를 행하라. 필요하다면 4월말 기말 결산분개도 행하라. 4월말 현재 기말 재고자산액과 4월 한달 동안의 매출원가는 얼마인가?

5.5 실지재고조사법의 결산정리분개

다음은 당해 회계기간말 총계정원장의 일부이다. 회계기간 중에 있었던 모든 기록은 이 계정에 반영되었으며 결산정리분개는 아직 이루어지지 않은 상태이다. 기말에 실지재고조사에 의한 기말상품재고액은 ₩600,000이다.

상 품

차변		대변	
기 초	1,000,000		

매 입

차변		대변	
2/ 3	800,000		
4/ 6	200,000		
8/10	1,000,000		
10/ 5	400,000		

매 출

차변		대변	
		3/ 3	1,200,000
		5/ 6	600,000
		9/11	1,800,000
		12/ 5	800,000

매출원가

차변	대변

(물음 1) 매출원가와 기말재고자산의 반영을 위한 결산정리분개를 행하고 전기하라.

(물음 2) 매출총이익을 계산하라.

연습문제 해답

[연습문제 5.1]

① 수익 ② 매출, 매출원가 ③계속기록법 ④실지재고조사법, 매입 ⑤ 결산정리분개

[연습문제 5.2]

기초재고자산 + 상품매입액 = 매출원가 + 기말재고자산

① 매출원가 : ₩1,380,000, ② 기말재고자산 : ₩600,000, ③ 당기상품매입액 : ₩1,220,000

[연습문제 5.3]

구 분	①	②	③	④
매 출 액	(3,520,000)	4,200,000	1,800,000	(1,960,000)
기 초 재 고 액	240,000	460,000	(220,000)	240,000
당 기 매 입 액	2,000,000	(2,180,000)	860,000	(1,320,000)
기 말 재 고 액	(320,000)	240,000	180,000	500,000
매 출 원 가	1,920,000	(2,400,000)	900,000	1,060,000
매 출 총 이 익	1,600,000	1,800,000	(900,000)	900,000
판매비와관리비	860,000	(300,000)	(500,000)	420,000
당 기 순 이 익	(740,000)	1,500,000	400,000	(480,000)

[연습문제 5.4]

1. 계속기록법

날짜	차변	금액	대변	금액
4/ 5	(차) 상 품	160,000	(대) 매 입 채 무	160,000
4/ 8	(차) 현 금	256,000	(대) 매 출	256,000
	매 출 원 가	128,000	상 품	128,000
4/13	(차) 매 출 채 권	224,000	(대) 매 출	224,000
	매 출 원 가	112,000	상 품	112,000
4/20	(차) 상 품	160,000	(대) 매 입 채 무	160,000
4/25	(차) 현 금	384,000	(대) 매 출	384,000
	매 출 원 가	192,000	상 품	192,000

상 품

4/ 1	192,000	4/ 8	128,000
4/ 5	160,000	4/13	112,000
4/20	160,000	4/25	192,000

매 출

		4/ 8	256,000
		4/13	224,000
		4/25	384,000

매출원가

매출원가			
4/ 8	128,000		
4/13	112,000		
4/25	192,000		

각 계정에 전기된 내용을 기초로 매출, 매출원가의 금액은 각각 ₩864,000, ₩432,000이므로, 매출총이익은 ₩432,000이다.

매 출	₩864,000
매 출 원 가	432,000
매출총이익	₩432,000

한편, 4월 말 현재 기말 재고자산액은 ₩80,000이다.

2. 실지재고조사법

(1) 분개

4/ 5	(차) 매 입	160,000	(대) 매 입 채 무	160,000
4/ 8	(차) 현 금	256,000	(대) 매 출	256,000
4/13	(차) 매 출 채 권	224,000	(대) 매 출	224,000
4/20	(차) 매 입	160,000	(대) 매 입 채 무	160,000
4/25	(차) 현 금	384,000	(대) 매 출	384,000
4/30	(차) 매 출 원 가	192,000	(대) 상 품	192,000
	(차) 매 출 원 가	320,000	(대) 매 입	320,000
(결산)	(차) 상 품	80,000	(대) 매 출 원 가	80,000

(2) 전기

상 품

4/ 1	192,000	4/30	192,000
4/30	80,000		

매 입

4/ 5	160,000	4/30	320,000
4/20	160,000		

매출원가

4/30	192,000	4/30	80,000
4/30	320,000		

매 출

		4/ 8	256,000
		4/13	224,000
		4/25	384,000

4월 30일 실사결과에 따라 4월 말 현재 기말 재고자산액은 ₩80,000이다. 또한 이를 바탕으로 매출원가에 대한 결산정리분개를 한 결과 매출원가는 ₩432,000(= 기초재고자산 ₩192,000 + 당기매입 ₩320,000 − 기말재고자산 ₩80,000)이다.

각 계정에 전기된 내용과 결산정리분개를 바탕으로 매출, 매출원가의 금액은 각각 ₩864,000, ₩432,000이므로 매출총이익은 ₩432,000이다.

매 출	₩864,000
매 출 원 가	432,000
매출총이익	₩432,000

[연습문제 5.5]

1. 결산정리분개와 전기

12/31	(차) 매 출 원 가	1,000,000	(대) 상 품	1,000,000
	(차) 매 출 원 가	2,400,000	(대) 매 입	2,400,000
	(차) 상 품	600,000	(대) 매 출 원 가	600,000

상 품

기 초	1,000,000	12/31	1,000,000
12/31	600,000		

매 입

2/ 3	800,000	12/31	2,400,000
4/ 6	200,000		
8/10	1,000,000		
10/ 5	400,000		

매 출

		3/ 3	1,200,000
		5/ 6	600,000
		9/11	1,800,000
		12/ 5	800,000

매출원가

12/31	1,000,000	12/31	600,000
12/31	2,400,000		

2. 매출총이익

각 계정에 전기된 내용을 기초로 매출, 매출원가의 금액은 각각 ₩4,400,000, ₩2,800,000이므로 매출총이익은 ₩1,600,000이다.

매 출	₩4,400,000
매 출 원 가	2,800,000
매출총이익	₩1,600,000

6

CHAPTER

유동자산과 유동부채

CONTENTS

CHAPTER 6 유동자산과 유동부채

본 장에서는 재고자산을 제외한 유동자산과 유동부채에 대해서 다룬다. 유동자산은 자산의 현금화 기간이 짧아 현금화가 용이한 자산이므로 기업의 직접적인 상환능력을 측정하는 중요한 요소이다. 유동부채는 단기간에 상환할 부채이므로 상환부담을 파악하는 데에 필요한 요소이다. 본 장에서 다루는 계정에는 현금, 매출채권와 매입채무, 기타 수취채권과 지급채무, 손상차손와 손실충당금 등이 있다.

SECTION 1 유동자산과 유동부채의 의의

유동자산current assets은 현금, 1년 이내에 판매를 통하거나(재고자산) 권리를 실행하여(매출채권, 미수금) 현금으로 전환될 수 있는 자산, 1년 이내에 재화나 서비스를 받을 권리가 있는 자산(선급금 및 선급비용) 등을 한데 묶어 부르는 용어이다. 유동부채current liabilities는 의무를 이행하려면 유동자산으로 분류된 자원을 사용해야 하거나 새로운 유동부채가 필요한 부채이다. 1년 이내에 현금을 지급해야 하는 부채(매입채무, 미지급금), 재화나 서비스를 제공해야 하는 의무가 있는 부채(선수금 및 선수수익) 등을 예로 들 수 있다.

기업은 신용거래나 계약조건에 따라 현금 또는 서비스를 나중에 주고받는 거래를 하기도 한다. 예컨대 토지를 처분(취득)하면서 일부 금액은 6개월 후에 수취(지급)하기로 한 거래를 생각해 보자. 토지를 처분하는 기업은 처분시점에 받지 못한 금액을 미수금(유동자산)으로 기록하고, 토지를 취득하는 기업은 지급하지 않은 금액을 미지급금(유동부채)으로 기록한다. 약속한대로 6개월 후에 현금을 주고받으면, 토지를 처분하는 기업의 미수금은 현금으로 전환되고 토지를 취득하는 기업의 미지급금은 현금의 지급과 동시에 없어지게 된다. 이와 같이 1년 이내에 현금을 주거나 받게 되는 거래에서 발생하는 자산과 부채는 유동자산과 유동부채으로 분류한다.

유동자산에는 현금, 매출채권, 재고자산, 단기대여금, 미수금, 미수수익, 선급금, 선급비용 등이 있고, 유동부채로는 매입채무, 단기차입금, 미지급금, 미지급비용, 선수금, 선수수익 등이 있다.

유동자산과 유동부채의 일부 항목을 각각 수취채권과 지급채무라고도 부른다. 수취채권 receivables은 기업이 재화나 용역을 외상으로 판매하고 그 대가로 미래에 현금을 수취할 수 있는 권리를 가지는 경우(매출채권, 미수금, 미수수익) 또는 다른 기업에 자금을 단기 대여하고 상환일에 현금을 되돌려 받을 수 있는 권리를 가지는 경우(단기대여금), 대금을 미리 지급하고 재화나 용역을 받을 권리가 있는 경우(선급금, 선급비용)를 포괄적으로 지칭하는 개념이다. 지급채무payables는 미래에 현금을 지급할 의무를 있는 경우(매입채무, 미지급금, 미지급비용, 단기차입금), 대금은 받았으나 재화 또는 용역을 제공해야 하는 경우(선수금, 선수수익)를 포괄적으로 표현한 개념이다.

회계에서 유동성은 자산이 현금으로 전환되거나 부채가 상환될 때까지 소요되는 기간의 장단을 지칭할 때 흔히 사용하는 용어이다. 주로 1년 기준을 사용하는데 1년 이내인 경우에는 유동적(또는 단기)이라고 하고 1년을 초과하는 경우에는 비유동적(또는 장기)이라고 한다.[1)]

유동성 관점을 적용하여 유동자산 및 유동부채로 분류하는 이유는 단기간 내에 사용할 수 있는 현금과 사용해야 하는 현금이 얼마인지 아는 것이 기업의 안정성을 파악하는데 중요한 정보가 될 수 있기 때문이다. 예컨대 만성적인 자금부족에 시달리고 있는 기업의 경우 상환기일이 얼마 남지 않은 차입금이나 매입채무 금액은 얼마이며 이를 상환할 수 있는 충분한 현금이나 유동자산을 보유하고 있는지는 매우 중요하다. 유동자산과 유동부채를 제대로 구분하지 않으면 단기적인 자금 활용 능력에 대한 정보가 왜곡되어 회계정보이용자들이 잘못된 의사결정을 내릴 수 있다.

본 장에서는 재고자산을 제외한 유동자산과 유동부채를 살펴보고, 재고자산은 제7장에서 설명한다.

[그림 6-1] 유동자산 및 유동부채의 분류

유동자산(유동부채)
현 금
매출채권(매입채무)
재고자산
단기대여금(단기차입금)
미수금(미지급금), 미수수익(미지급비용)
선급금(선수금), 선급비용(선수수익)

1) 일반적으로 1년 또는 영업순환주기(operating cycle) 중 긴 기간을 기준으로 정하지만 영업순환주기는 어려운 개념이므로 고급과정에서 확인하기 바란다.

SECTION 2

유동자산과 유동부채의 분류

2.1 현금

현금cash은 유동성 그 자체에 해당하는 자산으로 재화나 서비스 구입 대금이나 부채 상환 등에 사용할 수 있는 거래의 주요 결제수단이다. 현금에는 주화와 지폐뿐만 아니라 기업에 사용하는 당좌예금, 보통예금, 은행발행 자기앞수표, 타인발행 당좌수표, 우편환증서 등이 포함되는데 현금으로 분류하기 위해서는 사용에 아무런 제약이 없어야 한다.

지급해야 하는 거래 대금이나 상환해야 하는 부채가 있는 경우 일정 수준의 현금을 보유하고 있어야만 기업활동에서 발생하는 각종 거래를 완결할 수 있다. 새로운 사업 아이디어가 있는 경우에 현금이 부족하더라도 사업에 착수할 수 있지만 일정 기간 후에 새로운 사업에서 발생하는 계약조건을 충족하기 위해서는 현금지급 능력이 있어야 지속적으로 사업을 운영할 수 있다. 최종적인 지급수단이라는 측면에서 볼 때 현금이 적정 수준보다 적으면 유동성 문제가 발생할 수 있기 때문에 기업에서 현금은 매우 중요하다. 그러나 현금 자체로는 수익을 창출할 수 없으므로 단순히 지급능력을 확보하기 위해 필요 이상의 현금을 보유하는 것은 적절하지 않다. 현금을 투자하여 얻을 수 있는 수익을 잃게 되는 기회비용이 발생하기 때문이다.

주화와 지폐 같은 통화로 된 현금은 기업 내부에 있더라도 도난의 위험이 있다. 현금은 보유에 의해 소유권을 입증하는 자산이므로 만약 직원이 기업 금고에 있는 현금을 자신의 계좌로 이전하고 그 내역을 숨길 수 있다면 해당 현금의 소유권을 입증하는데 추가적인 시간과 비용이 소요된다. 이러한 이유로 기업은 현금의 분실 및 도난을 예방하기 위한 내부통제제도internal control system를 갖추고 있다.

현금과 관련한 내부의 부정이나 오류를 방지하는 내부통제제도의 핵심은 업무의 분장과 단계적 승인절차의 확립에 있다. 즉, 현금수입과 지출업무, 거래의 기록업무 및 현금의 보관업무 등 현금과 관련한 여러 업무를 여러 사람이 나누어 담당하도록 하여 서로 견제하고 검토할 수 있도록 한다. 또한 현금의 수입과 지출거래에 있어서 상위자에 의한 승인절차를 확립하여 정당한 현금 거래를 유도한다. 아울러 회계장부에 의한 현금잔액과 보유현금액을 불시에 비교하여 현금관련 업무의 엄격성이 유지되도록 한다.

기업은 현금 거래에 있어 외부기관을 거치도록 하여 현금의 분실 및 도난을 예방하고 현금의 적정 수준을 관리하기도 한다. 예컨대 거래은행을 정하고 당좌예금checking account을 개설한 후 당좌수표나 법인전용 신용카드로 결제하고 추후에 당좌예금에서 현금이 인출될 수 있도록 하는 방법이다. 이 경우 현금 거래에 대한 객관적인 기록을 외부기관인 은행에 남길 수 있으며 적정 수준의 현금을 파악하는 데에도 도움을 얻을 수 있다.

이러한 당좌예금 거래는 당좌예금 계정에 기록한다. 기업 내부에 보유하고 있는 현금을 은행의 당좌예금에 입금하면 해당 금액을 당좌예금 계정의 차변과 현금 계정의 대변에 기록한다. 당좌예금 계정은 현금 계정의 일종이지만 은행에 맡겨진 현금을 기업 내부에 보유 중인 현금과 구분하기 위한 계정과목이다. 당좌수표를 발행하여 지급하면 당좌예금 계정의 대변에 기록하고 해당 거래에 해당하는 계정 차변에 기록한다. 당좌예금 계정의 회계처리방법을 요약하면 다음과 같다.

① 기업 내부의 현금을 은행의 당좌예금으로 이체

(차) 당 좌 예 금	×××	(대) 현　　금	×××

② 당좌수표를 발행하여 대금 지급

(차) 해 당 계 정	×××	(대) 당 좌 예 금	×××

예제 6.1 당좌예금 거래

㈜친절서비스는 상도은행과 당좌거래약정을 체결하고, 다음과 같은 거래를 하다.

① 1월 2일 : ㈜친절서비스는 당좌예금에 ₩10,000,000을 예입하다.
② 1월 5일 : ㈜친절서비스는 올해 사용할 사무용책상 ₩3,000,000을 ㈜살피재가구에서 구입하고, 당좌수표를 발행하여 지급하다.

물음 ㈜친절서비스에 대한 분개를 하시오.

해설

① 1월 2일 : ㈜친절서비스는 당좌예금에 ₩10,000,000을 예입하다.

(차) 당 좌 예 금	10,000,000	(대) 현　　금	10,000,000

☞ 당좌예금은 현금으로 분류하지만, 기업의 내부에 보유 중인 현금과 구분한다.

② 1월 5일 : ㈜친절서비스는 올해 사용할 사무용책상 ₩3,000,000을 ㈜살피재가구에서 구입하고, 당좌수표를 발행하여 지급하다.

(차) 비 품	3,000,000	(대) 당 좌 예 금	3,000,000

☞ 발행한 당좌수표 ₩3,000,000만큼 당좌예금 잔액이 감소한다.

현 금		당좌예금	
	1/ 2 10,000,000	1/ 2 10,000,000	1/ 5 3,000,000

기업은 일시적으로 자금이 부족해지는 경우가 발생할 수 있다. 일시적인 현금부족이 발생할 때마다 차입을 위해 새로운 계약을 맺는 것은 번거로울 뿐만 아니라 현금 조달에 시간이 소요되면 적절한 의사결정 시기를 놓치는 일이 발생할 수도 있다. 이러한 경우를 대비하여 은행은 당좌예금의 잔고가 없더라도 당좌수표를 발행하거나 현금을 인출할 수 있는 서비스를 제공한다. 은행과 일정한도까지 당좌예금의 잔액을 초과하여 당좌수표를 발행할 수 있도록 은행과 당좌차월약정을 맺은 경우에는 해당 초과액을 당좌차월bank overdraft account로 회계처리한다. 당좌차월은 단기차입금 성격의 부채로 이자비용이 발생하며 유동부채로 분류한다. 당좌차월과 관련한 회계처리방법은 다음과 같다.

① 당좌예금 잔액 초과 시

(차) 해 당 계 정	×××	(대) 당 좌 예 금	×××
		당 좌 차 월	×××

② 당좌차월 상환 시

(차) 당 좌 차 월	×××	(대) 현 금	×××
당 좌 예 금	×××		
(차) 이 자 비 용	×××	(대) 당 좌 예 금	×××

☞ 이자비용은 당좌차월 기간에 해당하는 금액을 당좌예금 잔액에서 차감한다.

예제 6.2 당좌예금과 당좌차월

㈜친절서비스는 상도은행과 당좌거래약정 및 당좌차월약정을 체결하고, 다음과 같은 거래를 하다. 단, 당좌예금 잔액은 ₩600,000이며, 당좌차월 약정금액은 ₩2,000,000이다.

① 3월 3일 : ㈜친절서비스는 작년까지 사용한 컴퓨터를 ㈜중고가전에 판매하고, 현금 ₩2,000,000을 받아 당좌예금에 예입하다.

② 3월 7일 : ㈜친절서비스는 올해 사용할 컴퓨터 ₩3,600,000을 ㈜백마가전에서 구입하고, 당좌수표를 발행하여 지급하다.

③ 4월 19일 : ㈜친절서비스는 단기대여금 ₩1,600,000을 현금으로 받아 즉시 상도은행의 당좌예금에 예입하다. 또한 이자비용 ₩10,000이 발생하다.

물음 ㈜친절서비스에 대한 분개를 하시오.

해설

① 3월 3일 : ㈜친절서비스는 작년까지 사용한 컴퓨터를 ㈜중고가전에 판매하고, 현금 ₩2,000,000을 받아 당좌예금에 예입하다.

(차) 현 금	2,000,000	(대) 비 품	2,000,000

☞ 판매 목적으로 보유하던 컴퓨터가 아니고, 사용한 컴퓨터이므로 비품으로 분류한다.

(차) 당 좌 예 금	2,000,000	(대) 현 금	2,000,000

☞ 현금을 받고 당좌예금에 입금하므로 당좌예금 잔액이 ₩2,600,000이 된다.

② 3월 7일 : ㈜친절서비스는 올해 사용할 컴퓨터 ₩3,600,000을 ㈜백마가전에서 구입하고, 당좌수표를 발행하여 지급하다.

(차) 비 품	3,600,000	(대) 당 좌 예 금	2,600,000
		당 좌 차 월	1,000,000

☞ 3/7 현재 당좌예금 잔액 ₩2,600,000보다 ₩1,000,000을 초과한 거래이지만, 당좌차월약정으로 ₩2,000,000 한도를 넘지 않기 때문에 당좌수표를 발행할 수 있다.

☞ 당좌예금 잔액을 초과한 금액을 당좌차월(단기차입금)로 회계처리 한다.

당좌예금

차변		대변	
1/ 1	600,000	3/ 7	2,600,000
3/ 3	2,000,000		

당좌차월

차변		대변	
		3/ 7	1,000,000

③ 4월 19일 : ㈜친절서비스는 단기대여금 ₩1,600,000을 현금으로 받아 즉시 상도은행의 당좌예금에 예입하다. 또한 이자비용 ₩10,000이 발생하다.

(차) 당 좌 차 월	1,000,000	(대) 단 기 대 여 금	1,600,000
당 좌 예 금	600,000		
(차) 이 자 비 용	10,000	(대) 당 좌 예 금	10,000

☞ 현금을 당좌예금에 입금하면 당좌예금을 초과한 ₩1,000,000에 대해 자동적으로 상환되고 당좌예금 잔액이 ₩600,000이 된다.

☞ 3/7~4/19에 걸쳐 ₩1,000,000을 차입한 경우에 해당하므로, 이 기간에 대한 이자비용 ₩10,000을 당좌예금에서 은행이 인출한다.

당좌예금

1/ 1	600,000	3/ 7	2,600,000
3/ 3	2,000,000	4/19	10,000
4/19	600,000		

당좌차월

4/19	1,000,000	3/ 7	1,000,000

2.2 매출채권과 매입채무

매출채권trade receivables은 기업의 주된 영업활동인 재화나 용역의 판매의 결과로 기업이 고객에 대해 대금을 청구할 수 있는 권리를 의미한다. 매출채권은 판매대금의 결제를 신용으로 연기해 준 외상매출금accounts receivable과 판매대금을 약속어음을 발행하여 지급 기일을 미루는 받을어음notes receivable으로 구분할 수 있다.[2)] 외상매출금과 받을어음 간에는 이자조건 유무의 차이가 존재할 수 있으므로 실무적으로 구분하여 회계처리 하지만 본서에서는 외상매출금과 받을어음을 구분하지 않고 모두 매출채권으로 회계처리 한다.

매입채무trade payables는 원재료나 상품 등의 매입활동으로 인하여 발생한 채무로 기업이 대금을 지불해야 하는 의무를 말한다. 매입채무는 순수하게 신용으로 매입대금의 결제를 연기 받은 경우에 발생하는 외상매입금accounts payable과 대금결제를 위해 회사가 어음을 발행한 경우에 발생하는 지급어음notes payable으로 구분할 수 있다. 매출채권과 마찬가지로 외상매입금과 지급어음 간에는 이자조건 유무의 차이가 존재할 수 있기 때문에 실무적으로 구분하여 회계처리 한다. 매출채권에서와 마찬가지로 외상매입금과 지급어음을 구분하지 않고 매입채무로 회계처리 하기로 한다.[3)]

2) 약속어음은 어음의 발행자가 특정 수취인 또는 어음의 소지인에게 미래 특정일에 일정금액을 지급하겠다는 것을 약속한 것으로 통상적인 신용기간보다 장기일 경우에 사용한다. 예전에는 종이약속어음을 사용하였으나 최근에는 인터넷뱅킹을 이용한 전자약속어음을 주로 사용한다.

3) 외상매출금(외상매입금)과 받을어음(지급어음)을 구분하여 회계처리 하더라도 재무상태표에 표시할 때 통합 계정인 매출채권(매입채무)으로 표시한다.

매출채권 및 매입채무와 관련된 구체적인 회계처리 방법은 다음과 같다. 첫째, 상품 등을 신용거래 하면 판매하는 기업은 매출채권과 매출을 기록하고, 구매하는 기업은 매입채무와 매입을 기록한다.

① 상품 등을 신용거래로 판매한 기업의 회계처리

(차) 매 출 채 권	×××	(대) 매 출	×××

② 상품 등을 신용거래로 구매한 기업의 회계처리

(차) 매 입	×××	(대) 매 입 채 무	×××

둘째, 계약조건에 따라 신용거래를 완결하기 위해 판매기업이 현금을 수취하면 현금의 증가와 매출채권의 감소를 기록하고, 구매기업은 현금을 지급할 때 현금의 감소와 매입채무의 감소를 기록한다.

③ 신용거래 완결 시 판매기업의 회계처리

(차) 현 금	×××	(대) 매 출 채 권	×××

④ 신용거래 완결 시 구매기업의 회계처리

(차) 매 입 채 무	×××	(대) 현 금	×××

예제 6.3 매출채권과 매입채무

다음은 상품매매기업인 ㈜친절과 ㈜강원의 20×1년 기중에 발생한 거래이다.

① 3월 1일 : ㈜친절은 ₩2,000,000의 상품을 신용으로 ㈜강원에 제공하고, ㈜강원이 발행한 약속어음을 대가로 받다.

② 3월 28일 : ㈜친절은 신용거래로 제공한 상품에 대한 대가 ₩2,000,000을 ㈜강원으로부터 현금으로 받다.

물음 ㈜친절과 ㈜강원의 거래를 분개하시오.

해설

① 3월 1일 : ㈜친절은 ₩2,000,000의 상품을 신용으로 ㈜강원에 제공하고, ㈜강원이 발행한 약속어음을 대가로 받다.

<㈜친절>

(차) 매 출 채 권	2,000,000	(대) 매 출	2,000,000

☞ 매출 ₩2,000,000에 대하여 받은 약속어음은 매출채권으로 회계처리 한다.

<㈜강원>

(차) 매 입	2,000,000	(대) 매 입 채 무	2,000,000

☞ 매입 ₩2,000,000에 대하여 지급한 약속어음은 매입채무로 회계처리 한다.

② 3월 28일 : ㈜친절은 신용거래로 제공한 상품에 대한 대가 ₩2,000,000을 ㈜강원으로부터 현금으로 받다.

<㈜친절>

(차) 현 금	2,000,000	(대) 매 출 채 권	2,000,000

☞ 현금을 수취하는 금액만큼 매출채권을 감소시킨다.

<㈜강원>

(차) 매 입 채 무	2,000,000	(대) 현 금	2,000,000

☞ 현금을 지급하는 금액만큼 매입채무를 감소시킨다.

2.3 미수금과 미지급금

상품, 제품 및 서비스의 매매거래 또는 그 밖의 정상적인 영업활동과 관련된 거래 즉, 일반적 상거래 이외의 거래에서 발생하는 채권을 미수금other receivables이라고 하며, 채무를 미지급금other payable이라 한다. 만약 상품을 신용거래하면 어음의 수취 여부에 따라 외상매출금(외상매입금) 또는 받을어음(지급어음)으로 구분하지만, 상품 이외의 자산에 대하여 신용거래하면 어음의 수취여부와 관계없이 항상 미수금 및 미지급금 계정에 기록한다.

예를 들어, 비품이나 기계장치, 건물 등을 외상으로 거래하는 경우에 발생하는 채권은 미수금 계정의 차변에 기입하고 이를 회수하면 대변에 기입하며, 채무는 미지급금 계정의 대변에 기입하고 이를 상환하면 차변에 기입한다. 따라서 미수금 계정의 차변 잔액은 상품 이외의 자산에 대한 신용거래 중 미회수액을 나타내며 미지급금 계정의 대변 잔액은 상품 이외의 자산에 대한 신용거래 중 미상환액을 나타낸다.

미수금 및 미지급금과 관련된 구체적인 회계처리 방법은 다음과 같다. 첫째, 비품이나 기계장치 등을 신용으로 판매하는 기업은 해당 자산의 감소와 미수금의 증가를 기록하며, 구매하는 기업은 해당 자산의 증가와 미지급금의 증가를 기록한다.

① 비품이나 기계장치 등을 신용거래로 판매한 기업의 회계처리

(차) 미수금(자산 계정)	×××	(대) 해 당 자 산	×××

② 비품이나 기계장치 등을 신용거래로 구매한 기업의 회계처리

(차) 해 당 자 산	×××	(대) 미지급금(부채 계정)	×××

둘째, 계약조건에 따라 대금을 수수하면 비품이나 기계장치를 판매한 기업은 현금의 증가와 미수금의 감소를 기록하며, 구매한 기업은 현금의 감소와 미지급금의 감소를 기록한다.

③ 신용거래 완결 시 판매기업의 회계처리

(차) 현 금	×××	(대) 미 수 금	×××

④ 신용거래 완결 시 구매기업의 회계처리

(차) 미 지 급 금	×××	(대) 현 금	×××

예제 6.4 미수금과 미지급금

다음은 ㈜친절과 ㈜강원의 20×1년 기중에 발생한 거래이다.

① 6월 1일 : ㈜친절은 사용하던 비품을 ₩1,400,000에 외상으로 ㈜강원에 판매하고 어음을 받다.

② 6월 28일 : ㈜친절은 외상으로 판매한 비품에 대한 대가 ₩1,400,000을 ㈜강원으로부터 현금으로 받다.

물음 ㈜친절과 ㈜강원의 거래를 분개하시오.

해설

① 6월 1일 : ㈜친절은 사용하던 비품을 ₩1,400,000에 외상으로 ㈜강원에 판매하고 어음을 받다.

<㈜친절>

(차) 미수금(자산 계정)	1,400,000	(대) 비 품	1,400,000

☞ 사용하던 비품이므로 매출로 회계처리 하지 않으며, 외상금액 ₩1,400,000에 대하여 받은 어음은 미수금으로 회계처리 한다.

<㈜강원>

(차) 비 품	1,400,000	(대) 미지급금(부채 계정)	1,400,000

☞ 구입한 비품을 증가시키며, 외상금액 ₩1,400,000에 대하여 지급한 어음은 미지급금으로 회계처리 한다.

② 6월 28일 : ㈜친절은 외상으로 판매한 비품에 대한 대가 ₩1,400,000을 ㈜강원으로부터 현금으로 받다.

<㈜친절>

(차) 현 금	1,400,000	(대) 미 수 금	1,400,000

☞ 현금을 수취하는 금액만큼 미수금을 감소시킨다.

<㈜강원>

(차) 미 지 급 금	1,400,000	(대) 현 금	1,400,000

☞ 현금을 지급하는 금액만큼 미지급금을 감소시킨다.

2.4 미수수익과 미지급비용

미수수익accrued revenue은 회계기간 중에 발생했으나 결산일 현재 이와 관련된 대금 수취가 이루어지지 않은 수익으로, 이미 발생한 수익에 대해 현금 등 대가를 받을 수 있는 자산이다. 미지급비용accrued expense은 회계기간 중에 발생했으나 결산일 현재 이와 관련된 대금의 지급이 이루어지지 않은 비용으로, 이미 발생한 비용에 대해 현금 등 대가를 지불해야 하는 부채이다.[4)]

예를 들어 건물 임대차 계약에 따라 건물을 사용하였지만 결산일 현재 건물 사용료에 대한 정산이 완료되지 않은 경우를 생각해 보자. 건물 소유 기업은 임대차 계약에 따라

4) 서비스의 제공이 연속적으로 이루어지더라도 대금일은 특정 시점이 되므로 매일 미수수익 또는 미지급비용이 발생하는 셈이다. 그러나 매번 이를 기록하는 것은 비효율적이므로 주로 재무제표를 작성하는 결산일에 일괄적으로 회계 처리하는 것이 일반적이다. 후술하는 선수수익, 선급비용도 마찬가지이다.

결산일 현재 기간 경과분에 대해 임대료를 받을 권리가 있지만 임대료 수취일이 도래하지 않아 아직 받지 못한 금액을 미수임대료(미수수익)로 차변에 기입한다. 한편 건물 임차 기업은 결산일 현재 임차료를 지급할 의무가 존재하지만 임차료 지급일이 도래하지 않아 아직 지급하지 않은 금액은 미지급임차료(미지급비용)로 대변에 기입한다. 미수수익과 관련된 거래에는 자금을 빌려주는 대여, 보험서비스 제공, 건물임대 등이 있으며 각 거래의 미수수익은 미수이자, 미수보험료, 미수임대료 등의 계정을 사용한다. 미지급비용과 관련된 거래는 자금을 빌리는 차입, 보험서비스 가입, 건물임차 등이 있고 각 미지급비용에 대해서 미지급이자, 미지급보험료, 미지급임차료 등의 계정을 사용한다.

미수수익 및 미지급비용의 구체적인 회계처리 방법은 다음과 같다. 첫째, 자금대여나 보험서비스 등을 제공하는 기업이 결산일 현재 기간이 경과하여 대가를 받을 권리를 확보했지만 대금 수취일이 아직 도래하지 않은 경우 그 기간에 해당하는 대가만큼 수익이 발생한 것으로 간주하고 미수수익을 기록한다. 또한 동일한 내용으로 서비스를 제공받는 기업은 결산일 현재 사용료를 지급할 의무가 존재하지만 대금 지급일이 남아 있는 경우 발생한 의무에 해당하는 대가만큼 비용이 발생한 것으로 간주하고 미지급비용을 기록한다.

① 확보한 권리에 대해 아직 대가를 받지 않은 경우의 회계처리

(차) 미수수익(자산 계정)	×××	(대) 수 익	×××

② 발생한 의무에 대해 아직 대가를 지급하지 않은 경우의 회계처리

(차) 비 용	×××	(대) 미지급비용(부채 계정)	×××

둘째, 미수수익을 인식한 이후 자금대여나 보험서비스 등에 대한 대가를 수취하는 기업은 대가 중 미수수익으로 인식한 부분에 해당하는 금액은 미수수익의 감소로 회계처리하고, 나머지 금액은 결산일 이후 현금 수취 시점까지 발생한 수익으로 기록한다. 한편 미지급비용을 인식한 이후 자금차입이나 보험서비스 등에 따른 대가를 지급하는 기업은 미지급비용으로 인식한 부분에 해당하는 금액은 미지급비용의 감소로 회계처리 하고, 나머지 금액은 결산일 이후 현금 지급 시점까지 발생한 비용으로 기록한다.

③ 자금대여나 보험서비스 등 제공 후 현금을 수취한 시점의 회계처리

(차) 현 금	×××	(대) 미 수 수 익	×××
		수 익	×××

④ 자금대여나 보험서비스 등을 받은 후 현금을 지급한 시점의 회계처리

(차) 미 지 급 비 용	×××	(대) 현 금	×××
비 용	×××		

예제 6.5 미수수익과 미지급비용

다음은 ㈜친절과 ㈜강원의 20×1년 기중에 발생한 거래이다.

① 20×1. 8. 1. : ㈜친절은 ㈜강원과 상가임대차계약을 체결하고 6개월 임차료 ₩12,000,000을 20×2. 1.31.에 지급하기로 하다.

② 20×1.12.31. : ㈜친절과 ㈜강원은 결산정리사항을 확인하다.

③ 20×2. 1.31. : ㈜친절은 계약대로 임차료 ₩12,000,000을 ㈜강원에 현금으로 지급하다.

물음 ㈜친절과 ㈜강원의 거래를 분개하시오.

해설

① 20×1. 8. 1.: ㈜친절은 ㈜강원과 상가임대차계약을 체결하고 6개월 임차료 ₩12,000,000을 20×2.1. 31.에 지급하기로 하다.

<㈜친절> 및 <㈜강원>
분개 없음
☞ 상가임대차계약으로 인해서 자산 및 부채의 변동이 없기 때문에 분개 하지 않는다.

② 20×1.12.31.: ㈜친절과 ㈜강원은 결산정리사항을 확인하다.

<㈜친절>

(차) 임차료(비용 계정)	10,000,000	(대) 미지급임차료(부채 계정)	10,000,000

☞ 6개월 임차료 ₩12,000,000 중 8월 1일부터 12월 31일(5개월)에 해당하는 임차료 ₩10,000,000 (=₩12,000,000 × 5/6)은 임차료를 지급할 의무가 성립하여 비용이 발생한 것으로 간주한다. 이와 관련한 임차료 ₩10,000,000을 비용으로 차변에 기입하고, 계약조건 상 아직 현금으로 지급하지 않은 ₩10,000,000을 미지급임차료로 대변에 기입한다.

<㈜강원>

(차) 미수임대료(자산 계정)	10,000,000	(대) 임대료(수익 계정)	10,000,000

☞ 6개월 임대료 ₩12,000,000 중 8월 1일부터 12월 31일(5개월)에 해당하는 임대료 ₩10,000,000 (=₩12,000,000 × 5/6)은 임대료를 받을 권리를 확보하여 수익이 발생한 것으로 간주한다. 이와 관련한 임대료 ₩10,000,000을 수익으로 대변에 기입하고, 계약조건상 아직 현금으로 받지 않은 ₩10,000,000을 미수임대료로 차변에 기입한다.

③ 20×2. 1. 31. : ㈜친절은 계약대로 임대료 ₩12,000,000을 ㈜강원에서 현금으로 수취하다.

<㈜친절>

(차) 미지급임차료	10,000,000	(대) 현금	12,000,000
임차료	2,000,000		

☞ 현금 지급액이 ₩12,000,000이지만 20×1년에 회계처리 한 미지급임차료 ₩10,000,000을 현금으로 지급하고, 추가로 ₩2,000,000을 20×2년의 임차료로 지급한 것으로 볼 수 있다.

<㈜강원>

(차) 현금	12,000,000	(대) 미수임대료	10,000,000
		임대료	2,000,000

☞ 현금 수취액이 ₩12,000,000이지만 20×1년에 회계처리 한 미수임대료 ₩10,000,000을 현금으로 회수하고, 추가로 ₩2,000,000을 20×2년의 임대료로 받은 것으로 볼 수 있다.

2.5 선급금과 선수금

상품 등의 인수 및 인도가 이루어지기 전에 매매계약을 확실히 하기 위해 대금의 일부를 미리 지급할 때 발생하는 권리를 선급금advance payment이라고 한다. 대금의 일부를 미리 수취하는 경우에 발생하는 채무는 선수금advance receipt이라 한다.

예를 들어 상품을 매입하는 과정에서 계약금을 지급하면 해당하는 금액을 선급금이라는 자산으로 회계처리하고, 상품 판매 기업은 받은 계약금을 선수금이라는 부채로 회계처리 한다. 따라서 현금을 미리 지급한 기업은 선급금 계정의 차변에 기입하고, 현금을 미리 수취한 기업은 선수금 계정의 대변에 기입한다. 추후에 매매계약이 완결되어 상품 등을 주고받으면 매입 기업은 선급금을 대변에 기입하고, 판매 기업은 선수금을 차변에 기입한다.

구체적인 회계처리 방법은 다음과 같다. 첫째, 매매계약을 보장하기 위하여 대금의 일부에 대한 현금을 주고받더라도 아직 매매계약이 완결된 것이 아니므로 매입(또는 상품)

이나 매출로 기록하지 않고 선급금과 선수금 계정에 기록한다. 이때 상품 등을 받을 기업은 대변에 미리 지급한 현금을 기입하고 차변에 선급금을 기입하며, 상품 등을 인도할 기업은 차변에 미리 받은 현금을 기입하고 대변에 선수금을 기입한다.

① 미리 현금을 지급한 경우의 회계처리

(차) 선 급 금(자산 계정)	×××	(대) 현 금	×××

② 미리 현금을 수취한 경우의 회계처리

(차) 현 금	×××	(대) 선 수 금(부채 계정)	×××

둘째, 계약조건에 따라 거래를 완결하기 위해 상품 등과 대금의 잔액을 주고받을 때 매매계약이 완결되므로 사전에 이루어진 선급금과 선수금을 제거한다. 이때, 상품 등을 받는 기업은 해당 상품 등의 총액을 차변에 기입하고 추가적으로 지급한 현금과 선급금을 대변에 기입한다. 같은 방식으로 상품 등을 지급하는 기업은 해당 상품 등의 총액을 대변에 기입하고 추가적으로 지급한 현금과 선수금을 차변에 기입한다.

③ 상품 등 자산을 취득하는 경우 회계처리

(차) 매 입 (상 품)	×××	(대) 현 금	×××
		선 급 금	×××

④ 상품 등 자산을 판매하는 경우 회계처리

(차) 현 금	×××	(대) 매 출	×××
선 수 금	×××		

예제 6.6 선급금과 선수금

다음은 ㈜친절과 ㈜강원의 20×1년 기중 거래이다.

① 9월 1일 : ㈜친절은 ㈜강원과 상품매매계약을 체결하고 계약금 ₩6,000,000을 현금으로 지급하고, 1개월 후에 상품을 인수하면서 잔금 ₩14,000,000을 치루기로 하다.

② 9월 30일 : ㈜친절은 상품매매계약대로 잔금 ₩14,000,000을 ㈜강원에 현금으로 지급하고 상품을 인수하다.

물음 ㈜친절과 ㈜강원의 거래를 분개하시오.

해설

① 9월 1일 : ㈜친절은 ㈜강원과 상품매매계약을 체결하고 계약금 ₩6,000,000을 현금으로 지급하고, 1개월 후에 상품을 인수하면서 잔금 ₩14,000,000을 치루기로 하다.

<㈜친절>

(차)	선 급 금(자산 계정) 6,000,000	(대)	현 금	6,000,000

☞ 계약금 ₩6,000,000을 지급하지만 아직 상품매매계약이 완료되지 않은 것이므로 계약금을 선급금으로 차변에 기입한다.

<㈜강원>

(차)	현 금 6,000,000	(대)	선 수 금(부채 계정)	6,000,000

☞ 계약금 ₩6,000,000을 수취하지만 아직 상품매매계약이 완료되지 않은 것이므로 계약금을 선수금으로 대변에 기입한다.

② 9월 30일 : ㈜친절은 상품매매계약대로 잔금 ₩14,000,000을 ㈜강원에 현금으로 지급하고 상품을 인수하다.

<㈜친절>

(차)	상 품	20,000,000	(대)	현 금	14,000,000
				선 급 금	6,000,000

☞ 계약조건대로 지급한 잔금 ₩14,000,000을 대변에 기입하고, 계약금과 잔금의 합계인 ₩20,000,000을 차변에 기입한다.

<㈜강원>

(차)	현 금	14,000,000	(대)	매 출	20,000,000
	선 수 금	6,000,000			

☞ 계약조건대로 수취한 잔금 ₩14,000,000을 차변에 기입하고, 계약금과 잔금의 합계인 ₩20,000,000을 대변에 기입한다.

2.6 선급비용과 선수수익

선급비용prepaid expense은 회계기간 중에 대금은 미리 지불하였으나 결산일 현재 차기에 제공받을 서비스에 해당하는 금액으로 미래에 서비스를 누릴 수 있는 권리이다. 선수수익unearned revenue은 회계기간 중에 대금은 미리 받았으나 결산일 현재 차기에 제공할 서비스에 해당하는 금액으로 미래에 서비스를 제공해야 하는 의무이다.

예를 들어 건물 임대차 계약을 하면서 1년 사용료를 미리 현금으로 주고받는 경우에 건물 임차 기업은 선급임차료를 차변에 기입하고 건물 임대 기업은 선수임대료를 대변에 기입한다. 이후 임대차기간이 남아 있는 상황에서 결산일을 맞이하는 경우에 이와 관련한 결산정리분개가 필요하다. 건물 임차 기업은 임차한 기간에 해당하는 금액만큼 비용이 발생하였으므로 차변에 임차료를 기입하고 선급임차료 대변에 기록하여 자산을 줄여준다. 건물 임대 기업은 임대한 기간에 해당하는 금액만큼 수익이 발생하였으므로 대변에 임대료로 기입하고 선수임대료 차변에 기록하여 부채를 줄여준다.

선급비용과 관련한 거래의 예로는 자금 차입, 보험서비스 가입, 건물임차 등이 있는데 각 상황에서 선급이자, 선급보험료, 선급임차료 등의 계정을 사용한다. 선수수익과 관련된 거래는 자금 대여, 보험서비스 제공, 건물임대 등이 있으며 이와 각각 선수이자, 선수보험료, 선수임대료 등의 계정을 사용한다.

선급비용 및 선수수익과 관련된 회계처리 방법을 요약하면 다음과 같다. 첫째, 자금이나 보험서비스 등과 관련한 대가를 계약조건에 따라 미리 현금으로 주고 받으면 해당 자금이나 보험서비스 등을 개시하는 회계처리를 한다. 미리 현금을 지급하고 일정 기간 동안 자금이나 보험서비스 등을 제공 받는 기업은 미리 지급한 현금만큼 권리를 확보한 것으로 간주하여 선급비용 차변에 기입하고 지급한 현금을 대변에 기입한다. 미리 현금을 수취하고 일정 기간 동안 자금이나 보험서비스 등을 제공하는 기업은 미리 수취한 현금만큼 의무를 부담하는 것으로 간주하여 선수수익 대변에 기입하고 수취한 현금을 차변에 기입한다.

① 현금을 미리 지급한 기업의 회계처리

(차) 선급비용(자산 계정)	×××	(대) 현 금	×××

② 현금을 미리 수취한 기업의 회계처리

(차) 현 금	×××	(대) 선수수익(부채 계정)	×××

둘째, 결산일 현재 보험이나 건물임차 서비스 등의 제공이 일부 완료된 경우에 완료된 금액에 대하여 회계처리 한다. 미리 현금을 지급한 기업의 경우 서비스 받은 부분에 해당하는 금액만큼 비용이 발생하였으므로 해당 비용 차변에 기입하고 같은 금액만큼 선급비용 대변에 기입한다. 마찬가지로 미리 현금을 수취한 기업은 서비스 제공에 해당하는 금

액을 수익으로 확정하여 대변에 기입하고 같은 금액만큼 선수수익 차변에 기입한다.

③ 비용이 발생한 기업의 회계처리

(차) 해 당 비 용	×××	(대) 선 급 비 용	×××

④ 수익이 발생한 기업의 회계처리

(차) 선 수 수 익	×××	(대) 해 당 수 익	×××

예제 6.7 선급비용과 선수수익

다음은 ㈜친절과 ㈜강원의 20×1년 기중 거래이다.

① 20×1.11. 1. : ㈜친절은 ㈜강원과 상가임대차계약을 체결하고 3개월 임차료 ₩12,000,000을 현금으로 지급하다. 단, ㈜친절은 임차료 지급시 자산으로 처리하고 ㈜ 강원은 임대료 수령시 부채로 처리하다.

② 20×1.12.31. : ㈜친절과 ㈜강원은 결산정리사항을 확인하다.

③ 20×2. 1.31. : ㈜친절과 ㈜강원 간의 상가임대차계약이 만료되다.

물음 ㈜친절과 ㈜강원의 거래를 분개하시오.

해설

① 20×1.11. 1. : ㈜친절은 ㈜강원과 상가임대차계약을 체결하고 3개월 임차료 ₩12,000,000을 현금으로 지급하다.

<㈜친절>

(차) 선 급 임 차 료	12,000,000	(대) 현 금	12,000,000

☞ 3개월 상가 사용료 전액을 현금으로 지급하여 상가를 사용할 수 있는 권리를 확보하므로 선급임차료를 차변에 기입한다.

<㈜강원>

(차) 현 금	12,000,000	(대) 선 수 임 대 료	12,000,000

☞ 3개월 상가 사용료 전액을 현금으로 수취하여 상가를 제공할 의무를 부담하므로 선수임대료를 대변에 기입한다.

② 20×1.12.31. : ㈜친절과 ㈜강원은 결산정리사항을 확인하다.

<㈜친절>

(차) 임 차 료	8,000,000	(대) 선 급 임 차 료	8,000,000

☞ 11월 1일부터 12월 31일(2개월)에 걸쳐 상가를 사용하여 비용이 확정된 것으로 볼 수 있으므로, 해당하는 금액 ₩8,000,000(= ₩12,000,000 × 2/3)을 비용으로 간주하여 임차료로 차변에 기입한다. 동일한 금액만큼 상가를 사용할 수 있는 권리를 소비하였으므로 선급임차료를 대변에 기입한다.

<㈜강원>

(차) 선 수 임 대 료	8,000,000	(대) 임 대 료	8,000,000

☞ 11월 1일부터 12월 31일(2개월)에 걸쳐 상가를 제공하여 수익이 확정된 것으로 볼 수 있으므로, 해당하는 금액 ₩8,000,000(= ₩12,000,000 × 2/3)을 수익으로 간주하여 임대료로 대변에 기입한다. 동일한 금액만큼 상가를 제공할 수 있는 의무를 이행하였으므로 선수임대료를 차변에 기입한다.

③ 20×2. 1.31. : ㈜친절과 ㈜강원 간의 상가임대차계약이 만료되다.

<㈜친절>

(차) 임 차 료	4,000,000	(대) 선 급 임 차 료	4,000,000

☞ 20×2년 1월 1일부터 1월 31일(1개월)에 걸쳐 상가를 사용하여 비용이 확정되므로 해당 금액 ₩4,000,000(= ₩12,000,000 × 1/3)을 임차료로 차변에 기입한다. 동일한 금액만큼 상가를 사용할 수 있는 권리를 소비하였으므로 선급임차료를 대변에 기입한다.

<㈜강원>

(차) 선 수 임 대 료	4,000,000	(대) 임 대 료	4,000,000

☞ 20×2년 1월 1일부터 1월 31일(1개월)에 걸쳐 상가를 제공하여 수익이 확정되므로, 해당 금액 ₩4,000,000(= ₩12,000,000 × 1/3)을 임대료로 대변에 기입한다. 동일한 금액만큼 상가를 제공할 수 있는 의무를 이행하였으므로 선수임대료를 차변에 기입한다.

쉬어가기 **고객포인트! 공짜일까?**

"SK텔레콤, KT, LG유플러스 등 국내 이동통신3사에서 지난 6년간 소멸된 마일리지가 2,000억 원에 이르는 것으로 알려졌다. 이통사 마일리지는 휴대전화 이용요금의 일정 비율만큼 가입자에게 제공되며, 적립 후 7년이 지나면 소멸된다. 하지만 마일리지 보유 사실이나 사용 방법 등을 모르는 고객이 많아 소멸되는 금액이 매년 적어도 100억 원을 넘었다."
[매일경제 2019. 2. 7.]

기사에서 언급한대로 막대한 금액의 포인트가 유효기간 경과로 소멸되고 있다. 소비자 입장에서는 어차피 공짜로 받은 것이므로 손해를 본 것은 없다고 생각할 수 있을까?
회계기준은 기업이 포인트나 마일리지를 제공하면 판매금액 중에서 포인트의 가치만큼 부채(선수수익 성격)를 인식하도록 규정하고 있다. 왜 이와 같은 회계처리를 하도록 했을까? 기업의 제공하는 포인트는 공짜가 아니라 나중에 판매할 금액을 조금씩 미리 받았다고 보는 것이 타당하다고 생각하기 때문이다.

2.7 단기대여금과 단기차입금

대여금loans은 금전을 빌려 줄 때 발생하는 채권을 의미하며 차입금borrowings은 금전을 빌릴 때에 발생하는 채무를 말한다. 금전의 대여기간(회수기간)이 1년 이내인 것을 단기대여금short-term loans이라 하고 차입기간이 1년 이내인 것을 단기차입금short-term borrowings이라 한다. 금전을 대여할 때 단기대여금의 차변에 기입하고 단기대여금을 회수할 때 해당 계정의 대변에 기입한다. 따라서 단기대여금의 차변잔액은 단기대여금의 미회수액을 나타낸다. 같은 방식으로 금전을 차입할 때 단기차입금의 대변에 기입하고 이를 상환할 때 차변에 기입한다. 즉 단기차입금의 대변잔액은 단기차입금의 미상환액을 나타낸다.

단기대여금 및 단기차입금과 관련된 구체적인 회계처리 방법은 다음과 같다. 첫째, 현금을 빌려주는 기업은 대변에 현금을, 차변에 단기대여금을 기입한다. 같은 방식으로 현금을 빌리는 기업은 차변에 현금을, 대변에 단기차입금을 기입한다.

① 자금을 대여하는 경우 회계처리

(차) 단기대여금(자산 계정)	×××	(대) 현　　금	×××

② 자금을 차입하는 경우 회계처리

(차) 현　　금	×××	(대) 단기차입금(부채 계정)	×××

둘째, 금전대차기간이 종료되면 해당하는 금액을 주고 받게 되는데 현금을 빌려준 기업은 회수한 금액을 현금 차변과 단기대여금 대변에 기입한다. 이와 관련한 현금대여에 대한 대가는 이자수익으로 대변에 기입한다. 현금을 빌린 기업은 상환한 금액을 현금 대변에 기입하고 단기차입금 차변에 기입한다. 이와 관련한 현금차입에 대한 대가는 이자비용으로 차변에 기입한다.

③ 자금 대여 후 회수하는 경우 회계처리

(차) 현　　금	×××	(대) 단기대여금	×××
		이자수익	×××

④ 자금 차입 후 상환하는 경우 회계처리

(차) 단 기 차 입 금	×××	(대) 현 금	×××
이 자 비 용	×××		

예제 6.8 단기대여금과 단기차입금

다음은 ㈜친절과 ㈜강원의 20×1년 기중 거래이다.

① 4월 1일 : ㈜친절은 ㈜강원과 금전대차계약을 체결하고 ₩16,000,000을 현금으로 지급하고, 6개월 후에 원리금 ₩16,800,000을 상환받기로 하다.

② 9월 30일 : ㈜친절은 금전대차계약대로 원리금 ₩16,800,000을 ㈜강원으로부터 현금으로 수취하다.

물음 ㈜친절과 ㈜강원의 거래를 분개하시오.

해설

① 4월 1일 : ㈜친절은 ㈜강원과 금전대차계약을 체결하고 ₩16,000,000을 현금으로 지급하고, 6개월 후에 원리금 ₩16,800,000을 상환받기로 하다.

<㈜친절>

(차) 단기대여금(자산 계정)	16,000,000	(대) 현 금	16,000,000

☞ 금전대차계약이 6개월 후에 만료되므로 단기대여금으로 회계처리 한다.

<㈜강원>

(차) 현 금	16,000,000	(대) 단기차입금(부채 계정)	16,000,000

☞ 금전대차계약이 6개월 후에 만료되므로 단기차입금으로 회계처리 한다.

② 9월 30일 : ㈜친절은 금전대차계약대로 원리금 ₩16,800,000을 ㈜강원으로부터 현금으로 수취하다.

<㈜친절>

(차) 현 금	16,800,000	(대) 단 기 대 여 금	16,000,000
		이 자 수 익	800,000

☞ 회수한 원금은 단기대여금으로 회계처리하고 자금대여에 대한 대가로 받은 금액 ₩800,000은 이자수익으로 회계처리 한다.

<㈜강원>

(차) 단 기 차 입 금	16,000,000	(대) 현 금	16,800,000
이 자 비 용	800,000		

☞ 상환한 원금은 단기차입금으로 회계처리하고 자금차입에 대한 대가로 지급한 금액 ₩800,000은 이자비용으로 회계처리 한다.

[그림 6-2] 외상거래 및 대여 관련 유동자산과 유동부채

구분		부채	자산	사례
상품 등 매매 선금 수수		선수금	선급금	계약금
상품 등 외상거래		매입채무	매출채권	상품, 제품, 서비스
상품 이외 외상거래		미지급금	미수금	기계장치, 건물, 비품, 소모품
현금의 대차거래		단기차입금	단기대여금	현금
결산정리	수익·비용의 선결제	선수수익	선급비용	이자, 보험료 등
	수익·비용의 후결제	미지급비용	미수수익	

SECTION 3 매출채권의 손상차손

3.1 매출채권의 위험

기업은 매출 향상을 위해 대금은 나중에 받기로 하고 상품을 판매하기도 한다. 이와 같은 신용거래가 수익성에 도움을 줄 수 있지만 문제는 거래처의 파산 등으로 매출채권을 회수하지 못할 가능성도 있다는 점이다. 매출채권이 회수불능의 상태가 되는 것을 대손bad debts이라고 한다.

기업의 기본적인 방향은 신용거래를 통해 매출은 증대하되 신용거래에 따른 위험을 최소화하는 것이다. 그러나 현실적으로 매출 향상과 신용거래 위험의 최소화는 동시에 달성하기가 쉽지 않다. 신용거래 위험을 최소화하기 위해서 모두 현금거래만 한다면 판매 부진으로 이어질 수 있으며 반대로 적극적인 신용거래를 통해 높은 매출을 달성하면 대금회수에 문제가 생길 수 있기 때문이다

효과적인 신용판매를 위해서는 신용거래에 따른 위험을 미리 예측함과 동시에 사후적으로 예측치와 실제 결과를 비교하는 방법으로 신용거래를 지속적으로 검토하는 것이 도움이 될 수 있다. 예컨대 매출채권의 회수가능성을 객관적인 기준에 따라 일관성 있게 예측하여 매출채권에 존재하는 위험을 파악하고 사후적으로 실제 발생한 대손과 비교하여 차이의 원인을 파악하고 분석하는 것이다. 이러한 과정을 반복하면 예측의 정확성이 높아질 뿐만 아니라 이를 이용하여 효과적인 신용 판매 정책을 수립할 수 있다. 재무상태표에 매출채권을 표시할 때 합리적이고 객관적인 기준에 의하여 대손금액을 예측하는 작업은

이러한 관점에서 중요한 의미를 지닌다.

매출채권의 대손에 관한 회계처리의 특징은 아직 발생하지 않은 위험을 비용으로 미리 반영한다는 점이다. 매출채권은 회수하지 못할 가능성이 있지만 실제 사건이 발생하기 전에는 알 수 없다. 재무회계에서는 아직 확정된 사실이 아니더라도 위험성을 예상하는 방식으로 회계 처리하는 것이 매출채권에 대한 정보를 더 정확하게 제공할 수 있을 것이라고 본다. 즉, 매출채권의 대손 회계의 핵심은 대손가능성이 있는 금액을 예상하여 마치 대손이 확정된 것처럼 비용으로 기록함과 동시에 관련 매출채권 평가액에 이를 반영하는 것이다.

그렇다면 회수할 수 없을 것으로 예상되는 매출채권을 비용으로 회계처리 할 때 비용에 해당하는 금액만큼 매출채권을 직접 차감할 수 있을까? 답은 No이다. 왜냐하면 아직 매출채권을 바로 감소시킬 수 있는 상태 즉, 회수불능상태가 확정된 것은 아니기 때문이다. 재무회계에서는 이러한 미묘한 차이를 반영하기 위해 매출채권 전체 금액은 그대로 유지하되 대손가능성이 있는 매출채권 금액은 별도로 구분하여 차감 표시하는 방식을 취하고 있다. 이러한 취지를 담은 매출채권의 대손과 관련한 구체적인 회계처리는 절을 달리하여 설명한다.

3.2 대손회계처리

앞에서 살펴본 바와 같이 매출채권 중에 현금으로 회수하지 못할 위험이 존재하는 경우에는, 보고시점에 합리적이고 객관적인 기준에 의하여 대손금액을 예측하고 회수가능한 매출채권을 보고한다. 이러한 방식의 회계처리의 특징 및 장점을 확인하기 위하여 먼저 매출채권의 대손과 관련하여 직접상각법을 살펴본다. 직접상각법은 회계기준에서 허용되는 방법이 아니지만, 현재 인정되는 회계처리방법인 충당금설정법의 특징을 확인하기 위해 교육적인 목적으로 제시한다.

1) 직접상각법

직접상각법direct write-off method은 대손이 확정될 때 매출채권의 감소와 손상차손을 기록하는 방법이다. 대손이 확정되서야 회계처리하므로 사전적으로 매출채권의 대손가능성은 전혀 반영할 수 없다. 직접상각법에 의하면 대손이 확정될 때 해당하는 금액만큼 매출채권을 직접 감소시키고 그 금액만큼 손상차손(비용)으로 인식한다.

(차) 손상차손(비용 계정)	×××	(대) 매 출 채 권	×××

예제 6.9 직접상각법에 의한 대손회계처리

㈜친절서비스는 직접상각법으로 대손을 회계처리 한다.

① 20×1.11. 5. : ㈜친절서비스는 거래처인 ㈜평양에 ₩6,000,000의 회계자문을 제공하고, 대가를 추후에 받기로 하다.

② 20×1.12. 5. : ㈜친절서비스는 거래처인 ㈜평양에 ₩9,000,000의 회계자문을 제공하고, 대가를 추후에 받기로 하다.

③ 20×2. 1. 5. : ㈜평양에 대한 매출채권 ₩400,000을 회수할 수 없게 되다.

물음 ㈜친절서비스의 거래를 분개하고 매출채권에 대한 20×1.12.31. 현재 및 20×2.1.31. 현재 부분재무상태표를 작성하시오. 또한 회계적으로 어떤 문제점이 있는지 설명하시오.

해설

① 20×1.11. 5. : ㈜친절서비스는 거래처인 ㈜평양에 ₩6,000,000의 회계자문을 제공하고, 대가를 추후에 받기로 하다.

(차) 매 출 채 권	6,000,000	(대) 매 출	6,000,000

☞ 주된 수익 활동에서 발생하는 수취채권이므로 매출채권으로 기입한다.

② 20×1.12. 5. : ㈜친절서비스는 거래처인 ㈜평양에 ₩9,000,000의 회계자문을 제공하고, 대가를 추후에 받기로 하다.

(차) 매 출 채 권	9,000,000	(대) 매 출	9,000,000

재무상태표

㈜친절서비스 20×1. 12. 31 (단위 : ₩)

매 출 채 권	15,000,000	

③ 20×2. 1. 5. : ㈜평양에 대한 매출채권 ₩400,000을 회수할 수 없게 되다.

(차) 손상차손(비용 계정)	400,000	(대) 매 출 채 권	400,000

☞ 직접상각법으로 회계처리 하므로 매출채권을 회수하지 못하는 시점에 손상차손으로 회계처리 한다.

재무상태표

㈜친절서비스	20×2. 1. 31	(단위 : ₩)
매 출 채 권	14,600,000	

④ 직접상각법의 문제점

- 20×1.12.31. 현재 매출채권은 ₩15,000,000이지만 5일 후인 20×2.1.5.에 현금으로 회수하지 못하는 사건(대손)이 발생한다. 이로 인하여 20×2.1.31. 현재 매출채권은 ₩14,600,000으로 보고된다. 이는 20×1.12.31.에 ₩400,000의 회수불능에 대한 위험성이 전혀 반영되지 않음을 의미한다. 결과적으로 20×1년의 매출채권은 크게 보고되고, 20×2년의 매출채권은 작게 보고된다.
- 20×2.1.5.의 손상차손은 20×2년의 비용에 해당한다. 하지만 해당 거래는 20×1년의 판매활동으로 인한 매출채권으로부터 발생한 비용으로 볼 수 있다. 이러한 관점에서 20×1년의 비용은 작게 보고되고, 20×2년의 비용은 크게 보고되는 결과를 낳는다. 게다가 20×1년의 판매활동(수익 계정)이 20×2년의 손상차손(비용 계정)과 연계되므로 수익비용 대응에도 문제가 있다.

2) 충당금설정법

직접상각법에 따라 대손이 발생하는 시점에 회계처리를 하면 앞의 예제에서 살펴본 바와 같이, 대손이 발생하기 이전 시점에는 매출채권은 크게, 비용은 작게, 당기순이익은 크게 보고된다. 따라서 대손발생의 위험성을 고려하지 않은 당기순이익 정보를 이용하면 기업에 대해 잘못된 판단을 할 수 있다.

이러한 위험성을 고려하여 대손가능성이 있는 금액을 예측하여 매출채권 총액과 회수불능위험이 있는 매출채권을 동시에 보고하는 방식을 사용할 수 있는데 이를 충당금설정법allowance method이라고 한다. 충당금설정법에서는 대손이 예상되는 매출채권금액을 손실충당금allowance for accumulated impairment losses 계정에 나타내고 매출채권 총액에서 차감하는 방식으로 보고한다. 충당금설정법에서는 대손이 예상되는 손실충당금을 매출채권에서 구분하여 표시하기 때문에 매출채권총액과 실제 현금회수 가능액을 동시에 확인할 수 있는 장점이 있다.

손실충당금을 자산차감 계정으로 설정하는 이유는 손실충당금이 회수불능이 확정된 것이 아니라 예상 금액이기 때문이다. 즉, 대손이 예상되어 손실충당금을 설정하더라도 단지 회수가 불확실할 뿐이며 여전히 매출채권에 해당하므로 매출채권을 직접 차감하지 않고 매출채권 총액과 손실충당금을 동시에 보고하는 방식을 취한다.

매출채권 및 손실충당금에 관한 부분재무상태표를 작성하면 [그림 6-3]과 같다. 매출채권과 손실충당금을 나란히 기입하고 손실충당금은 자산차감 계정이므로 음수(금액에 괄호를 붙여 기록)로 표시한다. 매출채권에서 손실충당금을 차감한 금액은 회수할 수 있는 것으로 예상되는 순매출채권을 의미한다.

[그림 6-3] 매출채권과 손실충당금에 대한 부분재무상태표

재무상태표

㈜친절서비스 20×1. 12. 31

매 출 채 권	×××	
손 실 충 당 금	(×××)	
	×××	

충당금설정법에 의한 손실충당금과 관련된 회계처리를 대손의 추정, 설정, 발생 및 회수로 구분하여 설명하면 다음과 같다.

(1) 대손의 추정

손실충당금의 설정을 위해서는 대손이 예상되는 금액을 추정해야 하는데 과거의 경험에 비춰 현재의 매출채권 잔액 중 회수불능이 될 가액을 합리적으로 추정하는 매출채권비율법percentage-of-receivables approach을 사용한다. 이 방법은 매출채권 기말잔액에 과거의 경험에 의한 대손율(대손추정률)을 곱하여 손실충당금의 예상액(이하 대손예상액)을 추정하는 방법이다. 매출채권비율법 중에서 대손추정을 좀 더 정확하게 추정하기 위해서 연령분석법을 사용할 수 있다. 연령분석법aging method은 경과기간이 길수록 매출채권의 회수가능성이 낮아질 것이라는 가정 하에 매출채권을 경과기간에 따라 몇 개의 집단으로 구분하고 각 집단별로 대손율을 적용하여 손실충당금의 예상액을 추정하는 방법이다.

대손예상액 = 매출채권의 기말잔액 × 대손율

(2) 손실충당금 설정 및 손상차손 비용계상

대손예상액이 확정되면 이를 비용과 매출채권차감 계정에 반영하여 매출채권에 대한 회수불능 위험성을 재무제표에 나타낸다. 즉 아직 확정되지 않은 대손이지만 대손예상액을

손상차손impairement losses이라는 비용으로 기록함과 동시에 같은 금액을 매출채권의 차감 계정인 손실충당금에 기록한다. 회계처리는 다음과 같다.

(차) 손상차손(비용 계정)	×××	(대) 손실충당금(자산차감 계정)	×××

이는 매출채권에 대한 현금회수불능 위험성을 사전에 손익계산서와 재무상태표에 반영하여 현금회수에 대한 낙관적인 기대를 방지하기 위한 회계적 조치라고 할 수 있다.

손실충당금은 매출채권의 기말잔액 중에서 회수하기 어려울 것으로 예상하는 금액이다. 따라서 손실충당금을 처음 설정하는 기업에서는 위와 같이 분개하면 되지만, 손실충당금을 반복적으로 회계처리 하는 경우에는 추가적으로 고려해야 할 사항이 있다. 손실충당금으로 설정된 금액 중에서 실제 대손이 발생하는 경우에는 손실충당금을 감소시키는데 만약 기말결산일 현재, 실제 대손발생액이 손실충당금(대손예상액)보다 작다면 손실충당금 잔액(기말직전 손실충당금)이 남아 있을 수 있다. 이렇게 손실충당금 잔액이 남아 있는 경우에 매출채권의 기말잔액에 대한 대손예상액을 추정하면 손실충당금 잔액과 새롭게 추정한 대손예상액은 중복되는 금액이 있게 마련이다. 따라서 중복되는 금액을 조정하기 위해서는 손실충당금 잔액을 초과하는 대손예상액만 당기의 손실충당금으로 설정할 필요가 있다. 정리하면 다음 계산식으로 나타낼 수 있다.

당기 손실충당금 설정액(당기 손상차손) = 대손예상액 - 기말직전 손실충당금

앞의 분개와 당기 손실충당금 설정액 계산식을 연결하여 부연 설명하면 다음과 같다. 당기 매출채권 기말잔액을 기준으로 대손예상액을 추정한다. 전기에 설정한 손실충당금(전기 매출채권 기말잔액을 기준으로 추정한 대손예상액) 중에서 잔액(기말직전 손실충당금)이 남아있다면, 대손예상액에서 기말직전 손실충당금을 차감한 금액을 당기 손상차손으로 보고하는 회계처리 한다. 이러한 방식은 당기 매출채권 기말잔액에 대한 대손예상액이 손실충당금이 될 수 있도록 손상차손을 설정하는 것으로 이해할 수 있다.

만약 당기 손실충당금 설정액(당기 손상차손)이 0보다 작은 경우에는 손실충당금을 환입한다. 대손예상액이 기말직전 손실충당금보다 작은 경우에 당기 손실충당금 설정액이 0보다 작아진다. 이러한 현상은 매출채권에 대한 대손율이 변하거나 실제 대손발생이 예상보다 작은 경우에 발생할 수 있다. 이와 관련한 회계처리는 다음과 같다. 이때 손실충당금 환입 계정은 기타수익에 해당한다.

(차) 손 실 충 당 금	×××	(대) 손실충당금환입(수익 계정)	×××

(3) 대손의 발생

대손의 설정 이후 연도에 실제로 대손이 발생하여 현금을 회수할 수 없게 되면 매출채권을 감소시킨다. 실제 발생한 대손은 예상하지 못한 일이 아니라 이미 대비하고 있는 사건이기 때문에 매출채권을 감소시키는 동시에 손실충당금 역시 줄여준다. 손실충당금이 아직 확정되지도 않은 대손에 대해 미리 비용으로 반영한 금액이기 때문이다. 따라서 실제 대손이 발생하더라도 이미 비용으로 반영한 사건이 확정되는 것에 불과하기 때문에 추가적인 비용을 기록할 필요 없이 미리 예상한 손실충당금과 매출채권을 상계처리한다.

(차) 손 실 충 당 금	×××	(대) 매 출 채 권	×××

☞ 실제 대손이 발생한 연도에 사전에 예상한 범위 내에서 손실충당금과 매출채권 감소

경우에 따라서는 손실충당금보다 더 많이 대손이 발생할 수 있다. 대손을 정확하게 추정할 수 있다면 손실충당금만큼 실제 대손이 발생하겠지만, 대손을 정확하게 추정한다는 것은 쉽지 않다. 특히 급격한 경제환경의 변화로 실제 대손이 예상보다 크게 발생하는 위기 상황이 주기적으로 반복되는 현실을 목격하기도 한다. 만약 우리의 예상보다 많은 대손이 발생하면 일단 설정한 손실충당금과 매출채권을 상계하고, 예상하지 못한 대손에 대해서는 손상차손을 추가하여 당기의 비용으로 회계처리 한다.

(차) 손 실 충 당 금	×××	(대) 매 출 채 권	×××
손 상 차 손	×××		

(4) 대손의 회수

과거에 대손처리된 채권이 회수되는 경우는 다음과 같이 회계처리 한다.

(차) 현 금	×××	(대) 손 실 충 당 금	×××

☞ 손실충당금은 차기로 이월될 수 있는 재무상태표의 계정과목이므로 회복시킬 수 있다.

위의 회계처리는 다음의 두 단계에 걸친 분개를 하나로 합친 형태로 이해할 수 있다. 먼저 대손처리된 채권이 회수된다는 의미는 과거의 대손을 확정한 회계처리를 취소할 필

요가 있다는 것이므로 대손의 확정과 반대의 회계처리를 한다. 대손 확정과 관련된 회계처리를 취소하자마자 관련된 매출채권에 대해 현금으로 회수한 셈이므로 회복된 매출채권으로부터 현금이 회수되는 회계처리를 한다. 이를 제시하면 다음과 같다.

(차) 매 출 채 권	×××	(대) 손 실 충 당 금	×××
(차) 현 금	×××	(대) 매 출 채 권	×××

위의 두 단계에 걸친 분개에서 매출채권은 차변 금액과 대변 금액이 동일하므로 처음 제시한 하나의 분개로 통합할 수 있다. 대손으로 확정된 매출채권으로부터 현금이 회수되는 경우에는 손실충당금만 늘어나는 것으로 보이지만 실제는 매출채권과 손실충당금을 동시에 회복시키고, 회복된 매출채권으로부터 즉시 현금이 회수됨을 알 수 있다.

예제 6.10 대손처리

20×1년에 개업한 ㈜친절서비스는 충당금설정법으로 손실충당금을 계상하고 있으며, 매출채권비율법에 의하여 대손을 추정한다. 단, 결산일은 12월 31일이며 이외의 거래는 없다고 가정한다.

① 20×1.11. 5. : ㈜친절서비스는 거래처인 ㈜천지에 ₩20,000,000의 회계자문을 제공하고, 그 대가를 추후에 받기로 하다.

② 20×1.12.31. : 매출채권 잔액의 1%를 대손으로 추정하다.

③ 20×2. 2. 2. : ㈜친절서비스는 거래처인 ㈜천지에 ₩40,000,000의 회계자문을 제공하고, 그 대가를 추후에 받기로 하다.

④ 20×2. 4. 5. : 매출채권 ₩60,000을 회수할 수 없게 되다.

⑤ 20×2.12.31. : 매출채권 잔액의 1%를 대손으로 추정하다.

물음 ㈜친절서비스의 거래를 분개하고 매출채권에 대한 부분재무상태표를 작성하시오.

해설

① 20×1.11. 5. : ㈜친절서비스는 거래처인 ㈜천지에 ₩20,000,000의 회계자문을 제공하고, 그 대가를 추후에 받기로 하다.

(차) 매 출 채 권	20,000,000	(대) 매 출	20,000,000

② 20×1.12.31. : 매출채권 잔액의 1%를 대손으로 추정하다.

(차) 손상차손(비용 계정)	200,000	(대) 손실충당금(자산차감 계정)	200,000

☞ 대손예상액 = 매출채권의 기말잔액 × 대손율 = ₩20,000,000 × 1% = ₩200,000

☞ 20×1년 12월 31일 손실충당금 설정액(=손상차손)
= 대손예상액 - 기말직전 손실충당금 = ₩200,000 - ₩0 = ₩200,000

매출채권

11/ 5	20,000,000		

손실충당금

		1/ 1	0
		12/31	200,000

재무상태표

㈜친절서비스 20×1. 12. 31 (단위: ₩)

매 출 채 권	20,000,000		
손 실 충 당 금	(200,000)	19,800,000	

☞ 매출채권과 손실충당금을 나란히 보고하고 손실충당금은 매출채권의 차감 계정에 해당한다.

③ 20×2. 2. 2. : ㈜친절서비스는 거래처인 ㈜천지에 ₩40,000,000의 회계자문을 제공하고, 그 대가를 추후에 받기로 하다.

(차) 매 출 채 권	40,000,000	(대) 매 출	40,000,000

매출채권

1/ 1	20,000,000		
2/ 2	40,000,000		

손실충당금

		1/ 1	200,000

☞ 20×1.12.31.의 손실충당금 잔액이 20×2년 1월 1일의 손실충당금 잔액이 된다.

④ 20×2. 4. 5. : 매출채권 ₩60,000을 회수할 수 없게 되다.

(차) 손 실 충 당 금	60,000	(대) 매 출 채 권	60,000

매출채권

1/ 1	20,000,000	4/ 5	60,000
2/ 2	40,000,000		

손실충당금

4/ 5	60,000	1/ 1	200,000

☞ 실제 대손 발생금액 ₩60,000은 손실충당금 잔액 범위 내이므로, 추가적인 손상차손 인식 없이 그대로 차감한다.

⑤ 20×2.12.31. : 매출채권 잔액의 1%를 대손으로 추정하다.

(차) 손 상 차 손	459,400	(대) 손 실 충 당 금	459,400

☞ 대손예상액 = 매출채권 기말잔액 × 대손율 = ₩59,940,000 × 1% = ₩599,400
(₩59,940,000 = ₩20,000,000 + ₩40,000,000 - ₩60,000)

☞ 20×2년 12월 31일 손실충당금 설정액
= 대손예상액 - 기말직전 손실충당금 = ₩599,400 - ₩140,000 = ₩459,400

매출채권

1/ 1	20,000,000	4/ 5	60,000
2/ 2	40,000,000		

손실충당금

4/ 5	60,000	1/ 1	200,000
		12/31	459,400

재무상태표

㈜친절서비스 20×2. 12. 31 (단위: ₩)

매 출 채 권	59,940,000		
손 실 충 당 금	(599,400)	59,340,600	

3.3 매출채권의 전자공시시스템 공시

기업들이 금융감독원 등에 제출할 서류를 전자공시시스템data analysis, retrieval and transfer system을 통해서 전자문서로 제출하고 공시하는데, 재무제표도 사업보고서business reports에 포함하여 공시한다.

회사별 원하는 연도의 사업보고서를 검색하려면, 금융감독원의 전자공시시스템 사이트(http://dart.fss.or.kr)에 접속한 후에 검색창에서 ① 회사명 입력 ② 기간 선택 ③ 정기공시 선택 ④ 사업보고서 선택 등을 해야 한다.

사업보고서에서 재무제표 본문인 재무상태표, 손익계산서, 현금흐름표, 자본본동표에는 주요 사항만 공시하고 세부적인 내용은 주석에 공시한다. 또한, 재무제표 본문은 최근 3년간 자료를 공시하고 주석은 최근 2년간 자료를 공시한다.

매출채권을 재무제표에 공시하는 방법은 다음과 같다.

① 재무상태표 : 손실충당금이 차감된 순액(장부금액)만 표시
② 주 석 : 총액, 손실충당금(**대부분 대손충당금으로 표시**), 순액(장부금액) 표시

예제 6.10에서 20×2년 재무상태표와 주석을 공시하면 다음과 같으며, 매출채권 금액이 작은 경우에는 재무상태표에 미수금 등의 수취채권과 함께 통합 표시한다.

재무상태표

제2기 20×2년 12월 31일 현재
제1기 20×1년 12월 31일 현재

㈜친절서비스 (단위: 원)

과　목	제2기	제1기
자산		
유동자산		
매출채권	59,340,600	19,800,000

주 석

(단위: 원)

구 분	당기말			전기말		
	총 액	대손충당금	순 액	총 액	대손충당금	순 액
매출채권	59,940,000	(599,400)	59,340,600	20,000,000	(200,000)	19,800,000

친 절 한 회계원리 Accounting

연습문제

6.1 개념확인

다음의 빈칸을 채우시오.

① 기업이 상품을 신용으로 매입할 때에 (　　　　)(이)라는 유동부채를 부담하고, 추후 매입 대금을 지급한다.

② 기업이 상품을 신용으로 판매할 때에 (　　　　)(이)라는 유동자산을 증가시키고, 추후 현금으로 회수한다.

③ 상품 운송용 차량을 ₩1,000만에 매각하고 대금을 2개월 후에 받기로 하면, 해당 수취채권을 (　　　　)(이)라는 유동자산으로 기입한다.

④ 매출채권 중에서 미래에 회수되지 않을 것으로 예상되는 금액을 재무상태표에서 (　　　　)(으)로 표시한다.

⑤ (　　　　)은(는) 1년 이내에 판매를 통해 현금으로 전환되는 자산이고, 1년 이내에 현금을 지급하는 부채를 (　　　　)(이)라고 한다.

⑥ (　　　　)은(는) 거래의 주요 결제수단으로 분실 및 도난의 위험성이 존재하기 때문에 기업은 (　　　　)(을)를 마련한다.

⑦ 은행을 통한 현금거래를 위해 　　　　)(을)를 만들고, (　　　　) 잔액을 초과하여 발생한 당좌수표 금액을 (　　　　) 계정으로 회계처리 한다.

6.2 당좌예금

㈜친절의 당좌예금 계좌개설과 그 후의 거래 자료이다. ㈜친절의 거래를 분개하고 5월 31일 현재 당좌예금 잔액을 계산하시오.

① 5월 1일 : 은행에 당좌예금계좌를 개설하고 현금 ₩1,000,000을 예입하다.

② 5월 3일 : ㈜창의로부터 매출채권 ₩800,000을 수표로 지급받아 당좌예금에 예입하다.

③ 5월 10일 : 상품 매입채무 ₩600,000을 당좌수표로 발행하여 지급하다.

④ 5월 15일 : ㈜미래로부터 매출채권 ₩500,000의 수표를 받고 당좌예금계좌에 예입하다.

⑤ 5월 25일 : 당좌예금계좌에서 ₩400,000을 인출하여 종업원에게 급여를 지급하다.

6.3 당좌예금과 당좌차월

㈜친절서비스는 상도은행의 당좌예금에 ₩1,600,000을 보유하고 있으며, ₩2,000,000의 당좌차월 약정을 하다. ㈜친절서비스가 다음과 같은 거래를 할 때, ㈜친절서비스의 거래를 분개하고 1월 31일 현재 당좌예금 잔액을 계산하시오.

① 1월 3일 : ㈜친절서비스는 작년까지 사용한 사무용책상을 ㈜백마가구에 판매하고, 자기앞수표 ₩2,000,000을 받아 상도은행의 당좌예금에 예입하다.

② 1월 5일 : ㈜친절서비스는 올해 사용할 사무용책상 ₩4,600,000을 ㈜진리가구에서 구입하고, 당좌수표를 발행하여 지급하다.

③ 1월 15일 : ㈜친절서비스의 보통예금(상도은행) 계좌에서 발생한 이자수익₩100,000이 당좌예금 계좌에 이체되다.

④ 1월 20일 : ㈜친절서비스는 단기대여금 ₩2,000,000을 현금으로 회수하여 상도은행의 당좌예금에 예입하다. 또한 이자비용 ₩20,000이 발생하다.

6.4 수취채권

20×1년 1월 1일에 영업을 시작한 ㈜친절은 구매대행 업체로, 다음은 20×1년 중에 발생한 거래이다. ㈜친절의 거래를 분개하시오.

① 1월 6일 : ㈜친절은 ₩8,000,000의 상품을 신용으로 ㈜사계절에 제공하고, ㈜사계절이 발행한 약속어음을 대가로 받다.

② 1월 19일 : ㈜친절은 사용하던 기계장치를 ₩3,000,000에 외상으로 ㈜백마상사에 판매하고 어음을 받다.

③ 3월 1일 : ㈜친절은 ㈜진리와 상가임대차계약을 체결하고 건물을 임대하면서 1년 임대료 ₩24,000,000을 1년 후에 받기로 하다.

④ 3월 18일 : ㈜친절은 신용거래로 제공한 상품에 대한 대가 ₩6,000,000을 ㈜사계절로부터 현금으로 받다.

⑤ 4월 28일 : ㈜친절은 외상으로 판매한 기계장치에 대한 대가 ₩2,000,000을 ㈜백마상사로부터 현금으로 받다.

⑥ 5월 4일 : ㈜친절은 ㈜봉사와 토지매매계약을 체결하고 계약금 ₩20,000,000을 현금으로 지급하고, 9개월 후에 잔금 ₩180,000,000을 지급하기로 하다.

⑦ 6월 1일 : ㈜친절은 ㈜통일화재와 화재보험계약을 체결하고 1년 보험료 ₩3,600,000을 현금으로 지급하다.

⑧ 7월 1일 : ㈜친절은 ㈜평양과 금전대차계약을 체결하고 현금 ₩10,000,000을 빌려주고, 1년 후에 원리금 ₩10,600,000을 상환받기로 하다.

⑨ 결산정리사항을 확인하다.

6.5 지급채무

20×1년 1월 1일에 영업을 시작한 ㈜친절은 구매대행 업체로, 다음은 20×1년 중에 발생한 거래이다. ㈜친절의 거래를 분개하시오.

① 1월 2일 : ㈜친절은 ㈜봄여름으로부터 ₩4,000,000의 상품을 신용으로 매입하고, ㈜봄여름에 약속어음을 발행하다.

② 2월 4일 : ㈜친절은 ㈜살피재로부터 기계장치를 ₩4,000,000에 외상으로 구매하고 어음을 지급하다.

③ 3월 1일 : ㈜친절은 ㈜하늘과 상가임대차계약을 체결하고 건물을 임차하면서 1년 임차료 ₩12,000,000을 1년 후에 지급하기로 하다.

④ 3월 18일 : ㈜친절은 ㈜봄여름으로부터 신용으로 매입한 상품에 대한 대가 ₩3,000,000을 현금으로 지급하다.

⑤ 4월 20일 : ㈜친절은 ㈜살피재로부터 외상으로 구매한 기계장치에 대한 대가 ₩2,000,000을 현금으로 지급하다.

⑥ 7월 23일 : ㈜친절은 ㈜가을과 토지매매계약을 체결하고 계약금 ₩10,000,000을 현금으로 받고, 9개월 후에 잔금 ₩90,000,000을 받기로 하다.

⑦ 8월 1일 : ㈜친절은 ㈜창조와 상가임대차계약을 체결하고 1년 임대료 ₩18,000,000을 현금으로 받다.

⑧ 11월 1일 : ㈜친절은 ㈜상도와 금전대차계약을 체결하고 현금 ₩6,000,000을 빌리고, 1년 후에 원리금 ₩6,300,000을 상환하기로 하다.

⑨ 결산정리사항을 확인하다.

6.6 수취채권 및 지급채무(1)

다음은 9월 중 발생한 ㈜글로벌의 채권 · 채무 관련 거래이다. ㈜글로벌 입장에서 채권 · 채무 관련 거래를 분개하고, 9월 중 ㈜글로벌의 수취채권 증가액과 지급채무 증가액을 계산하시오.

① 9월 1일 : 상품을 ₩800,000에 신용판매하고 대금은 2개월 후에 받기로 하다.

② 9월 2일 : 창고용 토지(장부금액 ₩1,000,000)를 거래처인 ㈜베어드에 ₩1,000,000에 매각하고 대금은 9/30에 받기로 하다.

③ 9월 5일 : 연 4%의 이자율로 ₩1,600,000을 ㈜문화에 1년간 대여하는데, 당좌예금 계좌이체 방식으로 송금하다.

④ 9월 18일 : 비품을 ₩300,000에 구입하고 대금은 1개월 후에 지급하기로 하다.

⑤ 9월 20일 : 은행에서 연 7%의 이자율로 ₩3,000,000을 1년간 차입하고 당좌예금계좌에 예입하다.

⑥ 9월 25일 : 지난 8월에 미지급된 통신비 ₩140,000을 당좌수표를 발행하여 지급하다.

⑦ 9월 30일 : 창고용 토지 매각대금 ₩1,000,000이 당좌예금계좌에 온라인 입금되다.

⑧ 수취채권 증가액과 지급채무 증가액

6.7 수취채권 및 지급채무(2)

20×1년 1월 1일에 영업을 시작한 ㈜친절은 구매대행 업체로, 다음은 20×1년 중에 발생한 거래이다. ㈜친절의 거래를 분개하시오.

① 1월 7일 : ㈜친절은 ㈜봄여름으로부터 ₩2,000,000의 상품을 신용으로 매입하고, ㈜봄여름에 약속어음을 발행하다.

② 1월 26일 : ㈜친절은 ₩9,000,000의 상품을 신용으로 ㈜사계절에 제공하고, ㈜사계절이 발행한 약속어음을 대가로 받다.

③ 2월 18일 : ㈜친절은 사용하던 기계장치를 ₩2,400,000에 외상으로 ㈜백마상사에 판매하고 어음을 받다. 사용하던 기계장치를 대체하기 위해 ㈜친절은 ㈜살피재로부터 기계장치를 ₩3,600,000에 외상으로 구매하고 어음을 지급하다.

④ 4월 1일 : ㈜친절은 ㈜진리와 상가임대차계약을 체결하고 건물을 임대하면서 1년 임대료 ₩30,000,000을 1년 후에 받기로 하다.

⑤ 4월 15일 : ㈜친절은 신용거래로 제공한 상품에 대한 대가 ₩5,000,000을 ㈜사계절로부터 현금으로 받다. 또한 ㈜친절은 ㈜봄여름으로부터 신용으로 매입한 상품에 대한 대가 ₩1,000,000을 현금으로 지급하다.

⑥ 4월 28일 : ㈜친절은 외상으로 판매한 기계장치에 대한 대가 ₩2,400,000을 ㈜백마상사로부터 현금으로 받다. 또한 ㈜친절은 ㈜살피재로부터 외상으로 구매한 기계장치에 대한 대가 ₩3,000,000을 현금으로 지급하다.

⑦ 5월 25일 : ㈜친절은 ㈜가을과 토지매매계약을 체결하고 계약금 ₩14,000,000을 현금으로 받고, 4개월 후에 잔금 ₩66,000,000을 받기로 하다.

⑧ 8월 1일 : ㈜친절은 ㈜통일화재와 화재보험계약을 체결하고 1년 보험료 ₩4,800,000을 현금으로 지급하다.

⑨ 9월 1일 : ㈜친절은 ㈜상도와 금전대차계약을 체결하고 현금 ₩12,000,000을 빌리고, 3개월 후에 원리금 ₩12,120,000을 상환하기로 하다.

⑩ 9월 25일 : 토지매매계약에 따른 잔금 ₩66,000,000을 현금으로 수취하다.

⑪ 12월 1일 : 금전대차계약에 따라 원리금 ₩12,120,000을 상환하다.

⑫ 결산정리사항을 확인하다.

6.8 대손회계처리(1)

회계전문 컨설팅 업체인 ㈜친절서비스의 20×1년 말 매출채권 잔액은 ₩12,000,000이고 매출채권에 대한 손실충당금 잔액은 ₩60,000이며, 20×2년 동안 발생한 거래는 다음과 같다. ㈜친절서비스의 거래를 분개하고 매출채권 계정과 손실충당금 계정에 대해 전기하며, 매출채권에 대한 20×2년 부분재무상태표를 작성하시오. 또한, 전자공시시스템에 공시되는 20×2년 재무상태표와 주석을 작성하시오. 본 회사는 충당금설정법으로 손실충당금을 계상하고 있고, 매출채권비율법에 의하여 대손을 추정한다. 단, 매출채권 및 대손 관련 이외의 거래는 없다고 가정한다.

① 20×2. 8. 2. : ㈜친절서비스는 거래처인 ㈜풍지에 ₩5,000,000의 회계자문을 제공하고, 그 대가를 추후에 받기로 하다.

② 20×2. 9. 5. : 20×1년에 대손처리된 어음 중 ₩20,000이 회수되다.

③ 20×2. 10. 5. : 받을어음 ₩100,000을 회수할 수 없게 되다.

④ 20×2. 12. 31. : 매출채권 잔액의 1%를 대손으로 추정하다.

6.9 대손회계처리 : 연령분석법

회계전문 컨설팅 업체인 ㈜친절서비스의 20×1년 말 매출채권에 대한 연령분석표를 이용하여 20×1년 말 현재 ① 대손예상액, ② 회수가능 매출채권 예상액 및 ③ 손상차손을 계산하고, 손실충당금과 관련된 분개를 하시오. 단, 결산정리분개 전 손실충당금 잔액이 ₩100,000이다.

경과시간에 따른 분류	매출채권 금액	대손율(%)
경과기간이 30일 이내인 매출채권	₩1,600,000	0.5
경과기간이 31~60일인 매출채권	1,000,000	5.0
경과기간이 61~90일인 매출채권	500,000	20.0
경과기간이 91일 이상인 매출채권	260,000	50.0

6.10 대손회계처리(2)

㈜동작의 20×1년 말 재무상태표에 매출채권 ₩3,000,000, 손실충당금 ₩200,000이 표시되어 있다. 20×2년 중에 발생한 대손 관련 거래를 확인하여 ㈜동작에 필요한 분개를 하시오. 20×2년 말 재무상태표의 손실충당금과 손익계산서의 손상차손은 얼마로 표시되는지 확인하시오.

① 11월 10일 : ㈜상도에 대한 매출채권 ₩80,000을 대손확정 판단하다.

② 11월 25일 : ㈜관악이 도산함에 따라 매출채권 ₩140,000이 회수불능인 것으로 판단하다.

③ 12월 20일 : 11/10에 대손확정 처리한 ㈜상도에 대한 매출채권 ₩80,000 중에서 ₩60,000을 회수하다.

④ 12월 31일 : 20×2년 말 매출채권 총액에 대한 대손예상액이 ₩300,000이다.

⑤ 20×2년 말 손실충당금과 손상차손

연습문제 해답

[연습문제 6.1]

① 매입채무, ② 매출채권, ③ 미수금, ④ 손실충당금, ⑤ 유동자산, 유동부채, ⑥ 현금, 내부통제제도, ⑦ 당좌예금, 당좌예금, 당좌차월

[연습문제 6.2]

① 5월 1일 : 은행에 당좌예금계좌를 개설하고 현금 ₩1,000,000을 예입하다.

차변	금액	대변	금액
(차) 당 좌 예 금	1,000,000	(대) 현 금	1,000,000

☞ 은행의 당좌예금계좌에 맡겨진 현금을 구분하기 위해 당좌예금으로 회계처리 한다.

② 5월 3일 : ㈜창의로부터 매출채권 ₩800,000을 수표로 지급받아 당좌예금에 예입하다.

차변	금액	대변	금액
(차) 당 좌 예 금	800,000	(대) 매 출 채 권	800,000

③ 5월 10일 : 상품 매입채무 ₩600,000을 당좌수표로 발행하여 지급하다.

차변	금액	대변	금액
(차) 매 입 채 무	600,000	(대) 당 좌 예 금	600,000

④ 5월 15일 : ㈜미래로부터 매출채권 ₩500,000의 수표를 받고 당좌예금계좌에 예입하다.

차변	금액	대변	금액
(차) 당 좌 예 금	500,000	(대) 매 출 채 권	500,000

⑤ 5월 25일 : 당좌예금계좌에서 ₩400,000을 인출하여 종업원에게 급여를 지급하다.

차변	금액	대변	금액
(차) 급 여	400,000	(대) 당 좌 예 금	400,000

⑥ 5월 31일 현재 당좌예금 잔액

☞ 5/1 ₩1,000,000 + 5/3 ₩800,000 - 5/10 ₩600,000 + 5/15 ₩500,000 - 5/25 ₩400,000 = ₩1,300,000

[연습문제 6.3]

① 1월 3일 : ㈜친절서비스는 작년까지 사용한 사무용책상을 ㈜백마가구에 판매하고, 자기앞수표 ₩2,000,000을 받아 상도은행의 당좌예금에 예입하다.

차변	금액	대변	금액
(차) 당 좌 예 금	2,000,000	(대) 비 품	2,000,000

☞ 자기앞수표를 받아 당좌예금에 예입하므로 당좌예금으로 회계처리 한다.

② 1월 5일 : ㈜친절서비스는 올해 사용할 사무용책상 ₩4,600,000을 ㈜진리가구에서 구입하고, 당좌수표를 발행하여 지급하다.

차변	금액	대변	금액
(차) 비 품	4,600,000	(대) 당 좌 예 금	3,600,000
		당 좌 차 월	1,000,000

당좌예금

1/ 1	1,600,000		
1/ 3	2,000,000	1/ 5	3,600,000

당좌차월

		1/ 5	1,000,000

☞ ₩2,000,000의 당좌차월 범위 내에서 당좌예금 잔액을 초과하여 발행한 당좌수표 금액 ₩1,000,000을 당좌차월(유동부채)로 회계처리 한다.

③ 1월 15일 : ㈜친절서비스의 보통예금(상도은행) 계좌에서 발생한 이자수익₩100,000이 당좌예금 계좌에 이체되다.

(차) 당 좌 차 월	100,000	(대) 이 자 수 익	100,000

당좌차월

1/15	100,000		

☞ 보통예금에서 발생한 이자수익을 당좌예금 계좌에 입금하여 당좌차월을 ₩100,000 감소시킨다.

④ 1월 20일 : ㈜친절서비스는 단기대여금 ₩2,000,000을 현금으로 회수하여 상도은행의 당좌예금에 예입하다. 또한 이자비용 ₩20,000이 발생하다.

(차) 당 좌 차 월	900,000	(대) 단 기 대 여 금	2,000,000
당 좌 예 금	1,100,000		

☞ 현금을 당좌예금에 예입하면 당좌예금을 초과한 ₩900,000에 대해 자동적으로 상환되고 당좌예금 잔액이 ₩1,100,000이 된다.

(차) 이 자 비 용	20,000	(대) 당 좌 예 금	20,000

☞ 1/5~1/20에 걸쳐 차입한 금액에 대하여 이자비용 ₩20,000을 당좌예금에서 은행이 인출한다.

당좌예금

1/ 1	1,600,000		
1/ 3	2,000,000	1/ 5	3,600,000
1/20	1,100,000	1/20	20,000

당좌차월

1/15	100,000	1/ 5	1,000,000
1/20	900,000		

당좌예금 잔액: ₩1,080,000

[연습문제 6.4]

① 1월 6일 : ㈜친절은 ₩8,000,000의 상품을 신용으로 ㈜사계절에 제공하고, ㈜사계절이 발행한 약속어음을 대가로 받다.

(차) 매 출 채 권	8,000,000	(대) 매 출	8,000,000

☞ 매출 ₩8,000,000에 대하여 받은 약속어음은 매출채권으로 회계처리 한다.

② 1월 19일 : ㈜친절은 사용하던 기계장치를 ₩3,000,000에 외상으로 ㈜백마상사에 판매하고 어음을 받다.

(차) 미 수 금	3,000,000	(대) 기 계 장 치	3,000,000

☞ 사용하던 기계장치이므로 매출로 회계처리 하지 않으며, 외상금액 ₩3,000,000에 대하여 받은 어음은 미수금으로 회계처리 한다.

③ 3월 1일 : ㈜친절은 ㈜진리와 상가임대차계약을 체결하고 건물을 임대하면서 1년 임대료 ₩24,000,000을 1년 후에 받기로 하다.

☞ 상가임대차계약 시점인 3월 1일에는 분개를 하지 않고 12월 31일에 결산정리사항에 대해 결산정리 분개를 한다.

④ 3월 18일 : ㈜친절은 신용거래로 제공한 상품에 대한 대가 ₩6,000,000을 ㈜사계절로부터 현금으로 받다.

(차) 현 금	6,000,000	(대) 매 출 채 권	6,000,000

☞ 3월 18일 매출채권 잔액은 ₩2,000,000이다.

⑤ 4월 28일 : ㈜친절은 외상으로 판매한 기계장치에 대한 대가 ₩2,000,000을 ㈜백마상사로부터 현금으로 받다.

(차) 현 금	2,000,000	(대) 미 수 금	2,000,000

☞ 4월 28일 미수금 잔액은 ₩1,000,000이다.

⑥ 5월 4일 : ㈜친절은 ㈜봉사와 토지매매계약을 체결하고 계약금 ₩20,000,000을 현금으로 지급하고, 9개월 후에 잔금 ₩180,000,000을 지급하기로 하다.

(차) 선 급 금	20,000,000	(대) 현 금	20,000,000

☞ 계약금 ₩20,000,000을 지급하지만 아직 완료되지 않은 토지매매계약이므로 계약금을 선급금으로 차변에 기입한다.

⑦ 6월 1일 : ㈜친절은 ㈜통일화재와 화재보험계약을 체결하고 1년 보험료 ₩3,600,000을 현금으로 지급하다.

(차) 선 급 보 험 료	3,600,000	(대) 현 금	3,600,000

☞ 1년 화재보험계약에 대한 보험료 전액을 현금으로 미리 지급하여 화재보험 서비스를 받을 수 있는 권리를 확보하므로 선급보험료를 차변에 기입한다.

⑧ 7월 1일 : ㈜친절은 ㈜평양과 금전대차계약을 체결하고 현금 ₩10,000,000을 빌려주고, 1년 후에 원리금 ₩10,600,000을 상환받기로 하다.

(차) 단 기 대 여 금	10,000,000	(대) 현 금	10,000,000

☞ 금전대차계약이 1년 후에 만료되므로 단기대여금으로 회계처리 한다.

⑨ 결산정리사항

<상가임차계약에 따른 미수임대료>

(차) 미 수 임 대 료	20,000,000	(대) 임 대 료	20,000,000

☞ 1년 임대료 ₩24,000,000 중 3월 1일부터 12월 31일(10개월)에 해당하는 임대료 ₩20,000,000(= ₩24,000,000 × 10/12)은 받을 권리를 확보하여 수익이 발생한 것으로 간주한다. 이와 관련하여 임대료 ₩20,000,000을 수익으로 대변에 기입하고, 계약조건 상 아직 현금으로 받지 않은 금액 ₩20,000,000을 미수임대료로 차변에 기입한다.

<선급보험료에 대한 보험료>

(차) 보 험 료	2,100,000	(대) 선 급 보 험 료	2,100,000

☞ 20×1년 6월 1일부터 12월 31일(7개월)에 걸쳐 화재보험 서비스를 받으므로 확정된 보험료 ₩2,100,000(= ₩3,600,000 × 7/12)을 차변에 기입한다. 동일한 금액만큼 화재보험 서비스를 받을 수 있는 권리를 행사하였으므로 선급보험료를 대변에 기입한다.

<단기대여금에 대한 이자수익>

(차) 미 수 이 자	300,000	(대) 이 자 수 익	300,000

☞ 20×1년 7월 1일부터 12월 31일(6개월)에 걸쳐 현금을 빌려주어 확정된 이자수익 ₩300,000(= ₩600,000 × 6/12)을 대변에 기입한다. 동일한 금액을 계약조건에 따라 아직 현금으로 수취하지 못하기 때문에 미수이자 ₩300,000을 차변에 기입한다.

[연습문제 6.5]

① 1월 2일 : ㈜친절은 ㈜봄여름으로부터 ₩4,000,000의 상품을 신용으로 매입하고, ㈜봄여름에 약속어음을 발행하다.

(차) 매 입	4,000,000	(대) 매 입 채 무	4,000,000

☞ 매입 ₩4,000,000에 대하여 지급한 약속어음은 매입채무로 회계처리 한다.

② 2월 4일 : ㈜친절은 ㈜살피재로부터 기계장치를 ₩4,000,000에 외상으로 구매하고 어음을 지급하다.

(차) 기 계 장 치	4,000,000	(대) 미 지 급 금	4,000,000

☞ 구입한 기계장치를 증가시키며, 외상금액 ₩4,000,000에 대하여 지급한 어음은 미지급금으로 회계처리 한다.

③ 3월 1일 : ㈜친절은 ㈜하늘과 상가임대차계약을 체결하고 건물을 임차하면서 1년 임차료 ₩12,000,000을 1년 후에 지급하기로 하다.

☞ 상가임대차계약 시점인 3월 1일에는 분개를 하지 않고 12월 31일에 결산정리사항에 대해 결산정리분개를 한다.

④ 3월 18일 : ㈜친절은 ㈜봄여름으로부터 신용으로 매입한 상품에 대한 대가 ₩3,000,000을 현금으로 지급하다.

(차) 매 입 채 무	3,000,000	(대) 현 금	3,000,000

☞ 3월 18일 매입채무 잔액은 ₩1,000,000이다.

⑤ 4월 20일 : ㈜친절은 ㈜살피재로부터 외상으로 구매한 기계장치에 대한 대가 ₩2,000,000을 현금으로 지급하다.

(차) 미 지 급 금	2,000,000	(대) 현 금	2,000,000

☞ 4월 20일 미지급금 잔액은 ₩2,000,000이다.

⑥ 7월 23일 : ㈜친절은 ㈜가을과 토지매매계약을 체결하고 계약금 ₩10,000,000을 현금으로 받고, 9개월 후에 잔금 ₩90,000,000을 받기로 하다.

(차) 현 금	10,000,000	(대) 선 수 금	10,000,000

☞ 계약금 ₩10,000,000을 미리 받지만 아직 완료되지 않은 토지매매계약이므로 계약금을 선수금으로 대변에 기입한다.

⑦ 8월 1일 : ㈜친절은 ㈜창조와 상가임대차계약을 체결하고 1년 임대료 ₩18,000,000을 현금으로 받다.

(차) 현 금	18,000,000	(대) 선 수 임 대 료	18,000,000

☞ 상가 임대료 전액을 현금으로 미리 수취하여 상가를 제공할 의무가 발생하므로 선수임대료를 대변에 기입한다.

⑧ 11월 1일 : ㈜친절은 ㈜상도와 금전대차계약을 체결하고 현금 ₩6,000,000을 빌리고, 1년 후에 원리금 ₩6,300,000을 상환하기로 하다.

(차) 현 금	6,000,000	(대) 단 기 차 입 금	6,000,000

☞ 금전대차계약이 1년후에 만료되므로 단기차입금으로 회계처리 한다.

⑨ 결산정리사항

<상가임차계약에 따른 미지급임차료>

(차) 임 차 료	10,000,000	(대) 미 지 급 임 차 료	10,000,000

☞ 1년 임차료 ₩12,000,000 중 3월 1일부터 12월 31일(10개월)에 해당하는 임차료 ₩10,000,000(=₩12,000,000 × 10/12)은 지급할 의무가 발생하여 비용이 발생한 것으로 간주한다. 이와 관련하여 임차료 ₩10,000,000을 비용으로 차변에 기입하고, 계약조건 상 아직 현금을 지급하지 않은 금액 ₩10,000,000을 미지급임차료로 대변에 기입한다.

<선수임대료에 대한 임대료>

(차) 선 수 임 대 료	7,500,000	(대) 임 대 료	7,500,000

☞ 8월 1일부터 12월 31일(5개월)에 걸쳐 상가를 제공하여 수익이 확정된 것으로 볼 수 있으므로, 해당하는 금액 ₩7,500,000(= ₩18,000,000 × 5/12)을 수익으로 간주하여 임대료로 대변에 기입한다. 동일한 금액만큼 상가를 제공할 수 있는 의무를 이행하였으므로 선수임대료를 차변에 기입한다.

<단기차입금에 대한 이자비용>

(차) 이 자 비 용	50,000	(대) 미 지 급 이 자	50,000

☞ 11월 1일부터 12월 31일(2개월)에 걸쳐 현금을 빌려 확정된 이자비용 ₩50,000(= ₩300,000 × 2/12)을 차변에 기입한다. 동일한 금액을 계약조건에 따라 아직 현금으로 지급하지 않았기 때문에 미지급이자 ₩50,000을 대변에 기입한다.

[연습문제 6.6]

① 9월 1일 : 상품을 ₩800,000에 신용판매하고 대금은 2개월 후에 받기로 하다.

(차) 매 출 채 권	800,000	(대) 매 출	800,000

② 9월 2일 : 창고용 토지(장부금액 ₩1,000,000)를 거래처인 ㈜베어드에 ₩1,000,000에 매각하고 대금은 9/30에 받기로 하다.

(차) 미 수 금	1,000,000	(대) 토 지	1,000,000

③ 9월 5일 : 연 4%의 이자율로 ₩1,600,000을 ㈜문화에 1년간 대여하는데, 당좌예금 계좌이체 방식으로 송금하다.

(차) 단 기 대 여 금	1,600,000	(대) 당 좌 예 금	1,600,000

④ 9월 18일 : 비품을 ₩300,000에 구입하고 대금은 1개월 후에 지급하기로 하다.

(차) 비 품	300,000	(대) 미 지 급 금	300,000

⑤ 9월 20일 : 은행에서 연 7%의 이자율로 ₩3,000,000을 1년간 차입하고 당좌예금계좌에 예입하다.

(차) 당 좌 예 금	3,000,000	(대) 단 기 차 입 금	3,000,000

⑥ 9월 25일 : 지난 8월에 미지급된 통신비 ₩140,000을 당좌수표를 발행하여 지급하다.

(차) 미 지 급 통 신 비	140,000	(대) 당 좌 예 금	140,000

⑦ 9월 30일 : 창고용 토지 매각대금 ₩1,000,000이 당좌예금계좌에 온라인 입금되다.

(차) 당 좌 예 금	1,000,000	(대) 미 수 금	1,000,000

⑧ 9월 중 수취채권 증가액 및 지급채무 증가액

☞ 수취채권 증가액 : 매출채권 ₩800,000 + 단기대여금 ₩1,600,000 = ₩2,400,000

☞ 지급채무 증가액 : 미지급금 ₩300,000 + 단기차입금 ₩3,000,000 - 미지급통신비 ₩140,000 = ₩3,160,000

[연습문제 6.7]

① 1월 7일 : ㈜친절은 ㈜봄여름으로부터 ₩2,000,000의 상품을 신용으로 매입하고, ㈜봄여름에 약속어음을 발행하다.

(차) 매 입	2,000,000	(대) 매 입 채 무	2,000,000

② 1월 26일 : ㈜친절은 ₩9,000,000의 상품을 신용으로 ㈜사계절에 제공하고, ㈜사계절이 발행한 약속어음을 대가로 받다.

(차) 매 출 채 권	9,000,000	(대) 매 출	9,000,000

③ 2월 18일 : ㈜친절은 사용하던 기계장치를 ₩2,400,000에 외상으로 ㈜백마상사에 판매하고 어음을 받다. 사용하던 기계장치를 대체하기 위해 ㈜친절은 ㈜살피재로부터 기계장치를 ₩3,600,000에 외상으로 구매하고 어음을 지급하다.

(차) 미 수 금	2,400,000	(대) 기 계 장 치	2,400,000
(차) 기 계 장 치	3,600,000	(대) 미 지 급 금	3,600,000

④ 4월 1일 : ㈜친절은 ㈜진리와 상가임대차계약을 체결하고 건물을 임대하면서 1년 임대료 ₩30,000,000을 1년 후에 받기로 하다.

☞ 상가임대차계약 시점인 4월 1일에 분개를 하지 않고 12월 31일에 결산정리사항에 대해 결산정리분개를 한다.

⑤ 4월 15일 : ㈜친절은 신용거래로 제공한 상품에 대한 대가 ₩5,000,000을 ㈜사계절로부터 현금으로 받다. 또한 ㈜친절은 ㈜봄여름으로부터 신용으로 매입한 상품에 대한 대가 ₩1,000,000을 현금으로 지급하다.

(차) 현 금	5,000,000	(대) 매 출 채 권	5,000,000
(차) 매 입 채 무	1,000,000	(대) 현 금	1,000,000

☞ 4월 15일 매출채권 잔액은 ₩4,000,000, 매입채무 잔액은 ₩1,000,000이다.

⑥ 4월 28일 : ㈜친절은 외상으로 판매한 기계장치에 대한 대가 ₩2,400,000을 ㈜백마상사로부터 현금으로 받다. 또한 ㈜친절은 ㈜살피재로부터 외상으로 구매한 기계장치에 대한 대가 ₩3,000,000을 현금으로 지급하다.

(차) 현 금	2,400,000	(대) 미 수 금	2,400,000
(차) 미 지 급 금	3,000,000	(대) 현 금	3,000,000

☞ 4월 28일 미수금 잔액은 ₩0, 미지급금 잔액은 ₩600,000이다.

⑦ 5월 25일 : ㈜친절은 ㈜가을과 토지매매계약을 체결하고 계약금 ₩14,000,000을 현금으로 받고, 4개월 후에 잔금 ₩66,000,000을 받기로 하다.

(차) 현 금	14,000,000	(대) 선 수 금	14,000,000

⑧ 8월 1일 : ㈜친절은 ㈜통일화재와 화재보험계약을 체결하고 1년 보험료 ₩4,800,000을 현금으로 지급하다.

(차) 선 급 보 험 료	4,800,000	(대) 현 금	4,800,000

⑨ 9월 1일 : ㈜친절은 ㈜상도와 금전대차계약을 체결하고 현금 ₩12,000,000을 빌리고, 3개월 후에 원리금 ₩12,120,000을 상환하기로 하다.

(차) 현 금	12,000,000	(대) 단 기 차 입 금	12,000,000

⑩ 9월 25일 : 토지매매계약에 따른 잔금 ₩66,000,000을 현금으로 수취하다.

(차) 현 금	66,000,000	(대) 토 지	80,000,000
선 수 금	14,000,000		

☞ 계약조건대로 수취한 잔금 ₩66,000,000을 차변에 기입하고, 계약금과 잔금의 합계인 ₩80,000,000을 대변에 기입한다.

⑪ 12월 1일 : 금전대차계약에 따라 원리금 ₩12,120,000을 상환하다.

(차) 단 기 차 입 금	12,000,000	(대) 현 금	12,120,000
이 자 비 용	120,000		

⑫ 결산정리사항

<임대차계약>

(차) 미 수 임 대 료	22,500,000	(대) 임 대 료	22,500,000

☞ ₩22,500,000 = ₩30,000,000 × 9/12

<선급보험료에 대한 보험료>

(차) 보 험 료	2,000,000	(대) 선 급 보 험 료	2,000,000

☞ ₩2,000,000 = ₩4,800,000 × 5/12

[연습문제 6.8]

① 20×2. 8. 2. : ㈜친절서비스는 거래처인 ㈜풍지에 ₩5,000,000의 회계자문을 제공하고, 그 대가를 추후에 받기로 하다.

(차)		(대)	
매 출 채 권	5,000,000	매 출	5,000,000

매출채권

1/ 1	12,000,000		
8/ 2	5,000,000		

손실충당금

		1/ 1	60,000

② 20×2. 9. 5. : 20×1년에 대손처리된 어음 중 ₩20,000이 회수되다.

(차)		(대)	
현 금	20,000	손 실 충 당 금	20,000

매출채권

1/ 1	12,000,000		
8/ 2	5,000,000		

손실충당금

		1/ 1	60,000
		9/ 5	20,000

③ 20×2.10. 5. : 받을어음 ₩100,000을 회수할 수 없게 되다.

(차)		(대)	
손 실 충 당 금	80,000	매 출 채 권	100,000
손 상 차 손	20,000		

☞ 대손 발생금액 ₩100,000이 손실충당금 잔액 ₩80,000을 초과하기 때문에 추가적인 손상차손 ₩20,000을 직접 비용으로 인식한다.

매출채권

1/ 1	12,000,000	10/ 5	100,000
8/ 2	5,000,000		

손실충당금

10/ 5	80,000	1/ 1	60,000
		9/ 5	20,000

④ 20×2.12.31. : 매출채권 잔액의 1%를 대손으로 추정하다.

(차)		(대)	
손 상 차 손	169,000	손 실 충 당 금	169,000

☞ 대손예상액 = 매출채권 기말잔액 × 대손율 = ₩16,900,000 × 1% = ₩169,000

☞ 손실충당금 설정액 = 손상차손 설정액 = 대손예상액 - 기말직전 손실충당금 = ₩169,000 - ₩0 = ₩169,000

매출채권

1/ 1	12,000,000	10/ 5	100,000
8/ 2	5,000,000		
잔 액	16,900,000		

손실충당금

10/ 5	80,000	1/ 1	60,000
		9/ 5	20,000
		12/31	169,000
		잔 액	169,000

재무상태표

㈜친절서비스		20×2. 12. 31	(단위: ₩)
매 출 채 권	16,900,000		
손 실 충 당 금	(169,000)	16,731,000	

⑤ 20×2.12.31. : 전자공시시스템 공시

재무상태표

제2기 20×2년 12월 31일 현재
제1기 20×1년 12월 31일 현재

㈜친절서비스 (단위: 원)

과 목	제2기	제1기
자산		
유동자산		
매출채권	16,731,000	11,940,000

주 석

(단위: 원)

구 분	당기말			전기말		
	총 액	대손충당금	순 액	총 액	대손충당금	순 액
매출채권	16,900,000	(169,000)	16,731,000	12,000,000	(60,000)	11,940,000

[연습문제 6.9]

① 대손예상액

대손예상액 = 매출채권 기말잔액 × 대손율
= ₩1,600,000 × 0.5% + ₩1,000,000 × 5% + ₩500,000 × 20% + ₩260,000 × 50%
= ₩288,000

② 회수가능 매출채권 예상액

회수가능 매출채권 예상액 = 매출채권 기말잔액 − 대손예상액
= [1,600,000 + ₩1,000,000 + ₩500,000 + ₩260,000] − ₩288,000
= ₩3,360,000 − ₩288,000 = ₩3,072,000

③ 손상차손

손상차손 = 대손예상액(손실충당금) − 기말직전 손실충당금
= ₩288,000 − ₩100,000 = ₩188,000

(차) 손 상 차 손	188,000	(대) 손 실 충 당 금	188,000

[연습문제 6.10]

① 11월 10일 : ㈜상도에 대한 매출채권 ₩80,000을 대손확정 판단하다.

(차) 손 실 충 당 금	80,000	(대) 매 출 채 권	80,000

☞ 손실충당금 잔액은 ₩12,000,000이다.

② 11월 25일 : ㈜관악이 도산함에 따라 매출채권 ₩140,000이 회수불능인 것으로 판단하다.

(차) 손 실 충 당 금	120,000	(대) 매 출 채 권	140,000
손 상 차 손	20,000		

☞ 대손 발생금액 ₩140,000이 손실충당금 잔액 ₩120,000을 초과하기 때문에 추가적인 손상차손 ₩20,000을 직접 비용으로 인식한다.

③ 12월 20일 : 11/10에 대손확정 처리한 ㈜상도에 대한 매출채권 ₩80,000 중에서 ₩60,000을 회수하다.

(차) 현 금	60,000	(대) 손 실 충 당 금	60,000

☞ 손실충당금 잔액은 ₩60,000이다.

④ 12월 31일 : 20×2년 말 매출채권 총액에 대한 대손예상액이 ₩300,000이다.

(차) 손 상 차 손	240,000	(대) 손 실 충 당 금	240,000

☞ 당기 손실충당금 설정액 = 대손예상액 - 기말직전 손실충당금 = ₩300,000 - ₩60,000 = ₩240,000

⑤ 20×2년 말 손실충당금과 손상차손
재무상태표 손실충당금 : 대손예상액 ₩300,000
손익계산서 손상차손 : 11/25 손상차손 + 12/31 손상자손
= ₩20,000 + ₩240,000 = ₩260,000

7

CHAPTER

재고자산

CONTENTS

CHAPTER 7 재고자산

본 장에서는 상품을 포함한 재고자산의 의의를 살펴보고 제5장에서 다룬 상기업의 상품매매에 대한 회계처리 즉, 계속기록법과 실지재고조사법을 복습한다. 이와 함께 매출원가결정 및 재고자산 평가에 필요한 원가흐름의 가정을 새롭게 공부한다. 재고자산에 대한 회계처리는 기업의 순이익을 정확히 측정하기 위한 기본적인 과정이므로 이에 대한 이해가 필수적이다.

SECTION 1 재고자산의 의의 및 취득원가

1.1 상기업의 매매활동

상기업은 다른 기업이 생산한 제품을 매입하고 그 매입원가에 일정한 이윤margin을 붙여 다시 판매함으로써 이익을 얻고자 하는 기업이다. 상기업이 재판매를 위해 매입하는 제품을 상품이라고 한다. 상기업이 서비스기업의 활동과 구별되는 것은 상품매매활동이다. 상품매매활동은 상품의 매입활동, 상품보관, 판매활동으로 구분되며, 이는 매출원가, 기말재고자산, 매출액 등의 회계적 개념과 밀접한 관련을 가진다.

1) 매출액

일반적으로 매출액sales은 기업의 주된 영업활동에서 발생한 수익을 의미하는 것으로 손익계산서 최상단에 표시되는 항목이다. 상기업의 매출액은 상기업의 주된 영업활동인 상품 판매에 따른 수익 총액 즉, 취급하는 다양한 상품에 대한 매출 합계액을 의미한다.

2) 매출원가

상기업의 매출원가cost of goods sold는 매출수익을 창출하기 위해 고객에게 판매한 상품의 당초 매입원가를 의미하는 것으로 상기업의 대표적인 비용 항목이다. 매출원가는 매출액에 직접 대응되는 비용으로 상품매매활동에 따른 이익을 결정하는데 중요한 요소가 된다.

3) 매출총이익(손실)

상기업의 매출총손익은 상품 판매를 통해서 벌어들인 수익인 매출액에서 판매한 상품의 매입원가인 매출원가를 차감하여 계산한다. 매출액에서 매출원가를 차감한 금액이 양(+)의 값이면 매출총이익gross profit으로 표시하고 음(−)의 값이면 매출총손실로 표시한다. 매출총손익은 상품매매활동으로 인하여 직접적으로 발생한 이익(또는 손실)으로, 손익계산서의 가장 중요한 이익항목에 해당한다.

> 매출총손익 = 매출액 − 매출원가

4) 매출액, 매출원가, 매출총이익의 계산

어떤 기업이 특정 회계기간 중에 상품 100개를 개당 ₩10에 구입한 후 그 중 90개를 개당 ₩20에 판매했다고 하자. 앞서 설명한 것에 의하면 이 회계기간 중에 발생한 매출액은 ₩1,800(= 90개 × ₩20), 매출원가는 ₩900(= 90개×₩10)이 되어 매출총이익은 ₩900(= ₩1,800 − ₩900)이다. 여기서 주의할 것은 판매된 90개에 대한 매입원가 ₩900만 손익계산서상 매출원가가 되며, 판매되지 않은 상품 10개는 재무상태표에 자산으로 표시한다. 이 자산을 특별히 재고자산이라 부르는데 이에 대해서는 후술한다.

예제 7.1 매입, 매출 및 매출총이익

20×1년 1월 1일에 영업을 시작한 ㈜친절은 상기업이다. 다음은 20×1년 기중에 발생한 ㈜친절의 거래이다.

① 4월 1일 : ㈜친절은 개당 원가 ₩3,000의 상품을 2,000개 구입하다.
② 6월 1일 : ㈜친절은 4/1에 구입한 상품 중 1,700개를 개당 ₩7,000에 판매하다.

물음 ㈜친절의 매출액, 매출원가 및 매출총이익을 계산하고, 이와 관련한 부분손익계산서를 작성하시오.

해설

① 4월 1일 : ㈜친절은 개당 원가 ₩3,000의 상품을 2,000개 구입하다.
☞ 아직 판매 전이므로 매출액과 매출원가를 파악할 수 없는 상황이다.

② 6월 1일 : ㈜친절은 4/1에 구입한 상품 중 1,700개를 개당 ₩7,000에 판매하다.
☞ 상품을 판매한 시점에 매출액과 매출원가를 파악할 수 있고, 매출액과 매출원가를 대응시켜 매출총이익을 계산할 수 있다.

☞ 매 출 액 : 1,700개 × ₩7,000 = 11,900,000
매출원가 : 1,700개 × ₩3,000 = ₩5,100,000
매출총이익 : 매출액 - 매출원가 = ₩11,900,000 - ₩5,100,000 = ₩6,800,000

③ 부분 손익계산서

손익계산서
(20×1년)

매 출 액	11,900,000
매 출 원 가	(5,100,000)
매 출 총 이 익	6,800,000

1.2 재고자산의 개념과 유형

앞서 예에서 살펴본 것처럼 매입한 상품이 그 즉시 판매되는 것은 아니다. 매입하는 시점과 판매하는 시점이 일치하지 않을 수 있기 때문이다. 예를 들어 한참 더울 여름에는 에어컨을 제조사로부터 즉시 구입하는 것이 어려울 수 있기 때문에 에어컨 성수기가 오기 전에 충분한 수량을 확보할 필요가 있다. 경우에 따라서는 시장수요나 경제환경의 변화로 창고에 확보해 놓은 상품이 팔리지 않는 경우도 있다. 이와 같이 영업의 대상이 되며 판매할 목적으로 일시적으로 보유하고 있는 자산을 재고자산inventories이라고 한다. 상기업에서는 일반적으로 정상적인 영업과정에서 단기적으로 보유하다가 상품을 판매하므로 재고자산을 유동자산으로 분류한다.

동일한 자산이라도 영업상 판매대상이 아닌 자산은 재고자산으로 분류하지 않는다. 예를 들어 부동산매매를 주된 영업으로 하는 기업은 건물이나 토지를 재판매하기 위해서 보유하므로 보유 중인 건물이나 토지를 재고자산으로 분류할 수 있지만, 건물이나 토지를 영업목적에 사용하기 위해서 보유하고 있다면 제8장에서 다루는 유형자산으로 분류해야 한다.

재고자산은 기업의 특성에 따라 몇 가지로 구분할 수 있다. 완성된 제품을 다른 기업으로부터 구입하여 재판매하는 상기업의 경우에는 판매목적으로 보유하는 제품이 재고자산이 되며 이를 상품merchandise이라 부른다. 제조기업은 원재료를 구매하고 가공하여 생산된 제품을 판매하는 기업이므로 제조기업의 재고자산에는 원재료raw materials, 생산 중인 재공품work in process, 중간제품인 반제품semi-manufactured goods 완성품인 제품finished goods 등이 있다. 제조기업의 재고자산에 대한 회계는 원가계산과정에 대한 학습이 선행되어야 하므로 본 교재에서 다루는 재고자산은 상기업의 상품을 대상으로 한다. [그림 7-1]은 업종별 재고자산(또는 매출원가) 존재유무와 유형을 보여주고 있다.

[그림 7-1] 업종별 수익, 매출원가, 재고자산

구 분	수익의 창출방법	매출원가	재고자산
서비스기업	서비스 제공	없음	없음
상 기 업	상품의 판매	있음	상품
제 조 기 업	제품의 판매		원재료, 재공품, 반제품, 제품

예제 7.2 재고자산

20×1년 1월 1일에 영업을 시작한 ㈜친절은 상기업이다. 다음은 20×1년 기중에 발생한 ㈜친절의 거래이다.

① 4월 1일 : ㈜친절은 개당 원가 ₩3,000의 상품을 2,000개 구입하다.
② 6월 1일 : ㈜친절은 4/1에 구입한 상품 중 1,700개를 개당 ₩7,000에 판매하다.

물음 ㈜친절의 재고자산 금액을 계산하고, 6/1 현재 부분재무상태표를 작성하시오.

해설

① 4월 1일 : ㈜친절은 개당 원가 ₩3,000의 상품을 2,000개 구입하다.
☞ 판매할 수 있는 상품의 금액이 ₩6,000,000(= 2,000개 × ₩3,000)이므로 4/1 현재 재고자산은 ₩6,000,000이다.

② 6월 1일 : ㈜친절은 4/1에 구입한 상품 중 1,700개를 개당 ₩7,000에 판매하다.
☞ 상품을 판매하고 남은 재고자산을 파악한다.
☞ 재고자산 : 300개 × ₩3,000 = ₩900,000
또는 4/1 재고자산 ₩6,000,000 - 6/1 매출원가 ₩5,100,000 = ₩900,000

③ 6/1 현재 부분재무상태표

재무상태표
(20×1년)

유동자산	
재고자산	900,000

1.3 재고자산의 취득원가

상기업의 재무상태표상 재고자산은 판매를 위해 매입한 상품 중에서 기말 현재 아직 판매되지 않은 상품이다. 따라서 재고자산 금액을 파악하기 위해서 남아있는 상품의 취득원가를 알아야 한다. 상품의 취득원가는 매입원가는 물론 상품을 판매할 수 있는 상태에 이를 때까지 발생한 총지출을 의미한다.

일반적으로 재고자산의 취득원가에는 매입원가purchase costs, 제조활동과 관련 있는 직접노무원가 등으로 구성되는 전환원가conversion costs, 재고자산을 현재의 장소에 현재의 상태로 이르게 하는데 발생한 기타원가other costs 등을 포함한다.

취득원가 = 매입원가 + 전환원가 + 기타원가

따라서 상품의 취득원가는 제조기업과 관련된 전환원가를 제외한 상품의 매입원가와 기타원가로 구성된다. 매입원가는 매입가격에 수입관세와 제세금 등 취득과정에 직접 발생한 원가를 가산한 금액이다. 기타원가는 현재의 장소에 현재의 상태로 이르게 하는 데 발생한 지출로 보험료, 운송비 등이 포함된다.

상품 취득원가 = 매입원가 + 기타원가
= 매입가격 + [수입관세, 제세금 등] + [보험료, 운송비 등]

예제 7.3 재고자산의 취득원가

20×1년 1월 1일에 영업을 시작한 ㈜친절은 상기업이다. ㈜친절은 개당 원가 ₩2,800의 상품을 2,000개 구입하고 상품을 구입하는 과정에서 발생하는 운송비 ₩300,000을 ㈜친절이 지급하다. 추가적으로 상품 운송과정에 발생할 수 있는 사고를 대비하기 위해 보험료 ₩100,000을 보험회사에 지급하다.

물음 ㈜친절의 재고자산에 대한 취득원가를 계산하시오.

해설

① ㈜친절은 개당 원가 ₩2,800의 상품을 2,000개 구입하다.
☞ 매입가격 : 2,000개 × ₩2,800 = ₩5,600,000

② 상품을 구입하는 과정에서 발생하는 운송비 ₩300,000 및 추가적으로 상품 운송과정에 발생할 수 있는 사고를 대비하기 위해 보험료 ₩100,000을 보험회사에 지급하다.

☞ 재고자산을 판매할 수 있는 상태로 만들기 위해서 운송비와 보험료는 필수적인 것으로 볼 수 있다.
☞ 기타원가 : 운송비 ₩300,000 + 보험료 ₩100,000 = ₩400,000

③ 재고자산 취득원가
☞ 매입가격 + 기타원가 = ₩5,600,000 + ₩400,000 = ₩6,000,000

SECTION 2 상품매매의 회계처리

제5장 상기업의 회계순환과정에서 이미 상품매매에 대한 기본적인 회계처리 방법으로 계속기록법과 실지재고조사법을 살펴본 바 있으나 이 내용은 제3절에서 다루는 원가흐름의 가정과 결합되는 주제이므로 본 절에서 간단히 앞서의 내용을 확인하고 복습한다.[1)]

2.1 계속기록법

계속기록법perpetual inventory system은 상품의 매입(입고)과 매출(출고) 때마다 계속적으로 상품의 증감을 재고자산 계정에 반영하는 방법이다. 이를 단계별로 정리하면 다음과 같다.

첫째, 상품의 매입이 있을 때는 매입한 상품의 취득원가 즉, 상품 매입액을 재고자산 계정의 차변에 기록한다.

① 매입시 분개(현금거래 가정)

(차) 재 고 자 산	×××	(대) 현 금	×××

둘째, 매출이 있을 때는 매출 계정의 대변에 매출액을 기록하여 수익을 인식한다. 한편 고객에게 판매한 상품의 취득원가를 재고자산 계정 대변에 기록하여 상품의 감소를 반영함과 동시에 매출원가 계정 차변에 같은 금액을 기록하여 매출수익에 대응되는 비용을 인식한다.

1) 제5장에서는 '상품'이라는 계정을 사용했지만 본 장에서 상품을 포함하는 재고자산이라는 계정을 제시하였으므로 이하에서도 재고자산 계정을 그대로 사용한다.

② 매출시 분개(현금거래 가정)

(차) 현 금	×××	(대) 매 출	×××
매 출 원 가	×××	재 고 자 산	×××

계속기록법에서는 지속적으로 상품의 증가 및 감소를 재고자산 계정에 반영하는 방법이므로 재고자산 계정에서 확인시점에 남아있는 상품재고 금액을 알 수 있다. 또한 후술하는 실지재고조사법과는 달리 판매될 때마다 매출원가를 기록하므로 언제든지 그 때까지의 매출원가를 확인할 수 있으며 매출 계정의 금액과 비교하여 매출총이익도 계산할 수 있다.

2.2 실지재고조사법

실지재고조사법physical inventory system은 계속기록법과는 달리 기중 매입과 매출 거래에 따른 상품의 증가와 감소를 재고자산 계정에 기록하지 않는 방법이다. 다만, 상품매입 시 매입이라는 임시 계정에 매입한 상품의 취득원가를 기록할 뿐이다. 결과적으로 기중의 회계처리가 계속기록법보다 간소해진 대신 상품재고액과 매출원가를 알 수 없다. 따라서 재무상태표와 손익계산서를 작성하는 회계 기말에는 재고실사와 결산정리 분개를 통해 기말 현재 상품보유 재고액을 재고자산 계정에 반영함과 동시에 매출원가를 계산하여 비용으로 인식해야 한다. 회계처리 방법을 단계별로 정리하면 다음과 같다.

첫째, 상품을 매입할 때 해당 상품의 취득원가를 매입 계정 차변에 기록한다.

① 매입시 분개(현금거래 가정)

(차) 매 입(임시 계정)	×××	(대) 현 금	×××

둘째, 상품을 판매할 때 매출액만을 매출 계정의 대변에 기록한다. 이때 해당 상품의 출고에 따른 상품 감소나 매출원가는 기록하지 않는다.

② 매출시 분개(현금거래 가정)

(차) 현 금	×××	(대) 매 출	×××

셋째, 기말에 재고실사를 통하여 기말 재고자산을 파악하고 이를 통해 간접적으로 매출원가를 산출하는 결산정리분개를 수행한다.

③ 결산정리시 분개

(차) 매 출 원 가	×××	(대) 재고자산(기초)	×××
매 출 원 가	×××	매 입	×××
재고자산(기말)	×××	매 출 원 가	×××

결산정리분개에서 매입 계정 대변에 기록하는 금액은 당기의 상품매입액 즉 매입 계정의 차변 총액이므로 결산정리분개를 마치면 매입계정 잔액은 0이 된다. 이런 의미에서 매입계정은 임시 계정이라고 할 수 있다.

결산정리분개는 다음의 산식을 분개로 구현한 것으로 이에 의하면 매출원가 계정에서 당기의 매출원가를 확인할 수 있을 뿐만 아니라 재고자산 계정도 기말 현재 보유하고 있는 상품재고액으로 업데이트된다.

매출원가(당기에 판매된 상품의 원가)
= 기초 상품재고액(전기에 팔리지 않고 남아 있는 상품의 원가)
+ 당기 상품매입액(당기에 매입한 상품의 원가)
− 기말 상품재고액(당기말까지 팔리지 않고 남아 있는 상품의 원가)

예제 7.4

다음은 허니칩을 전문으로 도소매하는 절친㈜의 5월 중 거래이다. 절친㈜의 회계기간은 1개월이다. 절친㈜는 계속기록법에 의해 상품매매를 기록한다.

5월 1일 5월 1일 현재 허니칩의 기초상품재고수량은 200개이며 개당 단가는 ₩1,000이다.
5월 10일 허니칩 제조사로부터 200개의 허니칩을 개당 ₩1,000에 구입하고 대금은 외상으로 하다.
5월 20일 허니칩 150개를 개당 ₩2,000에 현금판매하다.

물음

1. 계속기록법에 의하되 각 일자별로 분개 및 전기하라. 매출, 매출원가, 매출총이익은 각각 얼마인가?
2. 실지재고조사법에 의하되 각 일자별로 분개 및 전기하라. 아울러 결산일인 5월 31일의 결산정리분개 및 전기도 행하라. 단, 5월 31일에 허니칩 재고에 대한 실사결과 보유수량은 250개임을 알 수 있다.

해설

1. 계속기록법

(1) 일자별 분개

5/10	(차) 재 고 자 산	200,000	(대) 매 입 채 무	200,000
5/20	(차) 현 금	300,000	(대) 매 출	300,000
	매 출 원 가	150,000	재 고 자 산	150,000

(2) 전기

재고자산

5/ 1	200,000	5/20	150,000
5/10	200,000		

매 출

		5/20	300,000

매출원가

5/20	150,000	5/20	150,000

(3) 각 계정에 전기된 내용에 의하면 매출, 매출원가의 금액은 각각 ₩300,000, ₩150,000이다.

매 출	₩300,000
매 출 원 가	₩150,000
매 출 총 이 익	₩150,000

2. 실지재고조사법

(1) 일자별 분개

5/10	(차) 매 입	200,000	(대) 매 입 채 무	200,000
5/20	(차) 현 금	300,000	(대) 매 출	300,000

(2) 결산정리분개

5/31	(차) 매 출 원 가	200,000	(대) 재 고 자 산	200,000
	매 출 원 가	200,000	매 입	200,000
	재 고 자 산	250,000	매 출 원 가	250,000

(3) 전기

재고자산

5/ 1	200,000	5/31	200,000
5/31	250,000		

매 입

5/10	200,000	5/31	200,000

매출원가

5/31	200,000	5/31	250,000
5/31	200,000		

매 출

		5/20	300,000

(4) 각 계정에 전기된 내용에 의하면 매출, 매출원가의 금액은 각각 ₩300,000, ₩150,000이다.

매 출	₩300,000
매 출 원 가	₩150,000
매 출 총 이 익	₩150,000

2.3 수량파악과 취득단가의 결정

계속기록법이든 실지재고조사법이든 수량과 취득단가를 파악해야 하는 문제가 있다.

첫째, 계속기록법에 따라 매출 및 매출원가를 기록하려면 재고자산의 판매수량은 물론, 판매단가 및 취득단가를 파악해야 한다. 앞서 예제 7.4의 5월 20일 매출 기록 분개에서 매출액은 판메수량 150개에 판매단가 ₩2,000을 곱한 값이며 매출원가는 판매수량 150개에 취득단가 ₩1,000을 곱한 ₩150,000이 된다.

5/20	(차) 현 금	300,000	(대) 매 출	300,000
	매 출 원 가	150,000	재 고 자 산	150,000

계속기록법에서 판매수량은 고객에게 인도하는 상품의 수량이므로 파악하는 것에 어려움이 없지만 취득단가는 좀 더 복잡한 문제가 있을 수 있다. 예제 7.4에서는 5월 1일 기초재고나 5월 10일 매입한 상품 모두 취득단가는 ₩1,000이므로 ₩1,000 이외에는 달리 답이 있을 수 없다. 그러나 만약 5월 10일 매입한 상품의 취득단가가 만약 ₩800이라면 어떻게 달라지는가? 5월 20일에 판매한 상품 150개의 취득단가를 기초재고의 취득단가인 ₩1,000로 해야 하는가 아니면 5월 10일에 매입한 상품의 취득단가 ₩800으로 해야 하는가? 아니면 기업 마음대로 일부 수량에는 ₩1,000을 적용하고 나머지에는 ₩800을 적용할 수 있는가?

둘째, 실지재고조사법에서 결산정리분개를 통해 매출원가를 구하려면 기말재고액을 파악해야 하는데 이를 위해서는 실사를 통해 기말에 보유하고 있는 재고 수량을 파악하는 것은 물론, 그 재고수량에 적용할 취득단가를 결정해야 한다. 예제 7.4에서는 모든 상품의 취득단가는 ₩1,000이므로 실사를 통해 파악한 상품수량 250개에 그대로 ₩1,000을 적용한 ₩250,000이 기말상품재고액이 되며 그 결과가 다음의 결산정리분개에 반영되어 있다.

5/31	(차) 매출원가	200,000	(대) 재고자산	200,000
	매출원가	200,000	매입	200,000
	재고자산	250,000	매출원가	250,000

그러나 만약 5월 10일 매입한 상품의 취득단가가 만약 ₩800이라고 하면 어떻게 달라지는가? 계속기록법의 경우와 동일한 문제가 발생한다. 기말재고수량 250개에 적용할 취득단가가 ₩1,000 또는 ₩800 인가에 따라 기말재고액이 달라지고 매출원가 더 나아가서 매출총이익도 달라진다.

이와 같이 상품 매입시기마다 취득단가가 달라질 때 어떤 단가를 적용해야 하는지에 대한 지침을 주는 것이 다음 제3절에서 설명하는 원가 흐름의 가정이다.

SECTION 3 원가흐름의 가정

상기업은 판매 수요에 따라 동일한 제품을 여러 차례에 걸쳐 나누어 매입하는 것이 일반적이다. 같은 제품이라도 이렇게 서로 다른 시점에 매입할 경우 단위당 취득원가 즉, 취득단가가 시장 환경이나 제조기업의 상황에 따라 달라질 수 있다.

앞서 예제에서 언급한 것처럼 계속기록법의 경우 매출을 기록하는 분개에서 매출원가 금액을 결정하거나, 실지재고조사법의 경우 결산 정리분개에서 기말 재고자산금액을 결정할 때 적용할 취득단가가 중요하다. 상품을 반복적으로 매입하더라도 취득단가가 매 번 동일하다면 아무런 문제가 없으나 취득단가는 매입시점마다 변동하는 경우 어떤 취득단가를 선택해야 하는가?

이 문제를 해결할 수 있는 가장 간단한 방법은 취득단가가 다른 재고자산을 모두 추적 관리하고 판매되는 재고자산의 취득단가를 확인하여 회계처리하거나(계속기록법), 기말에 판매되지 않고 남은 재고자산의 취득단가를 일일이 확인하여 기말재고액을 결정(실지재고조사법)하는 것이다. 이러한 접근법을 개별법specific identification method이라고 한다. 최근 IT 기술을 활용하면 재고자산을 실시간으로 확인할 수 있기 때문에 개별법으로 취득단가를 적용하는데 어려움이 없다.

그러나 현행 회계기준에서는 개별법을 예외적으로만 사용할 수 있다. 개별법은 상호 대체될 수 없는 재고항목이나 특정 프로젝트별로 생산되는 제품, 특수기계를 주문 생산하는 경우에만 적용할 수 있다. 현실적으로 대부분 상기업에서는 상호 대체 가능한 대량의 동질적인 상품을 판매하므로 개별법을 사용할 수 없다. 그렇다면 왜 개별법을 허용하지 않는지를 살펴보자.

기업이 1월 1일부터 3일까지 매일 A상품을 한 개씩 구입했는데 취득단가가 모두 달라서 각각 ₩100, ₩150, ₩200이었다고 하자. 취득단가가 서로 다른 A상품 3개를 보유하고 있는 중에 A 상품 한 개를 ₩400에 판매했다. 이 판매분에 해당하는 매출원가, 매출총이익, 그리고 A상품 한 개를 판매한 후 남아있는 재고자산의 가액은 얼마인가? 이들 물음에 답을 얻기 위해서는 판매한 A상품의 취득단가가 얼마인지 알아야 한다. 만약 1일에 매입한 상품을 판매했다면 매출액, 매출원가, 매출총이익, 남아있는 재고자산가액은 각각 ₩400, ₩100, ₩300, ₩350이 된다. 2일 또는 3일 매입한 상품을 팔았다면 매출원가는 ₩150 또는 ₩200이 되며 매출총이익, 보유 재고자산가액도 달라진다. 각 상황별 매출원가 및 매출총이익 그리고 재고자산가액을 요약하면 [그림 7-2]와 같다.

[그림 7-2] 단위당 취득원가가 다른 경우의 재고자산, 매출원가 및 매출총이익

구 분	1/1 매입상품의 판매	1/2 매입상품의 판매	1/3 매입상품의 판매
매 출 액	₩400	₩400	₩400
매 출 원 가	(100)	(150)	(200)
매 출 총 이 익	300	250	200
재 고 자 산	350	300	250

기업이 취급하고 있는 상품에 대해 정확하게 언제 구입한 상품이 판매되는지를 확인할 수 있다고 하더라도, 이를 회계적으로 입증하기가 쉽지 않을 수 있다. 예를 들어 실제로 1월 3일에 구입한 상품을 판매했다면 매출원가 ₩200, 매출총이익 ₩200으로 보고하는 것이 타당하지만, 외부의 회계정보이용자들이 1월 3일에 구입한 상품을 판매한 것인지 확인하기 어렵다면, 기업이 정직하게 보고하지 않을 수도 있기 때문이다. 만약 기업이 실제 판매한 상품

을 확인하기 어려운 상황에서 기업에 모든 판단을 위임한다면 회계적인 문제가 발생할 수 있게 된다. 1월 3일에 구입한 상품을 팔고도 1월 1일에 구입한 상품을 판매한 것으로 회계처리하면 매출총이익을 ₩100만큼 크게 보고할 수 있기 때문이다. 이러한 이유로 현행 회계기준에서는 예외적인 경우를 제외하고 개별법을 적용하지 못하게 하고 있다.

3.1 원가흐름의 가정

상기업의 재고자산은 상호 교환이 가능한 경우가 대부분이므로 언제, 얼마에 매입한 상품인지 파악하기 어려울 수 있다. 또한 앞서 살펴본 바와 같이 개별법을 적용할 경우 경영자의 의도가 반영되어 회계 정보를 왜곡할 수 있는 문제가 있다. 이러한 문제점을 해소하기 위해 재무회계에서는 독특한 가정을 도입하고 이를 일관되게 적용하여 회계 처리하는 방법을 채택하고 있다. 즉, 재고자산의 실제적인 흐름physical flow에 무관하게, 언제 구입한 상품을 판매했으며 보유 재고자산은 언제 구입한 것인지에 대해 체계적이고 합리적으로 가정하게 하는 방식이다. 이를 원가흐름의 가정cost flow assumption이라고 한다. 원가흐름의 가정에 의해 재고자산을 파악하면 경영자의 의도가 반영되는 문제를 완화할 수 있다.

원가흐름의 가정에는 선입선출법, 후입선출법, 평균법의 3가지 가정이 있다.

① 선입선출법first-in first-out method : FIFO

실제원가흐름과는 무관하게 먼저 매입된 상품이 먼저 판매된다고 가정하는 방법이다. 선입선출법을 적용하면 재무상태표의 기말재고자산은 항상 나중에 구입된 상품들의 원가로 계산되며, 손익계산서의 매출원가는 먼저 구입한 상품들의 원가로 계산된다.

② 후입선출법last-in first-out method : LIFO

실제원가흐름과는 무관하게 나중에 매입된 상품이 먼저 판매된다고 가정하는 방법이다. 후입선출법을 적용하면 재무상태표의 기말재고자산은 항상 먼저 구입된 상품들의 원가로 계산되며, 손익계산서의 매출원가는 나중에 구입한 상품들의 원가로 계산된다.

③ 평균법average cost method

여러 시점에 구입한 재고자산의 취득단가를 가중평균하여 매출원가 및 기말재고액을 계산하는 방법이다.

[그림 7-3] 원가흐름의 가정 : 선입선출법, 평균법, 후입선출법

구 분	선입선출법	평균법	후입선출법
매 출 액	₩400	₩400	₩400
매 출 원 가	(100)	(150)	(200)
매 출 총 이 익	300	250	200
재 고 자 산	350	300	250

개별법에서 살펴보았던 [그림 7-2]에 원가흐름의 가정을 적용하면 [그림 7-3]에 제시한 바와 같다. 선입선출법을 가정하면 가장 먼저 구입한 1월 1일 상품이 판매된 것으로 가정하므로 매출원가는 ₩100이 된다. 후입선출법을 가정하면 가장 나중인 1월 3일에 구입한 상품이 판매된 것으로 가정하므로 매출원가는 ₩200이 된다. 평균법을 가정하면 평균적인 취득단가 ₩150을 매출원가로 본다. 원가흐름의 가정에서는 실제로 언제 구입한 상품이 판매된 것인지 따지지 않는다. 만약 선입선출법을 가정한다면 1월 1일에 구입한 상품을 판매한다고 가정할 뿐, 실제로 그 날에 구입한 상품이 판매된 것인지는 확인하지 않는다. 후입선출법과 평균법에서도 선입선출법과 마찬가지이다. 현행 회계기준에서는 후입선출법을 인정하지 않기 때문에 이후 설명에서는 다루지 않는다.

3.2 계속기록법하에서의 원가흐름의 가정과 회계처리

1) 선입선출법을 적용한 계속기록법

선입선출법은 실제원가흐름과 무관하게 먼저 매입한 상품을 먼저 판매한다는 가정에 따라 매출원가와 기말재고자산을 평가하는 방법이다. 판매하는 시점에 기록하는 매출원가는 판매수량에 가장 먼저 매입한 상품 순서대로 취득단가를 적용한다. 기말재고자산 금액은 계속기록법의 특성상 재고자산 계정 기말 잔액이다. 재고자산 차변 합계액은 기초재고자산에 당기매입액을 합한 것이며 대변 합계액은 판매시점마다 기록한 매출원가가 되므로 차변 합계액에서 대변 합계액을 차감한 계정 잔액이 기말재고자산 금액이 된다. 다음 예제에서 이들의 계산방법을 확인할 수 있다.

예제 7.5 선입선출법을 적용한 계속기록법

상기업인 ㈜친절은 20×1년 동안 다음과 같은 상품매매거래를 하다.

일 자	거 래	수 량	취득단가(판매가격)	금 액
1월 1일	기초재고	50개	₩14,000	₩700,000
3월 1일	매 입	200	16,000	3,200,000
6월 1일	매 출	200	40,000	8,000,000
9월 1일	매 입	100	24,000	2,400,000

물음 계속기록법 하에서 선입선출법을 적용할 때 일자별로 회계처리하라. 20×1년 매출원가와 기말재고자산은 얼마인가?

해설

① 매입(3월 1일)

(차) 재고자산	3,200,000	(대) 현금	3,200,000

② 매출(6월 1일)

(차) 현금	8,000,000	(대) 매출	8,000,000
매출원가	3,100,000	재고자산	3,100,000

☞ 매출원가 : 판매수량 200개의 매출원가는 먼저 매입한 상품 순서 즉, 50개(기초재고자산)에는 ₩14,000을 적용하고 나머지 150개(3/1 매입분)에는 ₩16,000을 적용한다. 50개 × ₩14,000 + 150개 × ₩16,000 = ₩3,100,000

③ 매입(9월 1일)

(차) 재고자산	2,400,000	(대) 현금	2,400,000

④ 계속기록법의 특성상 매출원가와 기말재고자산은 매출원가 계정과 재고자산 계정에서 바로 확인할 수 있다. 매출원가는 ₩3,100,000이며 기말재고자산은 ₩3,200,000임을 알 수 있다.

재고자산

1/ 1	700,000	6/ 1	3,100,000
3/ 1	3,200,000		
9/ 1	2,400,000		

매출원가

6/ 1	3,100,000		

2) 평균법을 적용한 계속기록법

평균법은 여러 시점에 구입한 상품의 취득단가를 평균한 값을 적용하는 방법이다. 보다 정확히 설명하면 매출원가는 판매수량에 판매시점까지 보유하고 있는 판매 가능한 재고의 각 취득단가를 수량으로 가중평균값을 적용한다. 기말 재고자산은 재고자산 계정의 기말 잔액이 된다. 계속기록법 하에서의 평균법을 특별히 이동평균법moving average cost method이라고 하는데 판매시점마다 평균취득단가를 새롭게 계산해야 한다는 의미를 담고 있다. 예제로 평균법을 살펴보면 다음과 같다.

예제 7.6 평균법을 적용한 계속기록법

상기업인 ㈜친절은 20×1년 동안 다음과 같은 상품매매거래를 하다.

일 자	거 래	수 량	취득단가(판매가격)	금 액
1월 1일	기초재고	50개	₩14,000	₩700,000
3월 1일	매 입	200	16,000	3,200,000
6월 1일	매 출	200	40,000	8,000,000
9월 1일	매 입	100	24,000	2,400,000

물음 평균법 하에서 선입선출법을 적용할 때 일자별로 회계처리하라. 20×1년 매출원가와 기말재고자산은 얼마인가?

해설

① 매입(3월 1일)

(차) 재 고 자 산	3,200,000	(대) 현 금	3,200,000

② 매출(6월 1일)

(차) 현 금	8,000,000	(대) 매 출	8,000,000
매 출 원 가	3,120,000	재 고 자 산	3,120,000

☞ 단위당 취득원가 : 6/1 현재 판매할 수 있는 재고자산을 재고수량으로 나누어 구한다.
₩3,900,000 ÷ 재고수량 250개 = ₩15,600

☞ 매출원가 : 6/1 판매수량 200개 × ₩15,600 = ₩3,120,000

③ 매입(9월 1일)

(차) 재 고 자 산	2,400,000	(대) 현 금	2,400,000

④ 매출원가와 기말재고자산은 매출원가 계정과 재고자산 계정에서 확인할 수 있다. 매출원가는 ₩3,120,000이며 기말재고자산은 ₩3,180,000임을 알 수 있다.

재고자산

차변		대변	
1/ 1	700,000	6/ 1	3,120,000
3/ 1	3,200,000		
9/ 1	2,400,000		

매출원가

차변		대변	
6/ 1	3,120,000		

3.3 실지재고조사법 하에서의 원가흐름의 가정과 회계처리

실지재고조사법은 상품매매에 따른 재고자산 증감의 내용을 재고자산 계정에 기록하지 않으며, 단지 상품 매입시 매입 계정에 매입금액만 기록한다. 따라서 기중에는 매출 계정과 매입 계정에만 기록하며 기말결산시점에 실사를 통해 기말재고수량을 확인하고 여기에 적절한 취득단가를 적용하여 기말재고자산 금액을 확정하고 이로 부터 매출원가를 역으로 계산한다는 설명을 앞서 여러 차례 언급한 바 있다. 이제는 실사를 통해 확인한 기말재고자산 수량에 어떤 취득단가를 가정할 것인지 생각해보자.

1) 선입선출법을 적용한 실지재고조사법

실지재고조사법 하에서 선입선출법을 적용할 때 기말재고자산 금액은 실사를 통해 얻은 기말 재고수량에 선입선출의 가정에 따라 정한 취득단가를 적용하여 구한다. 선입선출의 가정에 의하면 가장 먼저 매입한 상품을 먼저 판매하는 것으로 간주하므로 창고에 남은 상품은 가장 최근에 매입한 상품으로 구성된 것으로 이해할 수 있다. 따라서 기말 재고수량에 대해서 적용할 취득단가는 최근 상품 매입층으로부터 역순으로 기말 재고수량만큼이 포함되는 상품 매입층을 정한 후 해당 매입층의 취득단가가 된다. 기말재고자산 금액이 확정되면 결산정리분개를 통해 자연스럽게 매출원가가 계산되어 재고자산 계정도 최신 재고자산 금액으로 업데이트 된다.

예제 7.7 선입선출법을 적용한 실지재고조사법

상기업인 ㈜친절은 20×1년 동안 다음과 같은 상품매매거래를 하다.

일 자	거 래	수 량	취득단가(판매가격)	금 액
1월 1일	기초재고	50개	₩14,000	₩700,000
3월 1일	매 입	200	16,000	3,200,000
6월 1일	매 출	200	40,000	8,000,000
9월 1일	매 입	100	24,000	2,400,000

물음 실지재고조사법 하에서 선입선출법을 적용할 때 일자별로 회계처리하라. 또 기말재고자산금액을 확정하고 기말결산정리도 행하라. 이에 의하면 20×1년 매출원가는 얼마인가? 단, 창고에서 조사한 기말 재고수량이 150개이다.

해설

① 매입(3월 1일)

(차) 매 입	3,200,000	(대) 현 금	3,200,000

② 매출(6월 1일)

(차) 현 금	8,000,000	(대) 매 출	8,000,000

③ 매입(9월 1일)

(차) 매 입	2,400,000	(대) 현 금	2,400,000

④ 결산(12월 31일)

(차) 매 출 원 가	700,000	(대) 재고자산(기초)	700,000
매 출 원 가	5,600,000	매 입	5,600,000
재고자산(기말)	3,200,000	매 출 원 가	3,200,000

☞ 기말재고자산 : 기말 재고수량 150개에 적용할 취득단가는 해당 수량만큼이 포함되는 최신의 상품 매입 층을 정하면 되는데 100개에는 9월 1일 매입분의 취득단가 ₩24,000를 적용하며, 나머지 50개에 대해서는 그 다음 최신 상품 매입층인 3월 1일 매입분의 취득단가 ₩16,000을 적용한다. 이에 의하면 기말재고자산 금액은 다음과 같다.

9/1 100개 × ₩24,000 + 3/1 50개 × ₩16,000 = ₩3,200,000

⑤ 매출원가는 결산정리분개 후 매출원가 계정에서 바로 확인할 수 있다. 결산정리분개를 전기한 내용과 다음과 같으며 매출원가 계정잔액은 ₩3,100,000임을 알 수 있다.

재고자산

1/ 1	700,000	12/31	700,000
12/31	3,200,000		

매 입

3/ 1	3,200,000	12/31	5,600,000
9/ 1	2,400,000		

매출원가

12/31	700,000	12/31	3,200,000
12/31	5,600,000		

2) 평균법을 적용한 실지재고조사법

실지재고조사법 하에서 평균법을 적용할 때 기말재고자산 금액은 실사를 통해 얻은 기말재고수량에 기초재고자산 및 기중 상품 매입층의 취득단가를 각 수량을 기준으로 가중평균한 금액을 곱하여 구한다. 실지재고조사법 하에서의 평균법은 계속기록법의 이동평균법과는 달리 기말 결산시점에 전체 상품층을 대상으로 평균취득단가를 구한다는 의미로 총평균법total weighted average cost method이라 부르기도 한다.

예제 7.8 평균법을 적용한 실지재고조사법

상기업인 ㈜친절은 20×1년 동안 다음과 같은 상품매매거래를 하다.

일 자	거 래	수 량	취득단가(판매가격)	금 액
1월 1일	기초재고	50개	₩14,000	₩700,000
3월 1일	매 입	200	16,000	3,200,000
6월 1일	매 출	200	40,000	8,000,000
9월 1일	매 입	100	24,000	2,400,000

물음 실지재고조사법 하에서 평균법을 적용할 때 일자별로 회계처리하라. 또 기말재고자산금액을 확정하고 기말결산정리도 행하라. 이에 의하면 20×1년 매출원가는 얼마인가? 단, 창고에서 조사한 기말 재고수량이 150개이다.

해설

① 매입(3월 1일)

(차) 매 입	3,200,000	(대) 현 금	3,200,000

② 매출(6월 1일)

(차) 현 금	8,000,000	(대) 매 출	8,000,000

③ 매입(9월 1일)

(차) 매 입	2,400,000	(대) 현 금	2,400,000

④ 결산(12월 31일)

(차) 매 출 원 가	700,000	(대) 재고자산(기초)	700,000
매 출 원 가	5,600,000	매 입	5,600,000
재고자산(기말)	2,700,000	매 출 원 가	2,700,000

☞ 기말재고자산 : 기말 재고수량 150개에 적용할 취득단가는 기초상품과 당기 상품 매입층의 취득단가를 수량을 기준으로 가중평균한 값으로 다음과 같이 계산한다.
[50개 × ₩14,000 + 200개 × ₩16,000 + 100개 × ₩24,000] ÷ 350개 = ₩18,000
따라서 기말재고자산 금액은 ₩2,700,000(= 150개 × ₩18,000)이 된다.

⑤ 매출원가는 결산정리분개 후 매출원가 계정에서 바로 확인할 수 있다. 결산정리분개를 전기한 내용과 다음과 같으며 매출원가 계정잔액은 ₩3,600,000임을 알 수 있다.

재고자산

1/ 1	700,000	12/31	700,000
12/31	2,700,000		

매 입

3/ 1	3,200,000	12/31	5,600,000
9/ 1	2,400,000		

매출원가

12/31	700,000	12/31	2,700,000
12/31	5,600,000		

3.4 계속기록법과 실지재고조사법의 비교

본 장에서 설명한 계속기록법과 실지재고조사법을 여러 가지 측면에서 비교한 내용은 다음과 같다.

[그림 7-4] 계속기록법 / 실지재고조사법의 비교

구 분	계속기록법	실지재고조사법
상품 매입시	재고자산 계정 차변에 기록	매입 계정 차변에 기록
상품 매출시	매출 계정 대변과 매출원가계정 차변에 기록	매출 계정 대변에 기록
매출원가 결정	상품 매출시마다 판매수량에 가정에 따른 취득단가 곱하여 구함	기말결산시 기말재고자산 금액을 통해 역으로 계산
기말재고자산 금액 결정	재고자산 계정의 기말잔액	기말결산시 실사를 통해 구한 기말재고수량에 가정에 따른 취득단가 곱하여 구함
선입선출법에 의한 취득단가	판매수량에 적용할 취득단가 : 먼저 보유한 상품층 순서대로 취득단가를 적용	기말재고수량에 적용할 취득단가 : 나중에 보유한 상품층 순서대로 취득단가를 적용
평균법에 의한 취득단가	판매수량에 적용할 취득단가 : 판매시점 마다 판매가능 상품층의 가중평균 취득단가를 새롭게 구함(이동평균법)	기말재고수량에 적용할 취득단가 : 기말 결산시점에 기초 및 기중의 모든 상품 매입층에 대해 가중평균 취득단가를 구함(총평균법)
재고자산 계정 금액의 의미	매입 및 매출시 마다 증감의 내용이 반영되어 항상 최신의 금액으로 업데이트 되어 있음	기중에는 기초재고자산 금액만 표시되어 있으며 기말 결산정리 분개가 반영되어야 기말 결산일 기준 최신 재고자산 금액으로 업데이트 됨

쉬어가기 흑자와 블랙 프라이데이

회계에서는 수익(매출액, 임대료 등)에서 비용(매출원가, 이자비용 등)을 차감하여 이익을 계산하는데, 수익이 비용을 초과하면 이익이고 반대이면 손실이 된다. 일상생활에서는 이익과 손실이라는 회계용어 대신에 흑자와 적자란 말이 자주 사용된다. 말 그대로 흑자(黑字)는 '검은 글자', 적자(赤字)는 '빨간 글자'를 의미한다. 이는 과거에 이익이 났을 때는 검은 글자, 즉 흑자(黑字)로 적고, 손실이 났을 때는 경고의 의미로 빨간 글자, 즉 적자(赤字)로 적은 것에서 유래한다. 지금은 모두 검은 글자로 적는데, 과거처럼 적자가 났을 때 빨간 글자로 적으려면 컬러프린터를 사용해야 하는 번거로움이 있기 때문이다.

흑자와 관련된 말 중에 '블랙 프라이데이(black Friday)'가 있다. '블랙 프라이데이'하면 쇼핑이 바로 떠오를 것이다. 미국에서는 '11월의 넷째 목요일'을 추수감사절로 정하고 있는데 추수감사절 다음날(금요일)을 '블랙 프라이데이'라고 부르며 이날부터 성탄절까지 연말 세일이 시작되어 1년 중 최대 규모의 쇼핑이 이루어져서 미국 연간 소비의 20% 이상이 집중된다고 한다. '블랙 프라이데이'의 어원에 대해서는 그동안 손실이 발생하던(적자를 기록하던) 기업들이 추수감사절의 다음 날인 금요일부터 이익으로(흑자로) 전환되므로 '블랙 프라이데이(black friday)'라고 부르게 되었다는 설이 있다. 다른 설도 있다. '블랙 프라이데이'는 1961년 필라델피아 신문에서 처음으로 사용된 용어로서, 도심의 교통마비와 북적이는 거리, 터져나갈 듯한 쇼핑몰에서 일어나는 각종 사건·사고 때문에 경찰들에게는 추수감사절 다음 날과 그다음 날이 각각 '블랙 프라이데이'와 '블랙 새러데이'와 같다고 한 표현이 그 시초라고 하는 주장도 있다.

[2020-03-20 IB 토마토 '전규안의 세상보기'에서 발췌 및 수정]

'블랙 프라이데이'는 유통업체가 연말까지 판매하지 못한 재고를 떨이하는 날이며, 미국인들이 그동안 아끼면서 닫아왔던 지갑을 여는 날이기도 하다. 소매업체의 경우, 1년 매출의 70%가 이날 이루어진다고 한다. 그렇다면 유통업체가 파격적인 할인(최대 90%)을 통해서라도 재고 떨이를 하려는 이유는 무엇일까? 흑자가 아니라 오히려 적자를 기록하게 되는 것은 아닐까? 그리고 소비자들이 제품을 구매하기 위해 매장이 열기도 전에 줄을 서거나 밤을 새우는 이유는 무엇일까?

먼저 유통업체의 입장에는 재고자산의 보유에 위험이 따르기 때문이다. 미국의 경우에는 생산자가 아닌 유통업체가 대부분 재고관리 위험을 부담하는 상거래 관행이 있다. 국토가 매우 넓은 미국의 경우, 상품을 이동시키고 보관하는데 막대한 비용이 발생하기 때문에 생산자 대신 유통업체가 재고자산을 직접 구매하여 보관하고 있다가 소비자에게 판매하는 방식의 거래 관행이 정착되었다. 따라서 유통업자는 연말에 재고를 남겨 다음 년에도 막대한 창고비용과 추가적인 유통비용을 부담하느니 차라리 떨이로라도 팔아서 창고를 비워버리는 것이 더 유리한 경우가 많다. 한편 소비자 입장에도 넓은 미국 땅에 살면서 겨우내 생필품은 물론 1년 동안 기다렸던 상품을 사서 지하실이나 창고가 있는 단독주택을 가득 채우고 싶은 욕구가 강하다. 이 때문에 '블랙 프라이데이'가 탄생하고 정착되었다고 할 수 있다.

그렇다면 우리나라는 어떨까? 우리나라에도 추석 대목, 설 대목, 크리스마스 등이 있는데 '블랙 프라이데이'와 같은 파격적인 할인 행사가 있는가? 할인 행사는커녕 오히려 평소보다 더 높은 가격으로 구매해야 하지 않는가? 우리나라에서도 '블랙 프라이데이'를 롤모델로 삼은 '코리아 세일페스타'가 정부의 주도하에 진행되었지만 성공하지 못하였다. 그 이유에 대해 곰곰이 생각해 보자. 재고자산에 대한 이해도를 높일 수 있을 것이다.

친 절 한
회계원리

Accounting

연습문제

7.1 개념확인

다음의 빈칸을 채우시오.

① ( )은(는) 이미 만들어진 제품을 구입하여 다시 판매함으로써 영업이익을 추구하는 기업을 말한다.

② ( )은(는) 매출액의 획득과정에서 판매된 상품의 매입원가이며, 매출액에서 ( )(을)를 차감하여 ( )(을)를 계산한다.

③ ( )은(는) 의도적으로 효율적인 경영을 위해 관리 차원에서 판매시점을 조정하여 판매할 목적으로 보유하고 있는 자산이다.

④ ( )은(는) 회계적으로 매입단가를 결정하기 위하여 상품의 실제적인 흐름에 관계없이 상품이 판매되는 것을 가정하는 방법을 말한다. 이러한 방법에는 ( ), ( ) 등의 2가지가 있다.

⑤ ( )은(는) 일정 기간마다 창고에 보관 중인 재고수량을 직접 파악하는 방법을 말하며, ( )은(는) 상품을 판매할 때마다 판매수량을 직접 관리하는 방법을 말한다.

7.2 매출, 매출원가 및 매출총이익

20×1년 1월 1일에 영업을 시작한 ㈜친절은 상기업이다. 다음은 20×1년 기중에 발생한 ㈜친절의 거래이다. ㈜친절의 매출액, 매출원가 및 매출총이익을 계산하고, 이와 관련한 부분손익계산서를 작성하시오.

① 4월 1일 : ㈜친절은 개당 원가 ₩2,400의 상품을 4,000개 구입하다.

② 6월 1일 : ㈜친절은 4/1에 구입한 상품 중 3,700개를 개당 ₩8,000에 판매하다.

③ 9월 1일 : ㈜친절은 개당 원가 ₩2,800의 상품을 6,000개 구입하다.

④ 11월 1일 : ㈜친절은 9/1에 구입한 상품 중 5,600개를 개당 ₩8,000에 판매하다.

7.3 재고자산

20×1년 1월 1일에 영업을 시작한 ㈜친절은 상기업이다. 다음은 20×1년 기중에 발생한 ㈜친절의 거래이다. ㈜친절의 재고자산 금액을 계산하고, 6/1 현재 부분재무상태표를 작성하시오.

① 3월 1일 : ㈜친절은 개당 원가 ₩2,200의 상품을 3,000개 구입하다.
② 4월 1일 : ㈜친절은 3/1에 구입한 상품 중 2,600개를 개당 ₩10,000에 판매하다.
③ 5월 1일 : ㈜친절은 개당 원가 ₩2,600의 상품을 5,000개 구입하다.
④ 6월 1일 : ㈜친절은 5/1에 구입한 상품 중 4,400개를 개당 ₩10,000에 판매하다.

7.4 매출, 매출원가, 및 재고자산

20×1년 1월 1일에 영업을 시작한 ㈜친절은 상기업이다. 다음은 20×1년 기중에 발생한 ㈜친절의 거래이다. ㈜친절의 10/6 현재 매출액, 매출원가 및 재고자산 금액을 계산하시오.

① 2월 6일 : ㈜친절은 개당 원가 ₩220의 상품을 250,000개 구입하다.
② 4월 6일 : ㈜친절은 2/6에 구입한 상품 중 236,000개를 개당 ₩1,000에 판매하다.
③ 7월 6일 : ㈜친절은 개당 원가 ₩260의 상품을 350,000개 구입하다.
④ 10월 6일 : ㈜친절은 7/6에 구입한 상품 중 344,000개를 개당 ₩1,000에 판매하다.

7.5 재고자산의 취득원가

20×1년 1월 1일에 영업을 시작한 ㈜친절은 상기업이다. ㈜친절은 개당 원가 ₩280의 상품을 200,000개 구입하고 상품을 구입하는 과정에서 발생하는 운송비 ₩2,400,000을 ㈜친절이 지급하다. 추가적으로 상품 운송과정에 발생할 수 있는 사고를 대비하기 위해 보험료 ₩560,000을 보험회사에 지급하다. ㈜친절의 재고자산에 대한 취득원가를 계산하시오.

7.6 계속기록법 하의 선입선출법

상기업인 ㈜친절은 20×1년 동안 신용으로 다음과 같은 상품매매거래를 하다. 계속기록법 하의 선입선출법을 적용하여 거래 일자별로 분개하고, 매출총이익과 기말재고자산을 산출하시오.

일 자	거 래	수 량	단 가	금 액
1월 1일	기초재고	80	₩18,000	₩1,440,000
3월 1일	매 입	250	20,000	5,000,000
6월 1일	매 출	-300	60,000	-18,000,000
9월 1일	매 입	150	22,000	3,300,000
12월 1일	매 출	-100	60,000	- 6,000,000

7.7 이동평균법

상기업인 ㈜친절은 20×1년 동안 신용으로 연습 7.6과 같은 상품매매거래를 하다. 이동평균법을 적용하여 거래 일자별로 분개하고, 매출총이익과 기말재고자산을 산출하시오. 계산의 편의를 위해 소수점 첫째자리에서 반올림 하시오.

7.8 실지재고조사법 하의 선입선출법

상기업인 ㈜친절은 20×1년 동안 신용으로 연습 7.6과 같은 상품매매거래를 하다. 창고에서 조사한 기말 재고수량이 80개 일 때, 실지재고조사법 하의 선입선출법을 적용하여 거래 일자별로 분개하고, 매출총이익과 기말재고자산을 산출하시오.

7.9 총평균법

상기업인 ㈜친절은 20×1년 동안 신용으로 연습 7.6과 같은 상품매매거래를 하다. 창고에서 조사한 기말 재고수량이 80개 일 때, 실지재고조사법 하의 평균법을 적용하여 거래 일자별로 분개하고, 매출총이익과 기말재고자산을 산출하시오. 계산의 편의를 위해 소수점 첫째자리에서 반올림 하시오.

연습문제 해답

[연습문제 7.1]

① 상기업, ② 매출원가, 매출원가, 매출총손익(매출총이익), ③ 재고자산,
④ 원가흐름의 가정, 선입선출법과 평균법(방법 2가지는 순서 상관 없음), ⑤ 실지재고조사법, 계속기록법

[연습문제 7.2]

〈1〉 매출

① 6월 1일 : ㈜친절은 4/1에 구입한 상품 중 3,700개를 개당 ₩8,000에 판매하다.
② 11월 1일 : ㈜친절은 9/1에 구입한 상품 중 5,600개를 개당 ₩8,000에 판매하다.
☞ 매출액 : 3,700개 × ₩8,000 + 5,600개 × ₩8,000 = ₩74,400,000

〈2〉 매출원가

① 6월 1일 : ㈜친절은 4/1에 구입한 상품 중 3,700개를 개당 ₩8,000에 판매하다.
② 11월 1일 : ㈜친절은 9/1에 구입한 상품 중 5,600개를 개당 ₩8,000에 판매하다.
☞ 매출원가 : 3,700개 × ₩2,400 + 5,600개 × ₩2,800 = ₩24,560,000

〈3〉 매출총이익

손익계산서
(20×1년)

매 출 액	74,400,000
매 출 원 가	(24,560,000)
매 출 총 이 익	49,840,000

[연습문제 7.3]

〈1〉 재고자산

① 3월 1일 : ㈜친절은 개당 원가 ₩2,200의 상품을 3,000개 구입하다.
☞ 판매할 수 있는 상품의 금액이 ₩6,600,000(= 3,000개 × ₩2,200)이므로 3/1 현재 재고자산은 ₩6,600,000이다.

② 4월 1일 : ㈜친절은 3/1에 구입한 상품 중 2,600개를 개당 ₩10,000에 판매하다.
☞ 상품을 판매하고 남은 재고자산 : 3,000개 - 2,600개 = 400개
☞ 4/1 현재 재고자산 : 400개 × ₩2,200 = ₩880,000

③ 5월 1일 : ㈜친절은 개당 원가 ₩2,600의 상품을 5,000개 구입하다.
☞ 판매할 수 있는 상품의 금액이 ₩13,000,000(= 5,000개 × ₩2,600)이므로 5/1 매입한 재고자산은 ₩13,000,000이다.
☞ 5/1 현재 재고자산 : 4/1 재고자산 ₩880,000 + 5/1 매입 재고자산 ₩13,000,000 = ₩13,880,000

④ 6월 1일 : ㈜친절은 5/1에 구입한 상품 중 4,400개를 개당 ₩10,000에 판매하다.
☞ 상품을 판매하고 남은 재고자산 : 5,000개 - 4,400개 = 600개
☞ 6/1 현재 재고자산 : 4/1 재고자산 ₩880,000 + 600개 × ₩2,600 = ₩2,440,000

〈2〉 부분재무상태표

재무상태표 (20×1년)	
유 동 자 산	
재 고 자 산	₩2,440,000

[연습문제 7.4]

〈1〉 매출

① 4월 6일 : ㈜친절은 2/6에 구입한 상품 중 236,000개를 개당 ₩1,000에 판매하다.

② 10월 6일 : ㈜친절은 7/6에 구입한 상품 중 344,000개를 개당 ₩1,000에 판매하다.

☞ 매출액 : [236,000개 + 344,000개] × ₩1,000 = ₩580,000,000

〈2〉 매출원가

① 4월 6일 : ㈜친절은 2/6에 구입한 상품 중 236,000개를 개당 ₩1,000에 판매하다.

② 10월 6일 : ㈜친절은 7/6에 구입한 상품 중 344,000개를 개당 ₩1,000에 판매하다.

☞ 매출원가 : 236,000개 × ₩220 + 344,000개 × ₩260 = ₩141,360,000

〈3〉 재고자산

① 4월 6일 : ㈜친절은 2/6에 구입한 상품 중 236,000개를 개당 ₩1,000에 판매하다.

☞ 상품을 판매하고 남은 재고자산 : 250,000개 - 236,000개 = 14,000개

☞ 4/6 판매한 상품의 재고자산 : 14,000개 × ₩220 = ₩3,080,000

② 10월 6일 : ㈜친절은 7/6에 구입한 상품 중 344,000개를 개당 ₩1,000에 판매하다.

☞ 상품을 판매하고 남은 재고자산 : 350,000개 - 344,000개 = 6,000개

☞ 10/6 판매한 상품의 재고자산 : 6,000개 × ₩260 = ₩1,560,000

③ 재고자산 : 4/6 ₩3,080,000 + 10/6 ₩1,560,000 = ₩4,640,000

[연습문제 7.5]

① 매입가격 : 200,000개 × ₩280 = ₩56,000,000

② 기타원가 : 운송비 ₩2,400,000 + 보험료 ₩560,000 = ₩2,960,000

③ 재고자산 취득원가 : 매입가격 ₩56,000,000 + 기타원가 ₩2,960,000 = ₩58,960,000

[연습문제 7.6]

〈1〉 분개

일 자	거 래	수량 (개)	단가 (₩)	매출원가			기말재고액		
				수량	단가	금액(₩)	수량	단가	금액(₩)
1월 1일	기 초	80	18,000				80	18,000	1,440,000
3월 1일	매 입	250	20,000				80 250	18,000 20,000	1,440,000 5,000,000
6월 1일	매 출	−300	60,000	80 220	18,000 20,000	1,440,000 4,400,000	30	20,000	600,000
9월 1일	매 입	150	22,000				30 150	20,000 22,000	600,000 3,300,000
12월 1일	매 출	−100	60,000	30 70	20,000 22,000	600,000 1,540,000	80	22,000	1,760,000
합계액						7,980,000			1,760,000

① 3/1까지의 판매할 수 있는 재고자산

☞ 1/1 80개 × ₩18,000 + 3/1 250개 × ₩20,000 = ₩6,440,000

☞ 3/1 매입 분개

(차) 재 고 자 산	5,000,000	(대) 매 입 채 무	5,000,000

② 6/1 판매시점의 매출원가

(차) 매 출 채 권	18,000,000	(대) 매 출	18,000,000

☞ 300개 × ₩60,000 = ₩18,000,000

(차) 매 출 원 가	5,840,000	(대) 재 고 자 산	5,840,000

☞ 80개 × ₩18,000 + 220개 × ₩20,000 = ₩5,840,000

③ 9/1까지의 판매할 수 있는 재고자산

☞ 6/1 30개 × ₩20,000 + 9/1 150개 × ₩22,000 = ₩3,900,000

☞ 9/1 매입 분개

(차) 재 고 자 산	3,300,000	(대) 매 입 채 무	3,300,000

④ 12/1 판매시점의 매출원가

(차) 매 출 채 권	6,000,000	(대) 매 출	6,000,000

☞ 100개 × ₩60,000 = ₩6,000,000

(차) 매 출 원 가	2,140,000	(대) 재 고 자 산	2,140,000

☞ 30개 × ₩20,000 + 70개 × ₩22,000 = ₩2,140,000

〈2〉 매출총이익과 기말재고액

매 출

		6/ 1	18,000,000
		12/ 1	6,000,000
		잔 액	24,000,000

매출원가

6/ 1	5,840,000		
12/ 1	2,140,000		
잔 액	7,980,000		

재고자산

1/ 1	1,440,000	6/ 1	5,840,000
3/ 1	5,000,000	12/ 1	2,140,000
9/ 1	3,300,000		
잔 액	1,760,000		

① 매출총이익 = 매출 − 매출원가 = ₩24,000,000 − ₩7,980,000 = ₩16,020,000

② 기말재고자산 = 판매할 수 있는 재고자산 − 매출원가
= ₩9,740,000 − ₩7,980,000 = ₩1,760,000

[연습문제 7.7]

〈1〉 분개

일 자	거 래	수량(개)	단가(₩)	매출원가			기말재고액		
				수량	단가	금액(₩)	수량	단가	금액(₩)
1월 1일	기 초	80	18,000				80	18,000	1,440,000
3월 1일	매 입	250	20,000				330	19,515*	6,440,000
6월 1일	매 출	−300	60,000	300	19,515	5,854,500	30	19,515	585,500
9월 1일	매 입	150	22,000				180	21,586**	3,885,500
12월 1일	매 출	−100	60,000	100	21,586	2,158,600	80	21,586	1,726,900
합계액						8,013,100			1,726,900

① 3/1까지의 판매할 수 있는 재고자산

☞ 1/1 80개 × ₩18,000 + 3/1 250개 × ₩20,000 = ₩6,440,000

☞ 평균 단위원가 : 3/1 재고자산 ÷ 3/1 재고수량 330개 = ₩19,515

$$* \ \frac{80\text{개} \times ₩18{,}000 + 250\text{개} \times ₩20{,}000}{80\text{개} + 250\text{개}} = ₩19{,}515$$

☞ 3/1 매입 분개

(차) 재 고 자 산	5,000,000	(대) 매 입 채 무	5,000,000

② 6/1 판매시점의 매출원가

(차) 매 출 채 권	18,000,000	(대) 매 출	18,000,000

☞ 300개 × ₩60,000 = ₩18,000,000

(차) 매 출 원 가	5,854,500	(대) 재 고 자 산	5,854,500

☞ 평균법 적용한 매출원가 : 6/1 300개 × ₩19,515 = ₩5,854,500

③ 6/1의 판매 직후 판매할 수 있는 재고자산

☞ 6/1 판매 직후 재고자산 : ₩6,440,000 - ₩5,854,500 = ₩585,500

☞ 개념적으로 30개 × ₩19,515 = ₩585,450으로 계산해도 괜찮지만 단가계산에서 반올림을 하기 때문에 오차가 발생하므로 3/1 판매할 수 있는 재고자산에서 6/1 매출원가를 차감하여 6/1 판매직후 재고자산을 계산한다.

④ 9/1의 판매할 수 있는 재고자산

☞ 6/1 판매 직후 재고자산 ₩585,500 + 9/1 150개 × ₩22,000 = ₩3,885,500

☞ 평균 단위원가 : 9/1 판매할 수 있는 재고자산 ÷ 9/1 재고수량 180개 = ₩21,586

** $\frac{₩585,500 + 150개 \times ₩22,000}{30개 + 150개} = ₩21,586$

☞ 9/1 매입 분개

(차) 재 고 자 산	3,300,000	(대) 매 입 채 무	3,300,000

⑤ 12/1 판매시점의 매출원가

(차) 매 출 채 권	6,000,000	(대) 매 출	6,000,000

☞ 100개 × ₩60,000 = ₩6,000,000

(차) 매 출 원 가	2,158,600	(대) 재 고 자 산	2,158,600

☞ 평균법 적용한 매출원가 : 12/1 100개 × ₩21,586 = ₩2,158,600

⑥ 12/1의 판매 직후 판매할 수 있는 재고자산

☞ 12/1 판매 직후 재고자산 : ₩3,885,500 - ₩2,158,600 = ₩1,726,900

☞ 개념적으로 80개 × ₩21,586 = ₩1,726,880으로 계산해도 괜찮지만 단가계산에서 반올림을 하기 때문에 오차가 발생하므로 9/1 판매할 수 있는 재고자산에서 12/1 매출원가를 차감하여 12/1 판매직후 재고자산을 계산한다.

〈2〉 매출총이익과 기말재고액

매 출

차변	대변	
	6/ 1	18,000,000
	12/ 1	6,000,000
	잔 액	24,000,000

매출원가

차변		대변
6/ 1	5,854,500	
12/ 1	2,158,600	
잔 액	8,013,100	

재고자산

1/ 1	1,440,000	6/ 1	5,854,500
3/ 1	5,000,000	12/ 1	2,158,600
9/ 1	3,300,000		
잔 액	1,726,900		

① 매출총이익 = 매출 - 매출원가 = ₩24,000,000 - ₩8,013,100 = ₩15,986,900

② 기말재고자산 = 판매할 수 있는 재고자산 - 매출원가
= ₩9,740,000 - ₩8,013,100 = ₩1,726,900

[연습문제 7.8]

〈1〉 기중분개

① 매입(3월 1일)

(차) 매 입	5,000,000	(대) 매 입 채 무	5,000,000

② 매출(6월 1일)

(차) 매 출 채 권	18,000,000	(대) 매 출	18,000,000

☞ 실지재고조사법이므로 계속기록법과 달리 매출원가에 대한 분개가 없음

③ 매입(9월 1일)

(차) 매 입	3,300,000	(대) 매 입 채 무	3,300,000

④ 매출(12월 1일)

(차) 매 출 채 권	6,000,000	(대) 매 출	6,000,000

☞ 실지재고조사법이므로 계속기록법과 달리 매출원가에 대한 분개가 없음

〈2〉 기말분개

① 판매할 수 있는 재고자산

☞ 1/1 80개 × ₩18,000 + 3/1 250개 × ₩20,000 + 9/1 150개 × ₩22,000 = ₩9,740,000

② 기말 재고수량 : 창고에 남은 기말 재고수량이 80개로 파악

☞ 선입선출법을 적용하므로 9/1 매입한 150개 중 80개가 남은 것으로 가정할 수 있음

③ 기말 재고자산 : 9/1 80개 × ₩22,000 = ₩1,760,000

④ 결산정리분개(12월 31일)

(차) 매 출 원 가	7,980,000*	(대) 재고자산(기초)	1,440,000
재고자산(기말)	1,760,000	매 입	8,300,000

☞ 매출원가 : 판매할 수 있는 재고자산 ₩9,740,000 - 기말 재고자산 ₩1,760,000 = ₩7,980,000

〈3〉 기말재고자산과 매출총이익

매 입

3/ 1	5,000,000	12/31	8,300,000
9/ 1	3,300,000		
잔 액	0		

재고자산

1/ 1	1,440,000	12/31	1,440,000
12/31	1,760,000		
잔 액	1,760,000		

매 출

		6/ 1	18,000,000
		12/ 1	6,000,000
		잔 액	24,000,000

매출원가

12/31	7,980,000		
잔 액	7,980,000		

① 기말재고자산 = 80개 × ₩22,000 = ₩1,760,000
② 매출총이익 = 매출 − 매출원가
= 매출 − [판매할 수 있는 재고자산 − 기말재고자산]
= ₩24,000,000 − [₩9,740,000 − ₩1,760,000] = ₩16,020,000

[연습문제 7.9]

〈1〉 기중분개

① 매입(3월 1일)

(차) 매 입	5,000,000	(대) 매 입 채 무	5,000,000

② 매출(6월 1일)

(차) 매 출 채 권	18,000,000	(대) 매 출	18,000,000

☞ 실지재고조사법이므로 계속기록법과 달리 매출원가에 대한 분개가 없음

③ 매입(9월 1일)

(차) 매 입	3,300,000	(대) 매 입 채 무	3,300,000

④ 매출(12월 1일)

(차) 매 출 채 권	6,000,000	(대) 매 출	6,000,000

☞ 실지재고조사법이므로 계속기록법과 달리 매출원가에 대한 분개가 없음

〈2〉 기말분개

① 단위원가

☞ 판매할 수 있는 재고자산 : 1/1 80개 × ₩18,000 + 3/1 250개 × ₩20,000 + 9/1 150개 × ₩22,000
= ₩9,740,000

☞ 판매할 수 있는 재고수량 : 1/1 80개 + 3/1 250개 + 9/1 150개 = 480개

☞ 단위원가 : ₩9,740,000 ÷ 480개 = ₩20,292

② 기말 재고수량 : 창고에 남은 기말 재고수량이 80개로 파악

☞ 평균법에서는 창고에 남은 기말 재고수량도 동일한 단위원가를 적용하므로 기말 재고수량의 구입 시점에 따른 구분이 필요 없음

③ 기말 재고자산 : 80개 × ₩20,292 = ₩1,623,360

④ 결산정리분개(12월 31일)

(차) 매 출 원 가	8,116,640*	(대) 재고자산(기초)	1,440,000
재고자산(기말)	1,623,360	매 입	8,300,000

☞ 매출원가 : 판매할 수 있는 재고자산 ₩9,740,000 - 기말 재고자산 ₩1,623,360 = ₩8,116,640

☞ 개념적으로 판매수량 400개 × ₩20,292 = ₩8,116,800으로 계산해도 괜찮지만 단가계산에서 반올림을 하기 때문에 오차가 발생하므로 판매할 수 있는 재고자산에서 기말 재고자산을 차감하여 매출원가를 계산한다.

〈3〉 기말재고자산과 매출총이익

매 입

3/ 1	5,000,000	12/31	8,300,000
9/ 1	3,300,000		
잔 액	0		

재고자산

1/ 1	1,440,000	12/31	1,440,000
12/31	1,623,360		
잔 액	1,623,360		

매 출

		6/ 1	18,000,000
		12/ 1	6,000,000
		잔 액	24,000,000

매출원가

12/31	8,116,640		
잔 액	8,116,640		

① 기말재고자산 = 80개 × ₩20,292 = ₩1,623,360

② 매출총이익 = 매출 - 매출원가
= 매출 - [판매할 수 있는 재고자산 - 기말재고자산]
= ₩24,000,000 - [₩9,740,000 - ₩1,623,360] = ₩15,883,360

8

CHAPTER

유형자산과 무형자산

CONTENTS

8 CHAPTER 유형자산과 무형자산

본 장에서는 유형자산과 무형자산의 취득, 상각 및 처분에 대한 회계처리과정을 다룬다. 유형자산과 무형자산의 취득관련 회계의 핵심은 자산의 취득원가를 합리적으로 결정하는 것이다. 유형자산과 무형자산의 취득원가 결정이 중요한 이유는 취득원가의 배분과정을 통해 당기 중 자산 사용에 대응되는 비용 금액이 결정되고 비용으로 처리되지 않은 잔액은 차기에 사용가능한 기말 자산의 금액으로 측정되기 때문이다. 구체적으로 본 장에서 다루는 주제로는 유형자산의 의의, 유형자산의 취득원가 결정, 유형자산의 감가상각, 유형자산의 처분, 그리고 무형자산의 의의 및 상각 등이다.

SECTION 1 유동자산의 의의 및 취득

1.1 유형자산의 의의 및 종류

1) 유형자산의 개념 및 특징

유형자산property, plant and equipment은 재화의 생산 또는 용역을 제공하는데 사용할 목적으로 취득 · 보유하는 물리적 실체가 있는 자산으로서, 1년을 초과하여 사용할 것이 예상되는 비유동자산non-current assets을 말한다. 즉, 장기간에 걸쳐 정상적인 영업활동에 사용할 목적으로 취득한 유형tangible의 자산이다. 따라서 재화의 생산 또는 용역을 제공하는 데에 사용할 목적으로 취득 · 보유하는 장기성 자산이지만 물리적 실체가 없는 자산은 무형자산intangible assets으로 구분한다.

유형자산의 특징은 다음과 같다.

첫째, 유형자산은 단순히 물리적 실체를 가진 자산을 의미하는 것이 아니라, 취득 목적이 기업의 정상적인 영업활동과정에서 직접 사용하는 것인 경우에만 유형자산에 해당한다. 따라서 유형자산은 투자목적 또는 비영업용으로 보유하는 투자자산과 구별되며, 판매를 목적으로 보유하는 재고자산과도 구별된다. 예를 들어 건물은 일반적으로 유형자산으로 분류되지만, 투자목적으로 보유한 건물은 투자자산인 투자부동산으로 분류되고, 건설회사가 판매를 목적으로 보유하고 있는 건물은 재고자산으로 분류된다.

둘째, 유형자산은 기업의 생산능력 유지와 향상을 위한 기본재산으로 영업활동에 장기간 활용되고 영업활동을 위한 기반이 된다. 이는 기업이 유형자산을 미래의 여러 기간 동안 사용하여 수익을 창출할 수 있다는 것을 의미한다.

셋째, 유형자산은 재고자산처럼 현금 또는 매출채권 등의 현금청구권으로 직접 전환되지 않고, 생산활동을 거쳐 간접적으로 현금으로 전환된다. 유형자산은 그 자체를 판매하여 현금화하지 않고 현금화할 수 있는 다른 자산을 확보하거나 서비스를 제공할 수 있는 기반이기 때문에 현금 창출능력에 있어서 간접적이라고 볼 수 있다. 이러한 부분은 유형자산을 활용하는 능력이 기업에 따라 차이가 있을 수 있음을 의미한다.

넷째, 영업활동에 장기간 활용되는 특성 때문에 내용연수에 걸쳐 감가상각depreciation이라는 원가배분과정을 통하여 비용화된다. 즉, 판매 과정을 통하여 비용(매출원가)으로 인식되는 재고자산처럼 유형자산의 경제적 효익이 소멸되는 시점(처분 또는 폐기 시점)에 취득원가 전액을 비용으로 인식하는 것이 아니라, 유형자산을 사용하는 기간 동안 합리적이고 체계적인 방법을 사용하여 나누어 비용으로 인식한다. 이 과정을 유형자산의 감가상각이라고 하는데, 2절에서 상세히 다룬다.

2) 유형자산의 종류

영업활동에 장기적으로 사용하는 유형자산은 성격과 용도에 따라 토지, 건물, 기계장치, 차량운반구 등으로 분류한다.

① 토지

토지lands는 대지 · 임야 · 전답 · 잡종지 등을 포괄하며, 토지는 건설중인자산과 함께 감가상각을 하지 않는 자산이다.

② 건물

건물buildings은 건물과 냉 · 난방 · 조명 · 전기 · 통신 · 통풍 및 기타의 건물 부속설비를 의미한다.

③ 구축물

구축물structures은 건물과는 별개로 설치된 구조물로서, 교량 · 궤도 · 저수지 · 갱도 · 굴뚝 · 정원설비 및 기타의 토목설비 등을 의미한다.

④ 기계장치

기계장치machinery는 기계장치와 운송설비(기중기 · 콘베어) 및 기타 부속설비를 의미한다.

⑤ 건설중인자산

건설중인자산construction process은 유형자산의 건설을 위해 투입된 재료비, 노무비 및 경비로 하되, 건설을 위하여 지출한 도급금액 또는 취득한 기계 등을 포함한다.

⑥ 기타 유형자산

철도차량 · 자동차 및 기타 육상운반구인 차량운반구, 선박과 기타의 수상운반구인 선박, 항공기, 비품 등은 기타 유형자산으로 분류한다.

1.2 유형자산의 인식

1) 유형자산의 인식조건

유형자산으로 인식하기 위해서는 다음의 인식조건을 충족해야 한다.

① 자산으로부터 발생하는 미래 경제적 효익이 기업에 유입될 가능성이 높다.

② 자산의 원가를 신뢰성 있게 측정할 수 있다.

즉, 유형자산과 관련된 원가가 두 가지 인식조건을 모두 충족하면 유형자산으로 인식하고, 두 조건 중 어느 하나라도 충족하지 못하면 비용으로 인식해야 한다. 유형자산 인식조건에 대한 판단은 각 원가의 발생시점에 하는데 유형자산과 관련된 원가에는 유형자산을 처음 매입하거나 건설할 때 발생하는 원가(취득원가)뿐만이 아니라 유형자산의 취득 후에 발생하는 원가(후속원가)도 포함된다. 후속원가에는 유형자산에 대한 증설, 대체 또는 수선 · 유지 등과 관련하여 발생하는 원가들이 해당된다. 따라서 발생한 원가를 유형자산으로 인식할지 아니면 비용으로 인식할지는 원가의 발생시점(취득원가 또는 후속원가 여부)이 아니라 발생한 원가가 미래 경제적 효익의 유입에 기여할 가능성이 높은지 여부에 따라 판단해야만 한다.

2) 취득원가(최초원가)

유형자산의 취득원가 계산에서 주의할 점은 '취득aquisition'의 개념이다. 일반적으로 '취득'과 '매입(구매)'을 같은 개념으로 사용하고 있지만, 회계에서의 '취득'은 '매입(구매)'보다 포괄적인 개념이다. 회계에서 의미하는 자산의 취득이란, 자산을 의도하는 방식으로 사용할 수 있는 상태로 만드는 것을 의미하므로 매입, 운송, 설치 등 일련의 취득과정을 포함하는 개념이다. 즉, 자산의 매입은 취득과정의 일부에 해당하기 때문에 취득과 매입은 구분되는 개념이다.

앞서 살펴본 취득의 정의에 따라 취득원가를 정의하면, 취득원가란 자산을 취득하는 과정에서 기업이 제공한 모든 대가의 공정가치이다. 따라서 취득원가에는 매입과정에서 발생한 원가만 반영되는 것이 아니라 운송, 설치 등의 과정에서 발생한 원가, 즉, 취득부대원가도 포함해야 한다. 예를 들어 기계장치를 취득하는 경우에는 매입원가, 공장으로의 운송원가, 설치 및 조립원가, 시운전비 등을 합산하여 기계장치의 취득원가를 산정한다.[1)]

기업에서 자산을 취득하는 방법은 매우 다양하다. 기업 외부에서 완성된 재화를 매입할 수도 있고, 기업이 자체적으로 제작을 할 수도 있으며, 주주의 현물출자, 거래처와의 교환 등의 방법으로도 취득할 수 있다. 본서에서는 유형자산의 취득 방법 중 가장 일반적인, 기업 외부에서 완성된 재화를 매입하는 경우와 기업이 자체적으로 제작하는 경우에 대해서만 설명하기로 한다.

유형자산은 제품의 생산이나 용역의 제공에 사용하기 위해 취득하는 자산이므로 기업의 특성을 반영한 효율적 생산이나 용역의 제공을 위해 자체제작을 하는 경우가 많은 편이다. 기업이 자체적으로 자산을 제작하는 경우에는 매입원가 외에 전환원가conversion costs도 발생하는데, 전환원가는 기업이 자산을 직접 제작하는 과정에서 발생된 노무비, 제조경비 등의 원가를 의미한다. 예를 들어, 기업이 사용할 기계장치를 자체적으로 제작하는 경우에는 원재료와 기술자, 그리고 제작도구 등이 필요한데, 원재료 구입원가는 매입원가에 해당하고, 원재료를 기계장치로 전환하기 위해 고용한 기술자에 대한 임금과 제작도구 사용에서 발생하는 원가가 전환원가에 해당한다. 취득원가의 구성요소를 고려한 취득원가 계산식을 정리하면 다음과 같다.

취득원가(최초원가) = 매입원가 + 전환원가 + 취득부대원가

---

1) 만약 기계장치를 원자력발전소와 같이 사용종료 후에 환경보존이 필요한 시설로 이용한 경우라면, 원상복원과 관련하여 추정한 원가를 기타원가에 반영한다. 또한 장기간의 건설과정을 거쳐 확보할 수 있는 기계장치라면, 해당 기계장치를 제작하는데 소요된 차입금에 대한 이자비용을 기타원가에 포함시키기도 한다. 복구원가와 차입원가 자본화에 대한 사항은 중급회계 과정이므로, 본서에서는 일반적으로 취득원가에 반영하는 사항에 대해서만 학습하기로 한다.

3) 최초원가에 대한 회계처리

① 외부에서 매입

기업이 외부에서 완성된 유형자산을 매입하여 취득하는 경우에는 해당 유형자산 계정을 바로 사용하여 회계처리를 하며, 취득과정에서 지급하였거나 지급하기로 약속한 금액의 공정가치를 유형자산의 취득원가로 인식한다. 이 경우 취득부대원가가 발생하면 취득원가에 가산하여 유형자산에 대한 회계처리를 한다. 예를 들어 건물을 취득하는데 매입가격과 취득세를 모두 현금으로 지급하였다면 다음과 같이 회계처리한다.

(차) 건 물	×××	(대) 현 금(매입가격)	×××
		현 금(취 득 세)	×××

만약 건물의 매입대금을 1년 후에 지급하기로 하고, 취득세는 현금을 지급한 경우라면 다음과 같이 회계처리한다.

(차) 건 물	×××	(대) 미지급금(매입가격)	×××
		현 금(취 득 세)	×××

② 자체제작 또는 건설

기업이 자체제작 또는 건설하는 경우에 제작비 또는 건설비를 지급하는 시점에 자산을 인식하는 회계처리를 한다. 하지만 유형자산을 자체제작 또는 건설하는 경우는 완성기간이 장기인 경우가 대부분이기 때문에 제작비 등의 지급시점에서 아직 완공이 되지 않는 경우가 발생할 수 있다. 유형자산이 완공되지 않은 경우는 아직 수익창출을 위해 사용할 수 없으므로, 수익창출을 위해 사용하고 있는 유형자산과 구분하기 위하여 건설중인자산이라는 계정을 이용하여 다음과 같이 회계처리한다.

(차) 건 설 중 인 자 산	×××	(대) 현 금	×××

건설중인자산 계정은 유형자산을 완성할 때까지 사용하는 임시 계정의 성격을 갖는다. 만약 자가제작 또는 건설하는 기간 중에 재무상태표를 작성하는 시점이 되는 경우에는 건설중인자산이 보고될 수 있다. 그리고 건설중인 자산이 완공되면 수익창출을 위해 사용할 수 있는 상태가 된 것이므로, 임시 계정인 건설중인자산을 본래 유형자산에 해당하는

계정으로 대체하는 회계처리를 한다. 이때 유형자산과 관련된 기타원가를 지급한다면, 취득원가에 기타원가를 포함시켜 유형자산으로 회계처리하면 된다.

(차) 기 계 장 치	×××	(대) 건 설 중 인 자 산	×××
		현 금(운송비)	×××

예제 8.1 유형자산의 취득원가(최초원가)

다음은 ㈜친절의 20×1년 거래이다.

① 1월 1일에 본사 건물을 건설하기로 계약한 건설업자에게 ₩100,000,000을 지급하다.

② 7월 1일에 건설업자에게 추가로 ₩200,000,000을 지급하다.

③ 10월 31일에 건물이 완공되어 사용가능하게 되었으며, 건물 완공 시점에 취득세 ₩2,100,000을 납부하다.

물음 위 거래에 대한 분개를 하고, 건물의 장부금액을 산출하시오.

해설

① 1월 1일 건물 공사를 진행 중인 시점

(차) 건설중인자산	100,000,000	(대) 현 금	100,000,000

☞ 건물을 완공하기 전까지는 건설중인자산이라는 계정으로 회계처리

② 7월 1일 건물 공사를 진행 중인 시점

(차) 건설중인자산	200,000,000	(대) 현 금	200,000,000

☞ 건물을 완공하기 전까지는 건설중인자산이라는 계정으로 회계처리

③ 10월 31일 완공시점

(차) 건 물	302,100,000	(대) 건설중인자산	300,000,000
		현 금	2,100,000

☞ 건물(유형자산)의 취득원가 = 건설비용(전환원가) + 취득부대원가(취득세)
= ₩300,000,000 + ₩2,100,000 = ₩302,100,000

4) 후속원가

유형자산을 사용하는 동안 해당 자산과 관련하여 추가적인 지출이 발생하는 경우가 있다. 예를 들어, 사용하고 있는 기계장치가 고장난다면 기계장치를 수리하는데 지출이 발생할 수 있고, 사전에 기계장치의 고장을 방지하기 위해서는 기계장치의 주요 부품을 정기적으로 교체하는 것이 필요할 수 있다. 이처럼 유형자산을 취득하여 사용한 이후에 발생하는 원가를 후속원가라고 한다.

유형자산을 보유하는 중에 발생한 지출에 대한 회계처리를 판단하기 위해서 앞에서 살펴본 유형자산의 2가지 인식원칙을 모두 충족하는지 평가해야 한다. 즉, ① 자산으로부터 발생하는 미래 경제적 효익이 기업에 유입될 가능성이 높고, ② 자산의 원가를 신뢰성 있게 측정할 수 있는 경우에는 해당 유형자산에 대한 추가적 지출을 자산으로 인식하여 유형자산의 장부금액에 반영한다. 이를 일반적으로 자본적 지출capital expenditure이라고 하며, 후속원가가 자본적 지출에 해당하는 경우의 예로는 기존 설비의 증설 · 증축additions 또는 주요 부품이나 구성요소의 교체 · 대체replacements로 인해 자산의 내용연수가 연장되거나, 자산의 생산능력 증대 또는 불량개선 및 품질 향상 등으로 인하여 미래 경제적 효익이 기업에 유입될 가능성이 높아지는 경우 등이 있다.

주의할 점은 기존설비를 확장하는 증설 · 증축, 주요 부품이나 구성요소의 정기적 교체, 유형자산의 일부 대체 또는 정기적인 종합검사 등이 무조건 자본적 지출에 해당한다고 판단하면 안 된다는 점이다. 후속원가에 대한 자본적 지출 여부의 판단은 후속원가의 발생유형이 아니라 미래 경제적 효익의 유입 가능성에 따라 판단해야만 한다.

반면 유형자산의 인식조건에 부합하지 않는 후속원가는 발생시점에 당기비용으로 처리한다. 이러한 지출은 유형자산의 미래효익을 증가시키기보다 성능수준을 회복하거나 유지시키는 단순한 수선 · 유지활동에 해당하기 때문에 당기에 비용으로 인식하는 것이다. 이러한 지출을 수익적 지출revenue expenditure이라고 한다. 수익적 지출의 예로 공장설비에 대한 유지 · 보수, 건물 또는 벽의 도장, 소모된 부속품의 대체, 조업 가능한 상태의 유지를 위한 지출 등이 있다.

예제 8.2 유형자산의 후속원가

㈜친절은 예제 8.1에 이어서 다음의 거래를 하였다.

① 12월 1일에 건물을 증축하는데 ₩100,000,000을 지출하다. 이 지출로 인해 건물의 층수가 증가하므로 자본적 지출에 해당한다고 판단된다.

② 증축과 동시에 ₩20,000,000을 지출하여 손상된 외벽을 보수하다.

물음 건물에 대한 거래를 분개하고, 유형자산의 장부금액을 산출하시오. 단, 모든 지출은 현금으로 지급하였다.

해설

① 12월 1일 증축

(차) 건 물	100,000,000*	(대) 현 금	100,000,000

☞ 증축이 자본적 지출에 해당하므로 건물의 취득원가에 산입한다.

② 12월 1일 외벽 보수

(차) 수 선 비	20,000,000	(대) 현 금	20,000,000

☞ 외벽 보수는 일상적인 수선 · 유지비에 해당하므로 장부금액에 포함시키지 않고, 비용으로 인식한다.

건 물

10/31	302,100,000		
12/ 1	100,000,000		

☞ 건물의 장부금액이 ₩302,100,000에서 ₩402,100,000으로 변경된다.

유형자산을 보유하면서 발생할 수 있는 추가적인 지출을 자본적 지출로 판단하여 자산의 장부금액에 반영하는 것과 수익적 지출로 판단하여 당기에 비용으로 인식하는 것은 자산의 크기와 기간손익 결정에 영향을 미친다. 추가적인 지출을 자본적 지출로 인식하여 장부금액에 반영하면, 자본적 지출에 해당하는 금액만큼 유형자산이 증가하고 감가상각을 통해 여러 기간에 걸쳐 비용으로 인식되는 반면, 수익적 지출로 비용처리하면 즉시 순이익이 감소한다. 취득원가 및 후속원가에 관한 내용과 회계처리방법을 요약하면 [그림 8-1]과 같다.

[그림 8-1] 취득원가와 후속원가

구 분	내 용	회계처리방법
취득(최초)원가	매입가격 + 전환원가 + 취득부대원가*	유형자산(장부금액) 증가
후 속 원 가	자본적 지출	
	수익적 지출	수선비** 등 비용인식

* 매입운임, 설치비, 취득세, 등기비용 등
** 관리비에 속함

SECTION 2 유형자산의 감가상각

2.1 감가상각의 의의

1) 감가상각의 개념 및 필요성

감가상각depreciation은 수익·비용대응의 원칙에 따라 유형자산의 감가상각대상금액을 그 자산의 내용연수동안 체계적인 방법에 의하여 각 회계기간에 나누어 비용화하는 절차를 말한다.

일반적인 감가상각의 필요성은 다음과 같다.

첫째, 물리적 감가physical depreciation에 대한 인식이다. 자산은 사용이나 시간의 경과에 따라 마모, 손상, 훼손, 부식 등으로 인해 가치가 감소하므로 가치감소분을 고려할 필요가 있다. 예를 들어 신차를 일정 기간 사용하면 마모나 부식 등이 발생하여 그만큼 자동차 가치가 감소하는 경우이다.

둘째, 자산에 물리적 손상은 없으나 자산의 기능에 문제가 발생하는 기능적 감가functional depreciation이다. 새로운 기술적 진보로 인해 종전에 사용하던 자산의 유용성이 저하되는 진부화obsolescence 또는 생산방법의 변경, 시장상황의 변화 등으로 자산이 본래 사용목적에 적합하지 않게 되는 미래요구에 대한 부적응inadequacy of future needs 등으로 인해 자산가치가 감소하는 경우이다. 예를 들어 2세대 아이폰 신품이 있지만 현재는 사용할 수 있는 앱도 없고 전송방식이 달라 전화통화와 단문메시지로 밖에 사용할 수 없다면 가치 감소는 불가피하다.

이와 같이 유형자산은 물리적이거나 기능적인 이유로 가치 감소가 발생할 수 있으므로 가치 감소분을 비용으로 인식할 수 있는데 이를 경제적 감가상각economic depreciation이라고 한다. 그러나 경제적 감가상각액은 측정이 매우 어렵고 정확성에도 문제가 있을 뿐만 아니라 경영자가 이 점을 악용하여 자의적으로 평가하는 문제도 있다. 이러한 이유로 회계에서는 유형자산의 실제 가치 감소를 평가하는 경제적 감가상각 대신 체계적이고 합리적이며 객관적으로 검증 가능한 감가상각방식을 채택하고 있다.

2) 감가상각의 의의

유형자산의 취득원가는 자산을 사용함으로써 얻을 수 있는 미래의 경제적 효익을 위해 투자한 원가에 해당한다. 투자는 투자시점에 현금이 즉시 유출되지만 투자로 인한 현금의 유입은 미래에 발생하는 특성이 있으므로, 현금의 관점에서 보면 유출과 유입의 대응이 잘 되지 않는 문제가 발생한다. 예를 들어 유형자산을 취득하기 위하여 ₩100억의 현금을 지급하고 이 금액을 비용으로 회계처리한다고 가정해 보자. 이 경우에는 유형자산 취득 시점에만 비용이 ₩100억 발생하고 취득시점 이후 기간에는 비용이 발생하지 않는다. 하지만 유형자산의 사용으로 인해 발생하는 현금유입은 취득시점이 아니라 취득 이후 기간에 발생하므로 현금의 유출과 유입이 적절히 대응되지 않게 된다.

이와 같이 현금 유출 기준으로 회계처리를 하면 초기에 비용이 과다하게 인식되고 차기에는 비용이 과소하게 인식되는 문제가 발생한다. 이를 방지하기 위하여 회계적으로 유형자산의 사용으로 수익을 창출할 것으로 기대되는 기간에 걸쳐 유형자산의 취득원가를 비용으로 전환시키는 방법을 사용한다. 이러한 방법은 수익·비용 대응원칙matching principle의 관점에 기초한 것이다.

앞서 설명한 바와 같이 유형자산의 사용이나 진부화로 인해 감소된 가치를 정확히 측정하는 것은 실무적으로 불가능하기 때문에 회계에서는 인위적이지만 합리적이고 체계적인 감가상각 방법을 사용하여 유형자산에서 발생하는 수익과 비용을 적절히 대응시킨다. 따라서 회계적인 감가상각을 통해 비용으로 배분된 금액은 실제로 감소된 유형자산의 가치를 의미하지는 않으며, 결과적으로 감가상각을 통해 계산된 현재의 장부금액이 자산의 실제 가치를 나타내는 것은 아니다. 회계적 관점에서 감가상각을 통한 취득원가의 비용배분은 수익과의 적절한 대응을 통해 합리적인 수준의 당기순이익을 계산하는 데에 목적이 있음을 기억할 필요가 있다. 취득원가의 배분과정으로서 감가상각을 요약하면 아래 그림 [8-2]와 같다.

[그림 8-2] 취득원가의 배분

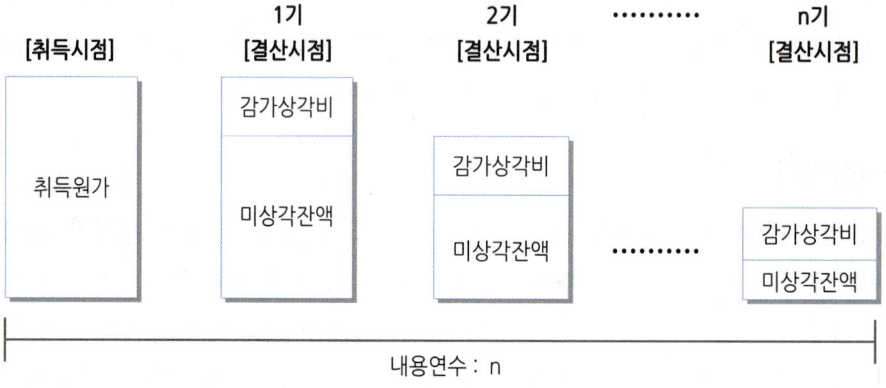

2.2 감가상각의 회계처리

1) 감가상각의 계산요소

유형자산의 감가상각액을 계산하기 위해서는 취득원가, 잔존가치, 내용연수 및 감가상각방법이 확정되어야 한다. 취득원가는 자산을 취득하는 과정에 실제로 지출한 금액으로 결정되지만, 잔존가치와 내용연수는 추정을 통해 결정된다. 감가상각방법은 해당 자산의 미래 경제적 효익이 소비되는 형태를 반영하여 결정한다.

① 취득원가

취득원가acquisition cost는 매입원가에 전환원가 및 취득부대원가를 합산하여 계산한다. 취득부대원가에는 매입운임, 설치비, 취득세, 등기비용 등이 포함된다.

② 잔존가치

잔존가치salvage value 또는 residual value란 자산의 내용연수가 종료되는 시점에 그 자산의 예상처분대가에서 예상처분비용을 차감한 금액을 말한다. 유형자산을 취득하는 시점에서 볼 때, 잔존가치는 정해진 금액이 아니라 추정하는 금액이다. 따라서 동일한 유형자산에 대해서도 잔존가치 추정액은 기업마다 다를 수 있다. 이러한 점을 고려하여 실무에서는 세법에서 규정하는 잔존가치를 사용하는 경우가 많다.

감가상각대상금액depreciable amount 또는 depreciation base은 내용연수 기간에 걸쳐 감가상각비로 인식할 총 금액을 의미하며, 취득원가에서 잔존가치를 차감하여 산출한다. 따라서 추정한 잔존가치에 따라 감가상각비로 인식할 총 금액이 달라질 수 있으며, 감가상각대상금액을 모두 감가상각비로 인식하고 나면 회계장부에는 잔존가치만 남게 된다.

감가상각대상금액 = 취득원가 - 잔존가치

③ 내용연수

내용연수useful life란 기업이 자산을 수익획득과정에서 실제 사용할 것으로 기대하는 기간으로, 감가상각대상기간이라고도 한다. 경우에 따라서는 자산으로부터 획득할 수 있는 생산량이나 이와 유사한 단위를 의미하기도 한다. 내용연수는 유형자산의 취득시점에서 추정하는 사항이므로 동일한 자산이라 하더라도 기업마다 다를 수 있다.

④ 감가상각 방법

감가상각 방법이란, 감가상각대상금액을 내용연수(감가상각대상기간)에 걸쳐 합리적이고 체계적으로 배분하는 방법이며, 정액법, 정률법, 생산량비례법 등 여러 가지 방법이 있다. 감가상각방법은 해당 자산의 미래 경제적 효익이 소비되는 형태를 반영하여 결정하는데 예상 소비형태가 변하지 않는 한 매 회계기간에 일관성 있게 적용해야 한다. 어느 감가상각방법을 사용하는가에 따라서 특정 연도의 감가상각비가 달라지고 그 연도의 당기순이익이 달라지지만 감가상각대상기간에 걸쳐 인식하는 총 감가상각비는 감가상각방법과는 관계없이 항상 감가상각대상금액으로 일정하다.

2) 감가상각 방법의 종류

① 정액법

정액법straight-line method은 자산의 내용연수 동안 매 기간 균등액(정액)을 상각하는 방법으로서 시간의 경과에 따라 자산의 경제적 효익이 일정하게 감소되는 경우에 적합한 방법이다. 정액법에 의한 감가상각비는 다음과 같이 감가상각대상금액(= 취득원가 - 잔존가치)을 내용연수로 나누어 계산한다.

$$감가상각비 = \frac{취득원가 - 잔존가치}{내용연수}$$

② 정률법

정률법fixed percentage method은 직전 장부금액(미상각잔액)에 정률을 곱한 금액을 매년 감가상각하는 방법으로 체감잔액법declining balance method의 일종이다. 체감잔액법은 자산의 내용연수 동안 감가상각액이 매 기간 감소하는 방법으로, 정률법 · 이중체감법 · 연수합계법 등이 해당되지만, 본서에서는 정률법을 중심으로 설명한다. 정률법에서 미상각잔액은 취득원가에서 직전년도 감가상각누계액(직전년도까지의 감가상각비의 누계금액)을 차감한 유형자산의 장부금액을 의미한다.

$$감가상각비 = 미상각잔액 \times 정률$$

정률 $= 1 - \sqrt[n]{\frac{잔존가치}{취득원가}}$, n = 내용연수

미상각잔액 = 취득원가 − 직전년도 감가상각누계액

③ 생산량비례법

생산량비례법activity method은 자산의 예상조업도 또는 예상생산량을 기준으로 생산 또는 사용에 비례하여 감가상각을 하는 방법으로 시간의 경과와는 무관하다. 감가상각비는 유형자산이 생산할 수 있는 생산량 또는 기계작업시간 등의 투입량에 비례하여 결정된다.

$$감가상각비 = [취득원가 - 잔존가치] \times \frac{당기생산량(투입량)}{추정총생산량(투입량)}$$

생산량비례법에 따라 쉽게 감가상각비를 계산하는 방법은 먼저 감가상각대상금액(취득원가−잔존가치)을 추정총생산량으로 나눠 생산 단위 당 감가상각비를 계산한다. 다음으로 해당 연도에 발생한 당기생산량을 생산 단위 당 감가상각비에 곱하여 해당 연도의 감가상각비를 계산한다.

[그림 8-3] 감가상각비 계산방법

구 분	매년 감가상각비
정 액 법	$\frac{\text{취득원가 - 잔존가치}}{\text{내용연수}}$
정 률 법	[취득원가 - 직전년도 감가상각누계액] × 정률
생 산 량 비 례 법	[취득원가 - 잔존가치] × $\frac{\text{당기생산량(투입량)}}{\text{추정총생산량(투입량)}}$

3) 감가상각비에 대한 회계처리

유형자산의 사용으로 인해 발생하는 비용인 감가상각비는 회계기간 중에 계속적으로 발생한다고 볼 수 있지만 현금유출이 없는데다 수익·비용대응을 위해 합리적으로 금액을 추정해야만 하므로 편의상 보고기간 말에 회계처리를 한다. 즉, 회계기간 중에는 특별한 경우(자산의 처분)가 아니면 감가상각비를 계산하지 않고 보고기간 말에 결산정리분개를 통해 감가상각비를 회계처리 한다.

다음으로 감가상각비를 인식하는 회계처리에서 상대 계정은 유형자산 계정이 아니라 감가상각누계액accumulated depreciation이라는 계정을 사용한다. 즉, 감가상각비에 해당하는 금액을 유형자산에서 직접적으로 차감하지 않고 간접적으로 차감하는 것이다. 이는 유형자산의 취득원가 정보를 지속적으로 관리하면서 누적적으로 감가상각된 금액을 보여주기 위한 방식이다. 감가상각누계액은 유형자산의 차감 계정이라고 한다. 이를 적용하면 감가상각비에 대한 회계처리는 다음과 같다.

(차) 감 가 상 각 비	×××	(대) 감 가 상 각 누 계 액	×××

만약 유형자산의 취득원가가 ₩500,000이고 감가상각비가 ₩50,000이라면, 재무상태표에 다음과 같이 보고한다. 이를 통하여 유형자산의 취득원가 정보와 누적된 감가상각비 정보를 동시에 보고할 수 있다. 감가상각누계액 계정을 이용하는 회계처리 방식의 특징은 재무상태표의 유형자산에는 항상 취득원가를 기록하고, 매년 감가상각비가 누적되어 감가상각누계액이 기록된다는 점이다.

재무상태표

㈜친절	20×1년 12월 31일		(단위: ₩)
유 형 자 산	500,000		
감가상각누계액	(50,000)	450,000	

예제 8.3 감가상각비

㈜친절은 20×1년 1월 1일에 다음과 같은 기계장치를 ₩7,200,000에 취득하다.

- 취득원가 : ₩7,200,000
- 내용연수 : 3년
- 잔존가치 : ₩1,200,000
- 정률 : 0.4497
- 사용시간 : 60,000분 (20×1년) / 40,000분 (20×2년) / 100,000분 (20×3년)

물음 정액법, 정률법, 생산량비례법에 따라, 매년 말 감가상각비에 대하여 분개를 하시오.

해설

〈1〉 정액법

① 감가상각대상금액

= 취득원가 − 잔존가치 = ₩7,200,000 − ₩1,200,000 = ₩6,000,000

$$② 감가상각비 = \frac{₩6,000,000}{3년} = ₩2,000,000$$

③ 매년 말 회계처리

(차) 감 가 상 각 비	2,000,000	(대) 감가상각누계액	2,000,000

☞ 정액법은 매년 균등액을 감가상각비로 인식하므로 20×1년 말, 20×2년 말, 20×3년 말에 감가상각비에 대한 회계처리가 동일하다.

④ 부분 재무상태표

부분 재무상태표 (20×1년 말)

기 계 장 치	7,200,000
감가상각누계액	(2,000,000)
	5,200,000

부분 재무상태표 (20×2년 말)

기 계 장 치	7,200,000
감가상각누계액	(4,000,000)
	3,200,000

부분 재무상태표 (20×3년 말)

기 계 장 치	7,200,000
감가상각누계액	(6,000,000)
	1,200,000

☞ 매년 재무상태표에서 기계장치에는 취득원가가 동일하게 기록되고, 감가상각누계액은 매년 인식한 감가상각비를 누적하여 기록한다. 내용연수가 경과한 20×3년 말의 잔액 ₩1,200,000은 잔존가치와 동일하다.

〈2〉 정률법

① 감가상각 계산 과정

(단위 : ₩)

연 도	미상각잔액*	× 정률	= 감가상각비	감가상각누계액
20×1년	7,200,000	× 0.4497	= 3,237,840	3,237,840
20×2년	3,962,160	× 0.4497	= 1,781,783	5,019,623
20×3년	2,180,377	× 0.4497	= 980,377**	6,000,000
합 계			= 6,000,000	

* 미상각잔액 = 유형자산의 장부금액 = 취득원가 − 직전년도 감가상각누계액

** 정률을 반올림하여 발생하는 단수 차이 조정
= ₩6,000,000(감가상각대상금액) − ₩5,019,623(직전년도 감가상각누계액)

☞ 정률법의 특징은 감가상각비 계산을 미상각잔액을 기준으로 한다는 점에 있다. 정액법이 감가상각대상금액을 기준으로 감가상각비를 계산하는 점과 차이를 보인다. 하지만 내용연수에 걸쳐 비용으로 배분되는 총 금액은 감가상각대상금액으로 정률법과 정액법에 차이가 없다.

② 회계처리

<20×1년 말>

(차) 감 가 상 각 비	3,237,840	(대) 감가상각누계액	3,237,840

<20×2년 말>

(차) 감 가 상 각 비	1,781,783	(대) 감가상각누계액	1,781,783

<20×3년 말>

(차) 감 가 상 각 비	980,377	(대) 감가상각누계액	980,377

③ 부분 재무상태표

부분 재무상태표 (20×1년 말)

기 계 장 치	7,200,000
감가상각누계액	(3,237,840)
	3,962,160

부분 재무상태표 (20×2년 말)

기 계 장 치	7,200,000
감가상각누계액	(5,019,623)
	2,180,377

부분 재무상태표 (20×3년 말)

기 계 장 치	7,200,000
감가상각누계액	(6,000,000)
	1,200,000

〈3〉 생산량비례법

① 추정 총 사용시간 = 60,000분 + 40,000분 + 100,000분 = 200,000분

② 생산단위당 감가상각비 = $\frac{\text{감가상각대상금액}}{\text{추정총사용시간(생산량)}} = \frac{₩6,000,000}{200,000\text{분}}$ = ₩30/분

③ 회계처리

<20×1년 말>

(차) 감 가 상 각 비	1,800,000	(대) 감가상각누계액	1,800,000

☞ 생산단위당 감가상각비 ₩30/분에 20×1년 당기 사용시간 60,000분을 곱하여 감가상각비 ₩1,800,000으로 계산한다.

<20×2년 말>

(차) 감 가 상 각 비	1,200,000	(대) 감가상각누계액	1,200,000

☞ 생산단위당 감가상각비 ₩30/분에 20×2년 당기 사용시간 40,000분을 곱하여 감가상각비 ₩1,200,000으로 계산한다.

<20×3년 말>

(차) 감 가 상 각 비	3,000,000	(대) 감가상각누계액	3,000,000

☞ 생산단위당 감가상각비 ₩30/분에 20×3년 당기 사용시간 100,000분을 곱하여 감가상각비 ₩3,000,000으로 계산한다.

④ 부분 재무상태표

부분 재무상태표 (20×1년 말)		부분 재무상태표 (20×2년 말)		부분 재무상태표 (20×3년 말)	
기 계 장 치	7,200,000	기 계 장 치	7,200,000	기 계 장 치	7,200,000
감가상각누계액	(1,800,000)	감가상각누계액	(3,000,000)	감가상각누계액	(6,000,000)
	5,400,000		4,200,000		1,200,000

2.3 유형자산의 전자공시시스템 공시

유형자산을 재무제표에 공시하는 방법은 다음과 같다.

① 재무상태표 : 감가상각누계액이 차감된 순액(장부금액)만 표시, 유형자산 통합 표시
② 주　　　석 : 총액(취득원가), 감가상각누계액, 순액(장부금액) 표시

예제 8.3의 생산량비례법을 적용한 20×3년 재무상태표와 주석을 공시하면 다음과 같으며, 기계장치는 다른 유형자산과 함께 통합 표시한다. 기계장치 이외의 유형자산에는 토지만 있는 것으로 가정하며, 감가상각대상 자산이 아니므로 감가상각누계액도 없다.

재무상태표

제3기 20×3년 12월 31일 현재
제2기 20×2년 12월 31일 현재
제1기 20×1년 12월 31일 현재

㈜친절 (단위: 원)

과 목	제3기	제2기	제1기
자산			
비유동자산			
유형자산	11,200,000	14,200,000	15,400,000

주 석

(단위: 원)

구 분	당기말	전기말
토 지	10,000,000	10,000,000
기 계 장 치	7,200,000	7,200,000
감 가 상 각 누 계 액	(6,000,000)	(3,000,000)
합 계	11,200,000	14,200,000

매년 토지의 장부금액을 ₩10,000,000으로 가정하면, 20×1년부터 20×3년까지의 기계장치의 장부금액은 각각 ₩5,400,000 / ₩4,200,000 / ₩1,200,000이므로 유형자산 장부금액은 각각 ₩15,400,000 / W14,200,000 / ₩11,200,000이 된다.

SECTION 3 유형자산의 처분

3.1 유형자산의 처분

1) 유형자산 처분 회계처리의 특징

기업은 유형자산의 내용연수가 만료되거나 새로운 자산으로 대체할 필요가 있어서 더 이상 사용할 가치가 없다고 판단될 때, 해당 유형자산을 처분 또는 폐기한다. 이는 기업 내에 그 자산이 더 이상 존재하지 않음을 의미하기 때문에 처분 또는 폐기된 자산을 장부에서 제거하는 회계처리가 필요하다. 유형자산을 처분하거나 폐기하는 과정에서 고려할 회계처리 사항은 두 가지로 요약될 수 있다.

첫째, 기업이 더 이상 유형자산을 보유하고 있지 않기 때문에, 관련 취득원가와 감가상각누계액을 장부에서 전액 제거한다. 이 때 주의할 사항은 유형자산 계정뿐만 아니라 감가상각누계액 계정도 함께 제거해야만 한다는 점이며, 제거되는 감가상각누계액 계정의 금액은 처분하는 회계기간의 기초부터 처분하는 시점까지 감가상각비를 추가로 인식한 금액이라는 점이다. 일반적으로 감가상각비를 추가하는 대상기간은 월수로 구분하여 인식한다.

둘째, 취득원가에서 감가상각누계액을 차감한 처분시점의 장부금액과 처분대가 간에 차이가 발생하면 그 차액을 유형자산처분이익 또는 유형자산처분손실로 손익계산서에 기타수익 또는 기타비용으로 보고해야 한다. 처분대가가 장부금액보다 크면 유형자산처분이익이 발생하고, 처분대가가 장부금액보다 작으면 유형자산처분손실이 발생한다.

> 유형자산처분이익(손실) = 처분대가 - 장부금액
> = 처분대가 - [취득원가 - 처분시점 감가상각누계액]

2) 유형자산 처분 회계처리 과정

유형자산의 취득원가를 대변에 기입하고 감가상각누계액을 차변에 기입하여 유형자산의 장부금액을 차감하는 회계처리를 하고, 처분대가와 장부금액의 차액은 유형자산처분이익(또는 손실) 계정으로 처리한다. 이를 분개로 나타내면 다음과 같다.

① 처분대가(현금 수취) > 장부금액(취득원가 - 감가상각누계액)

(차)			(대)	
	현금*	×××	유형자산**	×××
	감가상각누계액	×××	유형자산처분이익	×××

* 처분대가, ** 취득원가

② 처분대가(현금 수취) < 장부금액(취득원가 - 감가상각누계액)

(차)			(대)	
	현금	×××	유형자산	×××
	감가상각누계액	×××		×××
	유형자산처분손실	×××		

유형자산 처분시 함께 제거해야 하는 감가상각누계액은 유형자산의 차감 계정이므로 차변에 위치하여 제거된다.

예제 8.4 유형자산의 처분

㈜친절은 20×1년 1월 1일에 다음과 같은 기계장치를 ₩7,200,000에 취득하였다. 정액법, 정률법에 따라 물음에 각각 답하시오. 다만, 동일 연도 내에서 월별 감가상각비는 동일다고 가정한다.

· 취득원가 : ₩7,200,000　　· 내용연수 : 3년
· 잔존가치 : ₩1,200,000　　· 정률 : 0.4497
· 사용시간 : 60,000분 (20×1년) / 40,000분 (20×2년) / 100,000분 (20×3년)

물음 처분시의 분개를 하시오.

① 20×3.1.1.에 기계장치를 현금 ₩4,000,000에 처분할 때의 분개를 하시오.
② 20×2.4.1.에 기계장치를 현금 ₩4,000,000에 처분할 때의 분개를 하시오.

해설

〈1〉 정액법 : 20×3년 1월 1일에 처분

$$\text{매년 감가상각비} = \frac{₩7,200,000 - ₩1,200,000}{3} = ₩2,000,000$$

① 처분 직전연도의 유형자산 장부금액 : 20×2년 12월 31일

▸ 감가상각비 인식(20×1년 말, 20×2년 말)

(차) 감 가 상 각 비	2,000,000	(대) 감가상각누계액	2,000,000

☞ 20×1년과 20×2년 감가상각비는 모두 ₩2,000,000이므로, 처분 직전연도인 20×2년의 감가상각누계액은 ₩4,000,000이다.

재무상태표

㈜친절　　20×2. 12. 31　　(단위: ₩)

기 계 장 치	7,200,000		
감가상각누계액	(4,000,000)	3,200,000	

② 처분 : 20×3년 1월 1일

(차) 현 금	4,000,000	(대) 기 계 장 치	7,200,000
감가상각누계액	4,000,000	유형자산처분이익	800,000

☞ 처분대가(현금 수취금액)인 ₩4,000,000에서 장부금액(= 취득원가 - 감가상각누계액)인 ₩3,200,000(= ₩7,200,000 - ₩4,000,000)을 차감하면 ₩800,000의 유형자산처분이익이 발생한다.

〈2〉 정액법 : 20×2년 4월 1일에 처분

① 처분 직전 유형자산 장부금액 : 20×2년 3월 31일

▸ 감가상각비 인식(20×1년 말, 20×2년 처분일)

<20×1년 말>

(차) 감 가 상 각 비	2,000,000	(대) 감가상각누계액	2,000,000

☞ 20×1년 감가상각비

<20×2년 4월 1일>

(차) 감 가 상 각 비	500,000	(대) 감가상각누계액	500,000

☞ 20×2.1.1부터 20×2.3.31.까지 3개월간의 감가상각비 ₩500,000(= ₩2,000,000 × 3/12개월)을 추가로 인식하는 분개를 한다.

☞ 20×1년과 20×2년 감가상각비는 각각 ₩2,000,000과 ₩500,000이므로, 20×2년의 감가상각누계액은 ₩2,500,000이 된다.

재무상태표

㈜친절 20×2. 3. 31 (단위: ₩)

기 계 장 치	7,200,000		
감가상각누계액	(2,500,000)	4,700,000	

② 처분 : 20×2년 4월 1일

(차) 현 금	4,000,000	(대) 기 계 장 치	7,200,000
감가상각누계액	2,500,000		
유형자산처분손실	700,000		

☞ 처분대가(현금 수취금액)인 ₩4,000,000에서 장부금액(= 취득원가 - 감가상각누계액)인 ₩4,700,000(= ₩7,200,000 - ₩2,500,000)을 차감하면 ₩700,000의 유형자산처분손실이 발생한다.

〈3〉 정률법 : 20×3년 1월 1일에 처분

(단위 : ₩)

연 도	미상각잔액*	× 정률	= 감가상각비	감가상각누계액
20×1년	7,200,000	× 0.4497	= 3,237,840	3,237,840
20×2년	3,962,160	× 0.4497	= 1,781,783	5,019,623
20×3년	2,180,377	× 0.4497	= 980,377**	6,000,000
합 계			= 6,000,000	

① 처분 직전연도의 유형자산 장부금액 : 20×2년 12월 31일

▸ 감가상각비 인식

<20×1년 말>

(차) 감 가 상 각 비	3,237,840	(대) 감가상각누계액	3,237,840

<20×2년 말>

(차) 감 가 상 각 비	1,781,783	(대) 감가상각누계액	1,781,783

☞ 20×1년과 20×2년 감가상각비는 각각 ₩3,237,840, ₩1,781,783이므로, 처분 직전연도인 20×2년의 감가상각누계액은 ₩5,019,623이다.

재무상태표

㈜친절	20×2. 12. 31		(단위: ₩)
기 계 장 치	7,200,000		
감가상각누계액	(5,019,623)	2,180,377	

② 처분 : 20×3년 1월 1일

(차) 현 금	4,000,000	(대) 기 계 장 치	7,200,000
감가상각누계액	5,019,623	유형자산처분이익	1,819,623

☞ 처분대가(현금 수취금액)인 ₩4,000,000에서 장부금액(= 취득원가 - 감가상각누계액)인 ₩2,180,377(= ₩7,200,000 - ₩5,019,623)을 차감하면 ₩1,819,623의 유형자산처분이익이 발생한다.

〈4〉 정률법 : 20×2년 4월 1일에 처분

① 처분 직전 유형자산 장부금액 : 20×2년 3월 31일

▸ 감가상각비 인식

<20×1년 말>

(차) 감 가 상 각 비	3,237,840	(대) 감가상각누계액	3,237,840

☞ 20×1년 감가상각비

<20×2년 4월 1일>

(차) 감 가 상 각 비	445,446	(대) 감가상각누계액	445,446

☞ 20×2.1.1.부터 20×2.3.31.까지 3개월간의 감가상각비 ₩445,446(= ₩1,781,783 × 3/12개월)을 추가로 인식하는 분개를 한다.

☞ 20×1년과 20×2년 감가상각비는 각각 ₩3,237,840과 ₩445,446이므로, 20×2년의 감가상각누계액은 ₩3,683,286이 된다.

재무상태표

㈜친절	20×2. 3. 31		(단위: ₩)
기 계 장 치	7,200,000		
감가상각누계액	(3,683,286)	3,516,714	

② 처분 : 20×2년 4월 1일

(차) 현 금	4,000,000	(대) 기 계 장 치	7,200,000
감가상각누계액	3,683,286	유형자산처분이익	483,286

☞ 처분대가(현금 수취금액)인 ₩4,000,000에서 장부금액(= 취득원가 - 감가상각누계액)인 ₩3,516,714(= ₩7,200,000 - ₩3,683,286)을 차감하면 ₩483,286의 유형자산처분이익이 발생한다.

☞ 정액법과 정률법을 비교하면 유형자산처분이익의 크기가 다르고, 경우에 따라서는 유형자산처분손실과 유형자산처분이익으로 다른 현상이 나타날 수 있다.

SECTION 4

무형자산의 의의 및 회계처리

4.1 무형자산의 의의 및 종류

1) 무형자산의 의의

무형자산intangible assets은 물리적 형체가 없지만 식별가능한 비유동자산이다. 유형자산과 마찬가지로 기업이 장기간동안 직접 사용할 목적으로 취득하여 보유하고 있는 자산이지만 유형자산과는 달리 물리적 실체가 없는 자산을 무형자산으로 분류한다. 기업이 보유한 무형의 자원 중에서 무형자산에 해당하는지를 파악하는 회계적 기준은 식별가능성, 자원에 대한 통제, 미래 경제적 효익의 존재 등이다.

첫째, 식별가능성identifiability은 자산을 분리 또는 분할하여 매각, 이전, 라이선스, 임대, 교환할 수 있거나, 자산이 계약상 또는 다른 법적 권리로부터 발생되는 경우를 의미한다. 둘째, 통제control는 무형자산의 미래 경제적 효익을 확보할 수 있고 그 효익에 대한 제3자의 접근을 제한할 수 있음을 의미한다. 무형자산의 통제는 일반적으로 특허권과 저작권 등의 등록에 의해 보장되는 법적 권리로부터 나오며, 법적 권리가 없는 경우에는 통제를 입증하기 어렵다. 셋째, 무형자산의 미래 경제적 효익future economic benefits은 재화의 매출, 용역수익, 원가절감 또는 자산의 사용에 따른 기타 효익의 형태로 발생되며, 궁극적으로 미래 순현금의 유입으로 나타난다. 만약 이를 충족하지 못하면 무형자산을 취득 또는 내부 창출하기 위하여 발생한 지출은 발생시점의 비용으로 인식한다. 무형의 자원은 물리적 실체를 확인할 수가 없기 때문에 유형자산에 비해 상대적으로 엄격한 자산 인식기준이 적용된다고 할 수 있다. 따라서 기업은 무형의 자원에 대해 가치가 있다고 판단하는 경우라도 그 자원을 통제할 수 없거나, 회계상 특정 자산으로 식별할 수 없거나, 미래 경제적 효익의 유입가능성을 확신할 수 없으면 그 자원을 위해 지출된 금액을 비용으로 인식해야 한다.

2) 무형자산의 종류

① 산업재산권 : 일정기간 독점적 · 배타적으로 이용할 수 있는 권리로서 특허권, 실용신안권, 상표권, 상품명 등을 포함한다.

② 라이선스 : 특정 기술이나 특허 등을 일정기간 이용할 수 있는 권리

③ 프랜차이즈 : 일정한 지역에서 특정 상품을 독점 판매할 수 있는 권리

④ 저작권 : 특정 저작물의 복제 · 번역 · 방송 · 상연 등을 독점적으로 이용할 수 있는 권리
⑤ 컴퓨터소프트웨어 : 컴퓨터소프트웨어를 이용할 수 있는 권리
⑥ 개발비 : 제조비법, 공식, 모델, 디자인 및 시제품 등의 개발과 관련하여 발생한 비용
⑦ 임차권리금 : 임차보증금 이외에 특수한 장소적 이익의 대가로 추가 지급한 금액
⑧ 광업권 : 일정한 광구에서 광물을 채굴하여 취득할 수 있는 권리
⑨ 어업권 : 일정한 수면에서 독점적 · 배타적으로 어업을 할 수 있는 권리
⑩ 영업권 : 다른 회사를 합병하거나 다른 회사의 영업을 양수할 때 순자산의 공정가치를 초과하여 지급한 금액

3) 무형자산의 취득원가

무형자산의 취득원가는 다른 자산의 취득원가와 마찬가지로 해당 자산을 본래의 목적에 사용할 때까지 소요된 모든 대가를 포함한다. 따라서 권리를 유상으로 취득하는 경우 매입대가와 함께 등록비 등 각종 취득부대원가를 취득원가에 포함시킨다. 한편 내부적으로 창출된 무형자산의 취득원가는 그 자산의 창출, 제조, 사용 준비에 직접 관련된 지출과 합리적이고 일관성 있게 배분된 간접 지출을 모두 포함한다.

4.2 무형자산의 상각

유형자산과 마찬가지로 무형자산도 그 취득원가를 내용연수 기간에 걸쳐 비용화하는데, 이를 무형자산의 상각amortization이라고 한다. 유형자산에 대해서는 감가상각depreciation이라는 용어를 사용하는 반면, 무형자산에 대해서는 상각이라는 용어를 사용하여 양자를 구분한다.

무형자산은 당해 자산이 사용가능한 때부터 추정내용연수동안 상각한다. 무형자산의 상각기간은 독점적 · 배타적인 권리를 부여하고 있는 관계 법령이나 계약에 정해진 경우를 제외하고는 20년을 초과할 수 없다. 무형자산의 상각방법에는 정액법, 정률법, 연수합계법, 생산량비례법 등이 있다. 다만, 합리적인 상각방법을 정할 수 없는 경우에는 정액법을 사용한다. 무형자산의 잔존가치는 없는 것을 원칙으로 한다.

무형자산의 상각방법은 차감 계정을 설정하지 않고, 직접 무형자산 계정에서 상각금액만큼 직접 차감한다.

(차) 무형자산상각비	×××	(대) 무 형 자 산	×××

예제 8.5 무형자산의 상각

㈜친절은 20×1년 1월 1일에 특허권을 ₩20,000,000에 취득하였다. 단, 특허권의 상각기간은 5년으로 하며, 합리적인 상각방법을 정할 수 없다.

물음 20×1년 12월 31일의 특허권 상각에 대한 분개를 하시오.

해설

$$\text{무형자산상각비} = \frac{₩20{,}000{,}000 - ₩0}{5} = ₩4{,}000{,}000$$

(차) 무형자산상각비	4,000,000	(대) 특 허 권	4,000,000

☞ 무형자산은 잔존가치가 ₩0이며, 합리적인 상각방법을 정할 수 없으면 정액법으로 상각한다.

쉬어가기 감가상각의 유래

'감가상각(減價償却, depreciation)'은 무엇일까? 감가상각은 적절한 기간 손익을 계산하기 위하여 유형자산(기계, 건물 등)의 취득원가(정확하게는 감가상각대상금액)를 사용기간(내용연수)에 걸쳐 배부하는 과정이다. 감가상각에 대하여 몇 가지를 생각해 보자.

첫째, 감가상각은 언제, 어떻게 시작되었을까? 감가상각의 역사는 19세기 영국 철도 시대로 거슬러 올라간다. 당시 세계 최초로 도입되어 인기를 끌던 철도산업은 초기에 많은 투자가 필요하므로 초기에 큰 손실이 발생하는 문제가 있었다. 예를 들어 첫해에 철도 설비에 100원을 투입하고, 10년간 사용할 예정이며, 매년 15원의 매출이 발생한다고 가정하자. 10년 전체를 보면 100원을 투입하고 150원의 매출이 발생하여 50원의 이익이 발생하므로 매력적인 투자안이다. 그러나 감가상각을 고려하지 않으면 첫해에는 85원의 손실(=15원-100원)이 발생하므로 철도 설비에 선뜻 투자하기가 어렵다. 따라서 감가상각이라는 개념을 도입하여 초기 투자액 100원을 10년간 매년 10원으로 나누어 감가상각비로 인식하면 첫해에도 5원(=15원-10원)의 이익이 발생한다. 따라서 철도 설비에 투자하는 것이 가능해진다. 이처럼 감가상각이라는 개념의 출현은 영국에서 철도회사가 철도 관련 시설투자를 가능하게 하여 철도산업 발전에 공헌했다.

둘째, 감가상각비는 '가치 감소(감가(減價))' 부분을 '차감(상각(償却))'하는 것인가? '감가(減價)'는 '감소한 가치'를 말하므로 감가상각비는 '감소한 가치'를 '차감(상각)'하는 것으로 생각하기 쉽다. 기계장치는 사용함에 따라 가치가 감소하므로 언뜻 맞는 말 같기도 하다. 그러나 건물은 시간이 지남에 따라 오히려 가격이 올라가기도 한다. 따라서 건물에 '감가(減價)'라는 말은 어울리지 않는다. 따라서 감가상각을 '감소한 가치'를 '차감'하는 것으로 이해해서는 안 된다. 감가상각은 '가치 감소'를 '차감'하는 것이 아니라 적절한 기간 손익 계산을 위하여 감가상각대상금액을 배부하는 과정이다. '감가상각(減價償却)'이라는 회계 용어가 혼란을 가져오는 대표적인 사례다.

[2023-06-20 IB 토마토 '전규안의 회계로 세상보기'에서 발췌 및 수정]

친 절 한 회계원리

Accounting

연습문제

8.1 개념확인

다음의 빈칸을 채우시오.

① (　　　　)은(는) 재화의 생산, 용역의 제공, 타인에 대한 임대 또는 자체적으로 사용할 목적으로 보유하는 물리적 형체가 있는 자산이고, (　　　　)은(는) 물리적 형체가 없지만 식별가능한 비유동자산을 말한다.

② 유형자산 중 대지, 임야, 전답 등은 (　　　　) 계정을 사용하고, 이는 건설중인자산과 함께 상각하지 않는 자산에 해당한다.

③ 최초원가에 해당하는 취득원가는 (　　　　), (　　　　), (　　　　)의 합으로 계산된다.

④ 유형자산을 최초로 취득한 이후에 발생하는 지출 중에서 장부금액에 반영하는 부분을 (　　　　)(이)라고 한다. 이런 지출 중에서 자산의 장부금액에 추가적으로 반영하는 경우는 (　　　　)(이)라고 한다.

⑤ (　　　　)은(는) 수익·비용대응의 원칙에 의해 유형자산의 취득원가를 내용연수 동안 체계적인 방법에 의하여 각 회계기간에 비용으로 배분하는 절차를 말한다.

⑥ (　　　　)은(는) 내용연수 기간에 걸쳐 회계기간마다 감가상각비로 인식할 총 금액을 의미한다.

⑦ 감가상각방법에는 (　　　　), (　　　　), (　　　　), (　　　　) 등이 있다.

⑧ 유형자산을 처분할 때, 처분대가가 장부금액보다 크면 (　　　　)(이)가 발생하고, 처분대가가 장부금액보다 작으면 (　　　　)(이)가 발생한다.

⑨ (　　　　)은(는) 무형자산의 취득원가를 내용연수 기간에 걸쳐 비용으로 배분하는 절차를 의미한다.

8.2 유형자산의 취득원가

상기업인 ㈜친절은 20×1년 동안 다음과 같은 거래를 하였다. 건물에 대한 거래를 분개하고, 건물의 취득원가를 계산하시오.

① 총 ₩800,000,000을 투자하여 3월 1일에 건물을 완공하다.

② 건물 완공 시점에 취득세 ₩40,000,000을 납부하다.

8.3 유형자산의 후속원가

상기업인 ㈜친절은 20×1년 동안 건물과 관련하여 다음과 같은 거래를 하였다. 각 거래를 분개하고, 건물의 장부금액을 제시하시오. 단, 20×1년초 건물의 장부금액은 ₩1,000,000,000이고, 20×1년의 감가상각은 반영하기 전이다.

① 10월 1일에 건물을 증축하기 위하여 ₩300,000,000을 현금으로 지급하였으며, 이는 자본적 지출로 판단된다.

② 12월 1일에 ₩40,000,000을 지출하여 손상된 외벽을 보수하다.

8.4 감가상각: 정액법

㈜친절은 20×1년 1월 1일에 다음과 같은 기계장치를 취득하였다. 주어진 자료를 이용하여 정액법으로 감가상각대상금액, 감가상각비를 계산하고, 감가상각에 대한 분개를 하시오. 그리고 매년 말 부분 재무상태표도 작성하시오.

① 취득원가 : ₩14,000,000

② 내용연수 : 5년

③ 잔존가치 : ₩700,000

8.5 감가상각: 정률법

㈜친절은 20×1년 1월 1일에 다음과 같은 기계장치를 취득하였다. 주어진 자료를 이용하여 정률을 계산하는 산식을 제시하고, 매년 말 감가상각에 대한 분개를 하시오.

① 취득원가 : ₩20,000,000

② 내용연수 : 4년

③ 잔존가치 : ₩1,000,000

④ 정률 : 0.5271

8.6 감가상각: 생산량비례법

㈜친절은 20×1년 1월 1일에 다음과 같은 기계장치를 취득하였다. 주어진 자료를 이용하여 생산 단위당 감가상각비를 계산하고, 매년 말 감가상각에 대한 분개를 하시오.

① 취득원가 : ₩30,000,000

② 잔존가치 : ₩2,000,000

③ 추정 총 생산량 : 1,000,000톤

④ 매년 생산량 : 20×1년 200,000톤, 20×2년 350,000톤, 20×3년 250,000톤

8.7 유형자산의 처분

㈜친절은 20×1년 1월 1일에 다음과 같은 기계장치를 취득하였다. 감가상각방법으로 정액법을 적용하는 경우와 정률법을 적용하는 경우로 구분하여 유형자산 처분 분개를 제시하시오.

① 취득원가 : ₩60,000,000

② 내용연수 : 5년

③ 잔존가치 : ₩3,000,000

④ 정률 : 0.4507

⑤ 20×3년 10월 1일에 기계장치를 현금 ₩24,000,000에 처분

8.8 유형자산의 취득부터 처분까지

상기업인 ㈜친절이 20×1년 동안 유형자산과 관련된 다음과 같은 거래를 하였을 때 분개를 하시오. 또한, 전자공시시스템에 공시되는 20×3년 재무상태표와 주석을 작성하시오. 단 건물 이외의 유형자산은 없다고 가정하고, 20×3년 6월 30일 이후 거래도 없다고 가정한다.

① 20×1년 1월 1일에 건물을 구입한 대가로 ₩100,000,000의 당좌수표를 발행하고, 취득세로 ₩4,000,000의 현금을 지급하다.

② 20×1년 12월 31일에 차감 계정을 사용하여 다음 조건으로 감가상각비를 인식하다. 다만, 동일 연도 내에서 월별 감가상각비는 동일하다고 가정한다.

> · 감가상각방법 : 정액법
> · 내용연수 : 3년
> · 잔존가치 : ₩2,000,000

③ 20×2년 1월 1일에 건물을 증축하기 위해 ₩40,000,000의 현금을 지급하다. 단, 건물 증축으로 내용연수가 2년 더 증가되었고, 잔존가치와 감가상각방법은 그대로이다.

④ 20×2년 12월 31일에 차감 계정을 사용하여 감가상각비를 인식하다.

⑤ 20×3년 6월 30일에 건물을 처분하고 ₩70,000,000을 나중에 받기로 하다.

8.9 무형자산의 취득 및 상각

㈜친절은 20×1년 1월 1일에 특허권을 현금 ₩500,000,000에 취득하다. 단, 특허권의 상각 기간은 5년으로 하며, 정액법으로 상각한다. 특허권과 관련된 분개를 하시오.

연습문제 해답

[연습문제 8.1]

① 유형자산, 무형자산, ② 토지, ③ 매입원가, 전환원가, 취득부대원가, ④ 후속원가, 자본적 지출, ⑤ 감가상각, ⑥ 감가상각대상금액, ⑦ 정액법, 정률법, 연수합계법, 생산량비례법(순서 상관없음), ⑧ 유형자산처분이익, 유형자산처분손실, ⑨ 상각

[연습문제 8.2]

① 건물 공사를 진행 중인 시점

(차) 건설중인자산	800,000,000	(대) 현 금	800,000,000

☞ 건물을 완공하기 전까지 건설중인자산 계정으로 회계처리

② 3월 1일 완공시점

(차) 건 물	840,000,000	(대) 건설중인자산	800,000,000
		현 금	40,000,000

☞ 건물 취득원가 = 건설비용 + 취득부대원가(취득세)
= ₩800,000,000 + ₩40,000,000 = ₩840,000,000

[연습문제 8.3]

① 10월 1일 증축

(차) 건 물	300,000,000*	(대) 현 금	300,000,000

☞ 증축이 자본적 지출에 해당하므로 건물의 취득원가에 가산한다.

② 12월 1일 외벽 보수

(차) 수 선 비	40,000,000	(대) 현 금	40,000,000

☞ 외벽 보수는 일상적인 수선·유지비에 해당하므로 장부금액에 포함시키지 않고 비용으로 인식한다.

③ 건물 장부금액 : ₩1,300,000,000

건 물

기 초	1,000,000,000	
10/1	300,000,000	

☞ 건물의 장부금액이 ₩1,000,000,000에서 ₩1,300,000,000으로 변경된다.

[연습문제 8.4]

① 감가상각대상금액 = 취득원가 − 잔존가치 = ₩14,000,000 − ₩700,000 = ₩13,300,000

② 감가상각비 = $\frac{\text{감가상각대상금액}}{\text{내용연수}} = \frac{13{,}300{,}000}{5}$ = ₩2,660,000

③ 회계처리

(차) 감가상각비	2,660,000	(대) 감가상각누계액	2,660,000

☞ 정액법은 매년 균등액을 감가상각비로 인식하므로 20×1년 말, 20×2년 말, 20×3년 말, 20×4년 말, 20×5년 말에 감가상각비에 대한 회계처리가 동일하다.

④ 부분 재무상태표

부분 재무상태표 (20×1년 말)

기계장치	14,000,000
감가상각누계액	(2,660,000)
	11,340,000

부분 재무상태표 (20×2년 말)

기계장치	14,000,000
감가상각누계액	(5,320,000)
	8,680,000

부분 재무상태표 (20×3년 말)

기계장치	14,000,000
감가상각누계액	(7,980,000)
	6,020,000

부분 재무상태표 (20×4년 말)

기계장치	14,000,000
감가상각누계액	(10,640,000)
	3,360,000

부분 재무상태표 (20×5년 말)

기계장치	14,000,000
감가상각누계액	(13,300,000)
	700,000

[연습문제 8.5]

① 정률 $= 1 - \sqrt[n]{\frac{\text{잔존가치}}{\text{취득원가}}} = 1 - \sqrt[4]{\frac{1{,}000{,}000}{20{,}000{,}000}} = 0.5271$

② 감가상각비 계산 과정

(단위 : ₩)

연도	미상각잔액	× 정률	= 감가상각비	감가상각누계액
20×1년	20,000,000	× 0.5271	= 10,542,000	10,542,000
20×2년	9,458,000	× 0.5271	= 4,985,312	15,527,312
20×3년	4,472,688	× 0.5271	= 2,357,554	17,884,866
20×4년	2,115,134	× 0.5271	= 1,115,134*	19,000,000
합계			= 19,000,000	

* 정률을 반올림하여 발생하는 단수 차이 조정: ₩19,000,000(감가상각대상금액) − ₩17,884,866(직전년도 감가상각누계액)

③ 회계처리

<20×1년 말>

(차) 감가상각비	10,542,000	(대) 감가상각누계액	10,542,000

<20×2년 말>

(차) 감 가 상 각 비	4,985,312	(대) 감가상각누계액	4,985,312

<20×3년 말>

(차) 감 가 상 각 비	2,357,554	(대) 감가상각누계액	2,357,554

<20×4년 말>

(차) 감 가 상 각 비	1,115,134	(대) 감가상각누계액	1,115,134

[연습문제 8.6]

① 생산단위당 감가상각비 $= \dfrac{\text{감가상각대상금액}}{\text{추정총생산량(투입량)}} = \dfrac{₩30,000,000 - ₩2,000,000}{1,000,000\text{톤}} = ₩28/\text{톤}$

② 회계처리

<20×1년 말>

(차) 감 가 상 각 비	5,600,000	(대) 감가상각누계액	5,600,000

☞ 생산단위당 감가상각비 ₩28/톤에 20×1년 당기 사용시간 200,000톤을 곱하여 감가상각비 ₩5,600,000으로 계산한다.

<20×2년 말>

(차) 감 가 상 각 비	9,800,000	(대) 감가상각누계액	9,800,000

☞ 생산단위당 감가상각비 ₩28/톤에 20×2년 당기 사용시간 350,000톤을 곱하여 감가상각비 ₩9,800,000으로 계산한다.

<20×3년 말>

(차) 감 가 상 각 비	7,000,000	(대) 감가상각누계액	7,000,000

☞ 생산단위당 감가상각비 ₩28/톤에 20×3년 당기 사용시간 250,000톤을 곱하여 감가상각비 ₩7,000,000으로 계산한다.

[연습문제 8.7]

〈1〉 정액법

① 감가상각비 $= \dfrac{\text{감가상각대상금액}}{\text{내용연수}} = \dfrac{₩60,000,000 - ₩3,000,000}{5} = ₩11,400,000$

② 처분 직전 유형자산 장부금액 : 20×3년 9월 30일

(차) 감 가 상 각 비	8,550,000	(대) 감가상각누계액	8,550,000

☞ 20×3년 1월 1일부터 20×3년 9월 30일까지 9개월간의 감가상각비 ₩8,550,000(= ₩11,400,000 × 9/12개월)을 추가로 인식하는 분개를 한다.

☞ 20×1년과 20×2년의 감가상각비는 각각 ₩11,400,000, ₩11,400,000이므로, 처분 직전 감가상각누계액은 ₩31,350,000이 된다.

재무상태표

㈜친절 20×3. 9. 30 (단위: ₩)

기 계 장 치	60,000,000		
감가상각누계액	(31,350,000)	28,650,000	

③ 처분 : 20×3년 10월 1일

(차) 현 금	24,000,000	(대) 기 계 장 치	60,000,000
감가상각누계액	31,350,000		
유형자산처분손실	4,650,000		

☞ 처분대가(현금 수취금액)인 ₩24,000,000에서 장부금액(=취득원가 - 감가상각누계액)인 ₩28,650,000(= ₩60,000,000 - ₩31,350,000)을 차감하면 ₩4,650,000의 유형자산처분손실이 발생한다.

〈2〉 정률법

(단위 : ₩)

연 도	미상각잔액*	× 정 률	= 감가상각비	감가상각누계액
20×1년	60,000,000	× 0.4507	= 27,042,000	27,042,000
20×2년	32,958,000	× 0.4507	= 14,854,171	41,896,171
20×3년	18,103,829	× 0.4507	= 8,159,396	50,055,567
20×4년	9,944,433	× 0.4507	= 4,481,956	54,537,523
20×5년	5,462,477	× 0.4507	= 2,462,477**	57,000,000

** 정률을 반올림하여 발생하는 단수 차이 조정: ₩57,000,000(감가상각대상금액) – ₩54,537,523(직전년도 감가상각누계액)

① 처분 직전 유형자산 장부금액 : 20×3년 9월 30일

(차) 감 가 상 각 비	6,119,547	(대) 감가상각누계액	6,119,547

☞ 20×3년 1월 1일부터 20×3년 9월 30일까지 9개월간의 감가상각비 ₩6,119,547(= ₩8,159,396 × 9/12개월)을 추가로 인식하는 분개를 한다.

☞ 20×1년과 20×2년의 감가상각비는 각각 ₩27,042,000, ₩14,854,171이므로, 처분 직전 감가상각누계액은 ₩48,015,718이 된다.

재무상태표

㈜친절 20×3. 9. 30 (단위: ₩)

기 계 장 치	60,000,000		
감가상각누계액	(48,015,718)	11,984,282	

② 처분 : 20×3년 10월 1일

(차) 현 금	24,000,000	(대) 기 계 장 치	60,000,000
감가상각누계액	48,015,718	유형자산처분이익	12,015,718

☞ 처분대가(현금 수취금액)인 ₩24,000,000에서 장부금액(= 취득원가 - 감가상각누계액)인 ₩11,984,282(= ₩60,000,000 - ₩48,015,718)을 차감하면 ₩12,015,718의 유형자산처분이익이 발생한다.

☞ 정액법의 경우에는 유형자산처분손실이 발생한 반면, 정률법의 경우에는 유형자산처분이익이 발생하였다.

[연습문제 8.8]

① 20×1년 1월 1일에 건물을 구입한 대가로 ₩100,000,000의 당좌수표를 발행하고, 취득세와 등록세로 ₩4,000,000의 현금을 지급하다.

(차) 건 물	104,000,000	(대) 당 좌 예 금	100,000,000
		현 금	4,000,000

☞ 유형자산의 취득원가 = 매입원가 + 기타원가(취득세) = ₩100,000,000 + ₩4,000,000 = ₩104,000,000

② 20×1년 12월 31일에 차감 계정을 사용하여 다음 조건으로 감가상각비를 인식하다. 다만, 동일 연도 내에서 월별 감가상각비는 동일하다고 가정한다.

• 감가상각방법 : 정액법 • 내용연수 : 3년 • 잔존가치 : ₩2,000,000

$$\text{감가상각비(정액법)} = \frac{\text{취득원가} - \text{잔존가치}}{\text{내용연수}} = \frac{₩104,000,000 - ₩2,000,000}{3} = ₩34,000,000$$

(차) 감 가 상 각 비	34,000,000	(대) 감가상각누계액	34,000,000

재무상태표

㈜친절 20×1. 12. 31 (단위: ₩)

건 물	104,000,000		
감가상각누계액	(34,000,000)	70,000,000	

③ 20×2년 1월 1일에 건물을 증축하기 위해 ₩40,000,000의 현금을 지급하다. 단, 건물 증축으로 내용연수가 2년 더 증가되고, 잔존가치와 감가상각방법은 그대로이다.

(차) 건 물	40,000,000	(대) 현 금	40,000,000

☞ 증축으로 내용연수가 증가하므로 증축은 자본적 지출인 후속원가이므로 건물의 장부금액을 증가시킨다.

④ 20×2년 12월 31일에 차감 계정을 사용하여 감가상각비를 인식하다.

☞ 감가상각대상금액 = [기존 취득원가 - 감가상각누계액 + 증가된 장부금액] - 잔존가치
= [₩104,000,000 - ₩34,000,000 + ₩40,000,000] - ₩2,000,000 = ₩108,000,000

☞ 감가상각비 = 감가상각대상금액 ÷ [잔여 내용연수 + 증가된 내용연수]
= ₩108,000,000 ÷ [2년 + 2년] = ₩27,000,000

(차) 감 가 상 각 비	27,000,000	(대) 감가상각누계액	27,000,000

재무상태표

㈜친절 20×2. 12. 31 (단위: ₩)

건 물	144,000,000		
감가상각누계액	(61,000,000)	83,000,000	

⑤ 20×3년 6월 30일에 건물을 처분하고 ₩70,000,000을 나중에 받기로 하다.

☞ 20×3년 1월 1일부터 20×3년 6월 30일까지 6개월간의 감가상각비 ₩13,500,000(= ₩27,000,000 × 6/12개월)을 추가로 인식하는 분개를 하여야 한다.

(차) 감 가 상 각 비	13,500,000	(대) 감가상각누계액	13,500,000

☞ 20×2년까지의 감가상각누계액 ₩61,000,000에 처분 시점까지의 감가상각누계액 ₩13,500,000을 합산하면 ₩74,500,000이 된다.

재무상태표

㈜친절 20×3. 6. 30 (단위: ₩)

건 물	144,000,000		
감가상각누계액	(74,500,000)	69,500,000	

(차) 미 수 금	70,000,000	(대) 건 물	144,000,000
감가상각누계액	74,500,000	유형자산처분이익	500,000

☞ 처분대가 ₩70,000,000에서 장부금액 ₩69,500,000(= ₩144,000,000 - ₩74,500,000)을 차감하면 유형자산처분이익 ₩500,000이 발생한다.

⑥ 20×3.12.31. : 전자공시시스템 공시

재무상태표

제3기 20×3년 12월 31일 현재
제2기 20×2년 12월 31일 현재
제1기 20×1년 12월 31일 현재

㈜친절 (단위: 원)

과 목	제3기	제2기	제1기
자산			
비유동자산			
유형자산	69,500,000	83,000,000	70,000,000

주 석

(단위: 원)

구 분	당기말	전기말
건 물	144,000,000	144,000,000
감 가 상 각 누 계 액	(74,500,000)	(61,000,000)
합 계	69,500,000	83,000,000

[연습문제 8.9]

① 20×1년 1월 1일에 특허권을 현금 ₩500,000,000에 취득하다.

(차) 특 허 권	500,000,000	(대) 현 금	500,000,000

☞ 특허권은 산업재산권의 일종으로 무형자산에 해당한다.

② 특허권의 상각 기간은 5년이며, 정액법으로 상각한다.

$$\text{무형자산상각비} = \frac{₩500,000,000 - ₩0}{5} = ₩100,000,000$$

(차) 무형자산상각비	100,000,000	(대) 특 허 권	100,000,000

☞ 무형자산은 잔존가치가 ₩0이며, 직접상각법을 적용할 수 있다.

9
CHAPTER

비유동부채

CONTENTS

CHAPTER 9 비유동부채

기업의 대표적인 장기자금 조달방법에는 회사채 발행과 주식 발행이 있는데 본 장에서는 그 중 비유동부채로 분류되는 회사채와 관련된 회계주제를 다룬다. 회사채와 같은 비유동부채의 회계처리에는 회폐의 시간가치를 감안한 평가가 중요하다. 화폐의 시간가치 개념을 살펴본 후 이를 이용한 회사채 회계처리방법을 설명한다. 후반부에서는 회사채 이외의 비유동부채를 다룬다.

SECTION 1 화폐의 시간가치

본 절에서는 회사채 등 비유동부채의 회계처리에 필요한 화폐의 시간가치time value of money 개념을 설명한다. 화폐의 시간가치는 회계뿐만 아니라 금융 및 투자 등 재무영역에서도 매우 중요하고 기초적인 개념이므로 잘 익혀둘 필요가 있다.

부채는 과거 사건의 결과로 발생한 현재의 의무로서 미래에 경제적 자원의 유출을 통해 이행이 예상되는 의무이다. 부채의 정의를 살펴보면 부채는 세 가지 시간적 특성을 가지는데 첫째가 과거 사건으로 인해 발생한다는 특성이고, 둘째는 현재의 의무라는 특성이며, 셋째는 의무의 이행이 미래에 발생한다는 특성이다.

세 가지 시간적 특성 중에서 가장 중요한 것은 현재의 의무라는 점이다. 따라서 부채를 측정할 때 현재의 의무로 부채가 얼마인지를 보고하는 것이 중요한데, 실제로 의무의 이행은 미래에 이루어지기 때문에 미래에 유출되는 금액에 대해서는 화폐의 시간가치 개념을 적용하여 현재 시점 기준의 금액으로 환산할 필요가 있다.

부채를 현재 시점의 금액으로 환산하면 상환기간이나 상환금액이 다른 다양한 부채들에 대해 비교가능한 금액으로 보고할 수 있으며, 재무보고 시점의 총부채 수준에 대해서도 일관된 정보를 제공할 수 있다. 그러나 화폐의 시간가치를 고려한 현재가치의 측정이 부채의 공정가치를 정확하게 측정하는 것은 아닐 수 있다. 또한 모든 부채를 현재가치로 측정하는 것은 실무상 어려움이 있을 수 있다. 따라서 화폐의 시간가치가 중요하지 않다고 판단되는 경우, 예를 들어 부채의 상환이 1년 이내에 이루어질 것으로 예상되는 유동부채의 경우에는 현재가치로 측정하여 보고하지 않고 명목금액을 사용할 수 있다.

화폐의 시간가치는 미래가치future value와 현재가치present value로 구분한다. 미래가치는 현재의 화폐금액을 미래의 특정 시점을 기준으로 환산한 금액을 의미하고, 현재가치는 미래의 화폐금액을 현재의 특정 시점을 기준으로 환산한 금액을 말한다. 화폐금액을 현재 또는 미래의 특정 시점으로 환산하기 위해서는 두 시점을 연결시켜주는 도구가 필요한데 주로 사용되는 것이 이자율이다. 따라서 이자율을 할인율이라고도 하는데 주로 미래가치를 현재가치로 환산할 때에는 할인율이라는 용어를 사용하고, 현재가치를 미래가치로 환산할 때에는 이자율이라는 용어를 사용한다.

화폐의 시간가치 개념을 적용할 때 이해해야 할 개념은 특정 현금흐름에 대해 현재가치로 계산된 금액과 미래가치로 계산된 금액이 명목상으로는 다르더라도 두 금액의 실제가치는 동일하다는 점이다. 즉, 미래가치로 계산된 금액이 명목상으로는 현재가치로 계산된 금액보다 크지만 시간의 흐름에 따라 자연스럽게 발생하는 이자의 가치를 고려하면 두 금액의 실질가치는 동일하다는 전제가 성립되어야만 특정 시점으로의 상호환산이 가능해진다. 따라서 이자율이 화폐의 실질가치를 동일하게 유지하는 환산(교환) 비율이 된다.

예를 들어 현재 보유한 ₩100을 연 10%의 이자율 조건으로 누군가에게 빌려주면 1년 후에 ₩10의 이자수익이 발생한다. 따라서 현재 ₩100의 1년 후 미래가치는 ₩110이 됨을 알 수 있다. 이는 현재 시점의 ₩100이라는 금액과 1년 후 미래 시점의 ₩110이라는 금액 간에는 명목적으로 차이가 발생하지만 실질가치 측면에서는 현재 시점의 ₩100과 1년 후인 미래 시점의 ₩110이 동일함을 의미한다. 일반적으로 현재의 ₩100을 원금이라고 하고 이자율 10%를 적용한 ₩10을 이자라고 하므로, 미래가치의 명목금액 ₩110은 원금과 이자의 합이라고 볼 수 있다.

미래가치와 반대로 현재 시점을 기준으로 환산한 금액을 현재가치라고 한다. 누군가가 1년 후에 ₩110을 지급하겠다고 약속하면서 연 10%의 이자율 조건으로 자금을 차입하려고 하면, 현재 시점 기준으로 ₩100을 빌릴 수 있다. 왜냐하면 이자율 10%를 적용하면 미래 시점의 ₩110과 동일한 가치를 갖는 현재 시점의 금액이 ₩100이기 때문이다. 현재가치는 미래에 발생할 화폐의 명목금액을 현재 기준의 명목금액으로 환산한 것이다.

이와 같이 화폐의 시간가치를 계산함에 있어서 중요한 사항이 이자율임을 알 수 있는데 이자율에 따라 동일한 가치가 다른 명목금액으로 계산되기 때문이다. 앞의 예에서 이자율을 5%로 바꾼다면, 현재의 ₩100에 대한 1년 후 미래가치는 ₩105이 된다. 즉 1년 후의 명목금액 ₩105이 현재 시점의 명목금액 ₩100과 동일한 가치를 갖는다는 것을 의미한다. 같은 방식으로 이자율이 15%라면, 1년 후에 ₩115를 지급하겠다고 약속하고 ₩100을 빌릴 수가 있다. 이는 미래의 명목금액 ₩115와 동일한 가치를 갖는 현재 시점의 명목금액이 ₩100이라는 것을 의미한다. 이와 같이 동일한 가치를 갖는 현재의 명목금액과 미래의 명목금액은 이자율에 따라 달라지게 된다.

이자의 계산 방법에는 복리이자compound interest계산방법과 단순이자simple interest계산방법이 있다. 앞의 사례에서는 1년 후 미래에 대한 화폐의 시간가치를 살펴보았기 때문에 복리이자와 단순이자의 차이가 발생하지 않는다. 하지만 미래 시점이 1년보다 길어지면 복리이자를 적용하는 경우와 단순이자를 적용하는 경우가 차이를 보인다. 왜냐하면, 단순이자계산방법은 매년 원금에 동일한 이자가 발생하는 방식이고, 복리이자계산방법은 원금은 물론 이자에도 이자가 반복적으로 발생하는 방식이기 때문이다.

예를 들어 연 10%의 단순이자율 조건으로 누군가에게 ₩100을 빌려주면, 1년 후는 물론 2년 후에도 동일한 이자수익 ₩10이 발생한다. 따라서 단순이자율에 의한 ₩100의 2년 후 미래가치는 원금 ₩100과 이자수익 ₩20을 합친 ₩120이 된다. 그러나 연 10%의 복리이자율 조건으로 누군가에게 ₩100을 빌려주면, 1년 후에 ₩10의 이자수익이 발생하나 2년 후에 원금 ₩100에 대한 이자수익 ₩10과 1년 차에 발생한 이자수익 ₩10에 대한 2년 차의 이자수익 ₩1이 발생한다. 복리이자를 적용한다는 것은 2년이 지난 시점에 1년 전에 발생한 이자수익에 대해서도 이자를 지급하는 조건임을 의미하기 때문이다. 따라서 복리이자율에 의한 ₩100의 2년 후 미래가치는 원금 ₩100과 이자수익 ₩21을 합친 ₩121이 된다.

은행의 적금이나 예금에서 단순이자를 적용하기도 하지만 기업의 경영활동에서는 복리이자를 적용하는 것이 일반적이며 화폐의 시간가치를 적용하여 재무보고를 하는 경우에도 복리이자 방식을 많이 사용한다. 따라서 특별한 언급이 없다면 회계원리에서 나오는 이자율은 복리이자율을 의미한다.

1.1 미래가치

미래가치future value란 현재의 금액과 동일한 가치를 가지는 미래 일정시점의 금액을 의미한다. 연이자율이 r일 때 현재 단일금액(P_0)의 n년 후 미래가치(F_n)은 다음과 같이 계산된다.

$$F_n = P_0 \times [1 + r]^n$$

F_n : n년 후 미래가치, P_0 : 현재 단일금액, r : 연이자율, n : 연수

예를 들어, 연이자율이 10%인 경우 현재 단일금액 ₩100,000의 미래가치는 시점에 따라 다음과 같이 계산된다.

[단일금액의 미래가치]

F_0 = P_0(현재가치) = ₩100,000 × 1.0000 = ₩100,000

F_1 = ₩100,000 × $[1+10\%]^1$ = ₩100,000 × 1.1000 = ₩110,000

F_2 = ₩100,000 × $[1+10\%]^2$ = ₩100,000 × 1.2100 = ₩121,000

위 식에서 미래가치를 구하려면 계산기로 $[1+0.1]^1$, $[1+0.1]^2$ 값을 직접 계산해야 한다. '₩1의 미래가치계산표'를 이용하면 단순한 조건(예를 들면, 이자율이 5%, 10%인 경우처럼 간단한 경우)인 경우에는 쉽게 미래가치를 계산할 수 있지만 미래가치계산표는 일반적인 조건(예를 들면, 이자율이 4.5%, 9.85%인 경우)에 대하여 적용하기 어렵기 때문에 미래가치를 자유자재로 계산하기 위해서는 계산식을 기억하는 편이 좋다.

일정기간 동안 동일한 금액들의 현금흐름을 보이는 연금annuity의 미래가치는 단일금액의 미래가치 합으로 계산할 수 있다. 예를 들어 연이자율이 10%인 경우, 3년 동안 매년 말에 ₩100,000을 납입하고 3년 말에 원금과 이자를 모두 수령하는 정기적금에 가입했을 때, 3년 말에 회수할 현금(현금흐름의 미래가치)은 다음과 같이 계산된다.

[그림 9-1] 연금의 미래가치

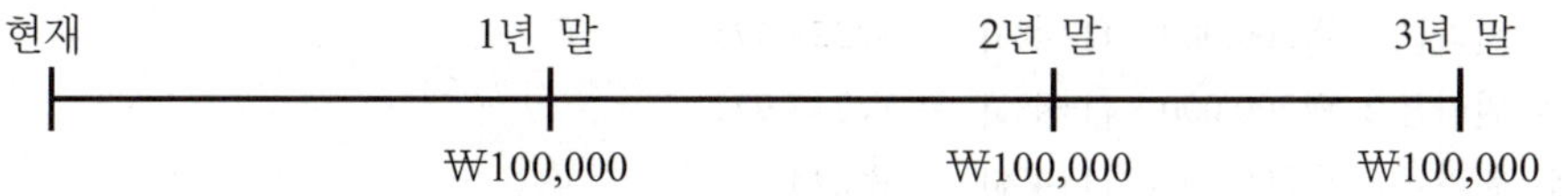

	= [2년 후 미래가치]	+	[1년 후 미래가치]	+	[현재가치]
[직접계산]	= ₩100,000×$[1+10\%]^2$	+	₩100,000×$[1+10\%]^1$	+	₩100,000
[단일금액 계산표]	= ₩100,000×1.2100	+	₩100,000×1.1000	+	₩100,000
[정상연금 계산표)	= ₩100,000×3.3100				
	= ₩331,000				

[그림 9-1]에서 1년 말에 납입하는 ₩100,000은 적금을 회수하는 3년 말까지 2년이 남았으므로 적용되는 미래가치는 '2년 후 미래가치'이다. 즉 1년 말 납입한 명목금액 ₩100,000과 동일한 가치를 갖는 3년 말 시점의 명목금액을 ₩100,000 × $[1+10\%]^2$로 계산할 수 있다. 또한 2년 말에 납입한 ₩100,000은 3년 말까지 1년이 남았으므로 적용되는 미래가치는 '1년

후 미래가치'이다. 따라서 2년 말에 납입한 명목금액 ₩100,000과 동일한 가치를 갖는 3년 말 시점의 명목금액은 ₩100,000 × $[1+10\%]^1$로 계산할 수 있다. 3년 말에 납입한 ₩100,000은 납입하는 즉시 돌려받으므로 미래가치는 없고 '현재가치'만 존재한다.

연금의 미래가치는 단일금액의 미래가치를 합산하면 되므로, 3년 후 회수하는 미래가치는 각 연도의 말에 납입한 ₩100,000에 대한 미래가치의 합이다. 연금 ₩1에 대한 미래가치 계산식은 '$[1+0.1]^2+[1+0.1]^1+1$'이며, '연금 ₩1의 미래가치계산표'에 의하면 이 값은 '3.3100'이므로 ₩100,000에 3.3100을 곱한 값 ₩331,000은 쉽게 얻을 수 있다.

예제 9.1 미래가치 계산

㈜친절은 20×1년 1월 1일에 여유자금 ₩200,000을 투자하려고 하는데, 은행에서 제공하는 금융상품은 연 4%의 복리계산조건의 정기예금이다.

물음 ㈜친절이 예금에 투자하는 기간을 1년부터 5년까지 선택할 수 있다고 가정하여 각 기간별로 미래가치를 측정하는 계산식을 제시하시오.

해설

복리계산조건 : 연 4%

미래가치 계산식은 $F_n = P_0 \times [1+r]^n$이므로 P_0에 ₩200,000, r에 4%를 적용하여 복리계산조건의 미래가치를 경과연수에 따라 정리하면 다음과 같다.

1년 후 원리금 : ₩200,000 × $[1+4\%]^1$ = ₩208,000
2년 후 원리금 : ₩200,000 × $[1+4\%]^2$ = ₩216,320
3년 후 원리금 : ₩200,000 × $[1+4\%]^3$ = ₩224,973
4년 후 원리금 : ₩200,000 × $[1+4\%]^4$ = ₩233,972
5년 후 원리금 : ₩200,00 0× $[1+4\%]^5$ = ₩243,331

예제 9.2 연금의 미래가치 계산

㈜친절은 20×1년 1월 1일에 여유자금 ₩1,000,000을 장기간 투자하려고 한다. 첫 번째 투자방안은 매년 말 ₩200,000씩 5년간 투자하는 것이고, 두 번째 투자방안은 매년 말 ₩100,000씩 10년간 투자하는 것이다. 연 이자율은 4%라고 가정한다.

물음 ① 두 가지 투자방안에 대한 미래가치를 계산하시오.
② 두 가지 투자방안을 비교하시오.

해설

① 투자방안 1 : 매년 말 ₩200,000씩 5년간 투자

먼저 5년 후 연금의 미래가치는 다음과 같이 계산한다.

$$FA_5 = ₩200,000 \times \{[1+4\%]^4 + [1+4\%]^3 + [1+4\%]^2 + [1+4\%]^1 + 1\}$$
$$= ₩233,972 + ₩224,973 + ₩216,320 + ₩208,000 + ₩200,000$$
$$= ₩1,083,265$$

② 투자방안 2 : 매년 말 ₩100,000씩 10년간 투자

$$FA_{10} = ₩100,000 \times \{[1+4\%]^9 + [1+4\%]^8 + [1+4\%]^7 + [1+4\%]^6 + [1+4\%]^5 + [1+4\%]^4 + [1+4\%]^3 + [1+4\%]^2 + [1+4\%]^1 + 1\}$$
$$= ₩142,331 + ₩136,857 + ₩131,593 + ₩126,532 + ₩121,665 + ₩116,986 + ₩112,486 + ₩108,160 + ₩104,000 + ₩100,000$$
$$= ₩1,200,610$$

③ 두사방안 비교

두 가지 투자방안 모두 명목금액으로는 ₩1,000,000을 투자한다. 투자방안 1은 매년 말 ₩200,000씩 5년간 투자하여 ₩1,000,000이고, 투자방안 2는 매년 말 ₩100,000씩 10년간 투자하여 ₩1,000,000이다. 앞에서 살펴본 바와 같이 투자방안 1의 미래가치는 ₩1,083,265, 투자방안 2의 미래가치는 ₩1,200,610이다. 그러나 계산한 미래가치를 단순히 비교할 수 없다. 왜냐하면 투자기간에 차이가 있기 때문이다. 따라서 투자기간을 동일하게 맞추기 위하여 투자방안 1의 미래가치 ₩1,083,265가 5년 더 4%로 투자되는 것으로 가정하여 투자방안 1의 10년 후 미래가치를 계산하면 ₩1,317,958(= ₩1,083,265 × $[1+4\%]^5$)이다. 따라서 총명목금액은 동일한 듯 보이지만, 초기에 투자를 많이 할수록 미래가치가 커진다는 점을 확인할 수 있다.

1.2 현재가치

현재가치present value란 미래 일정시점의 금액과 동일한 가치를 가지는 현재시점의 금액을 의미한다. 연이자율이 r일 때 n년 후 단일금액(F_n)의 현재가치(P_0)는 다음과 같이 계산된다.

$$P_0 = F_n \times \frac{1}{[1+r]^n}$$

P_0 : 현재가치, F_n : n년 후 단일금액, r : 연이자율, n : 연수

예를 들어 연이자율이 10%인 경우 단일금액 ₩100,000의 현재가치는 시점에 따라 다음과 같이 계산한다.

[단일금액의 현재가치]

$$P_1 = ₩100,000 \times \frac{1}{[1+10\%]^1} = ₩100,000 \times 0.9091 = ₩90,910$$

$$P_2 = ₩100,000 \times \frac{1}{[1+10\%]^2} = ₩100,000 \times 0.8264 = ₩82,640$$

$$P_3 = ₩100,000 \times \frac{1}{[1+10\%]^3} = ₩100,000 \times 0.7513 = ₩75,130$$

위 식에서 현재가치를 구하려면 계산기로 '$\frac{1}{[1+10\%]^1}$, $\frac{1}{[1+10\%]^2}$, $\frac{1}{[1+10\%]^3}$'의 값을 직접 계산해야 하지만, '₩1의 현재가치계산표'를 이용하면 보다 쉽게 현재가치를 구할 수 있다. 하지만 현재가치계산표는 일반적인 조건에 대하여 적용하기 어렵기 때문에 계산식을 기억하는 편이 바람직하다.

[그림 9-2] 단일금액 ₩1의 현재가치계산표

구분	1%	2%	3%	4%	5%	6%	7%	8%	9%	10%	11%	12%
1년	0.9901	0.9804	0.9709	0.9615	0.9524	0.9434	0.9346	0.9259	0.9174	0.9091	0.9009	0.8929
2년	0.9803	0.9612	0.9426	0.9246	0.9070	0.8900	0.8734	0.8573	0.8417	0.8264	0.8116	0.7972
3년	0.9706	0.9423	0.9151	0.8890	0.8638	0.8396	0.8163	0.7938	0.7722	0.7513	0.7312	0.7118
4년	0.9610	0.9238	0.8885	0.8548	0.8227	0.7921	0.7629	0.7350	0.7084	0.6830	0.6587	0.6355
5년	0.9515	0.9057	0.8626	0.8219	0.7835	0.7473	0.7130	0.6806	0.6499	0.6209	0.5935	0.5674

연금의 현재가치는 일정기간 동안의 동일한 금액들의 현재가치 합이다. 예를 들어 연이자율이 10%인 경우, 3년 동안 매년 말에 ₩100,000의 현금을 갚기로 약속하고 돈을 빌린다면 얼마의 금액을 빌릴 수 있겠는가? 빌릴 수 있는 금액은 미래에 갚기로 약속한 현금흐름의 현재가치와 동일할 것이며, 다음과 같이 계산된다.

[그림 9-3] 연금의 현재가치

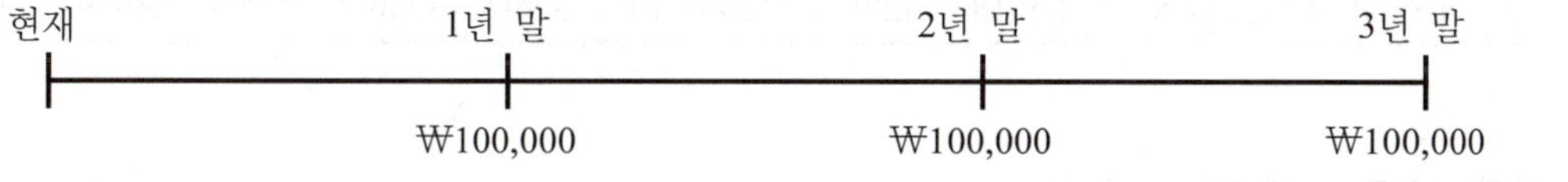

= [1년 전 현재가치] + [2년 전 현재가치] + [3년 전 현재가치]

[직접계산] $= ₩100{,}000 \times \dfrac{1}{[1+10\%]^1} + ₩100{,}000 \times \dfrac{1}{[1+10\%]^2} + ₩100{,}000 \times \dfrac{1}{[1+10\%]^3}$

[단일금액 계산표] $= ₩100{,}000 \times 0.9091 + ₩100{,}000 \times 0.8264 + ₩100{,}000 \times 0.7513$

[정상연금 계산표] $= ₩100{,}000 \times 2.4869$

$= ₩248{,}690$

[그림 9-3]에서 1년 말에 ₩100,000의 현금을 지급하기로 약속하면, 현재가치는 '1년 후 지급할 금액의 현재가치'이다. 즉 1년 후에 지급하기로 약속한 명목금액 ₩100,000과 동일한 가치를 갖는 현재 시점의 명목금액을 $₩100{,}000 \times \dfrac{1}{[1+10\%]^1}$로 계산할 수 있다. 같은 방식으로 2년 말에 ₩100,000의 현금을 지급하기로 약속하면, 현재 시점에서 동일한 가치를 갖는 명목금액을 $₩100{,}000 \times \dfrac{1}{[1+10\%]^2}$로 계산할 수 있다. 3년 말에 ₩100,000의 현금을 지급하기로 약속하면, 현재 시점에서 동일한 가치를 갖는 명목금액을 $₩100{,}000 \times \dfrac{1}{[1+10\%]^3}$로 계산한다.

연금의 현재가치는 각 시점에 지급하기로 약속한 금액에 대한 현재가치의 합을 의미하므로, ₩1의 연금에 대한 현재가치를 '$\dfrac{1}{[1+0.1]^1}+\dfrac{1}{[1+0.1]^2}+\dfrac{1}{[1+0.1]^3}$'로 계산한다. [그림 9-4]에서 제시된 '연금 ₩1의 현재가치계산표'에 의하면 이 값은 '2.4869' 이므로, ₩100,000에 2.4869를 곱하면 ₩248,690을 구할 수 있다.

[그림 9-4] 연금 ₩1의 현재가치계산표

구분	1%	2%	3%	4%	5%	6%	7%	8%	9%	10%	11%	12%
1년	0.9901	0.9804	0.9709	0.9615	0.9524	0.9434	0.9346	0.9259	0.9174	0.9091	0.9009	0.8929
2년	1.9704	1.9416	1.9135	1.8861	1.8594	1.8334	1.8080	1.7833	1.7591	1.7355	1.7125	1.6901
3년	2.9410	2.8839	2.8286	2.7751	2.7232	2.6730	2.6243	2.5771	2.5313	2.4869	2.4437	2.4018
4년	3.9020	3.8077	3.7171	3.6299	3.5460	3.4651	3.3872	3.3121	3.2397	3.1699	3.1024	3.0373
5년	4.8534	4.7135	4.5797	4.4518	4.3295	4.2124	4.1002	3.9927	3.8897	3.7908	3.6959	3.6048

예제 9.3 현재가치 계산

㈜친절은 20×1년 1월 1일에 자금을 확보하기 위하여 다음과 같은 두 가지 방안을 비교하고 있다. 5년 후에 한번에 ₩1,000,000을 갚는 방안과, 매년 말 ₩200,000씩 5년간 갚는 방안이다. 두 가지 방안 모두 이자율은 6%라고 가정한다.

물음 ① 두 가지 자금 확보방안에 대한 현재가치를 계산하시오.
② 두 가지 자금 확보방안을 비교하시오.

해설

① 자금 확보방안 1 : 5년 후 한번에 ₩1,000,000 갚는 방안

$$\text{현재가치} = ₩1,000,000 \times \frac{1}{[1+6\%]^5} = ₩747,258$$

참고 : 단일금액 ₩1의 현재가치계산표을 이용하여 계산한 현재가치
₩1,000,000 × 0.7473 = ₩747,300

② 자금 확보방안 2 : 매년 말 ₩200,000씩 5년간 갚는 방안

$$\text{현재가치} = ₩200,000 \times \left\{\frac{1}{[1+6\%]^1}+\frac{1}{[1+6\%]^2}+\frac{1}{[1+6\%]^3}+\frac{1}{[1+6\%]^4}+\frac{1}{[1+6\%]^{5)}}\right\}$$

$$= ₩188,679 + ₩177,999 + ₩167,924 + ₩158,419 + ₩149,452$$

$$= ₩842,473$$

참고 : 연금 ₩1의 현재가치계산표를 이용하여 계산한 현재가치
₩200,000 × 4.2124 = ₩842,480

③ 자금 확보방안 비교
두 가지 자금 확보방안에서 갚기로 약속한 총명목금액은 ₩1,000,000으로 동일하다. 자금 확보방안 1에서는 5년 후 한번에 ₩1,000,000을 갚고, 자금 확보방안 2에서는 매년 말 ₩200,000씩 5년간 ₩1,000,000을 갚는다. 하지만 두 가지 자금 확보방안의 현재가치는 차이를 보인다.

자금 확보방안 1의 현재가치는 ₩747,258, 자금 확보방안 2의 현재가치는 ₩842,473이다. 이를 통하여 한번에 갚는 방안보다 갚는 빈도수를 증가시키는 방안의 현재가치가 더 큼을 확인할 수 있다.

SECTION 2 사채

2.1 사채의 의의

영업활동 또는 투자활동을 위한 자금이 필요하지만 회사 내에 충분한 자금이 확보되어 있지 않은 경우에는 부득이 필요한 자금을 회사 외부에서 조달해야만 한다. 회사가 필요한 자금을 조달하는 방법에는 지인이나 거래처 또는 은행으로부터 차입하는 방법도 있지만, 거액의 자금이 필요한 경우에는 일반적으로 자본시장을 통해 일반대중으로부터 자금을 조달하는 방법이 사용된다. 이와 같은 방법에는 주식발행을 통해 추가적인 자기자본을 조달하는 방법과 회사채의 발행을 통해 타인자본을 조달하는 방법이 있다.

회사채會社債, corporation bond는 주식회사가 자본시장에서 일반대중으로부터 거액의 장기자금을 조달하기 위해 발행하는 증서로서, 사전에 정해진 날짜에 약정된 이자와 원금을 지급하는 것이 표기된 채무증서(채권)이다. 자본시장에서 자금을 차입하기 위해 채무증서를 유가증권 형태로 발행할 수 있는 주체는 국가, 지방자치단체 및 주식회사이다. 개인기업은 유가증권인 채무증서를 발행하여 자금을 차입할 수 없으며, 국가가 발행한 채무증서를 국채, 지방자치단체가 발행한 채무증서를 공채라고 한다. 주식회사가 발행한 유가증권으로서의 채무증서를 회사채 또는 줄여서 사채社債라고도 하는데, 본 장에서는 개인기업이 아닌 회사가 발행한 채무증서라는 의미를 강조하고, 또한 언론에서 흔히 언급되는 사채私債와 구분하기 위하여 사채라는 용어대신 '회사채'로 기술한다. '사채'라는 용어는 회사채의 발행을 통해 회사가 차입한 장기부채bond payable의 계정과목을 의미할 때 사용한다.

회사채의 장점은 기업이 차입하기를 원하는 자금이 거액이더라도 이를 많은 수의 작은 금액 단위(예를 들어 한 구좌당 ₩10,000 이상의 동일 금액)들로 쪼개어 채권을 발행할 수 있어서 쉽게 거액의 자금을 조달할 수 있다는 점이다. 따라서 소액투자자들을 대상으로 기업이 원하는 거액의 자금을 조달할 수 있으며, 회사채에 투자하는 채권자들 역시 언제든지 원하기만 하면 보유 중인 회사채를 증권시장에서 자유롭게 매각하여 현금화할 수 있다는 장점이 있다.

사채는 주식발행을 통해 조달된 자기자본, 은행이나 특정 개인으로부터 차입된 장기차입금과 함께 기업의 장기성 자금조달에서 중요한 부분을 차지한다. 사채는 주식회사가 자본시장에 회사채를 발행하여 일반대중으로부터 거액의 현금을 장기간 조달한다는 점에서 특정한 자금대여자(은행 또는 개인)로부터 개별적으로 조달된 장기차입금과 차이가 있지만 회계처리에 있어서는 둘 다 장기부채라는 점에서 동일하다. 따라서 장기차입금과 마찬가지로 기업은 사채에 대하여도 현금을 빌린 대가로 원금과 이자를 상환해야 한다.

회사채는 회사채의 발행회사의 입장에서는 부채이지만, 회사채를 장기간 보유할 목적으로 매입한 회사의 입장에서는 금융자산이 된다. 본 장에서는 회사채발행회사 입장에서의 회계처리에 대해서만 설명한다.

2.2 회사채와 관련된 주요 용어

회사채는 자금을 빌리면서 발행하는 약속증서이다. 따라서 회사채에서 약속하는 사항이 중요한데 만기, 액면금액, 액면이자율 3가지이다. 회사채의 3가지 약속은 모두 미래에 대한 것이므로 현재가치로 환산하여 재무제표에 보고한다. 회사채에 포함된 미래의 약속을 현재가치로 환산하기 위하여 시장이자율을 활용한다. 회사채에 대한 회계처리를 위하여 알아야 할 주요 용어는 다음과 같다.

1) 만기

회사채는 자금을 빌려 쓰는 자금조달 방법이므로 언젠가는 상환해야 한다. 만기maturity는 회사채로 조달한 자금을 사용하는 기간을 의미한다. 만기를 확인할 수 있도록 회사채에는 발행일issue date과 만기일maturity date을 표시한다.

2) 액면금액

액면금액par value은 말 그대로 회사채의 표면에 기재된 금액이며, 만기일에 상환해야 할 금액이다. 자금을 빌리면서 만기 시점에 갚을 금액을 회사채의 증서에 기록하여 약속하는 것이다. 회사채의 액면금액은 1구좌당 ₩10,000이상으로 균일해야 하며, 만기일이 되면 발행회사는 액면금액을 채권자들에게 상환해야 한다.

3) 액면이자율

회사채의 표면에 적혀 있는 이자율을 액면이자율stated interest rate 또는 표시이자율이라고 한다. 자금을 빌려 사용하는 대가로 채권자에게 현금으로 지급하여야 할 이자를 액면금액의 일정 비율을 지급하기로 약속하는 것이다. 따라서 발행회사가 지급할 이자는 사채의 액면금액에 액면이자율을 곱하여 구한다. 예를 들어 매년 말 지급조건이라면 만기까지 매년 말에 액면금액에 액면이자율을 곱한 금액을 현금으로 지급해야 한다.

현금이자 = 사채의 액면금액 × 액면이자율

기업들은 액면이자율을 정할 때 사채 발행 당시의 시장이자율 보다는 기업의 미래 현금사정을 고려하여 결정한다. 예컨대 기업의 미래 현금사정이 양호하지 못할 것이라고 예상될 경우 기업은 액면이자율을 낮게 설정하여 현금이자 지출로 인한 자금압박을 줄일 수 있다. 따라서 액면이자율은 투자자들이 받기를 원하는 수준의 이자율과 일치하지 않는 때가 많다.

4) 시장이자율

시장이자율market interest rate은 자본시장에 참여하고 있는 일반 투자자들이 회사채를 구입하는 대신 다른 곳에 자금을 투자하는 경우에 얻을 수 있는 이자율을 의미한다. 따라서 특정 사채를 구입할 때 발생하는 기회비용opportunity cost이라고 할 수 있다. 결국 기업들이 회사채를 통해 자금을 조달하기 위해서는 일반 투자자들에게 기회비용인 시장이자율만큼을 보상해주어야만 한다. 만약 기업이 발행하려는 회사채 이자율이 시장이자율보다 낮다면 투자자들은 더 높은 이자율을 제시하는 다른 투자안을 선택하려 할 것이기 때문이다.

시장이 요구하는 수익률로서 시장이자율은 기업마다 다르다. 자본시장에서 자금을 조달하려고 하는 기업마다 투자자가 부담할 위험이 다르기 때문이다. 투자자는 액면금액이나 현금이자에 대한 지급 약속을 기업이 지키지 못할 가능성이 클수록 높은 투자수익률을 요구하기 때문에 투자자가 위험을 높게 인식하는 만큼 시장이자율이 높게 형성된다. 같은 기업이라 하더라도 회사채의 만기에 따라 시장이자율이 다를 수 있다. 일반적으로 만기가 길어질수록 회사채에 대한 투자위험을 높게 인식한다.

2.3 회사채의 발행

1) 회사채 발행금액 계산방법

회사채는 미래에 돈을 갚기로 한 시점인 만기, 만기에 지급할 액면금액, 그리고 특정시점마다 지급할 현금이자를 결정하는 액면이자율을 약속한 채무증서이므로 회사채에서 현금을 지급하기로 하는 약속은 두 가지로 구분할 수 있다. 첫째, 만기에 액면금액을 지급하는 약속이다. 둘째, 정해진 기간마다(예를 들어 매년 말) 액면금액에 액면이자율을 적용한 현금이자를 지급하는 약속이다. 따라서 회사채를 발행한 기업이 발행일에 인식할 부채금액은 만기에 지급하기로 한 액면금액과 정해진 기간마다 지급하기로 한 현금이자를 발행일의 현재가치로 환산한 금액이며, 이 금액은 회사채의 발행으로 회사가 조달한 금액(발행금액)과 일치한다. 회사채의 발행금액을 약속한 현금 지급으로 구분하여 표현하면 다음과 같다.

회사채 발행금액 = 액면금액 현재가치 + 현금이자 현재가치

* 현금이자 = 액면금액 × 액면이자율

현재가치는 미래에 지급할 현금에 시장이자율을 적용하여 계산한다. 시장이자율은 사채투자자에게 보장할 기회비용에 해당하므로 현재가치를 계산할 수 있는 공정한 이자율에 해당한다. 일반적으로 미래에 지급하기로 한 현금에 시장이자율을 적용하여 현재가치를 계산하면 미래금액보다 작아지므로 시장이자율을 할인율이라고도 한다. 회사채의 발행금액을 계산하는 구조는 [그림 9-5]와 같다.

[그림 9-5] 회사채의 발행금액 계산구조

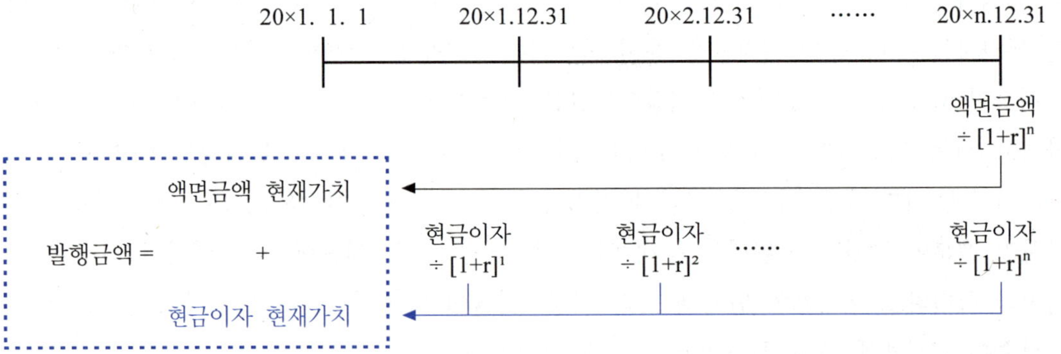

계산의 편의를 위하여 미래 액면금액의 현재가치는 회사채의 액면금액에 '단일금액 ₩1의 현재가치계산표'에 의한 계수를 곱하면 된다. 또한 미래 현금이자의 현재가치는 이자비용에 '연금 ₩1의 현재가치계산표'에 의한 계수를 곱하면 된다. 여기서, 현금이자는 회사채의 액면금액에 액면이자율을 곱하여 산출된다.

액면금액 현재가치 = 액면금액 × 단일금액 ₩1의 현가계수
현금이자 현재가치 = 현금이자 × 연금 ₩1의 현가계수

2) 액면발행

회사채의 발행금액은 회사채의 발행조건인 만기, 액면금액, 액면이자율과 자본시장의 거래조건인 시장이자율에 의해 결정된다. 여기에서 주목할 사항은 회사채의 발행금액 계산에서는 두 가지 이자율이 사용된다는 점이다. 액면이자율과 시장이자율이다. 따라서 액면이자율과 시장이자율의 의미를 이해하면 회사채 발행금액의 의미를 이해할 수 있게 된다.

액면이자율은 회사채의 발행조건에 해당하는 것으로 일정 기간마다 지급할 자금의 사용대가를 결정하는 이자율이다. 즉 액면이자율은 미래의 일정 시점마다 자금의 사용대가로 지급하기로 약속한 현금이자를 계산할 때 사용하는 약속이자율이라고 볼 수 있다.

반면 시장이자율은 자본시장에서 회사채 발행기업과 투자자가 거래할 수 있는 조건을 결정하는 이자율이다. 즉 시장이자율은 회사채의 발행조건에 따라 미래에 지급하기로 한 현금과 동일한 가치를 갖는 현재금액을 구할 때 사용하는 교환이자율이라고 할 수 있다. 시장이자율은 자본시장에서 회사채를 발행하고자 하는 기업에 투자자가 자발적으로 자금을 제공할 수 있게 하는 공정이자율이 된다.

만약 회사채를 발행하는 기업이 약속한 액면이자율이 자본시장에서 공정하게 교환할 수 있는 시장이자율과 같다면, 즉 '액면이자율 = 시장이자율'인 경우에 발행되는 회사채는 거래조건이 공정하다고 할 수 있다. 이렇게 액면이자율과 시장이자율이 같으면 회사채의 발행가액은 액면금액으로 결정된다. 액면이자율과 시장이자율이 동일할 때 회사채 발행을 액면발행이라고 한다.

회사채 발행과 관련된 회계처리는 회사채의 액면금액과 발행금액을 모두 보여줄 수 있는 방식으로 이루어진다. 사채 계정 대변에는 만기에 지급하기로 한 액면금액을 기록하고 현금 계정 차변에는 회사채 발행으로 조달하는 현금, 즉 발행금액을 기록한다. 발행금액은 회사채의 발행조건인 만기, 액면금액, 액면이자율, 시장이자율에 따라 결정된 실질적인 부채(실제 빌린 금액)에 해당한다.

액면이자율과 시장이자율이 동일하여 공정한 교환조건이 되면 회사채의 발행금액은 액면금액과 일치하므로 결과적으로 차변에 기입되는 금액과 대변에 기입되는 금액이 동일하다. 회계처리는 다음과 같으며 재무상태표에는 사채를 액면금액으로 표시한다.

(차) 현 금	×××	(대) 사 채	×××

재무상태표

㈜친절 20×1년 12월 31일 (단위: ₩)

	사 채 ×××

예제 9.4 액면발행

㈜친절은 20×1년 1월 1일에 액면금액이 ₩200,000이고 액면이자율이 6%이며 매년 말에 이자가 지급되는 3년 만기의 회사채를 발행하다.

물음 ① 시장이자율이 6%인 경우 회사채의 발행금액을 계산하시오.
② 회사채를 발행하는 시점에 분개를 하시오.

[단일금액 ₩1의 현재가치계산표]

구분	1%	2%	3%	4%	5%	6%	7%	8%	9%	10%	11%	12%
1년	0.9901	0.9804	0.9709	0.9615	0.9524	0.9434	0.9346	0.9259	0.9174	0.9091	0.9009	0.8929
2년	0.9803	0.9612	0.9426	0.9246	0.9070	0.8900	0.8734	0.8573	0.8417	0.8264	0.8116	0.7972
3년	0.9706	0.9423	0.9151	0.8890	0.8638	0.8396	0.8163	0.7938	0.7722	0.7513	0.7312	0.7118

[연금 ₩1의 현재가치계산표]

구분	1%	2%	3%	4%	5%	6%	7%	8%	9%	10%	11%	12%
1년	0.9901	0.9804	0.9709	0.9615	0.9524	0.9434	0.9346	0.9259	0.9174	0.9091	0.9009	0.8929
2년	1.9704	1.9416	1.9135	1.8861	1.8594	1.8334	1.8080	1.7833	1.7591	1.7355	1.7125	1.6901
3년	2.9410	2.8839	2.8286	2.7751	2.7232	2.6730	2.6243	2.5771	2.5313	2.4869	2.4437	2.4018

해설

① 회사채의 발행금액 : 액면금액 현재가치 + 현금이자 현재가치

액면금액 현재가치 : $₩200,000 \times \frac{1}{[1+6\%]^3} = ₩167,924$

현금이자 현재가치 : $₩12,000 \times \left\{\frac{1}{[1+6\%]^1} + \frac{1}{[1+6\%]^2} + \frac{1}{[1+6\%]^3}\right\} = ₩32,076$

회사채의 발행금액 : $₩200,000 \times \frac{1}{[1+6\%]^3} + ₩12,000 \times \left\{\frac{1}{[1+6\%]^1} + \frac{1}{[1+6\%]^2} + \frac{1}{[1+6\%]^3}\right\}$

$= ₩167,924 + ₩32,076 = ₩200,000$

② 현재가치계산표 활용

액면금액 현재가치 : ₩200,000 × 0.8396 = ₩167,920

현금이자 현재가치 : ₩12,000 × 2.6730 = ₩32,076

회사채의 발행금액 : ₩167,920 + ₩32,076 = ₩199,996(반올림에 의한 오차)

☞ 현재가치계산표에 의한 회사채의 발행금액에 오차가 존재하여 사채의 발행금액이 ₩200,000이 되지 않은 것임을 기억하자. 액면발행 조건(액면이자율 = 시장이자율)인 경우에는 계산할 필요 없이 회사채의 발행금액을 액면금액으로 계산하면 된다.

③ 회계처리

(차) 현　　금	200,000	(대) 사　　채	200,000

재무상태표

㈜친절	20×1년 1월 1일	(단위: ₩)
	사　　채	200,000

3) 할인발행

회사채의 발행조건인 액면이자율과 자본시장에서 거래조건인 시장이자율이 같으면 액면발행된다는 것을 확인하였다. 하지만 실무에서는 액면이자율과 시장이자율이 다른 경우가 일반적이다. 액면이자율과 시장이자율이 다른 경우는 다음의 두 가지 경우로 구분할 수 있다. 첫째, 액면이자율이 시장이자율보다 낮은 경우와 둘째, 액면이자율이 시장이자율보다 높은 경우이다. 먼저 액면이자율이 시장이자율보다 낮은 경우를 살펴보자.

앞서 액면이자율은 약속이자율이고 시장이자율은 공정한 교환이자율이라고 말한 바 있다. 따라서 액면이자율이 시장이자율보다 낮다면, 회사채를 발행하는 기업이 공정한 교환이자율인 시장이자율보다 낮은 액면이자율을 약속한 것으로 해석할 수 있다. 투자자 관점에서 보면 공정한 교환이자율(시장이자율)보다 낮은 약속이자율(액면이자율)로 투자하면 손해를 보는 것이므로 손해를 만회할 방법이 필요하다. 마치 선이자를 떼고 빌려주는 것처럼 액면금액보다 낮은 금액을 빌려주는 방법이 그 대안이 된다.

이렇게 액면금액보다 적은 금액을 조달하면서 회사채를 발행하는 경우를 할인발행이라고 한다. 액면이자율보다 시장이자율이 낮기 때문에 발생하는 투자자의 손해를 감안하여 공정한 교환조건이 되도록 액면금액보다 낮은 금액으로 회사채를 발행하는 것이다. 결과적으로 할인발행은 공정한 교환조건인 시장이자율로 거래되도록 조정하는 방법이 된다. 실무에서는 할인발행 되는 경우가 대부분이다.

회사채의 발행을 회계처리 하는 방식은 할인발행일 때에도 액면발행일 때와 개념적으로 동일하다. 단, 사채를 할인발행하면 액면발행 때와는 달리 새로운 계정이 필요하다. 먼저 액면발행인 경우와 마찬가지로 할인발행에서도 액면금액과 발행금액을 기입한다. 액면금액은 사채라는 부채 계정 대변에 기입하고, 발행금액은 현금 계정 차변에 기입한다. 이 점은 액면발행과 동일하지만 할인발행에서는 발행금액이 액면금액보다 작기 때문에 차변에 기입된 금액이 대변에 기입된 금액보다 작다. 발행금액과 액면금액의 차액을 사채할인발행차금 차변에 기록한다.

(차) 현 금*	×××	(대) 사 채**	×××
사채할인발행차금	×××		

* 발행금액, ** 액면금액

회사채발행으로 조달된 현금은 발행금액이므로 사채발행일 현재 실질적인 부채는 발행금액이라고 할 수 있다. 그러나 만기에 상환하게 되는 금액인 액면금액을 보고하는 것도 중요하다. 따라서 재무상태표에서 액면금액과 발행금액을 동시에 보여주기 위한 방법으로 사채할인발행차금을 사채 액면금액에서 차감하는 형식을 표시한다.

재무상태표

㈜친절 20×1년 12월 31일 (단위: ₩)

	사 채	×××	
	사채할인발행차금	(×××)	×××

예제 9.5 할인발행

㈜친절은 20×1년 1월 1일에 액면금액이 ₩200,000이고 액면이자율이 6%이며 매년 말에 이자가 지급되는 3년 만기의 회사채를 발행하다.

물음 ① 시장이자율이 7%인 경우 회사채의 발행금액을 계산하시오.
② 회사채를 발행하는 시점에 분개를 하시오.

[단일금액 ₩1의 현재가치계산표]

구분	1%	2%	3%	4%	5%	6%	7%	8%	9%	10%	11%	12%
1년	0.9901	0.9804	0.9709	0.9615	0.9524	0.9434	0.9346	0.9259	0.9174	0.9091	0.9009	0.8929
2년	0.9803	0.9612	0.9426	0.9246	0.9070	0.8900	0.8734	0.8573	0.8417	0.8264	0.8116	0.7972
3년	0.9706	0.9423	0.9151	0.8890	0.8638	0.8396	0.8163	0.7938	0.7722	0.7513	0.7312	0.7118

[연금 ₩1의 현재가치계산표]

구분	1%	2%	3%	4%	5%	6%	7%	8%	9%	10%	11%	12%
1년	0.9901	0.9804	0.9709	0.9615	0.9524	0.9434	0.9346	0.9259	0.9174	0.9091	0.9009	0.8929
2년	1.9704	1.9416	1.9135	1.8861	1.8594	1.8334	1.8080	1.7833	1.7591	1.7355	1.7125	1.6901
3년	2.9410	2.8839	2.8286	2.7751	2.7232	2.6730	2.6243	2.5771	2.5313	2.4869	2.4437	2.4018

해설

① 회사채의 발행금액 : 액면금액 현재가치 + 현금이자 현재가치

액면금액 현재가치 : $₩200,000 \times \frac{1}{[1+7\%]^3} = ₩163,260$

현금이자 현재가치 : $₩12,000 \times \left\{\frac{1}{[1+7\%]^1} + \frac{1}{[1+7\%]^2} + \frac{1}{[1+7\%]^3}\right\} = ₩31,492$

회사채의 발행금액 : $₩200,000 \times \frac{1}{[1+7\%]^3} + ₩12,000 \times \left\{\frac{1}{[1+7\%]^1} + \frac{1}{[1+7\%]^2} + \frac{1}{[1+7\%]^3}\right\}$

$= ₩163,260 + ₩31,492 = ₩194,752$

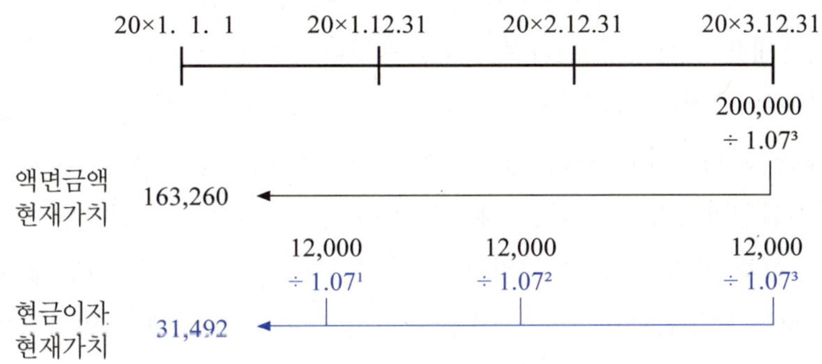

② 현재가치계산표 활용

액면금액 현재가치 = ₩200,000 × 0.8163(단일, 3년, 7%) = ₩163,260
현금이자 현재가치 = ₩12,000 × 2.6243(연금, 3년, 7%) = ₩31,492
₩194,752

☞ 사채할인발행차금 : 액면금액 ₩200,000 - 발행금액 ₩194,752 = ₩5,248

③ 회계처리

(차) 현 금	194,752	(대) 사 채	200,000
사채할인발행차금	5,248		

재무상태표

㈜친절 20×1년 12월 31일 (단위: ₩)

	사 채	200,000	
	사채할인발행차금	(5,248)	194,752

4) 할증발행

액면이자율이 시장이자율보다 높은 조건으로 회사채를 발행하는 경우에는 회사채를 발행하는 기업과 투자자의 입장이 할인발행의 반대가 된다. 할인발행과 동일한 개념으로 설명하면 다음과 같다.

액면발행에서 액면이자율은 약속이자율이고 시장이자율은 공정한 교환이자율이다. 따라서 액면이자율이 시장이자율보다 높으면, 회사채를 발행하는 기업이 공정한 교환이자율인 시장이자율보다 높은 액면이자율로 약속한 것이다. 기업 관점에서 보면 공정한 교환이자율(시장이자율)보다 높은 약속이자율(액면이자율)로 자금을 빌리면 손해를 보는 것이므로, 손해를 만회하기 위한 방법이 필요하다. 할인발행 때와는 달리 액면금액보다 더 많은 금액을 빌리고 만기에는 액면금액만 갚는 방법을 사용할 수 있다.

이와 같이 액면금액보다 많은 금액을 조달하면서 회사채를 발행하는 경우를 할증발행이라고 한다. 액면이자율이 시장이자율보다 높기 때문에 발생하는 손해를 조정하여 공정한 교환조건으로 회사채를 발행하기 위하여 액면금액보다 할증한 금액으로 빌리는 것이다. 결과적으로 할증발행은 공정한 교환조건인 시장이자율로 거래되도록 조정하는 방법이 된다.

할증발행에 대한 회계처리 방식은 할인발행과 개념적으로 동일하다. 다만 할인발행 할 때 사용하는 사채할인발행차금과 다른 계정을 이용한다. 먼저 할인발행인 경우와 마찬가지로 액면금액은 사채 계정 대변에 기입하고, 발행금액은 현금 계정 차변에 기입한다. 그러나 할증발행에서는 발행금액이 액면금액보다 크기 때문에 차변에 기입된 금액이 대변에 기입된 금액보다 크다. 발행금액과 액면금액의 차액을 사채할증발행차금 대변에 기입한다.

(차) 현 금*	×××	(대) 사 채**	×××
		사채할증발행차금	×××

* 발행금액, ** 액면금액

재무상태표에는 사채할증발행차금을 사채 액면금액에 가산하는 방식으로 다음과 같이 표시한다.

재무상태표

㈜친절 20×1년 12월 31일 (단위: ₩)

	사 채	×××	
	사채할증발행차금	×××	×××

예제 9.6 할증발행

㈜친절은 20×1년 1월 1일에 액면금액이 ₩200,000이고 액면이자율이 6%이며 매년 말에 이자가 지급되는 3년 만기의 회사채를 발행하다.

물음 ① 시장이자율이 4%인 경우 회사채의 발행금액을 계산하시오.
② 회사채를 발행하는 시점에 분개를 하시오.

[단일금액 ₩1의 현재가치계산표]

구분	1%	2%	3%	4%	5%	6%	7%	8%	9%	10%	11%	12%
1년	0.9901	0.9804	0.9709	0.9615	0.9524	0.9434	0.9346	0.9259	0.9174	0.9091	0.9009	0.8929
2년	0.9803	0.9612	0.9426	0.9246	0.9070	0.8900	0.8734	0.8573	0.8417	0.8264	0.8116	0.7972
3년	0.9706	0.9423	0.9151	0.8890	0.8638	0.8396	0.8163	0.7938	0.7722	0.7513	0.7312	0.7118

[연금 ₩1의 현재가치계산표]

구분	1%	2%	3%	4%	5%	6%	7%	8%	9%	10%	11%	12%
1년	0.9901	0.9804	0.9709	0.9615	0.9524	0.9434	0.9346	0.9259	0.9174	0.9091	0.9009	0.8929
2년	1.9704	1.9416	1.9135	1.8861	1.8594	1.8334	1.8080	1.7833	1.7591	1.7355	1.7125	1.6901
3년	2.9410	2.8839	2.8286	2.7751	2.7232	2.6730	2.6243	2.5771	2.5313	2.4869	2.4437	2.4018

해설

① 회사채의 발행금액 : 액면금액 현재가치 + 현금이자 현재가치

액면금액 현재가치 : $₩200{,}000 \times \frac{1}{[1+4\%]^3} = ₩177{,}799$

현금이자 현재가치 : $₩12{,}000 \times \left\{\frac{1}{[1+4\%]^1}+\frac{1}{[1+4\%]^2}+\frac{1}{[1+4\%]^3}\right\} = ₩33{,}301$

회사채의 발행금액 : $₩200{,}000 \times \frac{1}{[1+4\%]^3} + ₩12{,}000 \times \left\{\frac{1}{[1+4\%]^1}+\frac{1}{[1+4\%]^2}+\frac{1}{[1+4\%]^3}\right\}$

$= ₩177{,}799 + ₩33{,}301 = ₩211{,}100$

② 현재가치계산표 활용

액면금액 현재가치 = ₩200,000 × 0.8890(단일, 3년, 4%) = ₩177,800
현금이자 현재가치 = ₩12,000 × 2.7751(연금, 3년, 4%) = ₩33,301
₩211,101

☞ 사채할증발행차금 : 발행금액 ₩211,101 - 액면금액 ₩200,000 = ₩11,101

③ 회계처리

(차) 현 금	211,101	(대) 사 채	200,000
		사채할증발행차금	11,101

재무상태표

㈜친절	20×1년 1월 1일			(단위: ₩)
		사　　　　채	200,000	
		사채할증발행차금	11,101	211,101

액면이자율 및 시장이자율 크기와 회사채 발행금액 간의 관계를 요약하면 [그림 9-6]과 같다.

[그림 9-6] 회사채발행의 구분

발행의 종류	회사채 발행시의 상황	발행가 선택
할인발행	액면이자율 < 시장이자율 →	액면금액보다 낮음
할증발행	액면이자율 > 시장이자율 →	액면금액보다 높음
액면발행	액면이자율 = 시장이자율 →	액면금액과 동일

2.4 회사채의 결산정리

결산기 말 사채의 이자비용 계산에서 주의할 사항은 사채발행시 실제 조달한 금액에 기초한 장부금액과 발행 당시 시장이자율을 사채기간 내내 이용해야 한다는 점이다. 즉, 회사채 발행 시에 시장이자율을 이용하여 할인한 금액(발행금액)을 부채로 인식하고, 매년 말에 부채에 대한 이자비용을 측정할 때에도 액면이자율이나 매년 말의 시장이자율을 이용하는 것이 아니라 발행금액 계산을 위해 사용되었던 시장이자율을 이용하여야만 한다. 왜냐하면 회사채를 발행할 때 채권자와 상호 약속한 조건은 만기까지 변함없이 유지되기 때문이다. 따라서 회사채를 발행한 기업은 기업에 대한 시장이자율이 변하는 경우에도 회사채 발행시점의 시장이자율을 사용하여 매년 이자비용을 측정한다.

> 이자비용 = 기초 장부금액* × 시장이자율

* 기초 장부금액 = 액면금액 − 사채할인발행차금 잔액(또는 + 사채할증발행차금 잔액)

그러나 기업이 현금으로 지급하는 이자금액은 발행시 약속한 조건에 따라 액면금액에 액면이자율을 곱한 금액이 된다. 이자를 지급하는 시점에서 현금 계정 대변에 기록한다.

> 현금이자 = 액면금액 × 액면이자율

이때 발행조건에 따라 차변의 이자비용과 대변의 현금(현금으로 지급된 이자)이 같기도 하고 다르기도 한다. 액면발행의 경우에는 약속이자율인 액면이자율과 공정한 교환조건인 시장이자율이 동일하므로 약속된 시점에 지급하는 현금이자와 기업이 부담하는 사채 사용대가인 이자비용이 동일하다. 따라서 액면발행의 경우에는 차변의 이자비용과 대변의 현금이 동일하다.

(차) 이 자 비 용	×××	(대) 현 금	×××

반면, 할인발행의 경우에는 약속이자율인 액면이자율이 공정한 교환조건인 시장이자율보다 낮기 때문에 실제 지급하는 현금이자가 기업이 부담하는 사채 사용대가인 이자비용보다 작다. 이자비용과 현금이자의 차액을 사채할인발행차금 계정 대변에 기입한다. 사채할인발행차금 계정 대변에 기입한다는 것은 기업이 미래에 갚아야 할 부채금액이 증가한다는 의미이다. 즉, 시장수익률보다 낮은 액면이자율로 현금이자로 지급했으므로 이를 보상해주기 위해서는 만기에 현금을 더 지급해야만 한다는 의미의 분개이다.

사채할인발행차금의 상각액 = 이자비용 - 현금이자

(차) 이 자 비 용	×××	(대) 현 금	×××
		사채할인발행차금	×××

할증발행의 경우에는 할인발행과 다르게 이자비용과 현금이자의 차액을 사채할증발행차금 계정 차변에 기입한다. 사채할증발행차금 계정 차변에 기입한다는 것은 기업이 미래에 갚아야 할 부채금액이 감소한다는 의미이다. 즉, 시장이자율보다 높은 액면이자율로 현금이자로 지급했으므로 이는 원금을 상환한 경우에 해당하여 만기에 현금을 덜 지급해야만 한다는 의미의 분개이다.

사채할증발행차금의 상각액 = 현금이자 - 이자비용

(차) 이 자 비 용	×××	(대) 현 금	×××
사채할증발행차금	×××		

예제 9.7 회사채의 결산정리

㈜친절은 20×1년 1월 1일에 액면금액이 ₩200,000이고 액면이자율이 6%이며 매년 말에 이자가 지급되는 3년 만기의 회사채를 발행하다.

물음 ① ㈜친절이 회사채를 발행할 때 시장이자율이 7%인 경우, 시장이자율법을 적용하여 20×1년 말부터 20×3년 말까지 매년 말 결산정리 분개를 하시오.

② ㈜친절이 회사채를 발행할 때 시장이자율이 4%인 경우, 시장이자율법을 적용하여 20×1년 말부터 20×3년 말까지 매년 말 결산정리 분개를 하시오.

[단일금액 ₩1의 현재가치계산표]

구분	1%	2%	3%	4%	5%	6%	7%	8%	9%	10%	11%	12%
1년	0.9901	0.9804	0.9709	0.9615	0.9524	0.9434	0.9346	0.9259	0.9174	0.9091	0.9009	0.8929
2년	0.9803	0.9612	0.9426	0.9246	0.9070	0.8900	0.8734	0.8573	0.8417	0.8264	0.8116	0.7972
3년	0.9706	0.9423	0.9151	0.8890	0.8638	0.8396	0.8163	0.7938	0.7722	0.7513	0.7312	0.7118

[연금 ₩1의 현재가치계산표]

구분	1%	2%	3%	4%	5%	6%	7%	8%	9%	10%	11%	12%
1년	0.9901	0.9804	0.9709	0.9615	0.9524	0.9434	0.9346	0.9259	0.9174	0.9091	0.9009	0.8929
2년	1.9704	1.9416	1.9135	1.8861	1.8594	1.8334	1.8080	1.7833	1.7591	1.7355	1.7125	1.6901
3년	2.9410	2.8839	2.8286	2.7751	2.7232	2.6730	2.6243	2.5771	2.5313	2.4869	2.4437	2.4018

해설

① 액면이자율 6% < 시장이자율 7%

사채할인발행차금이 발생할 경우 상각표를 작성하면 다음과 같다.

(단위 : ₩)

	20×1. 1. 1	20×1.12.31	20×2.12.31	20×3.12.31
이자비용		13,633	13,747	13,868[(5)]
현금이자		(12,000)	(12,000)	(12,000)
사채할인발행차금 상각액		1,633[(1)]	1,747[(3)]	1,868[(4)]
장부금액	194,752	196,385[(2)]	198,132	200,000

☞ 사채이자비용 = 기초(전기)장부금액 × 시장이자율(=7%)

현금지급이자 = 액면금액 × 액면이자율(=6%)

사채할인발행차금 상각액 = 이자비용 - 현금이자

장부금액 = 기초(전기)장부금액 + 사채할인발행차금 상각액

(1) 사채할인발행차금 상각액(20×1년 말)
= 이자비용 − 현금이자
= [기초(전기)장부금액 × 시장이자율] − [액면금액 × 액면이자율]
= ₩194,752 × 7% − ₩200,000 × 6% = ₩1,633

(2) 장부금액(20×1년 말)
= 기초(전기)장부금액 + 사채할인발행차금 상각액
= ₩194,752 + ₩1,633 = ₩196,385

(3) 사채할인발행차금 상각액(20×2년 말)
= 이자비용 − 현금이자
= ₩196,385 × 7% − ₩200,000 × 6% = ₩1,747

☞ 20×3년의 사채할인발행차금 상각액은 3년간 상각할 사채할인발행차금 ₩5,249에서 20×1년과 20×2년의 사채할인발행차금 상각액 ₩1,633과 ₩1,747를 차감하여 산출한다. 또한 20×3년의 이자비용은 현금이자에 사채할인발행차금 상각액을 가산하여 역으로 산출한다.

(4) 사채할인발행차금 상각액(20×3년 말)
= 사채할인발행차금 총액 − 상각된 사채할인발행차금
= ₩5,248 − [₩1,633 + ₩1,747] = ₩1,868

(5) 이자비용(20×3년 말)
= 현금이자 + 사채할인발행차금 상각액
= ₩12,000 + ₩1,868 = ₩13,868

<20×1년 12월 31일>

(차) 이 자 비 용	13,633	(대) 현 금	12,000
		사채할인발행차금	1,633

재무상태표

㈜친절 20×1년 12월 31일 (단위: ₩)

	사 채	200,000	
	사채할인발행차금	(3,615)*	196,385

* ₩5,248 − ₩1,633 = ₩3,615

<20×2년 12월 31일>

(차) 이 자 비 용	13,747	(대) 현 금	12,000
		사채할인발행차금	1,747

재무상태표

㈜친절	20×2년 12월 31일		(단위: ₩)
	사 채	200,000	
	사채할인발행차금	(1,868)*	198,132

* ₩3,615 − ₩1,747 = ₩1,868

<20×3년 12월 31일>

(차) 이 자 비 용	13,868	(대) 현 금	12,000
		사채할인발행차금	1,868

재무상태표

㈜친절	20×3년 12월 31일		(단위: ₩)
	사 채	200,000	
	사채할인발행차금	(0)*	200,000

* ₩1,868 − ₩1,868 = ₩0

② 액면이자율 6% > 시장이자율 4%

사채할증발행차금이 발생할 경우 상각표를 작성하면 다음과 같다.

(단위 : ₩)

	20×1. 1. 1	20×1.12.31	20×2.12.31	20×3.12.31
이 자 비 용		8,444	8,302	8,153
현 금 이 자		(12,000)	(12,000)	(12,000)
사채할증발행차금 상각액		(3,556)	(3,698)	(3,847)
장 부 금 액	211,101	207,545	203,847	200,000

☞ 이자비용 = 기초(전기)장부금액 × 시장이자율(= 4%)
현금이자 = 액면금액 × 액면이자율(= 6%)
사채할증발행차금 상각액 = 현금이자 - 이자비용
장부금액 = 기초(전기)장부금액 - 사채할증발행차금 상각액

(1) 사채할증발행차금 상각액(20×1년 말)
= 현금이자 − 이자비용
= [액면금액 × 액면이자율] − [기초(전기)장부금액 × 시장이자율]
= ₩200,000 × 6% − ₩211,101 × 4% = ₩3,556

⑵ 장부금액(20×1년 말)

= 기초(전기)장부금액 − 사채할증발행차금 상각액

= ₩211,101 − ₩3,556 = ₩207,545

⑶ 사채할증발행차금 상각액(20×2년 말)

= 현금이자 − 이자비용

= ₩200,000 × 6% − ₩207,545 × 4% = ₩3,698

☞ 20×3년의 사채할증발행차금 상각액은 3년간 상각할 사채할증발행차금 ₩11,100에서 20×1년과 20×2년의 사채할증발행차금 상각액 ₩3,556와 ₩3,698을 차감하여 산출한다. 또한 20×3년의 이자비용은 현금이자에서 사채할증발행차금 상각액을 차감하여 역으로 산출한다.

⑷ 사채할증발행차금 상각액(20×3년 말)

= 사채할증발행차금 총액 − 상각된 사채할증발행차금

= ₩11,101 − [₩3,556 + ₩3,698] = ₩3,847

⑸ 사채이자비용(20×3년 말)

= 현금이자 − 사채할증발행차금

= ₩12,000 − ₩3,847 = ₩8,153

<20×1년 12월 31일>

(차)			(대)	
(차)	이 자 비 용	8,444	(대) 현 금	12,000
	사채할증발행차금	3,556		

재무상태표

㈜친절 20×1년 12월 31일 (단위: ₩)

	사 채	200,000	
	사채할증발행차금	7,545*	207,545

* ₩11,101 − ₩3,556 = ₩7,545

<20×2년 12월 31일>

(차)			(대)	
(차)	이 자 비 용	8,302	(대) 현 금	12,000
	사채할증발행차금	3,698		

재무상태표

㈜친절 20×2년 12월 31일 (단위: ₩)

	사 채	200,000	
	사채할증발행차금	3,847*	203,847

* ₩7,545 − ₩3,698 = ₩3,847

<20×3년 12월 31일>

(차) 이 자 비 용	8,153	(대) 현 금	12,000
사채할증발행차금	3,847		

재무상태표

㈜친절 20×3년 12월 31일 (단위: ₩)

	사 채	200,000	
	사채할증발행차금	0*	200,000

* ₩3,847 − ₩3,847 = ₩0

2.5 회사채의 전자공시시스템 공시

회사채를 재무제표에 공시하는 방법은 다음과 같다.

① 재무상태표 : 사채할인발행차금은 차감되고 사채할증발행차금은 증가된 순액(장부금액)만 표시
② 주 석 : 총액(액면금액), 사채할인발행차금(−), 사채할증발행차금(+), 순액(장부금액) 표시

예제 9.7에서 20×2년 재무상태표와 주석을 공시하면 다음과 같으며, 사채 금액이 작은 경우에는 재무상태표에 차입금 등과 함께 통합 표시한다.

1) 할인발행

재무상태표

제2기 20×2년 12월 31일 현재
제1기 20×1년 12월 31일 현재

㈜친절 (단위: 원)

과 목	제2기	제1기
부채		
비유동부채		
사채	198,132	196,385

주 석

(단위: 원)

구 분	당기말	전기말
사 채	200,000	200,000
사 채 할 인 행 차 금	(1,869)	(3,616)
합 계	198,132	196,385

2) 할증발행

재무상태표

제2기 20×2년 12월 31일 현재
제1기 20×1년 12월 31일 현재

㈜친절 (단위: 원)

과 목	제2기	제1기
부채		
비유동부채		
사채	203,847	207,545

주 석

(단위: 원)

구 분	당기말	전기말
사 채	200,000	200,000
사 채 할 증 발 행 차 금	3,847	7,545
합 계	203,847	207,545

2.6 회사채의 상환

회사채를 발행한 이후 만기가 되면 주식회사는 회사채 액면금액에 해당하는 현금을 상환해야 하며 이를 만기상환이라고 한다. 회사채를 만기에 상환하는 경우에는 사채할인발행차금 또는 사채할증발행차금이 전액 상각되어 더 이상 존재하지 않기 때문에 액면금액과 사채의 장부금액이 일치한다. 즉, 액면금액이 만기 시점의 상환금액이 된다. 따라서 사채를 만기상환하면 액면금액을 사채 계정 차변에 기입하여 사채를 제거하고 같은 금액을 현금 계정 대변에 기입한다.

회사채를 발행한 회사는 회사가 보유하고 있는 현금, 시장이자율의 변동, 투자기회의 변화 등의 요인을 고려하여 회사채를 만기 이전에 상환하는 것이 유리하다고 판단할 수도 있다. 이처럼 만기 이전에 사채를 상환하는 경우를 조기상환이라고 하는데, 조기상환은 회사채를 발행할 당시에 약속한 조건(만기, 액면이자 지급 횟수)을 지키지 않는 행위에 해당된다. 따라서 조기상환의 경우, 상환금액은 단순히 회사채의 액면금액이 아니라, 상환일의 시장이자율로 재측정한 회사채의 현재가치에 해당하는 금액을 지급하여야 한다.[1]

1) 조기상환에 대한 회계처리는 고급의 내용이므로 본 서에서는 다루지 않는다.

예제 9.8 사채의 만기상환

㈜친절은 20×1년 1월 1일에 액면금액이 ₩200,000이고 액면이자율이 6%이며 매년 말에 이자가 지급되는 3년 만기의 회사채를 발행하다.

물음

① ㈜친절이 사채를 발행할 때 시장이자율이 7%인 경우, 20×3년 12월 31일에 사채를 만기상환 하는 경우에 대하여 매년 말 결산정리 분개와 상환분개를 제시하시오.

② ㈜친절이 사채를 발행할 때 시장이자율이 4%인 경우, 20×3년 12월 31일에 사채를 만기상환 하는 경우에 대하여 매년 말 결산정리 분개와 상환분개를 제시하시오.

해설

① 시장이자율이 7%인 사채에 대한 만기상환

사채할인발행차금이 발생할 경우 상각표를 작성하면 다음과 같다.

(단위 : ₩)

	20×1. 1. 1	20×1.12.31	20×2.12.31	20×3.12.31
이자비용		13,633	13,747	13,868
현금이자		(12,000)	(12,000)	(12,000)
사채할인발행차금 상각액		1,633	1,747	1,868
장부금액	194,752	196,385	198,132	200,000

상각표에서 확인할 수 있듯이 20×3.12.31에는 장부금액이 액면금액과 동일한 ₩200,000이다. 이는 사채할인발행차금 ₩5,249를 3년에 걸쳐 이자비용을 인식하면서 모두 상각하여 사채할인발행차금의 잔액이 ₩0이므로 사채의 장부금액이 ₩200,000이 되는 것이다. 사채할인발행차금이 상각되는 회계처리를 정리하면 다음과 같다.

<20×1년 12월 31일>

(차) 이자비용	13,633	(대) 현금	12,000
		사채할인발행차금	1,633

<20×2년 12월 31일>

(차) 이자비용	13,747	(대) 현금	12,000
		사채할인발행차금	1,747

<20×3년 12월 31일>

(차) 이자비용	13,869	(대) 현금	12,000
		사채할인발행차금	1,869

재무상태표

㈜친절	20×3년 12월 31일		(단위: ₩)
	사　　　채	200,000	
	사채할인발행차금	0	200,000

<만기상환 : 20×3.12.31>

(차) 사　채	200,000	(대) 현　금	200,000

② 시장이자율이 4%인 사채에 대한 만기상환

사채할증발행차금이 발생할 경우 상각표를 작성하면 다음과 같다.

(단위 : ₩)

	20×1. 1. 1	20×1.12.31	20×2.12.31	20×3.12.31
이 자 비 용		8,444	8,302	8,153
현 금 이 자		(12,000)	(12,000)	(12,000)
사채할증발행차금 상각액		(3,556)	(3,698)	(3,847)
장 부 금 액	211,101	207,545	203,847	200,000

상각표에서 확인할 수 있듯이 20×3.12.31에는 장부금액이 액면금액과 동일한 ₩200,000이다. 이는 사채할증발행차금 ₩11,100을 3년에 걸쳐 이자비용을 인식하면서 모두 상각하여 사채할증발행차금의 잔액이 ₩0이므로 사채의 장부금액이 ₩200,000이 되는 것이다. 사채할증발행차금이 상각되는 회계처리를 정리하면 다음과 같다.

<20×1년 12월 31일>

(차) 이 자 비 용	8,444	(대) 현　금	12,000
사채할증발행차금	3,556		

<20×2년 12월 31일>

(차) 이 자 비 용	8,302	(대) 현　금	12,000
사채할증발행차금	3,698		

<20×3년 12월 31일>

(차) 이 자 비 용	8,154	(대) 현　금	12,000
사채할증발행차금	3,846		

재무상태표

㈜친절	20×3년 12월 31일			(단위: ₩)
		사 채	200,000	
		사채할증발행차금	0	200,000

<만기상환 : 20×3.12.31>

(차) 사 채	200,000	(대) 현 금	200,000

☞ 만기상환의 특징

사채를 만기 시점에 상환하는 경우에는 할인발행되거나 할증발행되는 경우에 관계없이 차변에는 사채를 기입하고, 대변에 액면금액을 기입한다. 왜냐하면 할인발행된 경우에 존재하는 사채할인발행차금과 할증발행된 경우에 존재하는 사채할증발행차금이 이자비용을 인식하는 과정에서 모두 상각되어 잔액이 ₩0이 되기 때문에 사채의 장부금액이 만기시점에 상환하기로 약속한 액면금액과 동일하게 되기 때문이다.

쉬어가기 회사채 발행에도 신용이 중요

기업이 원하면 언제나 사채를 발행할 수 있을까?

"대한항공이 회사채 수요예측에서 기관투자가 단 한 곳의 마음도 사로잡지 못하며 전량 미매각되는 사태가 벌어졌다. 17일 투자은행(IB)업계에 따르면 대한항공(신용등급 BBB+)은 이날 1년 만기 1500억원 규모 회사채 발행을 위한 수요예측을 진행했지만 매수 주문이 한 건도 들어오지 않았다. 이에 앞서 대한항공은 지난 2월과 4월에도 2년 만기 회사채 4000억원어치를 발행하려고 시도했지만 3810억원이 미매각된 바 있다."
[매일경제 2016.10.17.]

은행에서 대출을 받으려면 신용이 양호해야 하는 것처럼 사채 발행에도 신용이 중요하다. 이와 관련하여 우리나라에서는 기업이 회사채 등을 발행하여 장기자금을 조달하고자 하는 경우에 2개 이상의 신용평가기관으로부터 신용등급을 받도록 의무화하고 있다. 위의 기사가 게시된 2016년의 경우 한국신용평가가 부여한 대한항공의 신용등급은 BBB+ 이었는데, BBB 등급(BBB-, BBB, BBB+)은 '원리금 지급능력이 양호하지만 상위등급에 비해서 경제여건 및 환경악화에 따라 장래 원리금의 지급능력이 저하될 가능성을 내포하고 있음.'을 나타낸다. 투자자들은 대한항공의 신용등급이 양호하지 않다고 판단한 모양이다. 그렇다면 대한항공이 자금을 조달할 수 있는 다른 대안은 무엇일까?

"대한항공은 5일 이사회를 열어 4500억원 규모의 유상증자를 결의했다. 회사 고위 관계자는 "유상증자는 자기자본을 확충해 부채비율을 낮추고 신용도를 높이기 위한 차원으로 몇 달 전부터 준비해왔으며 재무구조 개선 이외에 다른 용도로는 자금을 사용하지 않을 것"이라고 말했다."
[한국경제 2017.01.05.]

주식발행은 사채와 마찬가지로 자금을 조달하는 한 방법이다. 그러나 사채는 만기에 갚아야 하는 '타인자본(부채)'인데 반해 유상증자는 만기도, 갚아야 할 필요도 없는 '자기자본'이다. 주식발행을 통한 자금 조달은 10장에서 알아보자.

SECTION 3 기타 비유동부채

회사채는 만기가 3년, 5년, 10년 등 장기간이므로 발행하는 회사 입장에서는 대표적인 비유동부채에 해당한다. 유동부채와 비유동부채의 구분은 부채의 상환일이 재무보고일로부터 1년을 초과하는 시점인가 여부로 판단하므로 사채 외에도 차입기간이 1년을 초과하는 장기차입금이나 장기간에 걸쳐 매입대금을 지불하는 장기성미지급금 등도 비유동부채에 해당한다. 이들 부채도 사채와 마찬가지로 현재가치로 평가해야 한다.

3.1 장기차입금

은행 등 금융기관으로부터 장기간 대출을 받거나 특정 채권자로부터 자금을 빌릴 때 자본시장에서 일반투자자로부터 차입한 경우와 구분하기 위하여 장기차입금이라는 계정과목을 사용한다.

대출(차입)계약에는 이자율과 이자지급일 그리고 만기일 등의 계약조건이 포함되는데 대개의 경우 정기적으로 지급하는 이자율과 계약에 내재되어 있는 시장이자율이 일치하므로 현금지급이자 및 상환원금의 현재가치는 차입시점의 차입금액과 같다. 따라서 사채할인(할증)발행차금과 같은 별도의 계정 없이 다음과 같이 분개하고 현금으로 지급하는 이자만 이자비용으로 기록한다.

① 차입시

(차) 현　　　금	×××	(대) 장 기 차 입 금	×××

② 이자지급시

(차) 이 자 비 용	×××	(대) 현　　　금	×××

3.2 장기성미지급금

회사가 자산을 취득하되 자금사정을 고려하여 1년을 초과하는 미래의 특정 시점으로 대금 지급을 미루는 경우가 있다. 이와 같이 재무보고일로부터 1년을 초과하는 시점에 매입대금을 지불하기로 한 경우 비유동부채인 장기성미지급금이라는 계정과목을 사용한다.[2)]

이 때 미래에 지급할 금액의 현재가치와 명목상 금액은 다른 것이 일반적인데 차이액이 대금 지불 연기에 따른 이자비용이라고 할 수 있다. 장기성미지급금을 회계처리할 때 명목상 금액은 장기성미지급금으로 대변에 기록하고, 현재가치와의 차이액은 현재가치할인차금으로 차변에 기록한다.

(차) 유 형 자 산	×××	(대) 장기성미지급금	×××
현재가치할인차금	×××		

예컨대 기계장치를 구입했는데 회사의 자금사정으로 3년 후 일시에 ₩10,000,000을 지급하기로 했다고 하자. 만약 구입시점에 현금으로 전액 지급한다면 구입가격은 ₩9,000,000이다. 이 거래의 경제적 실질을 생각해보면 현금구입가격 ₩9,000,000는 미래대금의 현재가치와 일치할 것이므로 3년 후에 추가로 지급하는 ₩1,000,000은 향후 3년간 발생할 이자비용으로 이해할 수 있다. 분개는 다음과 같다.

(차) 기 계 장 치	9,000,000	(대) 장기성미지급금	10,000,000
현재가치할인차금	1,000,000		

여기서 3년간의 이자비용인 현재가치할인차금 ₩1,000,000은 매 회계기간에 나누어 이자비용으로 인식해야 하는데 단순히 기간으로 나누어 정하는 것이 아니라 사채의 발행차금 상각과 유사한 방법으로 매 기간 이자비용과 장기성미지급금의 기초가액의 비율이 거래에 내재된 실질이자율이 되도록 현재가치할인차금을 상각해야 한다. 구체적인 계산방법은 예제 9.9에서 살펴본다.

3.3 유동성 대체

사채나 장기차입금 등 비유동부채의 만기 시점이 재무보고일 기준으로 1년 이내가 되면 유동부채로 재분류해야 하는데 이 때 '유동성 대체'라는 회계처리를 한다. 유동성 대체는 최초에는 비유동부채였지만 시간의 경과로 인하여 만기가 1년 이내가 되면 상환을 위해 기업이 유동성을 확보해야 할 필요가 있음을 알릴 목적으로 회계상으로만 인식하는 분개이다.

(차) 장 기 차 입 금	×××	(대) 유동성장기차입금	×××

2) 장기성미지급금은 미래 특정시점에 대금을 지급하기로 한 경우뿐만 아니라 미래의 여러 기간에 나누어 지불하는 장기할부 매입의 경우에도 사용할 수 있다. 회계처리는 본 장에서 배운 사채의 회계처리와 유사하다.

예제 9.9 기타 비유동부채

상기업인 ㈜친절은 20×1년 동안 다음과 같은 거래를 하였다.

① 1월 1일 : 상도은행으로부터 현금 ₩10,000,000을 3년간 차입하다. 매년 12월 31일에 지급할 이자는 ₩500,000인데 이 금액은 ㈜친절의 신용도를 고려한 시장이자율 연 5%에 따른 것이다.

② 1월 1일 : ㈜상도로부터 기계장치를 구입하고 대금은 3년 후인 20×3년 12월 31일에 전액 지급하기로 하되 지급할 금액은 ₩10,000,000이다. 이 신용거래에 내재된 실질이자율은 10%이다.

물음 ㈜친절의 20×1년 1월 1일과 12월 31일(결산일)에 필요한 분개를 하시오.

해설

① 1월 1일 : 상도은행으로부터 현금 ₩10,000,000을 3년간 차입하다. 매년 12월 31일에 지급할 이자는 ₩500,000인데 이 금액은 ㈜친절의 신용도를 고려한 시장이자율 연 5%에 따른 것이다.

(차) 현 금	10,000,000	(대) 장 기 차 입 금	10,000,000

현금지급 이자율과 차입에 내재된 실질이자율이 5%로 동일하므로 3년간 장기차입금에 대한 현금지급이자 및 상환금액의 현재가치는 현재 차입금액과 동일하다.

$$= ₩10,000,000 \times \frac{1}{[1+5\%]^3} + ₩500,000 \times \left\{\frac{1}{[1+5\%]^1} + \frac{1}{[1+5\%]^2} + \frac{1}{[1+5\%]^3}\right\}$$
$$= ₩10,000,000$$

② 1월 1일 : ㈜상도로부터 기계장치를 구입하고 대금은 3년 후인 20×3년 12월 31일에 전액 지급하기로 하되 금액은 ₩10,000,000이다. 이 신용거래에 내재된 실질이자율은 10%이다. 장기성미지급금 ₩10,000,000의 현재가치 계산을 위한 미래 현금흐름의 시점은 다음과 같다.

(단위 : ₩)

	20×1. 1. 1	20×1.12.31	20×2.12.31	20×3.12.31
매입대금 상환				10,000,000

3년 후 지급할 장기성미지급금 ₩10,000,000의 현재가치

$$= 10,000,000 \times \frac{1}{[1+10\%]^3} = ₩7,513,148$$

장기성미지급금의 현재가치는 1월 1일 시점에 부채의 장부가액인 동시에 기계장치의 취득원가가 된다.

(차) 기 계 장 치	7,513,148	(대) 장기성미지급금	10,000,000
현재가치할인차금	2,486,852		

③ 12월 31일 이자지급 및 결산정리 분개

장기차입금에 대한 이자비용 지급 분개는 다음과 같다.

(차) 이 자 비 용	500,000	(대) 현 금	500,000

장기성미지급금의 현재가치할인차금 상각표를 작성하면 다음과 같다.

(단위 : ₩)

	20×1. 1. 1	20×1.12.31	20×2.12.31	20×3.12.31
이 자 비 용(10%)		751,315	826,446	909,091
현재가치할인차금 상각액		751,315	826,446	909,091
장 부 금 액	7,513,148	8,264,463	9,090,909	10,000,000

상각표에서 확인할 수 있듯이 장기성미지급금에 대해 20×1.12.31에 인식할 이자비용은 ₩751,315이며, 현재가치할인차금 상각액 역시 ₩751,315이다.

(차) 이 자 비 용	751,315	(대) 현재가치할인차금	751,315

친 절 한 회계원리

Accounting

연습문제

9.1 개념확인

다음의 빈칸을 채우시오.

① 화폐의 시간가치에서 (   )(은)는 화폐를 미래의 특정 시점을 기준으로 환산한 금액을 의미하고, (   )(은)는 화폐를 현재의 특정 시점을 기준으로 환산한 금액을 말한다.

② 이자의 계산 방법 가운데, (   )(은)는 매년 원금에 동일한 이자가 발생하는 방식이고, (   )(은)는 원금은 물론 이자에도 이자가 붙는 방식이다.

③ (   )(은)는 주식회사가 확정채무 사항이 표시되어 있는 증서를 발행해주고 일반대중으로부터 거액의 장기자금을 조달하는 방법으로, 주요 확정채무 사항은 (   ), (   ), (   )이다.

④ 회사채로 조달한 자금을 사용하는 기간을 (   )(이)라고 한다. 즉, 사채는 자금을 빌려 쓰는 자금조달 방법이므로 언젠가는 갚기로 약속하는 것이다.

⑤ 회사채의 표면에 기재된 금액으로서 만기일에 상환해야 할 금액을 (   )(이)라고 한다. 회사채의 만기일이 되면 회사채 발행회사는 액면금액을 투자자들에게 상환한다.

⑥ 회사채의 표면에 적혀 있는 이자율을 (   )(이)라 한다. 한편, 회사채를 매입하는 투자자들의 기대수익률을 (   )(이)라 한다.

⑦ 회사채의 발행금액은 회사채로부터 발생하는 미래의 현금흐름인 (   )과 (   )의 현재가치로 결정된다. 이 때 현재가치를 계산하기 위해서 사용되는 이자율은 (   )이다.

⑧ 회사채의 발행금액이 액면금액과 같은 경우 (   )(이)라 한다. 한편, 회사채의 발행금액이 액면금액보다 적은 경우에는 (   )(이)라 하며 이 때 발행금액과 액면금액의 차이를 (   )(이)라고 한다. 반대로 회사채의 발행금액이 액면금액보다 큰 경우에는 (   )(이)라 하며 이때 발행금액과 액면금액의 차이를 (   )라고 한다.

⑨ 기업이 현금으로 부담하는 이자금액은 회채의 액면금액에 (   )(을)를 곱한 값으로 계산되고, 회계적인 관점에서 기업이 실제로 부담하는 이자비용은 사채의 기초 장부금액에 (   )(을)를 곱한 값으로 계산된다.

9.2 비유동부채 개념(회계관리 2급 공개문제)

다음 중 비유동부채에 계상할 수 없는 것은?

① 회사가 자금조달을 위하여 만기 3년으로 발행한 회사채
② 원재료 매입시 발생하여 지급기일이 6개월 후에 도래하는 매입채무
③ 상품을 구입하면서 2년 만기의 어음을 교부한 경우
④ 종업원의 퇴직시 지급되는 퇴직금에 대비하여 은행으로부터 2년 만기 차입금

9.3 비유동부채 유형(회계관리 2급 공개문제)

다음 중 비유동부채에 해당하는 것을 모두 고르시오.

ㄱ. 자금조달을 위하여 당기에 발행한 3년 만기의 사채
ㄴ. 당기 유상증자로 유입된 현금 중 주식의 액면금액을 초과하는 부분
ㄷ. 당기 중 상품을 구입하면서 교부한 2년 만기의 어음
ㄹ. 임직원의 퇴직에 대비하여 은행으로부터 2년 만기 차입금

① ㄱ ㄴ ㄷ　　② ㄱ ㄴ ㄹ　　③ ㄱ ㄷ ㄹ　　④ ㄱ ㄴ ㄷ ㄹ

9.4 비유동부채 계산(회계관리 2급 공개문제)

다음 자료를 이용하여 재무상태표에 표시되는 비유동부채 금액을 구하면 얼마인가? 단, 사채는 재무상태표 보고일 현재 만기가 3년 남은 것이다.

• 사채 ₩18,500,000　　• 매입채무 ₩800,000　　• 유동성장기부채 ₩1,000,000

① ₩18,500,000　　② ₩19,300,000　　③ ₩19,500,000　　④ ₩20,300,000

9.5 차입금 회계처리(회계관리 2급 공개문제)

다음은 ㈜친절의 20×1년 7월 1일 발생한 차입금 관련 자료이다. 날짜별 회계처리 중 틀린 것은?

ㄱ. 차입금 : ₩30,000,000
ㄴ. 만기 : 3년
ㄷ. 약속이자율 : 10%, 매년 6월 30일 이자지급조건
ㄹ. 차입 당시 시장이자율 : 10%

① 20×1년 7월 1일

(차) 현 금	30,000,000	(대) 장 기 차 입 금	30,000,000

② 20×1년 12월 31일

(차) 이 자 비 용	3,000,000	(대) 미 지 급 비 용	3,000,000

③ 20×2년 6월 30일

(차) 미 지 급 비 용	1,500,000	(대) 현 금	3,000,000
이 자 비 용	1,500,000		

④ 20×2년 12월 31일

(차) 이 자 비 용	1,500,000	(대) 미 지 급 비 용	1,500,000

9.6 회사채 발행 개념(회계관리 2급 공개문제)

다음 중 회사채의 발행에 대한 설명으로 가장 옳지 않은 것은?

① 액면이자율이 시장이자율보다 작은 경우에는 액면금액보다 적은 금액으로 할인발행을 하게 된다.
② 액면이자율이 시장이자율보다 큰 경우에는 액면금액보다 많은 금액으로 할증 발행을 하게 된다.
③ 만기일 전에 사채를 상환하는 것을 조기상환이라 한다.
④ 사채를 할인 발행한 경우에는 만기에 액면금액이 아닌 발행금액을 상환해야 한다.

9.7 회사채 발행 회계처리 구조(회계관리 2급 공개문제)

액면금액 100,000원의 회사채를 95,000원에 발행하였을 경우 발행시점의 회계처리로 가장 옳은 것은?

	차변	금액	대변	금액
①	(차) 현금	100,000	(대) 사채	100,000
②	(차) 현금	95,000	(대) 사채	100,000
	사채할인발행차금	5,000		
③	(차) 현금	95,000	(대) 사채	100,000
	사채할인비	5,000		
④	(차) 현금	95,000	(대) 사채	95,000
	사채발행손실	5,000	사채할인발행차금	5,000

9.8 회사채 발행 회계처리(회계관리 2급 공개문제)

㈜친절은 회사채 발행을 고려하고 있다. 회사채의 액면이자율은 7%이고, 시장이자율은 8% 경우 회사채 발행시 예상되는 분개로서 가장 옳은 것은?

	차변	금액	대변	금액
①	(차) 현금	×××	(대) 사채	×××
②	(차) 현금	×××	(대) 사채	×××
			사채할인발행차금	×××
③	(차) 현금	×××	(대) 사채	×××
	사채할인발행차금	×××		
④	(차) 현금	×××	(대) 차입금	×××

9.9 할인발행과 할증발행

다음 중 발행의 종류에 따라 회사채 발행시의 상황이 바르게 연결된 것은?

	할인발행	할증발행
①	액면이자율 > 시장이자율	액면이자율 < 시장이자율
②	액면이자율 < 시장이자율	액면이자율 > 시장이자율
③	액면이자율 < 시장이자율	액면이자율 = 시장이자율
④	액면이자율 = 시장이자율	액면이자율 < 시장이자율

9.10 회사채 발행

㈜친절은 20×1년 1월 1일에 액면금액이 ₩1,000,000이고 액면이자율이 10%이며 매년 말에 이자가 지급되는 3년 만기의 회사채를 발행하다. ㈜친절의 회사채 발행시 시장이자율이 12% 또는 8%일 때, 20×1년 1월 1일의 회사채 발행에 대한 분개를 하시오. 단, 소수점 이하는 반올림하시오.

[단일금액 ₩1의 현재가치계산표]

구분	1%	2%	3%	4%	5%	6%	7%	8%	9%	10%	11%	12%
1년	0.9901	0.9804	0.9709	0.9615	0.9524	0.9434	0.9346	0.9259	0.9174	0.9091	0.9009	0.8929
2년	0.9803	0.9612	0.9426	0.9246	0.9070	0.8900	0.8734	0.8573	0.8417	0.8264	0.8116	0.7972
3년	0.9706	0.9423	0.9151	0.8890	0.8638	0.8396	0.8163	0.7938	0.7722	0.7513	0.7312	0.7118

[연금 ₩1의 현재가치계산표]

구분	1%	2%	3%	4%	5%	6%	7%	8%	9%	10%	11%	12%
1년	0.9901	0.9804	0.9709	0.9615	0.9524	0.9434	0.9346	0.9259	0.9174	0.9091	0.9009	0.8929
2년	1.9704	1.9416	1.9135	1.8861	1.8594	1.8334	1.8080	1.7833	1.7591	1.7355	1.7125	1.6901
3년	2.9410	2.8839	2.8286	2.7751	2.7232	2.6730	2.6243	2.5771	2.5313	2.4869	2.4437	2.4018

9.11 사채의 결산정리

㈜친절은 20×1년 1월 1일에 액면금액이 ₩1,000,000이고 액면이자율이 10%이며 매년 말에 이자가 지급되는 3년 만기의 회사채를 발행하였다. ㈜친절의 회사채 발행시 시장이자율이 12% 또는 8%일 때, 20×1년 말부터 20×3년 말까지 이자비용 인식에 대한 분개를 하시오. 또한, 시장이자율이 12%일 때, 전자공시시스템에 공시되는 20×2년 재무상태표와 주석을 작성하시오.

9.12 사채의 상환

㈜친절은 20×1년 1월 1일에 액면금액이 ₩1,000,000이고 액면이자율이 10%이며 매년 말에 이자가 지급되는 3년 만기의 회사채를 발행하였다. ㈜친절의 회사채 발행시 시장이자율이 12%이며 20×3년 12월 31일 만기에 사채를 상환할 경우에 ㈜친절이 해야 할 분개를 제시하시오.

연습문제 해답

[연습문제 9.1]

① 미래가치, 현재가치, ② 단순이자계산방법, 복리이자계산방법, ③ 사채, 만기, 액면금액, 액면이자율, ④ 만기, ⑤ 액면금액, ⑥ 액면이자율, 시장이자율, ⑦ 액면금액, 현금이자, 시장이자율
⑧ 액면발행, 할인발행, 사채할인발행차금, 할증발행, 사채할증발행차금 ⑨ 액면이자율, 시장이자율

[연습문제 9.2] ②

지급기일이 1년 또는 정상적인 영업주기 이내인 부채는 유동부채로 분류한다.

[연습문제 9.3] ③

유상증자로 유입된 현금 중 액면금액을 초과하는 부분은 주식발행초과금으로 인식하며 자본에 해당된다.

[연습문제 9.4] ①

만기가 3년 남은 사채는 비유동부채이지만, 매입채무와 유동성장기부채는 유동부채에 해당한다.

[연습문제 9.5] ②

20×1년 12월 31일 회계처리는 발생주의에 따라 아래와 같이 처리한다.

(차) 이 자 비 용	1,500,000	(대) 미 지 급 비 용	1,500,000

[연습문제 9.6] ④

회사채를 할인발행한 경우에도 만기에는 액면금액으로 상환해야만 한다.

[연습문제 9.7] ②

회사채의 액면이자율이 시장이자율보다 적은 경우에는 할인발행을 하게 되며, 이 때 액면금액과 발행금액의 차액을 사채할인발행차금으로 차변에 분개한다.

[연습문제 9.8] ③

회사채를 발행금액이 액면금액보다 작은 경우, 즉, 회사채를 할인발행한 경우에 액면금액과 발행금액의 차액을 사채할인발행차금으로 차변에 분개한다.

[연습문제 9.9] ②

회사채의 액면이자율이 시장이자율보다 적은 경우에 할인발행을 하게 되며, 반대로 액면이자율이 시장이자율보다 큰 경우에 할증발행을 하게 된다.

[연습문제 9.10]

① 액면이자율 10% < 시장이자율 12%
액면이자율 10%이므로 매년 이자비용은 ₩100,000이다.

액면금액의 현재가치 = ₩1,000,000 × 0.7118(단일, 3년, 12%)	=	₩711,800
이자비용의 현재가치 = ₩100,000 × 2.4018(연금, 3년, 12%)	=	₩240,180
		₩951,980

(차) 현 금	951,980	(대) 사 채	1,000,000
사채할인발행차금	48,020		

② 액면이자율 10% > 시장이자율 8%

액면금액의 현재가치 = ₩1,000,000 × 0.7938(단일, 3년, 8%)	=	₩793,800
이자비용의 현재가치 = ₩100,000 × 2.5771(연금, 3년, 8%)	=	₩257,710
		₩1,051,510

(차) 현 금	1,051,510	(대) 사 채	1,000,000
		사채할증발행차금	51,510

[연습문제 9.11]

① 액면이자율 10% < 시장이자율 12%

(단위 : ₩)

	20×1. 1. 1	20×1.12.31	20×2.12.31	20×3.12.31
사채이자비용		114,238	115,946	117,836[(5)]
현금지급이자		(100,000)	(100,000)	(100,000)
사채할인발행차금 상각액		14,238[(1)]	15,946[(3)]	17,836[(4)]
장부금액	951,980	966,218[(2)]	982,164	1,000,000

(1) 사채할인발행차금 상각액(20×1년 말)
= 사채이자비용 − 현금지급이자
= [기초(전기)장부금액 × 유효이자율] − [액면금액 × 액면이자율]
= ₩951,980 × 12% − ₩1,000,000 × 10% = ₩14,238

(2) 장부금액(20×1년 말)
= 기초(전기)장부금액 + 사채할인발행차금 상각액
= ₩951,980 + ₩14,238 = ₩966,218

(3) 사채할인발행차금 상각액(20×2년 말)
= 사채이자비용 − 현금지급이자
= ₩966,218 × 12% − ₩1,000,000 × 10% = ₩15,946

⑷ 사채할인발행차금 상각액(20×3년 말)

= 사채할인발행차금 총액 − 상각된 사채할인발행차금

= ₩48,020 − [₩14,238 + ₩15,946] = ₩17,836

⑸ 사채이자비용(20×3년 말)

= 현금지급이자 + 사채할인발행차금 상각액

= ₩100,000 + ₩17,836 = ₩117,836

<20×1년 12월 31일>

(차) 이 자 비 용	114,238	(대) 현 금	100,000
		사채할인발행차금	14,238

<20×2년 12월 31일>

(차) 이 자 비 용	115,946	(대) 현 금	100,000
		사채할인발행차금	15,946

<20×3년 12월 31일>

(차) 이 자 비 용	117,836	(대) 현 금	100,000
		사채할인발행차금	17,836

② 액면이자율 10% > 시장이자율 8%

(단위 : ₩)

	20×1. 1. 1	20×1.12.31	20×2.12.31	20×3.12.31
사 채 이 자 비 용		84,121	82,850	81,519[(5)]
현 금 지 급 이 자		(100,000)	(100,000)	(100,000)
사채할증발행차금 상각액		(15,879)[(1)]	(17,150)[(3)]	(18,481)[(4)]
장 부 금 액	1,051,510	1,035,631[(2)]	1,018,481	1,000,000

⑴ 사채할증발행차금 상각액(20×1년 말)

= 현금지급이자 − 사채이자비용

= [액면금액 × 액면이자율] − [기초(전기)장부금액 × 유효이자율]

= ₩1,000,000 × 10% − ₩1,051,510 × 8% = ₩15,879

⑵ 장부금액(20×1년 말)

= 기초(전기)장부금액 − 사채할증발행차금 상각액

= ₩1,051,510 − ₩15,879 = ₩1,035,631

⑶ 사채할증발행차금 상각액(20×2년 말)
= 현금지급이자 − 사채이자비용
= ₩1,000,000 × 10% − ₩1,035,631 × 8% = ₩17,150

⑷ 사채할인발행차금 상각액(20×3년 말)
= 사채할증발행차금 총액 − 상각된 사채할증발행차금
= ₩51,510 − [₩15,879 + ₩17,150] = ₩18,481

⑸ 사채이자비용(20×3년 말)
= 현금지급이자 − 사채할증발행차금 상각액
= ₩100,000 − ₩18,481 = ₩81,519

<20×1년 12월 31일>

(차)	이 자 비 용	84,121	(대) 현 금	100,000
	사채할증발행차금	15,879		

<20×2년 12월 31일>

(차)	이 자 비 용	82,850	(대) 현 금	100,000
	사채할증발행차금	17,150		

<20×3년 12월 31일>

(차)	이 자 비 용	81,519	(대) 현 금	100,000
	사채할증발행차금	18,481		

③ 전자공시시스템 공시(액면이자율 10% < 시장이자율 12%)

재무상태표

제2기 20×2년 12월 31일 현재
제1기 20×1년 12월 31일 현재

㈜친절 (단위: 원)

과 목	제2기	제1기
부채		
비유동부채		
사채	198,132	196,385

주 석

(단위: 원)

구 분	당기말	전기말
사 채	1,000,000	1,000,000
사 채 할 인 행 차 금	(17,836)	(33,782)
합 계	982,164	966,218

☞ 20×1년 말 사채할인발행차금 ₩33,782은 20×1년 초 사채할인발행차금 ₩48,020에서 20×1년 사채할인발행차금 상각액 ₩14,238을 차감하면 된다. 또한, 20×2년 말 사채할인발행차금 ₩17,836은 20×2년 초 사채할인발행차금 ₩33,782에서 20×2년 사채할인발행차금 상각액 ₩15,946을 차감하면 된다.

[연습문제 9.12]

20×3년 12월 31일(사채상환) : 액면이자율 10% < 시장이자율 12%
회사채를 할인발행한 경우에도 만기에는 액면금액으로 상환해야만 한다.

(차) 사 채	1,000,000	(대) 현 금	1,000,000

10 CHAPTER

자 본

CONTENTS

CHAPTER 10 자 본

본 장에서는 자본의 의미를 이해하고 자본의 구성항목 및 그에 대한 회계처리를 다룬다. 자기자본이나 소유주 지분 등으로 불리는 자본은 납입자본과 영업을 통해 창출되고 사내에 유보된 이익잉여금으로 나눌 수 있다. 이들 자본의 창출과 변동 내용을 이해하고 이를 재무상태표에 반영하는 회계처리를 공부하며 재무제표의 하나인 자본변동표도 살펴본다.

SECTION 1 자본의 의의 및 분류

1.1 자본의 의의

장사나 사업을 하려면 사업 자금이 필요하다고들 하는데 이를 달리 자본이라고도 한다. 자본capital의 사전적인 의미는 '장사나 사업 따위의 기본이 되는 돈'이다. 그러나 이미 살펴본 바와 같이 회계에서는 자본equity을 자산에서 부채를 차감하고 남은 순자산net asset으로 정의하고 있다. 흔히 말하는 자본과 회계에서의 자본은 서로 다른 것일까?

기업의 설립과 동시에 설립자가 사업 자금을 넣으면 그 돈은 이제 기업의 소유가 되며 설립자는 그 기업의 소유주owner라고 할 수 있다. 설립이후에도 자금이 필요하면 그 원래 소유주나 새롭게 영입한 동업자가 추가로 사업자금을 투입할 수도 있다. 이렇게 설립시 또는 설립이후 기업의 사업자금을 넣을 때 이 돈은 소유주가 기업에 불입한 자본 즉, 납입자본contributed capital이 되는데 본 서 초반에는 쉽게 자본금이라는 용어를 사용한 바 있다. 이 납입자본은 앞서 언급한 상식적인 의미의 자본과 매우 비슷하다. 특히 기업을 설립한 바로 그 시점의 재무상태를 보면 납입자본은 곧 회계에서 말하는 자본 즉, 자산에서 부채를 차감한 금액과 동일하다.

그러나 사업을 개시하고 한 해를 보냈다면 그 기간 말 재무상태는 설립 초와 사뭇 다른 모습을 보일 것이다. 영업이 잘 되었다면 자산에서 부채를 차감한 순자산이 늘었을 것인데 설립초보다 증가한 순자산이 바로 사업이 잘 된 결과라고 할 수 있다. 상식적으로는 돈을 벌었다는 표현을 흔히 사용하지만 정확히 말하자면 현금이 아니라 순자산이 증가한 것이다. 설립한 시점의 순자산 즉, 납입자본보다 늘어난 순자산액은 영업의 결과로 늘어난 자본인 셈이다. 자본에는 납입자본 이외에도 이와 같이 영업을 통해 늘어난 새로운 형태의 자본이 존재하는데 이를 납입자본과 구별하여 이익잉여금이라고 한 바 있다. 이익잉여금은 납입자본과는 다른 방식으로 조달된 사업 자금이라고 할 수 있지만 '사업에 기본이 되는 돈'이라는 점에서 보면 납입자본과 다를 바가 없다. 설립 시점이후에는 자본이 납입자본으로만 구성되어 있지 않으므로 자산에서 부채를 차감한 금액으로 간접적으로 측정할 수 밖에 없다.

자본을 소유주 지분owner's equity이라고도 하는데 기업이 보유하고 있는 총자산 중 얼마만큼이 누구의 몫인가와 관련된 개념이다. 만약 기업에 부채가 전혀 없다면 기업의 모든 자산은 기업에 출자한 소유주 몫이라고 할 수 있지만 부채가 있다면 이를 차감한 금액만큼만 소유주의 몫 즉, 소유주 지분이 된다. 여기서 주의할 것은 소유주 지분이 어떤 특정 자산에 대한 청구권이 아니라 총자산 중에서 채권자 지분을 제외한 금액에 대한 청구권을 나타내며 그 금액은 앞서 언급한 것처럼 영업의 결과에 따라 달라진다.

채권자도 소유주와 마찬가지로 기업에 자금을 제공하지만 소정의 이자를 받을 뿐 경영성과 배분에 참여하지 않는다는 점에서 구별된다. 이러한 관점에서 채권자가 기업에 제공하는 자본을 '타인자본'이라고 하며, 소유주가 기업에 제공하는 자본을 '자기자본'이라고 한다. 한편 타인자본이 자기자본보다 우선적으로 보호되는 속성 때문에 자기자본을 '잔여지분residual equity'이라고 부르기도 한다. 오늘날 대부분의 대규모 기업이 주식회사 형태를 취하고 있기 때문에 기업의 소유주가 주주임을 강조하여 '주주지분stockholders' equity'이라고도 한다.

> 자본(잔여지분, 주주지분, 순자산) = 자산 - 부채(채권자지분)

1.2 자본의 분류

국제회계기준에서는 자본을 납입자본, 이익잉여금과 기타자본구성요소로 분류하고 있다. 여기서 납입자본contributed capital은 주주들이 실제로 기업에 출자한 자본을 의미하며, 이익잉여금retained earnings은 기업이 설립시점부터 영업을 통해 벌어들인 순이익의 합계액에서 배당금 등을 차감한 금액으로서 사내에 유보된 이익을 의미한다. 기타자본구성요소other components of equity는 납입자본과 이익잉여금을 제외한 부분이다.

국제회계기준에서는 자본의 공시에 대해 국가별 특성을 고려한 재량권을 인정하고 있기 때문에 기업들은 일반기업회계기준처럼 자본금, 자본잉여금, 자본조정, 이익잉여금 등으로 구분하여 표시하는 방식을 사용하기도 한다.[1] [그림 10-1]은 자본의 분류와 각 분류에 속하는 계정과목을 요약한 것이다.

[그림 10-1] 자본의 분류

<table>
<tr><th colspan="2">구 분</th><th rowspan="2">계정과목</th></tr>
<tr><th>국제회계기준</th><th>기업회계기준</th></tr>
<tr><td rowspan="2">납 입 자 본</td><td>자 본 금</td><td>보통주자본금
우선주자본금</td></tr>
<tr><td>자본잉여금</td><td>주식발행초과금
기타의 자본잉여금 : 자기주식처분이익, 감자차익</td></tr>
<tr><td>기 타 자 본
구성요소[2]</td><td>자 본 조 정</td><td>자기주식
기타의 자본조정 : 주식할인발행차금, 자기주식처분손실, 감자차손</td></tr>
<tr><td colspan="2">이 익 잉 여 금</td><td>법정적립금 : 이익준비금, 기타 법정적립금
임의적립금 : 사업확장적립금, 감채적립금, 결손보전적립금
미처분이익잉여금</td></tr>
</table>

자본 금액 및 구성항목에 영향을 주는 거래는 크게 세 가지로 나눌 수 있다. 첫째, 주주와의 거래를 통한 자본의 변화이다. 예를 들어 기존 주주나 새로운 주주에게 주식을 발행하고 출자를 받는 증자, 발행한 주식을 일시적으로 취득하거나 처분하는 자기주식 거래, 발행한 주식을 취득하여 없애는 감자, 배당금의 지급 등을 들 수 있다. 둘째, 수익과 비용의 발생 등 영업활동의 결과가 이익잉여금에 반영되는 거래이다. 셋째, 주주와 직접적인 거래가 없고 자본 총액에도 변화가 없으나 자본 구성항목의 변화가 있는 경우이다.

제2절에서는 주식의 발행과, 이미 발행한 자기주식을 취득하거나 처분하는 거래에 대해서 설명하고 제3절에서는 당기순이익, 현금배당 또는 적립 등으로 인한 이익잉여금의 변동에 대해서 설명한다. 제 4 절에서 자본의 변동내역을 요약한 자본변동표를 살펴본다.

1) 삼성전자는 '자본금/주식발행초과금/이익잉여금/기타자본항목'으로, LG전자는 '자본금/주식발행초과금/이익잉여금/기타포괄손익누계액/기타자본구성요소'로, 현대자동차는 '자본금/자본잉여금/기타자본항목/기타포괄손익누계액/이익잉여금'으로, SK텔레콤은 '자본금/기타납입자본/이익잉여금/기타자본구성요소'로 자본을 구분하여 표시하고 있다.
2) 기타자본구성요소에는 기타포괄손익누계액도 포함되지만 본서에서는 다루지 않는다.

SECTION 2 주식의 발행과 자기주식의 매매

본 절에서는 주식회사가 자본금이 증가하는 유상증자와 이미 발행한 주식에 대한 후속 거래에 해당하는 자기주식 취득 및 처분에 대해서 설명한다.

2.1 주식의 발행

주식회사는 신규투자 또는 차입금 상환 등에 필요한 자금을 조달하기 위한 방법으로 증자capital increase, 즉 주식을 발행하는 경우가 있다. 상법에 의하면 주식회사는 정관에서 정한 자본의 한도인 수권주식수authorized number of shares의 범위 내에서 이사회의 의결로 주식을 발행할 수 있다. 발행주식수란 수권주식수의 범위 내에서 실제로 발행한 주식수를 의미하는데 자기주식수와, 발행주식수에서 자기주식수를 차감한 유통주식수로 구분할 수 있다. 여기서, 자기주식이란 이미 발행한 주식 중에서 발행 회사가 보유한 주식을 의미한다. 이를 요약하면 [그림 10-2]와 같다.

[그림 10-2] 주식수의 체계

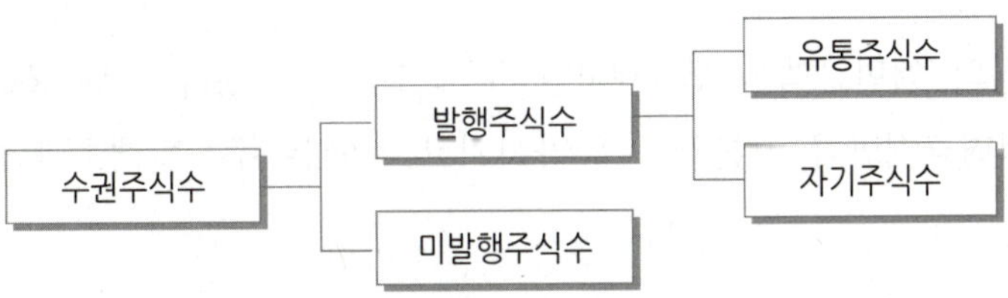

자본금capital stock은 발행주식의 액면금액 합계로, 1주당 액면금액에 발행주식수를 곱한 금액이다. 액면금액par value이란 기업의 정관에서 규정하고 있는 주식 1매에 표시되어 있는 가격이다.[3]

자본금 = 1주당 액면금액 × 발행주식수

자본금은 자본의 구성요소 중 하나이므로 자본과 구별해야 한다. 자본금은 보통주자본금과 우선주자본금으로 나눌 수 있는데 우선주자본금이 없는 경우 일반적으로 자본금은

---

3) 액면금액은 경제적으로 의미 있는 금액이 아니며 관행에 지나지 않는다. 액면이 없는 주식발행도 가능하다.

보통주자본금을 의미한다. 우선주자본금을 구성하는 우선주preferred stock는 보통주자본금을 구성하는 보통주common stock보다 의결권에 제한이 있는 반면 배당 등에 우선권을 갖는다.

1) 액면발행

주식의 주당 발행금액이 액면금액과 같은 경우를 액면발행이라고 한다. 예를 들어 액면금액이 ₩5,000인 주식 1주를 ₩5,000에 발행하면 다음과 같이 회계처리한다.

[주식의 액면발행 : 발행금액 = 액면금액]

(차) 현 금	5,000	(대) 자 본 금	5,000

2) 할증발행

새로운 주식의 발행 시점에 기업의 성장가능성이 높거나 거래되는 기존 주식 가격이 높으면 액면금액보다 높은 금액으로 발행할 수 있는데 이를 할증발행이라고 한다. 액면금액보다 높은 금액으로 주식을 발행하면 초과하는 금액을 주식발행초과금capital in excess of par value이라고 하며 같은 이름을 가진 계정에 기록한다. 주식발행초과금은 자본잉여금으로 분류한다.

예를 들어 주식의 액면금액이 ₩5,000인 주식 1주를 발행하고 ₩6,000의 현금을 수취하는 경우에는 액면금액만큼 자본금을 증가시키고 차액은 주식발행초과금 계정 대변에 분개한다.4)

[주식의 할증발행 : 발행금액 > 액면금액]

(차) 현 금*	6,000	(대) 자 본 금**	5,000
		주식발행초과금***	1,000

* 발행금액, ** 액면금액, *** 주식발행초과금 = [발행금액 − 액면금액]

여기서 발행금액은 주주로부터 받은 금액에서 주식 발행시 지출된 수수료와 인쇄비 등의 주식발행비capital stock issue costs를 차감한 금액이다.

4) 극히 예외적인 경우 액면금액보다 낮은 금액으로 주식을 발행할 수 있는데 이를 주식할인발행이라고 하며 미달금액을 주식할인발행차금이라는 차감성 계정에 기록하며 자본조정으로 분류한다.

예제 10.1 주식의 발행

㈜친절은 20×1년 7월 1일에 1주당 액면금액 ₩10,000인 보통주 1,000주를 발행하였다.

물음 발행금액에 따라 ㈜친절의 거래를 분개하시오.
① 1주당 발행금액이 ₩10,000인 경우
② 1주당 발행금액이 ₩14,000인 경우

해설

① 1주당 발행금액이 ₩10,000인 경우
발행금액(현금) = ₩10,000 × 1,000주 = ₩10,000,000
액면금액(자본금) = ₩10,000 × 1,000주 = ₩10,000,000
발행금액 − 액면금액 = ₩0 ☞ 액면발행

(차) 현 금	10,000,000	(대) 자 본 금	10,000,000

② 1주당 발행금액이 ₩14,000인 경우
발행금액(현금) = ₩14,000 × 1,000주 = ₩14,000,000
액면금액(자본금) = ₩10,000 × 1,000주 = ₩10,000,000
발행금액 − 액면금액 = ₩4,000,000 ☞ 할증발행. 주식발행초과금 인식

(차) 현 금	14,000,000	(대) 자 본 금	10,000,000
		주식발행초과금	4,000,000

2.2 자기주식의 매매

자기주식treasury stock은 주식회사가 발행하였지만 다시 취득하여 보유하고 있는 자사의 주식을 말한다. 취득한 자기주식은 의결권이 제한되며 배당도 지급하지 않는다.

주식회사가 자기주식을 취득하는 것은 다음과 같은 경우이다. 첫째, 상장기업의 주식이 급격하게 하락하면 자본시장에서는 기업의 실제 상황이 좋지 않은 것으로 판단하기 때문에 추가적인 자금의 조달이 어려워지거나 주주들로부터 압력을 받을 수 있다. 이와 같은 상황을 방지하고 주가를 일정 수준으로 유지하기 위하여 자기주식을 매입하는 경우가 있다. 둘째, 적대적인 인수합병을 방어하기 위해 자기주식을 취득하는 경우도 있다. 셋째, 극히 예외적인 상황으로 자본금을 줄일 목적으로 자기주식을 취득할 수 있다. 취득한 자기 주식을 없애면(소각하면) 증자의 반대 의미로 감자가 된다.

1) 자기주식 취득

자기주식의 취득은 주식을 보유하고 있는 주주에게 대가를 지급하고 주식을 회수하는 것이므로 자본의 환급에 해당한다. 따라서 어떤 목적으로 취득하더라도 자본의 차감성 계정인 자기주식으로 처리하고 자본조정으로 분류한다. 예를 들어 자기주식을 ₩5,000에 취득하면 다음과 같이 분개한다.

(차) 자기주식(자본조정)	5,000	(대) 현 금	5,000

2) 자기주식의 후속 처리

자기주식의 취득목적에 따라 후속처리가 달라지는데 만약 취득한 후 소각하면 자본금을 감소시키는 감자 회계처리를 해야 한다.[5] 그러나 주가관리나 적대적인 인수합병을 방어하기 위해 자기주식을 취득한 경우에는 시장가격이 상승하거나 적대적 인수합병의 위협이 소멸된 후에 자기주식을 다시 주식시장에 매각하는데 이를 자기주식의 처분이라고 하며 이에 따른 회계처리를 해야 한다.

이 때 자기주식을 얼마에 매각하는가에 따라 처분손익이 발생할 수 있는데 이 때의 손익은 주주들에게 신주를 발행하여 유상증자하는 경우와 동일한 성격이므로 당기손익이 아니라 자본잉여금이나 자본조정으로 분류한다.

① 자기주식처분이익

기업이 자기주식을 취득원가보다 높은 금액에 처분할 경우에는 자기주식처분이익gains on sale of treasury stock이 발생한다. 자기주식처분이익은 자본잉여금으로 분류한다.

예를 들어 ₩5,000에 취득한 자기주식을 ₩6,000에 현금으로 처분할 경우에는 취득원가만큼 자기주식을 감소시키고, 차액만큼 자기주식처분이익을 대변에 분개한다.

5) 감자는 매우 예외적으로 발생하는 상황이므로 본서에서는 다루지 않으며 감자 회계처리시 등장하는 몇 가지 계정만 간단히 소개한다. 자기주식의 취득원가가 자본금의 감소액(액면금액)보다 작으면 차액(이득)이 발생하는데, 이를 감자에서 발생하는 이득이라는 뜻으로 감자차익이라고 하며, 감자차익은 회사가 주주와의 거래에서 발생한 이익이므로 자본잉여금으로 분류한다. 반대로 자기주식의 취득원가가 자본금의 감소액(액면금액)보다 크면 차액(손실)이 발생하는데, 이를 감자에서 발생하는 손실이라는 뜻으로 감자차손이라고 한다. 감자차손은 회사가 주주와의 거래를 통해 발생한 손실이므로 기존의 감자차익과 우선 상계하고, 상계 후에도 잔액이 남으면 자본조정으로 분류한다.

[자기주식처분이익 : 처분대가 > 자기주식 취득원가]

(차) 현 금*	6,000	(대) 자 기 주 식**	5,000
		자기주식처분이익***	1,000

* 처분대가, ** 취득원가, *** 자기주식처분이익 = 처분대가 - 취득원가

② 자기주식처분손실

기업이 자기주식을 취득원가보다 낮은 금액에 처분할 경우에는 자기주식처분손실loss on sale of treasury stock이 발생한다. 과거 자기주식 거래로부터 자기주식처분이익이 존재하는 경우 이를 상계한 후 남은 금액만 자기주식처분손실에 표시한다. 자기주식처분손실은 자본조정으로 분류한다.

예를 들어 ₩5,000에 취득한 자기주식을 ₩4,000에 현금으로 처분할 경우에는 취득원가만큼 자기주식을 감소시키고, 차액만큼 자기주식처분손실을 차변에 분개한다.

[자기주식처분손실 : 처분대가 < 자기주식 취득원가]

(차) 현 금*	4,000	(대) 자 기 주 식**	5,000
자기주식처분손실***	1,000		

* 처분대가, ** 취득원가, *** 자기주식처분손실 = 취득원가 - 처분대가

예제 10.2 자기주식 거래

다음은 20×1년 1월 1일에 ㈜상세의 20×1년 기중에 발생한 거래이다.

① 1월 1일 : 보통주 10,000주를 1주당 ₩5,500(1주당 액면금액 ₩5,000)에 발행하여 회사를 설립하였고, 주주들로부터 받은 현금 중에서 ₩2,000,000을 광고회사와 증권사 등에 주식발행비로 지불하다.

② 5월 1일 : 자기주식 1,000주를 1주당 ₩5,500에 현금으로 취득하다.

③ 9월 1일 : 자기주식 500주를 1주당 ₩6,000에 처분(재발행)하다.

물음 ㈜상세의 거래를 분개하시오.

해설

① 1월 1일

(차) 현 금	53,000,000	(대) 자 본 금	50,000,000
		주식발행초과금	3,000,000

발행금액(현 금) = ₩5,500 × 10,000주 – ₩2,000,000(주식발행비) = ₩53,000,000
액면금액(자본금) = ₩5,000 × 10,000주 = ₩50,000,000
발행금액 – 액면금액 = ₩3,000,000 ☞ 양(+)이므로 주식발행초과금(자본잉여금) 인식

② 5월 1일

(차) 자 기 주 식	5,500,000	(대) 현 금	5,500,000

자기주식 = ₩5,500 × 1,000주 = ₩5,500,000
☞ 자본의 감소(–)이므로 차변에 분개하고 자본조정으로 분류한다.

③ 9월 1일

(차) 현 금	3,000,000	(대) 자 기 주 식	2,750,000
		자기주식처분이익	250,000

처분대가(현금) = ₩6,000 × 500주 = ₩3,000,000
취득원가(자기주식) = ₩5,500 × 500주 = ₩2,750,000
처분대가 – 취득원가 = ₩250,000 ☞ 양(+)이므로 자기주식처분이익(자본잉여금) 인식

SECTION 3 이익잉여금의 변동

이익잉여금의 원천은 영업활동에서 발생하는 수익과 비용 등의 손익거래이다. 손익거래는 기본적으로는 손익계산서에 요약되고 당기순이익을 최종 결과로 보여주지만 이와는 별도로 마감분개를 통해 이익잉여금이라는 자본 계정에 반영된다[6)]

제4장(기말의 회계처리)에서 설명한 바와 같이 회계순환과정의 최종 단계인 장부의 마감에서 손익거래와 관련된 모든 수익 및 비용 계정의 잔액을 집합손익 계정에 취합하면

6) 기타포괄손익에 영향을 주는 수익과 비용항목은 마감분개를 통해 포괄손익누계액라는 자본항목에 반영되나 본서에는 기타포괄손익, 포괄손익계산서, 포괄손익누계액 등에 대해서는 다루지 않으므로 자세한 내용은 고급과정을 참고하기 바란다.

잔액은 손익계산서의 당기순이익(또는 당기순손실) 금액과 일치한다. 따라서 집합손익 계정 잔액을 자본으로 대체하는 마감 분개를 하면 당기 중에 발생한 모든 손익거래의 순효과가 자본에 반영된다. 이 때 사용하는 자본의 계정을 미처분이익잉여금unappropriated retained earnings이라고 한다.

3.1 미처분이익잉여금

손익계산서 작성 후 마감을 통해 당기순손익에 해당하는 금액이 미처분이익잉여금으로 대체되면 회계기간 말에 공시되는 재무상태표상 미처분이익잉여금은 직전 미처분이익잉여금 잔액에 당기순손익이 합산된 금액이 된다. 이 때 '미처분'이라는 용어는 회계기간 말 현재 어떤 용도로, 얼마나 사용할지에 대해서는 아직 결정되지 않은 상태라는 의미이다.

회계기간 말에 보고된 미처분이익잉여금은 다음 회계연도에 주주총회에서 용도과 금액이 결정되는데 이 과정을 '미처분이익잉여금의 처분'이라고 한다. 주주총회의 결정에 따라 미처분이익잉여금은 현금배당을 통해 기업 외부로 유출되기도 하며 법규나 회사의 의도에 따라 정해진 적립금(사용목적이 정해져 있는 이익잉여금)으로 명칭을 바꿔 달기도 한다. 이러한 과정을 거친 후에도 처분되지 않은 금액은 미처분이익잉여금 계정에 그대로 남아 있게 된다. 미처분이익잉여금에 대한 회계처리는 다음과 같다.

1) 집합손익 계정의 마감

집합손익의 마감은 '제4장 제6절 장부의 마감'에서 언급한 것처럼 당기순이익인 경우 집합손익 계정은 대변 잔액을 보이므로 이 금액을 미처분이익잉여금 계정 대변으로 대체하는 마감 분개를 한다.

[집합손익의 마감: 당기순이익의 경우]

(차) 집 합 손 익	×××	(대) 미처분이익잉여금	×××

2) 미처분이익잉여금의 처분

① 법정적립금과 임의적립금

적립금에는 법정적립금과 임의적립금이 있는데 미처분이익잉여금을 이들 적립금으로 이전(적립)하는 처분을 하면 이익을 기업내부에 유보하는 효과를 가진다.

법정적립금statutory reserves은 법에서 요구하는 강제적립금으로 상법에 따른 이익준비금과 기타법정적립금 등이 있다. 상법에 의하면 이익준비금legal reserves은 현금배당액의 10%이상을 자본금의 50%에 달할 때까지 적립해야만 한다. 임의적립금voluntary reserves은 사업의 확장이나 부채의 상환 등을 목적으로 정관 등에서 기업이 임의로 정하는 적립금으로 사업확장적립금, 부채상환을 위한 감채적립금, 미래의 결손에 대비한 결손보전적립금 등을 예로 들 수 있다. 이익준비금의 적립에 대한 회계처리는 다음과 같다.

[이익준비금의 적립]

(차) 미처분이익잉여금	×××	(대) 이 익 준 비 금	×××

② 현금배당

현금배당cash dividends은 기업의 이익 중에 주주들에게 현금으로 지급되는 부분으로 기업외부로 유출되는 미처분이익잉여금의 처분에 해당된다.[7)] 배당 지급은 다음과 같은 절차를 거친다.

첫째, 일정한 기준일을 정해 배당을 받게 될 주주를 확정한다.

둘째, 정기 주주총회일에 배당을 결의(또는 선언)하면 미처분이익잉여금을 감소시키는 동시에 미지급배당금이라는 유동부채를 인식하는 회계처리를 한다.

[주주총회 결의일]

(차) 미처분이익잉여금	×××	(대) 미 지 급 배 당 금	×××

셋째, 정기 주주총회에서 정한 배당금을 실제로 지급하면 다음과 같은 분개를 한다.

[배당금 지급일]

(차) 미 지 급 배 당 금	×××	(대) 현 금	×××

③ 미처분이익잉여금

현금배당이나 사내적립 등 미처분이익잉여금의 실제 처분액이 미처분이익잉여금의 처분가능액보다 작으면 미처분상태의 이익잉여금이 존재하는데 이것도 일종의 미처분이익잉여

7) 배당에는 현금배당이외에도 주식으로 배당을 하는 주식배당이 있는데 주식배당은 사외로 유출되지 않는 배당이다. 본서에서는 현금배당만 설명한다.

금의 사내유보 처분 결정이라고 할 수 있다. 이 금액은 미처분이익잉여금 계정에 그대로 남아있으므로 별도의 회계처리는 필요하지 않다.

지금까지 살펴본 미처분이익잉여금의 변동을 요약하면 다음의 [그림 10-3]과 같다.

[그림 10-3] 이익잉여금의 구조

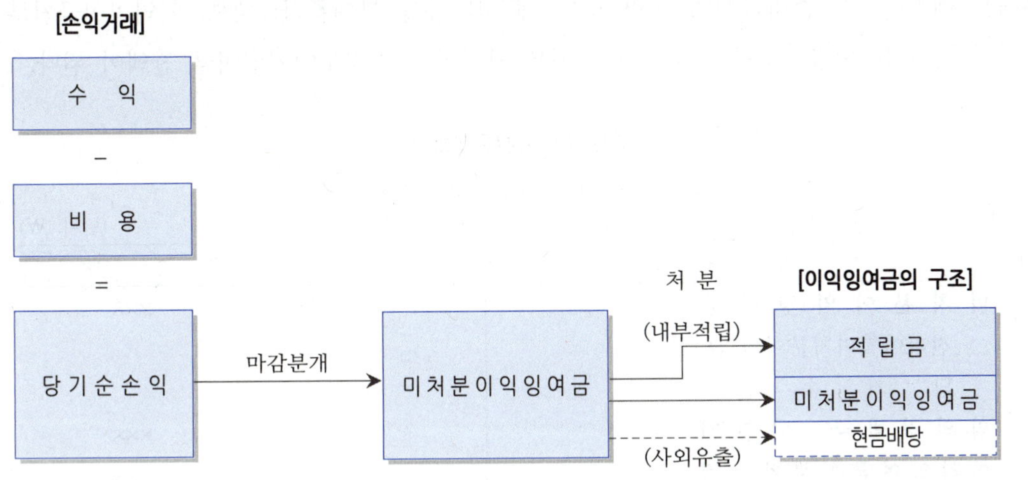

[그림 10-4] 미처분이익잉여금의 처분

구 분	미처분이익잉여금의 처분	계정과목
사내 유보	법 정 적 립 금	이익준비금, 기타법정적립금
	임 의 적 립 금	사업확장적립금, 감채적립금 등
	미처분이익잉여금	미 처 분 이 익 잉 여 금
사외 유출	현 금 배 당	

3.2 이익잉여금처분계산서

이익잉여금처분계산서statement of appropriation of retained earnings는 회계기간 동안의 이익잉여금의 변동사항을 나타내는 재무보고서이다. 국제회계기준에 의하면 이익잉여금처분계산서는 기본 재무제표는 아니며 주석사항으로 기재하도록 되어 있다.

이익잉여금처분계산서 양식은 다음과 같다. 첫째, 전기이월 미처분이익잉여금에 당기순손익을 가감하는데 이는 손익계산서에 당기순손익으로 집계된 손익거래가 재무상태표의 자본에 반영되는 과정을 보여준다. 둘째, 과거에 임의적립금으로 적립했던 이익잉여금 중 소기의 목적을 달성되면 다시 미처분이익잉여금 상태으로 되돌리게 되는데 이를 임의적립금 이입액이라는 항목으로 표시하며 미처분이익잉여금에 가산한다. 이 두 과정을 거치면 당기 중 처분 가능한 이익잉여금이 정해진다. 셋째, 주주총회에서 결의된 이익잉여금 처분내용 예컨대 이익준비금에의 적립 또는 배당금 등을 보여준다. 넷째, 이익잉여금처분가능액에서 이익잉여금처분액을 차감한 금액은 차기이월 미처분이익잉여금 잔액이 된다.

이익잉여금처분계산서

20×1년 1월 1일부터 20×1년 12월 31일까지

㈜친절 처분확정일: 20×2년 2월 ×일 (단위: ₩)

과 목	금 액	
미처분이익잉여금		×××
전기이월미처분이익잉여금	×××	
당기순손익	×××	
임의적립금 이입액		×××
이익잉여금처분가능액		×××
이익잉여금처분액		×××
이익준비금	×××	
배당금	×××	
차기이월미처분이익잉여금		×××

예제 10.3 미처분이익잉여금의 처분

㈜친절은 20×1년 1월 1일에 1주당 액면금액 ₩10,000인 보통주 1,000주를 주당 ₩14,000에 발행하여 회사를 설립하였다. 다음은 20×1년 기말과 20×2년에 발생한 ㈜친절의 거래이다. 단, 이외의 거래는 고려하지 않는다.

[20×1년 기말거래 및 20×2년 거래]

① 20×1년 12월 31일 : ㈜친절의 20×1년의 당기순이익은 ₩4,000,000으로, 집합손익 계정을 마감하다.

② 20×2년 2월 10일 : 이사회의 승인대로 정기주주총회에서 이익준비금 ₩190,000 을 적립하고, 현금배당 ₩1,900,000을 지급하기로 결의하다.

③ 20×2년 3월 20일 : 현금배당 ₩1,900,000을 주주들에게 지급하다.

④ 20×2년 12월 31일 : ㈜친절의 20×2년의 당기순이익은 ₩2,000,000으로, 집합손익 계정을 마감하다.

물음 ㈜친절의 거래를 분개하고, 20×1년과 20×2년의 재무상태표(자본부분)를 작성하시오.

해설

① 20×1년 12월 31일 : ㈜친절의 20×1년의 당기순이익은 ₩4,000,000으로, 집합손익 계정을 마감하다.

(차) 집 합 손 익	4,000,000	(대) 미처분이익잉여금	4,000,000

▸ 20×1년 전기 및 재무상태표(자본부분)

자 본 금

	1/ 1 10,000,000
	잔 액 10,000,000

주식발행초과금

	1/ 1 4,000,000
	잔 액 4,000,000

미처분이익잉여금

	12/31 4,000,000
	잔 액 4,000,000

재무상태표(자본부분)

㈜친절 20×1년 12월 31일 현재 (단위: ₩)

과 목	금 액	
자 본		
자 본 금		**10,000,000**
자 본 잉 여 금		**4,000,000**
주식발행초과금	4,000,000	
이 익 잉 여 금		**4,000,000**
미처분이익잉여금	4,000,000	
자 본 총 계		**18,000,000**

② 20×2년 2월 10일 : 이사회의 승인대로 정기주주총회에서 이익준비금 ₩190,000을 적립하고, 현금배당 ₩1,900,000을 지급하기로 결의하다.

(차) 미처분이익잉여금	2,090,000	(대) 이 익 준 비 금	190,000
		미 지 급 배 당 금	1,900,000

③ 20×2년 3월 20일 : 현금배당 ₩1,900,000을 주주들에게 지급하다.

(차) 미 지 급 배 당 금	1,900,000	(대) 현 금	1,900,000

④ 20×2년 12월 31일 : ㈜친절의 20×2년의 당기순이익은 ₩2,000,000으로, 집합손익 계정을 마감하다.

(차) 집 합 손 익	2,000,000	(대) 미처분이익잉여금	2,000,000

▸ 20×2년 전기 및 재무상태표(자본부분)

자 본 금

		1/ 1	10,000,000
		잔 액	10,000,000

주식발행초과금

		1/ 1	4,000,000
		잔 액	4,000,000

미처분이익잉여금

2/10	2,090,000	1/ 1	4,000,000
		12/31	2,000,000
		잔 액	3,910,000

이익준비금

		2/10	190,000
		잔 액	190,000

재무상태표(자본부분)

㈜친절 20×2년 12월 31일 현재 (단위: ₩)

과 목	금 액	
자 본		
자 본 금		**10,000,000**
자 본 잉 여 금		**4,000,000**
주식발행초과금	4,000,000	
이 익 잉 여 금		**4,100,000**
미처분이익잉여금	3,910,000	
이 익 준 비 금	190,000	
자 본 총 계		**18,100,000**

SECTION 4 자본변동표

자본변동표statement of changes in equity는 자본의 크기와 변동에 관한 정보를 제공하는 재무제표의 하나이다. 자본변동표에는 자본을 구성하고 있는 자본금, 자본잉여금, 자본조정, 이익잉여금 등의 기초잔액, 변동사항, 기말잔액을 보여준다. 자본변동표의 예는 다음과 같다.

자본변동표

㈜친절 20×1년 1월 1일부터 20×1년 12월 31일 까지 (단위: ₩)

구 분	자본금	자본잉여금	이익잉여금	총 계
20×1년 1월 1일 잔액	**50,000,000**	**0**	**5,000,000**	**55,000,000**
20×1년 자본의 변동				
유 상 증 자	30,000,000	10,000,000		40,000,000
현 금 배 당			(500,000)	(500,000)
당 기 순 이 익			1,000,000	1,000,000
20×1년 12월 31일 잔액	**80,000,000**	**10,000,000**	**5,500,000**	**95,500,000**

쉬어가기 자본이 (-)마이너스가 될 수 있다고?

요즘 티몬과 위메프의 판매자 대금 미정산 사태가 발생하여 문제가 되고 있다. 언론 보도에 따르면 여러 가지 이유와 대응 방안이 제시되고 있지만 가장 큰 문제는 티몬과 위메프를 매각하더라도 판매자에게 대금을 지급할 수 없다는 것이다. 왜냐하면 티몬과 위메프의 자본이 '완전 잠식'된 상태이기 때문이다.

자본잠식이란 자본총계가 자본금보다 적은 상태를 말한다. 즉 자본금을 제외한 자본 항목의 합계 금액이 음(-)이면 자본금이 잠식되기 때문에 자본잠식이라고 부르는 것이다.

일반적으로 회사의 자본은 0보다 크다. 자본은 회계등식(자산 = 부채 + 자본)을 이용하여 '자본 = 자산 - 부채'로 계산되는데, 정상적인 회사는 자산이 부채보다 크기 때문이다. 하지만 이번 위메프와 티몬 사태와 같이 지속적 손실이 발생하는 경우이거나 갑자기 대규모의 손실이 발생하면 결손금(자본금 이외 자본 항목)(음수)이 자본금보다 커져서 자본총계가 0보다 적은 경우가 발생할 수 있는데 이를 '완전 자본잠식'이라고 하며 투자자 보호를 위해 상장기업의 경우에는 즉시 상장이 폐지된다.

그렇다면 자본이 0보다 크기만 하면 아무런 문제가 없을까? 그렇지 않다. 자본이 0보다 크더라도 자본총계가 자본금보다 작은 경우를 '부분 자본잠식'이라고 한다. 즉 '부분 자본잠식'은 결손금이 존재하지만, 자본금보다 작아서 자본총계는 0보다 큰 경우를 말한다. 이 경우에는 자본잠식의 심각성 정도를 따지게 되는데 우리나라에서는 자본금이 50% 이상 잠식되면 관리종목으로 지정되며 그다음 회계연도에도 지속되면 상장이 폐지된다.

앞에서 '자본잠식', '완전 자본잠식', '부분 자본잠식'이라는 용어를 사용하였지만 사실 '자본잠식'에서 '자본'은 자본총계를 의미하는 것이 아니라 '자본금'을 의미한다. 따라서 결손금 등 자본금 이외의 자본 항목 합계가 음수(-)이면 일반적으로 '자본잠식'이라 표현하지만 '자본금잠식'이 더 정확한 용어라고 할 수 있다.

한편, '부분 자본잠식'이 발생할 것으로 예상되는 경우, 관리종목으로 지정되는 것을 회피하기 위해서 무상감자(대주주의 주식을 무상으로 회수하여 소각하는 방법)를 하는 경우가 있는데, '무상감자'에서 '감자'도 '자본의 감소'가 아니라 '자본금의 감소'를 의미한다.

친 절 한 회계원리

Accounting

연습문제

10.1 개념확인

다음의 빈칸을 채우시오.

① 기업은 다양한 활동을 수행하기 위하여 자금을 필요로 하는데, 이때 기업이 자금을 조달하는 원천은 사채나 차입금과 같은 (　　　　)(와)과 주식을 발행하는 것과 같은 (　　　　)(으)로 분류된다.

② 자본이란 기업의 자산에서 채권자지분인 부채를 차감하고 남은 (　　　　) 또는 (　　　　)(으)로 정의된다.

③ 한국채택국제회계기준에 따른 자본의 분류에서, (　　　　)(은)는 주주들이 실제로 납입한 자본으로서 자본금과 자본잉여금을 포함한다. 한편 (　　　　)(은)는 설립 이후 납입자본을 운영하여 벌어들인 순이익의 합계액에서 배당지출액 등을 차감한 것이다.

④ 자본을 발생의 원천에 따라 분류하면 (　　　　)(과)와 (　　　　)의 두 가지로 구분할 수 있다. 먼저 (　　　　)(은)는 주주와의 거래로 증자, 감자 및 자기주식 거래 등이 이에 해당된다. 다음으로 (　　　　)(은)는 수익이나 비용이 발생하는 거래로서 총포괄손익계산서의 구성요소인 당기순이익과 기타포괄손익을 통해서 궁극적으로 자본에 영향을 미친다.

⑤ 주식을 발행할 때, 액면금액이 발행금액과 동일한 경우를 (　　　　)(이)라고 하며 액면금액에 해당하는 부분을 (　　　　)으로 회계처리 한다.

⑥ 주식을 발행할 때, 발행금액이 액면금액보다 큰 경우를 (　　　　)(이)라고 하며, 발행금액과 액면금액의 차이만큼 (　　　　)이 발생한다.

⑦ 주식을 발행할 때, 발행금액이 액면금액보다 작은 경우를 (　　　　)(이)라고 하며, 발행금액과 액면금액의 차이만큼 (　　　　)(이)가 발생한다.

⑧ (　　　　)(은)는 자본의 크기와 그 변동에 관한 정보를 제공하는 재무보고서로서 자본을 구성하고 있는 자본금, 자본잉여금, 자본조정, 기타포괄손익누계액, 이익잉여금의 변동에 관한 정보를 제공한다.

10.2 자본의 개념(회계관리 2급 공개문제)

다음 중 빈칸에 들어갈 항목으로 옳은 것은?

(   )은 주식발행으로 인한 자본의 증가분 중 주식의 액면가액을 초과하는 잉여금을 말한다.

① 자본금
② 주식발행초과금
③ 주식할인발행차금
④ 미처분이익잉여금

10.3 자본의 분류

다음 중 성격이 다른 것은?

① 감자차손
② 자기주식
③ 자기주식처분손실
④ 주식발행초과금

10.4 자본의 구성요소(회계관리 2급 공개문제)

다음은 자본의 구성요소에 관한 설명이다. 가장 옳지 않은 것은?

① 자본금은 주식의 액면금액이 아닌 발행시 총 납입금액으로 계상한다.
② 자본잉여금은 자본거래로 인한 자본의 증가분으로서 주식발행초과금, 감자차익 등이 있다.
③ 이익잉여금은 손익거래에서 벌어들인 이익 중 배당으로 유출되지 않고 사내에 남아있는 것이다.
④ 자본조정에는 주식할인발행차금, 감자차손 등이 있다.

10.5 이익잉여금 유형(회계관리 2급 공개문제)

다음 중 이익잉여금에 해당하지 않는 것은?

① 이익준비금
② 기업합리화적립금
③ 재무구조개선적립금
④ 감자차익

10.6 이익잉여금 개념 및 회계처리(회계관리 2급 공개문제)

다음 중 이익잉여금의 계정과목별 설명에 관한 것으로 가장 올바르지 않은 것은 무엇인가?

① 이익잉여금이란, 이익창출활동에 의해 벌어들인 이익 중 사외에 유출되지 않고 사내에 남아있는 부분을 축적한 것으로 손익 거래에서 발생한 것이다.
② 이익잉여금이 어떻게 처분되었고, 처분 후 잔액이 얼마인가를 알려주기 위해 이익잉여금처분계산서를 작성하며, 상법 등 관련법규에서 요구하는 경우 주석으로 공시한다.
③ 자본금의 1/2에 달할 때까지 매 결산기 현금배당액의 1/10 이상을 이익준비금으로 적립하여야한다.
④ 주주총회에서 현금배당을 결정하는 경우 배당지급일가지 미지급배당금을 자본조정으로 기록한다.

10.7 이익잉여금처분계산(회계관리 2급 공개문제)

다음 중 이익잉여금처분계산서에 대한 설명으로 옳은 것은?

① 이익잉여금처분계산서는 배당금에 대한 정보를 알 수 있다.
② 이익잉여금처분계산서는 현금흐름의 변동에 대한 정보를 알려준다.
③ 이익잉여금처분계산서는 12월 31일에 확정된다.
④ 이익잉여금처분계산서에는 당기순이익을 확인할 수 없다.

10.8 이익잉여금 회계처리(회계관리 2급 공개문제)

20×1년 2월 25일 ㈜친절은 주주총회에서 이익잉여금의 처분을 다음과 같이 확정하고, 20×1년 3월 31일에 배당금을 지급하기로 하다. 다음 중 20×1년 2월 25일 ㈜친절이 해야 할 올바른 회계처리는 어느 것인가?

ㄱ. 현금배당 : 100,000원	ㄴ. 이익준비금 : 현금배당액의 10%

	차변	금액	대변	금액
①	(차) 미처분이익잉여금	100,000	(대) 미지급배당금	100,000
②	(차) 미처분이익잉여금	100,000	(대) 현금	100,000
③	(차) 미처분이익잉여금	110,000	(대) 미지급배당금	100,000
			이익준비금	10,000
④	(차) 미처분이익잉여금	110,000	(대) 현금	100,000
			이익준비금	10,000

10.9 자본거래

20×1년 1월 1일에 영업을 시작한 ㈜친절은 상기업이다. 다음은 20×1년 기중에 발생한 ㈜친절의 거래이다. 다음 거래를 분개하고 재무상태표(자본부분)를 작성하시오. 단, 이외의 거래는 고려하지 않으며, 법인세 및 이익잉여금의 처분은 없다.

[20×1년의 거래]

① 1월 1일 : 보통주 10,000주를 1주당 ₩7,000(1주당 액면금액 ₩6,000)에 발행하여 회사를 설립하다.

② 7월 1일 : 보통주 5,000주를 1주당 ₩10,000(1주당 액면금액 ₩6,000)에 추가 발행하고, 주주들로부터 받은 현금 중에서 ₩4,000,000을 광고회사와 증권사 등에 주식발행비로 지불하다.

③ 12월 31일 : 20×1년 당기순이익은 ₩30,000,000으로, 집합손익 계정을 마감하다.

10.10 미처분이익잉여금의 처분

[연습문제 10.9]의 ㈜친절의 20×1년의 거래와 20×2년에 발생한 다음의 거래를 참조하여, 20×2년의 거래에 대한 분개를 하고 재무상태표(자본부분)를 작성하시오. 단, 이외의 거래는 고려하지 않으며, 법인세 및 이익잉여금의 처분은 없다.

[20×2년의 거래]

① 2월 10일 : 이사회의 승인대로 정기주주총회에서 이익준비금 ₩8,000,000을 적립하기로 결의하고, 현금배당 ₩4,000,000은 결의와 동시에 지급하다.

② 12월 31일 : 20×2년 당기순이익은 ₩40,000,000으로, 집합손익 계정을 마감하다.

10.11 자본변동표

㈜친절의 [연습문제 10.9]과 [연습문제 10.10]의 자료를 참조하여, 20×2년의 자본변동표를 작성하시오.

연습문제 해답

[연습문제 10.1]

① 타인자본, 자기자본, ② 잔여지분, 소유주지분, ③ 납입자본, 이익잉여금, ④ 자본거래, 손익거래, ⑤ 액면발행, 자본금, ⑥ 할증발행, 주식발행초과금, ⑦ 할인발행, 주식할인발행차금, ⑧ 자본변동표

[연습문제 10.2] ②

액면금액을 초과하여 납입한 금액은 주식발행초과금이다.

[연습문제 10.3] ④

주식발행초과금은 자본잉여금이며, 나머지는 자본조정이다.

[연습문제 10.4] ①

자본금은 발행주식의 액면금액의 합이다.

[연습문제 10.5] ④

감자차익은 자본잉여금에 속한다.

[연습문제 10.6] ④

미지급배당금은 유동부채로 분류된다.

[연습문제 10.7] ①

이익잉여금처분계산서는 당기순이익과 배당금에 대한 정보를 알 수 있으며, 주주총회일에 확정된다. 이익잉여금 금액이 기업이 보유하고 있는 현금을 의미하는 것은 아니다.

[연습문제 10.8] ③

배당금을 지급하기로 결정하면 현금배당금에 대한 일정 비율(10% 이상)만큼 법정적립금인 이익준비금을 적립하는 분개와 현금으로 배당할 금액에 대한 미지급배당금을 인식하는 분개를 한다.

[연습문제 10.9]

① 1월 1일 : 보통주 10,000주를 1주당 ₩7,000(1주당 액면금액 ₩6,000)에 발행하여 회사를 설립하다.
발행금액(현금) = ₩7,000 × 10,000주 = ₩70,000,000
액면금액(자본금) = ₩6,000 × 10,000주 = ₩60,000,000
발행금액 − 액면금액 = ₩10,000,000 ☞ 양(+)이므로 주식발행초과금 인식

(차) 현 금	70,000,000	(대) 자 본 금	60,000,000
		주식발행초과금	10,000,000

② 7월 1일 : 보통주 5,000주를 1주당 ₩10,000(1주당 액면금액 ₩6,000)에 발행하여 회사를 설립하다.
발행금액(현금) = ₩10,000 × 5,000주 − ₩4,000,000 = ₩46,000,000
액면금액(자본금) = ₩6,000 × 5,000주 = ₩30,000,000
발행금액 − 액면금액 = ₩16,000,000 ☞ 양(+)이므로 주식발행초과금 인식

(차) 현 금	46,000,000	(대) 자 본 금	30,000,000
		주식발행초과금	16,000,000

③ 12월 31일 : 20×1년 당기순이익은 ₩30,000,000으로, 집합손익 계정을 마감하다.

(차) 집 합 손 익	30,000,000	(대) 미처분이익잉여금	30,000,000

▶ 20×1년 전기 및 재무상태표(자본부분)

자 본 금

차변	대변	
	1/ 1	60,000,000
	7/ 1	30,000,000
	잔 액	90,000,000

주식발행초과금

차변	대변	
	1/ 1	10,000,000
	7/ 1	16,000,000
	잔 액	26,000,000

미처분이익잉여금

차변	대변	
	12/31	30,000,000
	잔 액	30,000,000

재무상태표(자본부분)

㈜친절 20×1년 12월 31일 현재 (단위: ₩)

과 목	금 액	
자 본		
자 본 금		**90,000,000**
자 본 잉 여 금		**26,000,000**
주식발행초과금	26,000,000	
이 익 잉 여 금		**30,000,000**
미처분이익잉여금	30,000,000	
자 본 총 계		**146,000,000**

[연습문제 10.10]

① 2월 10일 : 이사회의 승인대로 정기주주총회에서 이익준비금 ₩8,000,000을 적립하기로 결의하고, 현금배당 ₩4,000,000은 결의와 동시에 지급하다.

(차) 미처분이익잉여금	12,000,000	(대) 이 익 준 비 금	8,000,000
		현 금	4,000,000

② 12월 31일 : 20×2년 당기순이익은 ₩40,000,000으로, 집합손익 계정을 마감하다.

(차) 집 합 손 익	40,000,000	(대) 미처분이익잉여금	40,000,000

▶ 20×2년 전기, 포괄손익계산서 및 재무상태표

자 본 금

		1/ 1	90,000,000
		잔 액	90,000,000

주식발행초과금

		1/ 1	26,000,000
		잔 액	26,000,000

미처분이익잉여금

2/10	12,000,000	1/ 1	30,000,000
		12/31	40,000,000
		잔 액	58,000,000

이익준비금

		2/10	8,000,000
		잔 액	8,000,000

재무상태표(자본부분)

㈜친절　　20×2년 12월 31일 현재　　(단위: ₩)

과 목	금 액	
자 본		
자 본 금		**90,000,000**
자 본 잉 여 금		**26,000,000**
주식발행초과금	26,000,000	
이 익 잉 여 금		**66,000,000**
미처분이익잉여금	58,000,000	
이 익 준 비 금	8,000,000	
자 본 총 계		**182,000,000**

[연습문제 10.11]

자본변동표

㈜친절　　20×2년 1월 1일부터 20×2년 12월 31일 까지　　(단위: ₩)

구 분	자본금	자본잉여금	이익잉여금	총 계
20×2년 1월 1일 잔액	**90,000,000**	**26,000,000**	**30,000,000**	**146,000,000**
20×2년 자본의 변동				
현 금 배 당			(4,000,000)	(4,000,000)
당기순이익			40,000,000	40,000,000
20×2년 12월 31일 잔액	**90,000,000**	**26,000,000**	**66,000,000**	**182,000,000**

* 이익준비금은 이익잉여금의 하위 항목으로 생략됨.

친절한 재무회계

찾아보기

저/자/소/개

전규안

서울대학교 경영대학 및 대학원 졸업
서울대학교 대학원(경영학 박사)
공인회계사(KICPA)
공인회계사, 세무사 시험 출제위원
현, 숭실대학교 회계학과 교수

이용규

서울대학교 경영대학 및 대학원 졸업
서울대학교 대학원(경영학 박사)
단국대학교 경영학부 교수
공인회계사 시험 출제위원
현, 숭실대학교 회계학과 교수

오웅락

숭실대학교 회계학과 및 대학원 졸업
숭실대학교 대학원(경영학 박사)
건양대학교 세무학과 및 부천대학교 세무회계학과 교수
대학수학능력시험 및 세무공무원 시험 출제위원
현, 숭실대학교 회계학과 교수

친철한 회계원리

초판발행 • 2019년 3월 4일
3판발행 • 2025년 1월 24일

지은이 • 전 규 안 · 이 용 규 · 오 웅 락
펴낸이 • 김 대 명
펴낸곳 • 나우퍼블리셔
등록번호 • 2020년 1월 20일 (제2020-000005호)
주소 • 서울특별시 성동구 한림말5길 11 덕성빌딩
전화 • 010-9133-5272 | 팩스 02-6305-3639
전자우편 • nowpublisher@daum.net
홈페이지 • www.nowpublisher.co.kr
ISBN • 979-11-7102-086-7 93320
가격 • 25,000원